"博物馆里的十二生肖"系列丛书

灵蛇之珠

博物馆里的生肖蛇文化

上册

本书编写组 著

中国财经出版传媒集团
中国财政经济出版社
北京

图书在版编目（CIP）数据

灵蛇之珠：博物馆里的生肖蛇文化：全二册 / 本书编写组著. --北京：中国财政经济出版社，2025. 4.（“博物馆里的十二生肖”系列丛书）. --ISBN 978-7-5223-3560-5

Ⅰ. K870.4

中国国家版本馆CIP数据核字第20240KJ760号

责任编辑：孙　琛　　　　责任校对：胡永立
策划编辑：潘　飞　　　　责任印制：史大鹏
上册主编：樊祎雯　　　　下册主编：神　帅

灵蛇之珠：博物馆里的生肖蛇文化
LINGSHE ZHIZHU：BOWUGUANLI DE SHENGXIAOSHE WENHUA

中国财政经济出版社 出版
URL：http：//www.cfeph.cn
E-mail：cfeph @cfemg.cn

社址：北京市海淀区阜成路甲28号　邮政编码：100142
营销中心电话：010-88191522
天猫网店：中国财政经济出版社旗舰店
网址：https：//zgczjjcbs.tmall.com
涿州汇美亿浓印刷有限公司印刷　各地新华书店经销
成品尺寸：170mm×210mm　16开　29.25印张　300 000字
2025年4月第1版　2025年4月河北第1次印刷
定价：128.00元（上下册）
ISBN 978-7-5223-3560-5
（图书出现印装问题，本社负责调换，电话：010-88190548）
本社图书质量投诉电话：010-88190744
打击盗版举报热线：010-88191661　QQ：2242791300

“博物馆里的十二生肖”系列丛书

总　序

生肖文化是中华优秀传统文化的重要组成部分。对于中华民族来说，生肖是中华民俗文化中最具特色和代表性的部分；对于普通人来说，生肖是伴随自己一生，甚至带有几分神秘色彩和寓意的生命符号之一。

无论是“生肖”，还是其别称“属相”，都很精妙——“相”是面相，“属相”即面相何属。“生”，除却生长、长出、产生、生育、继承等诸义，还可取天赋、天性、资质、本性之类意义。“肖”，即类似、相似。简言之，“生肖”是说：天生就像某种动物，如中国著名人类学家林惠祥的解释：“‘生肖’即由出生而类似某种动物的意思，在某一年出生的，便肖某一种动物。”

围绕着十二生肖，如“天马行空”“鸡日迎春”等等充满想象的有趣故事由此衍生，并发展出许多同人生密切相关的民俗文化现象。现代人为讨口彩，所创造的“马上封猴（侯）”等吉祥语，给生肖赋予了更为丰富、深刻而又新鲜的文化内涵，拓展了它作为一种特定文化符号的外延，甚至可以折射出现代人的信念与处世观。

除此之外，生肖文化的盛行还生动地折射出人类与动物关系的演变。“博物馆里的十二生肖”系列丛书，联动各地博物馆专家、学者进行“动物考古”，探寻古代人类行为与社会环境特别是动物的关联，带你从青铜器、玉器、瓷器、首饰、古画等文物中寻找龙、马、猴、狗等生肖的踪迹，并为你寻找自己属相所代表动物“在中国历史长河中的身影”。

希望本套丛书，在生物学、生态学、人类学、考古学等学科的滋养下，还原出人与动物和谐同存的图景以及中华文明的演进历史。同时，带你穿越回到一种想象的空间，想象在几千年前动物们是如何在中华大地上与人类共同生活栖息并对人类产生影响的。

“博物馆里的十二生肖”系列丛书，期待与你及你的属相，书中相逢！

目录

小龙飞舞

中国国家博物馆藏铜镜上蛇纹形象的演变

霍宏伟

在十二生肖中，巳蛇位于辰龙之后，被称为“小龙”。《后汉书·谢弼传》李贤注引谢承书曰：“蛇者，阴气所生，龙之类也。”[①] 中国国家博物馆（以下简称“国博”）藏铜镜数量众多，种类丰富。尽管国博馆藏有一些战国蟠螭纹镜，其身躯屈曲盘绕，仿佛蛇体，但头部有角，呈现出神龙的特点，难以归入灵蛇之列。

若是在铜镜上寻找蛇纹图像，与龙纹相比，则较为少见，且纹饰所居镜上空间位置极小，不易辨识，需要对实物资料进行细致入微的爬梳与观察，才有可能找出其演变的特点与规律。国博铜镜上的蛇纹，主要见于汉唐四神镜中的玄武组合，在隋唐至清代的十二生肖镜上亦有巳蛇形象。

汉唐时期四神镜上玄武组合中的蛇纹

在四神中，青龙、白虎、朱雀都是单一的动物形象，玄武却是以龟与

① 《后汉书》卷五七《谢弼传》，中华书局，1973 年，第 1859 页。

蛇的组合形式出现。“玄武”一名见于《楚辞·远游》：“召玄武而奔属。”注云：“玄武，北方七宿，谓龟、蛇也，位在北方，故曰玄；身有鳞甲，故曰武。”[①]《后汉书·王梁传》：“玄武，水神之名。”李贤注：“玄武，北方之神，龟蛇合体。”[②]由此可见，玄武代表着北方，也是冬季、黑色的象征。

程万里先生根据龟、蛇组合方式的不同，将汉代玄武图像分为龟蛇相缠、有龟无蛇、龟蛇不相缠、一龟两蛇四种类型[③]。在此基础上，笔者仔细分析国博馆藏铜镜上的玄武形象，将其划分为龟蛇相缠、龟蛇分立、一龟两蛇三型。

首先，龟蛇相缠型铜镜数量相对较多，四神镜中常见。国博馆藏两汉时期铜镜上的蛇纹形象，主要见于博局镜、多乳镜上的四神之一玄武组合。2020 年 11 月，国博举办“镜里千秋：中国古代铜镜文化”展览开幕，展出一面湖南长沙北郊伍家岭 211 号西汉晚期墓出土鎏金中国大宁四神博局镜。此镜为四叶纹钮座，四周饰以双线方框。框外纹饰分为内、外两区。其中，在属于内区的方框下方，饰以玄武。蛇纹大致呈几字形，整体造型形成三道弯。身形细长，蛇首位于龟首之前，扭颈回眸，与龟首相接。蛇身降低至神龟颈部，沿其内侧向后延伸。至龟背处，高挺如虹，越过龟背，在其外侧下行至双弦纹圈，再向后方扬起尾梢。蛇体上饰以较为密集的纵向短直线（图 1），让人联想到“竹节蛇”，这是一种毒蛇，亦称银环蛇，背面为黑色或蓝黑色，并有数十道白色或乳黄色窄横纹。此镜直径 18.6 厘米。

① （宋）朱熹集注：《楚辞集注》卷五《远游》，上海古籍出版社，1979 年，第 110 页。

② 《后汉书》卷二二《王梁传》，第 1859 页。

③ 程万里：《汉画四神图像》，东南大学出版社，2012 年，第 92-98 页。

图 1　西汉鎏金中国大宁四神博局镜上的玄武形象（国博供图）

“镜里千秋”展览展出一面新莽王氏昭竟四神博局镜，四叶纹钮座，外围篆书体十二辰阳铭。其外饰以双线方框。框外四面八方，以 T、L、V 形纹及八枚六内向连弧纹乳丁构成完整的博局图式。将四神铸于博局纹四面，在钮座框外四隅，与其他动物构成新的组合形式，呈顺时针方向排列，包括青龙与独角兽，朱雀与瑞禽，白虎和骑兽羽人，玄武与怪兽，四神尾下各饰一小鸟。其外有铭文带一周，共计四十九字，隶书体阳铭，左旋读：“王氏昭（照）竟（镜）四夷服，多贺新家人民息。胡虏殄灭天下复，风雨时节五谷熟。官位尊显蒙禄食，长保二亲子孙力，传告后世乐毋极。”直径 20.9 厘米。

值得关注的是玄武组合形象，蛇身分两段，位于神龟内、外侧，仿佛龟之双翼，展现翱翔之姿，动感极强。灵蛇前半段呈 C 形，颇具凌空之势，蛇首下伸，神龟昂首，与其呼应（图 2）。同时还展出两面新莽时期的新有善铜四神博局镜，其纹饰布局、动物形象与上述博局镜相似，其一铭文中所云“左龙右虎辟不羊（祥），朱鸟（雀）玄武顺阴阳”，反映出汉代

图 2　新莽王氏昭竟四神博局镜拓本上的玄武形象（国博供图）

人思想观念中四神纹具有趋吉辟邪的特殊功能。

章立凡先生捐赠国博一面新莽四乳羽人四神瑞兽镜，四枚乳丁将纹饰区划分为四区，分置青龙配羽人骑鹿，羽人戏朱雀，白虎配羽人驯瑞兽，羽人立玄武配羽人骑鹿。其中羽人立玄武图像，有关蛇的形象设计大胆，别出心裁。在这一玄武组合中，一条长蛇横贯神龟前后，灵龟与长蛇的交缠显得写实而又浪漫。两首相对，相距较近。蛇身经龟首内侧，斜穿龟壳外侧，至龟右后肢内侧穿过，向后方延伸回旋，蛇尾上扬外卷。一位羽人立于圆弧形龟背之上，手臂前伸。铜镜直径 17.8 厘米（图 3）。关于此镜年代，有西汉、东汉两种说法，笔者提出新莽说，关键证据就是 1984 年江苏扬州市西郊平山养殖厂 6 号新莽墓出土一面四乳四神镜，其玄武造型与国博藏镜中的玄武相似[①]。

图 3　新莽四乳羽人四神瑞兽镜上的玄武形象（国博供图）

章立凡先生还捐赠给国博一面新莽宜子孙七乳羽人四神镜，七枚乳丁将纹饰区划分为七块狭小空间，分置青龙、白虎、朱雀、玄武四神及羽人、瑞兽。其中，玄武组合为蛇上龟下，蛇体呈 V 字造型，蛇颈、尖尾高耸，

① 徐忠文、周长源主编：《汉广陵国铜镜》，文物出版社，2013 年，图 86。

头部低垂，眼为圆点状凸起。龟首高昂，几乎与蛇头相接，两者形象憨态可掬。

国博铜镜展览展出一面东汉七乳禽兽镜，圆钮座下压着一只伏兽，长着独角的头部、四肢及尾部显露于钮座外，另有一只怪兽与玄武。蛇首位于龟首面前，呈对视状，S形蛇尾接于龟背后部，神龟四肢全见。主体纹饰分为内、外两区。内区以七枚乳丁将其分为七个区域，分别饰以蛇、羽人、双鸟、玄武。其中，蛇纹体态呈C形，用双线勾勒的形式来展现，眼珠凸起，后部扬起，细尾下垂后伸，形象简约而生动，回首之姿与紧随其后的双鸟形成呼应。玄武组合与前述钮座外的玄武近似，蛇首临于龟首之前，两两相对，唯龟首驻足凝视，若有所思。外区饰以龙、虎、羽人、禽兽等（图4）。

图4　东汉七乳禽兽镜局部（霍宏伟摄影）

隋至初唐时期，四神题材仍然在铜镜上流行。“镜里千秋”展览展出一面隋代四神镜，围绕圆形钮座四面饰以青龙、白虎、朱雀、玄武四神。其中，玄武的形象设计较为奇特，神龟四肢立起，伸颈回首。灵蛇细长，首尾交缠，位于龟背之上。头部与龟首相对，身体似一条C形弧线，绕过龟首前部内侧，在龟背上缠绕两圈，自神龟后肢钻入龟腹下部，至龟尾梢处内行直出，与蛇颈相交后向后方扬尾。长长的灵蛇，看起来已将整个神龟包裹起来。虽然此镜的创作题材沿袭了汉代以来的四神传统，其形象却与两汉以来的造型迥异，具有时代特点。

其次，龟蛇分立型铜镜罕见。“镜里千秋”展览展出一面东汉上大山四乳龟蛇鸟纹镜，在圆形钮座外等距分布四枚乳丁，其间饰以神龟、双蛇、

图5 东汉上大山四乳龟蛇鸟纹镜（霍宏伟摄影）

鸟纹，应是四神图像的简化形式。其中，双蛇隔钮相对，造型呈S形，以双线勾勒的简洁手法来表现蛇体蜿蜒回转的身形，伸首卷尾，别有意趣。外围一周十二字悬针篆阳铭带，顺时针方向旋读为“上大山，见神人，食玉英，饮澧泉”。直径11厘米（图5）。

再次，一龟两蛇型铜镜更是少见。“镜里千秋”展览主题墙上的铜镜纹饰，源于馆藏河南南阳东汉墓出土田氏七乳羽人四神镜高清大图，汉镜图像中的蛇纹清晰可见。内区里的青龙、朱雀、玄武、白虎等形象呈顺时针方向分布。其中，玄武造型颇感怪异，是一龟双蛇的构图。神龟的形象是一种自后部向前看的视觉呈现，具有明显的装饰意味。观者先看到的是龟背隆起，两后肢站立，龟尾呈三角形的锐角垂下，头部凸起于弧形龟背正中。两条蛇的设计别出心裁，以龟首为中心，两组C形双弧线上下相交，两条蛇头左右对称，吐出圆弧形的蛇信子（图6），看上去仿佛是两头蛇。两头蛇在历史文献中多有记述，如东汉王充《论衡·福虚》云：“楚相孙叔敖为儿之时，见两头蛇杀而埋之。”[①]《尔雅·释地》：“北方有比肩民焉，迭食而迭望。中有枳首蛇焉。”郭璞注：“岐头蛇也。或曰，今江东呼两头蛇。”[②]文献中也记有九头蛇、九尾蛇的

① 刘盼遂：《论衡集解》卷六《福虚篇》，古籍出版社，1957年，第122页。

② （晋）郭璞注、（宋）邢昺疏、王世伟整理：《尔雅》卷七《释地第九》，上海古籍出版社，2010年，第332页。

传说故事。

此镜外区饰以白虎、玄武、青龙等瑞兽形象。因其空间更加狭长，故动物身躯造型均被拉长、变形，以适应所在空间的需要。作为标志性隆起的龟背，让人较为容易地辨认出玄武。龟首长颈伸出厚壳，先抑后扬，呈 V 字形，头部昂起，与蛇首两两相对。蛇首吐出细长的蛇信子。值得一提的是，灵蛇脑后多了一个如尖刀般的角。其体形纵长回转，钻过神龟前肢内侧，经龟背外侧向后曲折延伸，尾梢与青龙舌头相接。铜镜直径 22.7 厘米。长蛇在《山海经 · 北山经》中有记载："大咸之山，无草木，其下多玉。是山也，四方，不可以上。有蛇名曰长蛇，其毛如彘豪，其音如鼓柝。"①

图 6　东汉田氏七乳羽人四神镜上的玄武形象（范立摄影）

隋唐至清代十二生肖镜上的巳蛇形象

目前所见出土最早的十二生肖形象陶俑，是山东博物馆收藏的北朝崔氏墓十二生肖俑。国博馆藏两批数量较多的陶俑，分别为 1956 年湖北武昌周家大湾 241 号隋墓 11 件生辰俑、1955 年陕西西安东郊韩森寨唐墓十二生肖俑。上述陶俑数量多，规模较大，形象立体、生动，与之相比，铜镜上的十二生肖形象虽然显得有些平面化，却能够做到纳十二生肖于一掌之中。

① 袁珂校注：《山海经》卷三《北山经》，上海古籍出版社，1991 年，第 75 页。

图 7　隋代光正随人十二生肖镜（霍宏伟摄影）

“镜里千秋”展览展出一面隋代大业四年（608 年）墓出土光正随人十二生肖镜。环绕镜钮是一周楷书体阳铭“光正随人，长命宜新”。内区饰一圈缠枝卷草纹，外区则是十二格内分置浅浮雕的十二生肖形象，顺时针方向排列。巳蛇造型饱满，外轮廓大致呈方框形。蛇首高耸，伸颈回眸。躯体弧形回转，打了两道弯，尾部直立扬起，几乎形成一个闭合空间（图 7）。此镜直径 16 厘米，为考古发掘品，具有较为重要的断代价值。

该展览展出一面隋至初唐时期的淮南起照神兽十二生肖镜，内区主体纹饰为四位神人与四神相间排列。在玄武组合中，神龟居下，呈行走之势，伸颈回首。灵蛇凌空飞舞，身体缠绕龟背两周后，自其后部斜出，形成“8”形，蛇尾内卷，蛇首自上部空档处钻出，与龟首对视。造型看似蛇体在打结，其设计之复杂，超出常人想像。外区十二生肖中的巳蛇形象，亦是蛇体前后交叉，自我打结，蛇首伸出，吐出细长、分叉的蛇信子。后世有一种绳结名称，就叫作“蛇口结”。

国博铜镜展还展出一面晚唐八卦十二生肖镜，镜上动物大多有跃动之势。蛇首与身体前部呈 S 形，几乎直立，中部内卷，形成环状拱起，尾部平伸（图 8）。铜镜直径 15.2 厘米。唐诗中描写蛇的作品极少，如诗人贾岛诗作《题长江》云：“言心俱好静，廨署落晖空。归吏封宵钥，行蛇入古桐。长江频雨后，明月众星中。若任迁人去，西溪与剡通。”[①]透过唐镜上蛇的形象，我们似乎看到了“行蛇入古桐”的精彩瞬间。清梁绍壬《两般秋雨庵随笔》卷四记述了一种能够直立、颇具传奇色彩的蛇：“广东琼州有量人蛇，长六七尺，遇人辄竖起，量人长短，然后噬之。土人言此蛇于量人时，鸣声曰‘我高’，人亦应声曰‘我高’，蛇即自坠而死。”[②]

图 8　晚唐八卦十二生肖镜侧视（霍宏伟摄影）

国博藏北宋十二生肖镜形制较小，直径仅有 6.3 厘米。镜背上的外区饰以十二生肖形象，呈现出剪影效果，不易辨识，借助于内区的十二辰楷书体阳铭，可与生肖形象一一对应。其中，内区的“巳”字与蛇纹相对应，蛇首高昂，身体紧缩成一团，尾梢露出，首尾呼应。

另有清代嘉庆七年（1802 年）滇南慎思堂铸十二生肖有柄镜，此时的镜上蛇纹，已经简化成一个倒写的“几”字形，头部与尾部翘起，蛇首略大，身形下沉，纤细如线。铜镜通高 28 厘米，直径 17.2 厘米。清学者俞樾《茶香室丛钞》卷二三引陈鼎《蛇谱》记录了一种生活于广西接近交趾山中、长有丈余的“唤人蛇”。此类蛇伏于草莽之间，遇到行旅经过，大喊道：

① 中华书局编辑部点校：《全唐诗（增订本）》卷五七二《贾岛二》，中华书局，1999 年，第 6704 页。

② （清）梁绍壬撰、庄葳点校：《两般秋雨庵随笔》卷四《量人蛇》，上海古籍出版社，1982 年，第 220 页。

“何处来，哪里去？”只有这六个字，特别清晰，发音与中原人说话相同。若有不知缘故、随口应答的旅人，虽然相隔数十里，蛇很快会来。这种文献记载中能说话的唤人蛇，给本来就具神秘色彩的蛇更是蒙上了一层高深莫测的面纱。

此外，在其他镜上塑造独立形象的蛇纹较为稀见。国博馆藏一面南宋理宗绍定二年（1229年）铸造的盾形当年己丑双剑铜镜，镜背两侧各立一神剑，中央是一尊炼丹用的双耳三足鼎炉，其口部有一粒小金丹，腾空升起一朵火焰纹，托举着一粒大金丹。鼎足之下，是一条头部呈三角形、昂首向上的蛇，身体呈S形蜷曲，缩成一团（图9）。看到镜背上剑与蛇的形象，不禁让人联想起许旌阳斩蛇的故事。唐代段成式《酉阳杂俎·玉格》云：“晋许旌阳，吴猛弟子也，当时江东多蛇祸，猛将除之……乃与许至辽江。及遇巨蛇，吴年衰力不能制，许遂禹步，敕剑登其首，斩之。”[①] 南宋张表臣《珊瑚钩诗话》记载一段逸闻：“又武胜之知静江县事，忽于滩中见雷公践微云逐一小蛇，胜之以石投焉，得一铜剑，有文曰‘许旌阳斩蛟第三剑’云。余作剑诗曰：‘蛇蛟已尽定飞去，雷电欻惊重下来。’”关于许旌阳的两段故事，两种版本，一个斩蛇，一个斩蛟，书写着同样的传奇，小蛇与铜剑的传说故事，令人浮想联翩。金代道士马钰词作《满庭芳》：“吾剑非凡，玉皇宣赐，非吾谁敢承当。青蛇三尺，时复起祥光。剔起乾坤骨髓，劈开太一真阳。何人铸，

图9　南宋当年己丑双剑铜镜（国博供图）

① 张仲裁译注：《酉阳杂俎》前集卷二《玉格》，中华书局，2017年，第97页。

耶溪欧冶，金水配柔刚。不知何处用，除邪斩怪，宁静诸方。斡开万象，尽化玄霜。惟有修行不谨，轻轻指、魂魄飞扬。匣中响，雷声震动，万里鬼神藏。”[①]这首词生动诠释了道教法剑斩邪纳福的神奇作用。

国博还收藏一面元代花叶形仙人松鹿镜，画面左侧有一位仙人端坐于松竹之间，面前有一只神龟伏地昂首，凝视着一条蜿蜒曲折的长蛇（图10），两者完全分开，独立成像，这应是玄武组合的孑遗。灵蛇右侧有一只鹿驻足而立，静静地望着灵蛇的蠕动。鹿首上方有一只仙鹤展翅俯身，朝着仙人的方向飞来。仙人、松竹、龟蛇、鹿鹤等图像元素的叠加，构成了长寿延年这一永恒主题的视觉表达。北宋苏轼《濠州七绝·彭祖庙》云：“跨历商周看盛衰，欲将齿发斗蛇龟。”清代王文诰注：“《玉策记》曰：‘千岁之龟，五色具焉。’又云：‘蛇有无穷之寿。’”[②]苏轼诗中所云“蛇龟”，既指长寿动物，也是长寿的象征。

图10　元代仙人松鹿镜（国博供图）

结　语

东汉王充《论衡·讲瑞篇》云：“龙或时似蛇，蛇或时似龙。”[③]从文

---

① 引自《鸣鹤馀声》卷三，《道藏》第24册，收入（金）马钰著、赵卫东辑校：《马钰集》，齐鲁书社，2005年，第308页。

② （清）王文诰辑注、孔凡礼点校：《苏轼诗集》卷六《古今体诗五十六首》，中华书局，1982年，第285-286页。

③ 刘盼遂：《论衡集解》卷一六《讲瑞篇》，第344页。

献来看，龙与蛇的形象有时通用，不易区分。经本文对上述国博铜镜资料的梳理，可知镜上龙、蛇形象易于辨识，主要得益于将其纳入不同系统中，就可以较为容易地分辨出来。对于镜上蛇纹形象的演变，可以总结出以下三点：

其一，蛇纹主要见于四神、十二生肖两大系统中，作为配角出现于镜背之上。四神形象出现于西汉，十二生肖形象始见于隋代。两者在镜上的呈现早晚关系，前者比后者出现的时间要早。在玄武组合中，借助于与神龟的互动，对于蛇的形象刻画灵动而有力度，神采飞扬，尽显飞舞之势。其艺术表现力丰富，甚至可以划分为龟蛇相缠、龟蛇分立、一龟两蛇三型。在十二生肖中，离龟而去、独立成像的蛇纹，或身体打结，或前半身直立，或蜷作一团，反映出一些新的特点。

其二，从四神中的玄武到十二生肖中的巳蛇，其所在的系统组合上发生了变异，由此引起视觉形象上的变化，亦即蛇纹从与龟共舞，到独自起舞。其含义也从四神“左龙右虎辟不羊（祥），朱鸟（雀）玄武顺阴阳”思想观念的反映，逐渐演变为十二生肖“代表人的属相、推算命运”的象征符号。

其三，从实物资料来看，蛇纹从未像龙纹那样成为镜上主角，如汉唐、宋辽等时期数量相对较多的盘龙镜。唐代钟辂纂《前定录·袁孝叔》记载有“唯有空纸数幅，画一蛇，而盘照（镜）中矣”①，后代以此为典故，宋代苏轼在《和黄秀才鉴空阁》一诗中吟道：“我观大瀛海，巨浸与天永，九州居其间，无异蛇盘镜。”②由于蛇所处地位的限制，作为镜上主角的“蛇盘镜”只能以典故的形式出现于历史文本之中，而未见于国博馆藏的实物资料。

① （唐）钟辂纂：《前定录·袁孝叔》，《丛书集成初编本》第2704册，中华书局，1991年，第13页。

② （清）王文诰辑注、孔凡礼点校：《苏轼诗集》卷四四《古今体诗三十五首》，第2399页。

作者小传

霍宏伟，河南洛阳人。中国国家博物馆研究馆员，国博研究院副院长，兼青铜器研究所所长。国博博士后科研工作站合作导师，中国社会科学院大学硕士生导师。2009 年，四川大学历史文化学院考古学系博士毕业，获历史学博士学位。主要研究方向为汉唐考古、镜鉴学、博物馆藏品研究。主持国家社会科学基金项目“隋唐洛阳城空间体系研究”。1988 年至 2004 年，供职于洛阳市文物工作队，从事田野考古发掘与研究工作。

著有《飞龙在天：中国铜镜史上龙纹形象的三次转变》《望长安：海外博物馆收藏的中国故事》《鉴若长河：中国古代铜镜的微观世界》《古钱极品》，合著《洛阳两汉彩画》《洛阳钱币发现与研究》等。主编《洛镜铜华：洛阳铜镜发现与研究》《中国国家博物馆馆藏文物研究丛书·铜镜卷》。其中，《洛镜铜华》入选“2013 年度全国文化遗产十佳图书”，被翻译为日文版《洛阳铜镜》，在日本出版发行，《鉴若长河》入选“2017 年度全国文化遗产优秀图书”，入围“2017 中国好书”，在香港出版繁体字版，《望长安》被评为“生活·读书·新知三联书店 2024 年度十种好书”。

群峰委蛇来，落处如鼎峙

中国古代器物中的蛇纹探秘

张经纬

蛇是一种古老的动物，在自然界中种类繁多，在现代人的日常生活里却不容易见到。要讨论蛇的主题，想必古人比今人更有发言权。因为古人的物质和精神领域都比今天更贴近自然，所以，在这蛇年之始，我们就要开始穿越，回看一下蛇与古代艺术世界的联系。

蛇居鼎彝

首先登场的，就是上海博物馆收藏的一件西周早期妊簋（图 1a）。妊簋因其腹内底部五字铭文“妊作宝尊彝”而得名。它生动的象首器耳和象蹄形足最引人注目，器腹古老的乳丁雷纹装饰证明它不晚于商末周初。但真正吸引我们的，则是口沿下方一圈弯曲的蛇纹。

从图 1b 可见，这圈蛇纹一共十二条，以象耳连线划分，可分为两边。每边六条，又可以中间的小型兽面纹为对称轴分为两组，左右各三条，朝着兽面相向而行。同组的小蛇外形相同（相邻组也仅朝向相反，形象不变），造型活泼、俏皮，作∽形结构，蛇身为侧面像，蛇首接近正面像，双目滚圆，下方还有两个清晰的鼻孔。

图 1a　西周早期妊簋　现藏上海博物馆

图 1b　妊簋侧面

此种造型的蛇纹不独为妊簋所有，在山西灵石出土的商代晚期邑鼎上也可看到。如图 2 所示，该鼎“颈饰蛇纹一周”（《中国青铜全集 4》，图版说明第 2 页）。比较妊簋和邑鼎的蛇纹，两者形象颇似，位置接近，都位于器物口沿下方，甚至数量都一样，后者也有十二条体态相同的小蛇组成。只不过邑鼎蛇纹没有兽面纹分隔，加上蛇首向右尾朝左，形成了一种自左向右循环不断、周而复始的动态画面。细节上的差异，只是邑鼎蛇身上多了一些鳞瓣纹。

图 2　商代晚期邑鼎，山西灵石旌介出土　现藏山西省考古研究所

与之风格相近的蛇纹，还可参考山西石楼桃花庄出土的商代晚期龙纹觥，它器盖尾部饰有三条体形相仿的蛇纹。此外，《商周青铜器纹饰》一书中也收集了不少同类纹饰（第 220—223 页）。其中既可以见到上博藏西周早期员方鼎（图 3），它以四面八条相对的蛇形浮雕给人留下深刻印象；也可找到大名鼎鼎的何尊的身影，后者的颈部位置也隐藏着四条两两相对

图 3　西周早期员方鼎　现藏上海博物馆

图 4　商代晚期兽面纹鬲，传安阳出土　现藏瑞典国立艺术博物馆

的蛇纹，与员方鼎类似，这里不再一一罗列。

相信这几件器物已经让我们对商周青铜器上的蛇纹有了直观的认识，在正式提出问题之前，我们最后再看一件有趣的器物。这件现藏于瑞典国立艺术博物馆的商代晚期兽面纹鬲（图 4），造型朴实，三个带足分别饰有三个兽面，每个兽面上方口沿下方各有一条蜿蜒的蛇纹，一共三条。蛇纹首尾微翘，身躯则有规律地设计成三个拱形。在前人的研究中，类似员方鼎上的蛇纹身躯形态都被共同地描述为"方折"形状，从这件铜鬲上看，其实是一个观察上的误区。蛇躯非方实拱，这将为我们后面的讨论打开一道窗口。

兽面纹鬲上的蛇纹不但丰富了我们对商周青铜器纹饰的认识，也让我们产生了第一个问题：为什么蛇纹在大多数情况下都出现在器物口沿的下方或其他纹饰的上方？对于这个问题，过去的研究者也试着给出过答案，马承源在《商周青铜器纹饰》的叙论中认为，"蛇纹多是陪衬的纹饰，大多数为配合兽面纹或其它主题纹饰的上下沿，作单独的带状排列。少数礼器上也有单独作为主题的，委蛇（长而弯曲的蛇——笔者按）既然和兽面纹配合装饰，那末它的作用不应与兽面纹相反，而是相近或相谐的"。

蛇纹与兽面纹的含义“相近或相谐”，可谓卓见，但是另一部分答案是否真如前辈学者所言，“蛇纹多是陪衬的纹饰……”，让我们继续观察。

蛇在山中

为了揭开蛇纹的奥秘，需要更多的器物来扩充我们的数据库。比如，接下来要出现的一件战国兽形柄铜豆（图5）。这件铜豆的造型非常有趣，中间的豆柄被塑造为一只上身直立的猛兽，它的前爪托举着一朵巨大的莲花形豆盘（或灯盘），臀部蹲坐地上，屁股和后爪下方正好压着五条盘踞的小蛇。四蛇分踞四角，蛇身盘旋，蛇首上扬，还有一蛇压在猛兽身下。这一次蛇形纹饰终于不在器物的上方，而位于其底部。那么蛇的数量为何是五？这又给我们出了一道新的难题。

图5 战国兽形柄铜豆 现藏齐国故城遗址博物馆

既然说到了铜豆，不妨再说一件漆豆。湖北荆州天星观二号墓出土过一件战国中期漆木彩绘凤鸟盖豆（图6）。它的豆盘同样为盛开的莲花，豆柄则是一只羽毛鲜艳的凤鸟。凤鸟曲颈昂首托举莲花，鸟爪按在一条盘蛇之上。猛禽捕蛇，符合自然规律，体现制作者对大自然生态的细致观

图6 战国中期漆木彩绘凤鸟盖豆，湖北荆州天星观二号墓出土 现藏荆州博物馆

察。尽管蛇本身很接地气，但是对比铜豆和漆豆，两者都选择蛇类这样一种通体浑圆滑溜、身形游移的动物作为器物的根基，或许有些别的道理。

说到接地气，还可再插一句。陆志红的《先秦两汉席镇研究》一文提到，张家口市万安区北沙城乡汉墓出土过一件汉代蛇形铜席镇，整体造型是一条蛇盘伏在一座馒头状的山丘上。一般来说，席镇都为四个一组，汉代时没有椅凳，古人席地而坐，为防止坐席卷角，在四角上都压以重物，席镇由此而来。四角四蛇（盘山）是其标准配置，坐席主人踞坐茵席中央。席镇四蛇和铜豆五蛇，差得不多。可惜北沙城汉墓只出了一件蛇镇。

看完器物下方的蛇纹，我们可以回到器物上方再来寻蛇。图 7a 是山西曲沃北赵村晋侯墓地出土的西周晚期晋侯断壶。自出土以来，晋侯断壶就以“盖顶横立山字形镂空捉手”与边缘八个山形提手这一明显特征吸引了众多学者的关注。

图 7a 西周晚期晋侯断壶，山西曲沃北赵村晋侯墓地八号墓出土 现藏山西省考古研究所

图 7b 西周晚期晋侯断壶壶盖俯视图

比如，李零在《山纹考——说环带纹、波纹、波曲纹、波浪纹应正名为山纹》一文中，通过比较晋侯断壶、梁其壶和霸伯山簋等青铜器盖的山

体造型，不但论证了“学界习惯上叫环带纹、波纹、波曲纹、波浪纹的纹饰，其实应改叫山纹、山形纹或连山纹”，也证明了大量青铜器盖上以往被称为莲瓣、花瓣的纹饰，也是“山纹、山形纹或连山纹”的变形。

虽然这个观点对我们上述提到的铜豆盖和漆豆盖的莲瓣造型也有启发，但我们先将这些山纹放在一边，把目光聚焦于晋侯斷壶的壶盖本身。在侧视视角下挺拔的三座镂空山峰在图 7b 的俯视视角下变成了三道短横（---），而山峰上下两侧隐藏的八条盘蛇则显露了出来。也有人认为这八条蛇为龙形，但我们依据“龙有角蛇吐信，龙有爪蛇无足”这一基本标准看，当是八蛇无疑。

这八蛇以中央三峰为对称轴，可等分为两组（4 ∶ 4），上下完全对称，宛如三峰在两侧的投影。那么这四条按规律相交的浮雕蛇纹，就和三峰形成了固定的对应关系。第一，中间二蛇颈部相交（成交蟠之状）形成的环状结构与中央主峰对应。第二，左右两侧遥遥相对的单蛇则分别对应两边低峰。话说回来，这隐藏的八条盘蛇虽然藏在铜壶最顶端的盖面上，但从结构上看，还是位于三峰脚下，那它们到底是恨天高，还是接地气呢?

类似的，还可以参考另一件西周晚期颂壶（图 8a），颂壶和晋侯斷壶的器身图案几乎完全一致，只有器盖和圈足纹饰有所不同。不过，值得注意的还是盖面纹饰，从图 8b 的拓片中可以清晰看到，盖面为一幅二蛇或二龙交蟠的画面，但根据有爪为龙、无爪为蛇这一“金标准”，我们还是视之为蛇。

盖面二蛇采用了一种商、周至秦、汉器物上常见的二首共躯造型，它们的身躯中部交缠在一起，和晋侯斷壶三峰单侧的中间二蛇交颈形成的环状结构高度相似。加上一蛇的身躯两端皆为蛇首，只是一为侧面、一为正面，这样在数量上，盖面上又成四蛇。这样除了没有山形立体造型，颂壶盖面纹饰就和晋侯斷壶盖面保持高度一致。

图 8a 西周晚期颂壶 现藏台北故宫故宫博物院

图 8b 西周晚期颂壶壶盖纹饰拓片

在结束本段开始正式解谜之前，我们还可以再参考另一件有蛇纹的器物，就是这件河北平山战国灵寿城中山王族墓出土的 M3：217 石博局（图 9）。根据《战国中山国灵寿城——1975~1993 年考古发掘报告》（以下简称《发掘报告》），我们可以清楚看到：“棋盘中央为一正方形石板，浮雕出四角对角斜交错线，划分为四个等腰直角三角形框，各角交点处均刻成圆形孔，三角框内浮雕出饕餮纹饰。这中心方块，可能称之谓六博棋盘中的‘将军座’。在此‘将军座’四边外的走棋位，则为一竖一横状。”

蛇纹就位于这“一竖一横”及边上的L状矩尺形棋道周边。在“将军座”的上下左右位置，分别可以看到四组一模一样的蛇纹。每组都有四蛇，或蛇颈相交，或身躯相交，将“一丨L”这组纹饰围绕其中。

在本文中，我们不讨论博局棋盘和行棋规则，只讨论蛇纹本身。《发掘报告》提到这副博局“为目前所发现的时代最早的棋盘”之一。为什么说之一呢，因为灵寿城中山王族墓还出土过另一块博局棋盘，称作 M3：216 石博局。两块棋盘都是“最早”。两者表面纹饰都由“饕餮、虎、蟠虺纹”组成，“蟠虺”就是蟠曲的小蛇，只不过 M3：216 石博局上的蛇纹没有前者标准，不是 M3：217 上看到的无脚蛇，能看到明显的足形（但头部还是三角蛇形，不是龙形）。

所以，我们就不选择整副棋盘的图片，仅把 M3：216 上蟠虺纹最集中的区域取出比较。M3：216 的蟠虺纹不在将军座的上下左右，它就是将军座本身，或者说它占据了棋盘最中心的方形区域。从图 9b 中可见，中间也有三道竖向的“丨丨丨”曲道，在其周边正好也分布了八条蛇形，按对角位置两两分组。这使其无论按横向还是纵向划分，都能保证同组内包含两条交蟠形成环状结构而另外两条蛇首相对的四蛇格局。

当我们将两块石博局上的蟠虺纹和晋侯斷壶盖面上的蛇纹并置比较（图 9b），可以发现这三者之间的要素几乎完全相同。尤其是 M3：216 的蛇纹在数量上和造型上与晋侯斷壶盖面非常接近。最大的差别，仅仅是壶盖中间为“---”而棋盘中间为“丨丨丨”。那么有没有可能存在一种答案：三横和三竖是一回事情，都等于三峰呢？这个结论是否也适用于 M3：217 上的“一丨乚”呢？

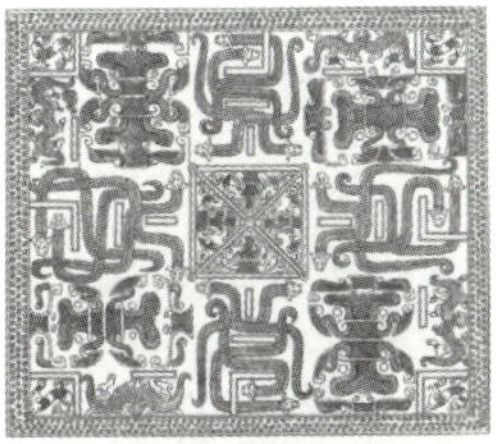

图 9a　河北平山战国灵寿城中山王族墓 M3：217 石博局（线描图）现藏河北省文物考古研究院

图 9b　中山王族 M3：217、M3：216 石博局蟠虺纹与相关图像比较图

群峰委蛇

看完了这么多的材料，终于要到了令人激动的揭秘环节。讨论到了这里，我们的问题其实已经归结到一个，就是“蛇与山”到底有什么联系？

图 10a 西周中期几父壶 陕西扶风齐家村西周窖藏出土 现藏陕西历史博物馆

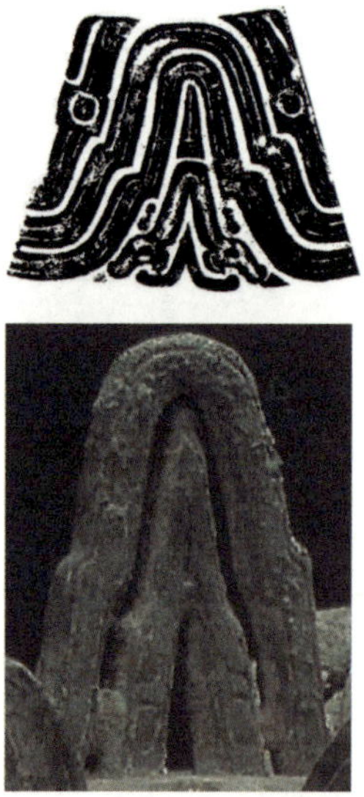

图 10b 几父壶上腹部纹饰与晋侯断壶盖面立饰造型比较图

答案并不复杂，甚至可以说一目了然。让我们先看一下图 10a 这件西周中期几父壶，壶身从下到上三层波曲纹构图基本相同，而且实现了由繁至简的变化。其中壶身上腹部的纹饰最为具象，从图 10b 的拓片看，为一两条口吻部向下张开、身躯拱起、尾部相连的蛇纹，我们也可以将其理解为一条二首共躯的蛇纹。有些研究者也将这一图像理解为交龙纹。但我们认为此类造型龙、蛇皆有（下图的标本就更接近龙形），遵循统一标准，有足为龙，无足为蛇，所以就视为蛇纹。

这一二首共躯、成一拱形的蛇纹让我们再次想到了晋侯断壶的盖面，而这一次则是山形立饰本身。通过图 10b 的并置比较可见，晋侯断壶盖面立饰山形挺拔，为镂空的双层轮廓，轮廓内部虽见纹饰，但难以判断具体含义。结合几父壶腹部纹饰可清晰看到，两者同形，立饰外层当为兽目交连纹（可以理解为一首二身的龙、蛇），内层则为二首共躯、交拱成山的蛇（龙）纹。原来古人眼中的山体，由此演变而来。

为了证明我们的观察没有过于天马行空。还可以参考下面这件西周中期蔡侯壶（图 11a）。它从器腹到器颈也有三层波曲纹，民国学者容庚最早观察到，“环形上为窃曲，下为兽首”（《商周彝器通考》）。李零也在前文中提到了蔡侯壶

图 11a　西周中期蔡侯壶　现藏台北故宫博物院

图 11b　蔡侯壶壶身拓片

与几父壶纹饰的相似性。从图 11b 的拓片可见，共躯 / 共尾的龙蛇造型同时出现在器腹的上下两层，这一次的纹饰能看到鳍、爪形状，称为龙形可能更加合适，不强为之。我们只是以此进一步证明，青铜器纹饰上的山体形象的确和龙蛇之类的动物形象有着莫大的联系。

而且，这种造型的源头还能追溯到更久远的年代。如图 12 所示，这件造型简约、流畅的商代晚期北单卣上，有着特点鲜明的蛇首形提梁。它的器肩有两耳，耳内穿一拱形提梁，提梁与两耳相接的部分就被塑造为两个蛇首（也有研究者称之为龙首，以无爪为蛇），而它们相连的身躯和修长的器颈完美贴合，在器盖上方拱成一条完美的 Ω 形曲线，这不正好就是上面在几父壶、蔡侯壶上所见平面纹饰的立体造型吗？

图 12　商代晚期北单卣　河南安阳武官北地一号墓出土　现藏中国国家博物馆

最后，我们需要一件毫无争议的蛇纹器来平息所有争论。图 13a 是商代晚期兽面纹方壶，它与北单卣的造型也颇相近，都有拱形提梁连接两耳。即便它同样无爪（但有角）的提梁被描述为“回顾式龙首”，它在器盖与提梁之间还有一套环相连。在图 13b 的俯视视角下，我们可以清晰看到，这一套环为一无角无爪、头部为三角形的蛇形饰。

图 13a　商代晚期兽面纹方壶　江西新干大洋洲出土　现藏江西省博物馆

图 13b　商代晚期兽面纹方壶

将这条生动的盘蛇和图 1 至图 3 商周青铜鼎、簋上的蛇纹相比，可见它们从形态到神态，都有某种共通之处。不仅如此，它们还都和晋侯眆壶的三峰立饰一样，位于所在器物的最高处。

如鼎如山

我们已经说了很多与蛇有关的话题，现在终于到了总结陈词的阶段了。首先，本文标题“群峰委蛇来，落处如鼎峙”出自北宋诗人郭印《送种守》诗首句，几乎完美概括了本文的主旨，也在意象上折射出古人心中蛇与群山的景观联系。

其次，通过本文讨论，主要得出三点结论。第一，商周时代的蛇纹对应山体、山峰，因此通常位于器物的最上方（器盖、提梁、口沿）。这或许说明，古人多有机会和郭印一样攀登高山，俯瞰大地山脉蜿蜒，而心有所感？这点有待日后更多资料的发现来验证。第二，在有些情况下蛇纹也可能位于器物的最下方，这象征了高起的大地；当其数量为五时即五岳，四则四岳。因为岳也是山。第三，本文限于篇幅和主题，很多内容未及展开。其实不论蛇、龙，还是饕餮、虎、兽，都可从蛇纹的讨论中得到更深解读。

最后，通过我们的观察，蛇纹在商周时已经是非常成熟的纹饰。它的源头还可以继续深入历史，比如在神木石峁古城遗址就出土过一块双蛇石雕（图 14），这两条相背的蛇纹，和我们在上文中所见的诸多个案的造型相比，简直是一模一样，尤其是头部的形象。这差不多可以将蛇纹的历史又进一步上推千年。

图 14　石峁文化双蛇石雕，陕西神木石峁古城遗址出土　现藏陕西考古博物馆

有关蛇纹的讨论，虽然不及龙纹这么丰富，但也趣味横生。我们不求面面俱到，但求给人启发。正如上面这个石峁个案一样，仿佛小蛇的一条尾巴，弯曲隐约，把思考的线索留给各位读者。希望大家在新的一年，多有灵感闪现，获得更多惊喜。

参考文献

1.中国青铜器全集编辑委员会编：《中国青铜器全集 2（商二）》，文物出版社，1997 年

2.中国青铜器全集编辑委员会编：《中国青铜器全集4（商四）》，文物出版社，1998年。

3.中国青铜器全集编辑委员会编：《中国青铜器全集3（商三）》，文物出版社，1997年。

4.中国青铜器全集编辑委员会编：《中国青铜器全集6（西周二》，文物出版社，1997年。

5.齐国故城遗址博物馆编：《齐国故城遗址博物馆馆藏青铜器精品》，文物出版社，2015年。

6.成都华通博物馆，荆州博物馆编：《楚风汉韵：荆州出土楚汉文物集萃》，文物出版社，2011年。

7.河北省文物研究所编：《战国中山国灵寿城——1975～1993年考古发掘报告》，文物出版社，2005年。

8.上海博物馆青铜器研究组：《商周青铜器纹饰》，文物出版社，1984年。

9.莞城图书馆编:《容庚学术全集(第七册):商周彝器通考(上)》，中华书局，2011年。

10.莞城图书馆编：《容庚学术全集（第一二册）：颂斋吉金图录、颂斋吉金续录》，中华书局，2011年。

11.许宏等：《考古中国——15位考古学家说上下五千年》，中信出版集团，2022年。

12.李零：《山纹考——说环带纹、波纹、波曲纹、波浪纹应正名为山纹》，《中国国家博物馆馆刊》2019年第1期。

作者小传

张经纬（1982—），上海博物馆副研究馆员，长期从事人类学、艺术史研究。著有《四夷居中国——东亚大陆的人类史》《诸子与诸国：中国古代思想的起源》《看山：一部另类的中国艺术史》《博物馆里的极简中国史（1、2）》《与人类学家同行》《从考古发现中国》《田野——一个人类学者的成长纪实》等多部作品，出版6部译作。

文物中的“蛇”与文化传承

郝爽君

蛇文化在中华文明中由来已久，最早在上古时代就有蛇文化的记载。早期文字典籍如《山海经》中保留着众多来自华夏大传统的史前信息。由于文化变迁后的遮蔽和遗忘，其中很多内容沦为后人难解的哑谜。如夏启珥蛇乘龙佩玉璜等描写。考古发掘的文物作为实物证据，能够让今人超越小传统的遮蔽和迷惑，解读文字编码背后之谜，洞悉大传统的神话观念信息[①]。远古时期的记载，不仅能够证明蛇文化出现较早，还能说明蛇文化在华夏文明中占有较高地位。在中国古代历史中，蛇是很多民族的图腾，有人认为蛇崇拜造就了伟大的民族。黄帝曾经将蛇作为图腾，蛇也是道教所尊“玄武大帝”的形象来源。在北京的白云观中，有五位被供奉的将军都有蛇的形态特点。战国时代，蛇作为神兽进入了黄道十二宫，排在了龙的后面，位列第六，成为十二生肖之一。在希腊传说中，蛇被认为是长寿的象征，现代的医院、药店或医学书籍多以蛇为图形元素进行装饰。中国医学也将蛇作为标志物，用以象征平安、治愈等美好寓意。蛇的意象还常见

---

① 叶舒宪：《红山文化玉蛇耳坠与〈山海经〉珥蛇神话——四重证据求证天人合一神话“大传统”》，《西南民族大学学报（人文社会科学版）》，2012 年第 12 期，第 187 页。

于中国传统文学作品，《搜神记》《聊斋志异》《红楼梦》等作品中均有蛇或其象征物出现。

中国的蛇文化历史悠久、来源丰富，古文化中将“蛇”作为神的意志，认为其不容侵犯，而且蛇的形象会被制作为图腾，供人们定期膜拜。例如排湾人的蛇图腾崇拜主要以百步蛇、龟壳花蛇为对象①。蛇在南北方文化中都作为图腾存在，如南方的高山族蛇图腾、北方的赫哲族蛇图腾等②，各民族文化互相影响，最终形成了伟大的中华民族的蛇文化。《韩非子·五蠹》记载：“上古之世，人民少而禽兽众，人民不胜禽兽虫蛇。”古籍记载足以说明，蛇文化源于人们对动物的恐惧，最终将蛇作为图腾膜拜，祈求依靠蛇的力量获得美好生活。

蛇文化的符号阐释

在大自然中，蛇拥有平衡生物种群数量的作用，人类在一定程度上因为蛇的习性获益。保护蛇成为现代人的共识，蛇文化得到继承传播。在民俗文化中，蛇是富有魅力的形象；在文学艺术作品中，蛇有着善恶两面；在语言文字中，蛇常作为反面形象出现；在图腾中的蛇，会被作为神化的力量。对蛇文化的符号解读，可增进人们对蛇文化的深入理解。

民间习俗中的蛇

蛇在百姓生活中比较常见，故而民俗领域，产生了丰富的蛇文化符号。

---

① 刘军：《高山族排湾人的蛇图腾文化》，《中央民族大学学报：哲学社会科学版》，2001年第6期，第23页。

② 朱婉婷：《蛇图腾在民族服饰中的文化象征性》，鲁迅美术学院硕士论文，2019年，第14-23页。

蛇本身的鲜明特点，使其具备独特的魅力，被赋予多样的文化色彩。蛇在很多古文明中都有出现，并具有阴间冥府的象征。蛇本身是冷血动物，喜欢在阴暗潮湿的地方生活，故人们认为蛇来源于黑暗。蛇在生长过程中有蜕皮的习性，人们认为蛇拥有重生能力。在中国民间，人们通常忌讳看到蛇蜕皮，所以有“看到蛇蜕皮，不死脱层皮”的说法。因部分蛇体内含有剧毒作为捕杀猎物的药剂，所以蛇也与蜈蚣、蝎子、蟾蜍、壁虎合称“五毒”。在我国远古时期，先民大多为穴居或树居，而蛇也喜欢这种环境，所以先民遭受毒蛇咬伤的情况较多。先民见面常问“无它乎？”，“它”即为“蛇”意，这一表达见面时的问候，说明当时的人们普遍畏惧蛇。在中国南方地区，很多人会因为被毒蛇咬伤丧命，群众对毒蛇形成了心理阴影。对蛇的排斥是人们出于自我防御形成的条件反射，部分南方地区民族出于对力量的敬畏也将蛇作为图腾，希望拥有被神化的力量。

蛇在形象上有令人恐惧的一面，但民间习俗也会赋予蛇善良的品性，传播蛇的正面价值。民间认为蛇和龙是同类，故生肖为蛇的人也被称属“小龙”，这说明了人们对蛇的亲近。蛇在民间象征着财富、吉运，所以又有“灵蛇”“祥蛇”之称。在土家人的习俗中，蛇被尊称为“钱串子”，人们将蛇供奉起来，认为蛇能够成为家庭幸福的守护神。蛇在生长过程中的蜕皮习性，使其成为生命力和长寿的象征，而蛇旺盛的生殖能力，也为生殖崇拜所尊崇。

文学作品中的蛇

蛇作为常见动物，往往被文学创作者寄予想象，塑造出具备审美价值的形象。文艺作品塑造亦正亦邪的蛇，作品中蛇的形象也各有差异。在西方文学作品中，蛇一般以反面形象出现[①]。《创世纪》中亚当和夏娃就听信

① 何春燕、朱秀梅：《文化作品中的“蛇”》，《科教文汇》，2007年第3期，第189页。

了蛇的谗言，最终受到了上帝的惩罚。蛇在故事中是魔鬼撒旦的化身，西方宗教艺术作品多将反面人物与蛇的形象关联起来。中国志怪古籍《山海经》中亦有对蛇邪恶恐怖的描绘，“巴蛇食象”体现出古人丰富的想象力。《博物志》用“啮草木以泄其气，草木即死亦杀人”的平实语言，描绘了剧毒蝮蛇的可怕之处。鲁迅先生在《从百草园到三味书屋》中描绘了人首蛇身的怪物，唤人名若有应答，夜间便来食肉。

蛇的文学形象是一体两面的，许多文学作品也将蛇塑造为智慧的化身，蛇成为善良正义的形象。传说古代的中原饱受鼠害，蛇出现后勇敢制服老鼠，帮助百姓解决鼠害，亦献出身上的胆，为百姓驱除疾病。天神被蛇的行为所感动，将生肖属相赐予蛇。明末冯梦龙写出市井小说《警世通言》，其中的《白娘子永镇雷峰塔》描绘了家喻户晓的蛇形象，白蛇的爱情故事被人传颂，表现人们追求自由爱情的向往。

中国语言中的蛇

成语与谚语是中国语言智慧的结晶，也是汉语言的精髓所在。中国的蛇文化，在成语中得到印证：“杯弓蛇影”用于比喻疑虑产生的恐惧；“画蛇添足”形容做事情多余；“打草惊蛇”用于比喻机密的事情，因为小事泄露。成语能够实现语言精准表达，是中国古人对现实细致观察的成果。生活中人们也会用谚语总结生活常识，“人心不足蛇吞象”“一朝被蛇咬，十年怕井绳”，都生动表现了常识性的知识。由于蛇在百姓生活中较为常见，这些谚语的表达效果也更生动形象，为群众所喜爱，应用频繁。

在中国文化中，蛇与龙是互相对应的，所以蛇也是具有灵性的动物，被赋予崇高和理性的象征，“灵蛇之珠”就是在这一文化背景下产生的词汇。蛇的身体布满花纹，有些蛇全身色彩斑斓，这些花纹最早用“文章”来形容，而后拓展了“文章”的应用。《周礼·冬官考工记第六·画缋》中载：“青与赤谓之文，赤与白谓之章。”[①] 这里的“文”与“章”可以合在一起，用来形容文辞。在中国文人的诗词创作中，蛇也是常见的喻体。苏轼的作品“逞披发仗剑威风，仙佛焉耳矣；有降龙伏虎手段，龟蛇云乎哉”将龟蛇之威武用于形容建筑庞大。在中国书法中，蛇的形象应用较多，因为蛇行动敏捷，与书法遒劲有力的书写方式相似。草书中的笔法更与蛇的运动形象类似，二者类比有诸多精妙之处，故而书法中有“笔走龙蛇”等表达草书流畅自然笔法的词汇。

神话图腾中的蛇

远古时期人们对自然充满敬畏，故而会选择强大之物进行崇拜，以期获得庇护。当时的人们相信万物有灵，图腾崇拜在早期氏族社会较为常见，成为人们的精神信仰。时人将蛇作为图腾崇拜，将蛇作为部落的保护神，这种文化对当代依然产生持续影响，如当代创作的女娲、盘古形象依然为人首蛇身。蛇崇拜来源于蛇在自然界中的地位，在远古氏族社会中也代表了权力。《拾遗记》卷二载“蛇身之深，即羲皇也”，将伏羲当作象征雷电的“两头蛇”图腾。相传伏羲也认为自己受胎是母性始祖与蛇接触的结果，自己是蛇的后裔，以此来佐证自己的权力[②]。在寓言故事《愚公移山》中，大力神同时也是操蛇之神，拥有蛇成为这些人获得权力的象征。中国人自称“龙的传人”，龙图腾已深深融入中华民族血脉。很多学者认为，龙的形象最早以蛇为原型创作，蛇的身体外加兽角、马毛、鹿角等，最终融合出完美的形象。正因为蛇在远古文化中如此重要，十二生肖中有蛇就并不奇怪了。

在蛇文化中，蛇还会与其他动物同时出现，用于表达特定内容。当蛇与蛙同时出现，二者通常作为天敌而存在。古人认为月食是令人震惊的事

① 徐正英、常佩雨：《周礼（下册）》，中华书局，2014 年，第 939-940 页。

② 赵生军：《中国古代蛇图腾崇拜刍议》，《普洱学院学报》，2007 年第 4 期，第 59 页。

件，而月食的过程与蛇蛙相斗存在着相似性，故蟾蜍成为凶神，代表着月亮，蛇的出现就代表消灾，可以让月亮完整无缺。蛇鸟斗是古时图腾的另一重要形象，在这类图腾中，蛇对着天空的鸟口吐蛇芯，鸟从空中飘落下来。蛇鸟图腾而后经过演化，成为如今的“龙凤呈祥”图腾，其中的蛇鸟形象应与龙凤对应，二者同时出现表达阴阳和谐的寓意。还有一种为蛇牛斗，虽然现实中这种情况稀少，但蛇牛斗主要表现两种图腾之间力量的争斗。炎帝、蚩尤和夸父的图腾都为牛，而黄帝、女娲、盘古等的图腾为蛇，两方势力斗争长久，并且最终保持和平相处。

中国国家博物馆藏蛇文物及其寓意

蛇文化发展历史悠长，因而产生了大量以蛇为题材的文物。精美的文物产生于中国历史的不同时期、不同地域，各地蛇文化有所差异，也有交融共通之处。在中国国家博物馆的馆藏文物中，就可见到不同类型、不同时代与不同材质的蛇文物，据此可见蛇文化发展与演变的脉络。

镂空蛇纹鞘剑

镂空蛇纹鞘剑（图 1）于 1972 年在甘肃灵台白草坡出土，其年代为西周。这是一把带有精美镂空蛇纹装饰的鞘剑，剑身为狭长的三角形，整体较短，中脊处略微隆起。剑腊饰三角纹，剑鞘镂空，以盘蛇为饰，鞘口两侧各饰一牛。蛇纹增添了武器的艺术价值，也赋予其特殊的象征意义。如前文所述，在中国古代，蛇牛斗是较为

图 1　镂空蛇纹鞘剑

常见的图腾，被认为是上古时期黄帝与炎帝两方势力的斗争，而后蛇牛斗成为和平祈愿的图腾。

蛇蛙纹青铜卣

蛇蛙纹青铜卣（图 2）于 1986 年在湖南湘潭出土，其年代为春秋晚期。卣是一种用来盛酒的容器，其形状多变，但通常为圆筒形或椭圆形。此器物分为器身、器盖两个部分。器盖的盖面微微上鼓，盖面正上方中心处设置抓钮，形状为方柱尖顶，盖钮两侧为花纹，有夔龙式扉棱。整个器身肚子鼓起，呈垂鼓腹形状。器物提梁与器身固定连接，使用子母扣勾连。提梁两端为冠状龙首形状，下面置圈足。器物的器身和器盖两部分有云雷纹，纹饰上有鼍龙纹、蛙纹、蛇纹等动物纹饰。此器物胎质相对更薄，相比于中原器物，特色更加鲜明，纹饰亦有当地特色。蛇蛙两种动物在中国古代文化中有驱邪含义——蛇被赋予守护、再生等意义，蛙则常被视为雨水丰收的象征，二者结合在一起，表达了对自然和谐、生命力旺盛的美好愿望。

图 2　蛇蛙纹青铜卣

蛇蛙纹青铜尊

蛇蛙纹青铜尊（图 3）于 1971 年在广西恭城出土，其年代为春秋晚期。尊是一种用于祭祀或宴饮时盛放酒的礼器，此器物为圆形侈口，颈部收缩，腹部鼓起。器

图 3　蛇蛙纹青铜尊

物腹部和颈部都用云雷纹装饰，器物上装饰双蛇蛙纹，采用高浮雕工艺装饰蛇首、蛙体，器物足部装饰雷纹。颈上与颈下使用锯齿纹进行分割，腹部位置使用实心乳丁分割。器物显示出中原文化和岭南文化结合的特点，铜尊形制遵从中原风格，纹饰却借鉴岭南蛇文化，表现出两地文化融合，成为百越文化的青铜器代表。蛇蛙纹青铜尊同样采用蛇与蛙作为主要装饰元素，除了具有视觉上的美感外，在精神层面也寄托着古人对于生命循环不息、万物生长繁荣的祈愿。

蛙蛇形铜马饰

蛙蛇形铜马饰（图 4）于 1976 年在辽宁省凌源县三官甸子出土，其年代为战国。器物是一件以蛇形象为主题的马具装饰品，马饰上的蛙体形肥胖，双目在皮肤下凸起，前足踞地而栖，两条后足被两条蛇咬住，表现出形象的动态美。此器物为战国时期东胡地区的文物，当时东胡为辽宁省西部位于辽河上游的游牧民族，该民族擅长骑射，当时与燕、赵两国有交流，偶尔会发生掠夺行为。器物的蛇形设计体现了东胡工匠们精湛的手工艺技巧，反映出蛇在中国传统文化中是神秘莫测的力量象征，也是吉祥如意的代表。将蛇应用于马匹装备之上，是为了祈求旅途平安、战事顺利，这件马当卢反映了东胡民族对蛇文化的认同。

图 4　蛙蛇形铜马饰

“滇王之印”金印

“滇王之印”金印（图 5）在 1955 1960 年出土于云南晋宁石寨山，其年代为西汉。器物整体为金黄色，质地为黄金，采用印纽和印身分体制作，

图 5 “滇王之印”金印

图 6 米色釉蛇纹烛台

图 7 青玉蛇玉器

先将印钮制作为蛇形，而后通过与印身焊接制作而成，印面使用篆体刻“滇王之印”。《史记·西南夷列传》中有相关记载，公元前 109 年滇王降汉，汉武帝设置益州郡，赐滇王王印，继续管理居民。该金印实现了文物与史书的互相印证，佐证了历史事件的真实性。王印使用蛇进行装饰，主要用于表现权力。滇王曾是一地之主，降于汉武帝后以蛇装饰王印，在象征权力的同时，表现了与皇帝用龙的差异。

米色釉蛇纹烛台

米色釉蛇纹烛台（图 6）为唐朝时期制作。器物整体为米色，周身无其他颜色装饰，给人以温馨的感受。器物顶部为放置蜡烛的烛台，中间承接部位螺旋盘桓着一条蛇，下半部分为更大的盘形。盘形大小错列设置，使器物表现出层次，增加整件作品的神秘感。中间部位的蛇形线条流畅，使用者可以便捷握持烛台。烛台是古代家庭中的常用物件，蛇是生活中的常见动物，因而蛇在器物中作为家庭守护者出现，可以起到驱邪避凶的作用。

青玉蛇玉器

青玉蛇玉器（图 7）为清朝时期制作。

器物为镂空雕饰，玉石表面光滑圆润，蛇身盘根错节，头部从饰物中间探出，表现蛇的栖息状态。青玉蛇延续了蛇文化的寓意，显示了佩戴者意欲获得身体健康、延年益寿的祝愿。蛇身镂空的形态设计，使其成为具有极高审美价值的装饰物。

结　语

蛇是来源于自然的动物，蛇的生活习性对人类而言是有益的，人类对蛇也有较多亲近感，所以蛇文化从上古时期开始就得到认同。蛇文化历经数千年历史发展，基本上形成了与人类文化的交互。从中国国家博物馆所藏以“蛇”为主题的文物研究中可以发现，蛇文化受到各民族交流的影响。蛇文化并非独立存在，而是需要不断吸收各民族文化，最终在融合与影响中形成新的文化形式。蛇文化对中华民族的发展有直接影响，分析研究蛇文化有助于深度了解中国历史文化，并更好地继承蛇文化、增添蛇文化的审美价值。在历史长河的演进中，蛇文化只是微不足道的一环，我们却能够从这些流传有序的蛇文物中，感受到博大精深的中国传统文化及其传承与发展的轨迹。

作者小传

郝爽君，现任中国国家博物馆社会教育部教育员、馆员，主要专注于博物馆教育推广与馆藏民俗、生肖文物研究工作。

从“人蛇相伴”到“半人半蛇”

中国早期艺术中的“人蛇”主题研究 *

韩 鼎

本文所论“人蛇”主题，指器物的造型或纹饰中，人和蛇的元素共存并具有关联性的形象，按照表现形式可分为“人蛇相伴”和“半人半蛇”两类，前者包括手操持蛇、头戴蛇、口衔蛇、耳珥蛇、足践蛇等形象；后者包括“人身蛇臂”“人首蛇身”，其中“人首蛇身”的形象对后世产生了深远影响。

“人蛇”主题可分为三个阶段：第一阶段，从新石器时代到西周，人、蛇相伴并同化，两者间没有明显冲突对立，蛇体现出一定的神圣性。第二阶段，从春秋战国到汉代①，人蛇关系复杂化：既有继承前代的“神人操蛇”和“人首蛇身”形象，也有新出现的反映人蛇对立的打蛇、啖蛇等形象，此外，汉画中还出现了以蛇为道具的“蛇戏”，蛇的神圣性逐步消解②。第

* 本文系河南省高校人文社会科学研究一般项目（2025—ZZJH—189）；2024 年河南兴文化工程文化研究专项项目（2024XWH041）“中原青铜礼器实证中华文明突出特性研究” 阶段性研究成果。

① 该阶段的研究可参考吴荣曾：《战国汉代的“操蛇神怪”及其有关神话迷信的变异》，《文物》，1989 年第 10 期。

② 韩鼎：《汉画中“神人操蛇”形象的渊源与形成研究》，中国汉画学会：《中国汉画学会第十四届年会论文集》，三秦出版社，2013 年。

三阶段，唐代后“人蛇相伴”形象罕见，“半人半蛇”的形象仍有发现，部分为传承自汉代的伏羲女娲形象（如新疆吐鲁番阿斯那墓地出土帛画），部分为唐墓中的人首蛇身俑，而更常见的形象则是成套十二生肖俑中的“蛇首人身俑”。

“人蛇”主题对研究早期信仰、巫仪都很重要，目前已有不少有价值的研究成果[①]，但研究主要集中于东周之后，对西周及之前的“人蛇”主题鲜有系统讨论。下面笔者将在梳理早期“人蛇”主题材料的基础上，对“人蛇相伴”与“半人半蛇”形象间的关系，以及“人蛇”主题的含义进行分析。

早期“人蛇”主题材料梳理

新石器时代的“人蛇”主题

目前所见我国最早的“人蛇”主题集中出现于马家窑文化的彩陶上，包括头顶“戴蛇”和双手“操蛇”两种形式。

“戴蛇”形象来自一件人头形彩陶器盖[②]，该器发现于甘肃东乡地区，现藏于瑞典远东博物馆。其上人物黥面纹身，面部成平板状，头上有双角，

① 考古学视角：吴荣曾：《战国汉代的“操蛇神怪”及其有关神话迷信的变异》，《文物》，1989年第10期；王厚宇：《考古资料中的蛇和相关神怪》，《中国典籍与文化》，2001年第2期；邢文：《人、兽母题：史前至汉代陶石金帛所见人、兽母题的分类》，《民族艺术》，2011年第4期。文化人类学视角：萧兵：《操蛇或饰蛇—神性与权力的象征》，《民族艺术》，2002年第3期。文学视角：李炳海：《蛇：参与神灵形象整合的活性因子—珥蛇、操蛇、践蛇之神的文化意蕴》，《文艺研究》，2004年第1期。艺术史视角：朱存明、董良敏：《肖形印“神人操蛇”图像的产生及演变》，《中国美术研究》，2012年第1-2期。

② J.G.Andersson，Researches into the Prehistory of the Chinese，*Bulletin of Museum of Far Eastern Antiquities*. 1943，No 15.

从头顶至后脖颈有一条浮雕蛇纹（图一：1）。头顶盘蛇的形象与《山海经·中山经》中“载蛇”记载相近：“洞庭之山……是多怪神，状如人而载蛇”，载蛇即戴蛇[①]。关于此人物的身份，学界多将其视为巫师[②]。从双角、面具[③]等特殊装饰，也可辅证此说。

1 2 3

图一 马家窑文化中的神人操蛇形象

1.瑞典远东博物馆藏彩陶器盖 2.甘肃会宁出土彩陶罐 3.加拿大安大略皇家博物馆藏彩陶罐

马家窑文化中还发现了两件“神人操蛇”彩陶罐：第一件“神人纹浮雕蛇纹罐”[④]，出土于甘肃省会宁县（图一：2），罐四面各绘一神人纹，四肢和掌指展开。四个神人纹之间各饰一条浮雕的蛇，作蜿蜒向上爬行状。第二件纹饰与此罐相似（图一：3），现藏于加拿大安大略皇家博物馆[⑤]，

① “‘载’亦‘戴’也，古字通”，见郝懿行《山海经笺疏》，浙江人民美术出版社，2013 年，第 402 页。

② 如：“祈雨师”（谭旦冏：《中国陶瓷》（一），光复书局，1980 年，第 79 页。），“萨满”（Bradley Smith; Wango H C Weng.*China: A History in Art*.New York，1973.p.18.），“古羌人女巫或偶像”（沈从文：《中国古代服饰研究》（增订本），台湾商务印书馆，1993 年，第 7 页）。

③ 观察平板状面孔下方，可知其与人头不是一体的。相比于同出的另一件较写实的人头彩陶器盖（远东博物馆藏，编号 K—05472），可基本确定此“平板”为面具。

④ 张朋川、王新村：《马家窑文化彩陶瑰宝新赏》，文物出版社，2004 年，第 98-99 页。

⑤ Far Eastern Department，Royal Ontario Museum，*Homage to Heaven*，*Homage to Earth: Chinese Treasures of the Royal Ontario Museum*，University of Toronto Press，Toronto，1992，p.20.

除人物形象用半山期常见的抽象神人纹表现外，器型、纹样，包括四条浮雕蛇纹皆和前例相近。

二里头文化中的“人蛇”主题

二里头文化中蛇纹丰富且常与礼器相结合的特征已引起学界的关注[①]。虽然目前尚未发现直接表现“人蛇”主题的实证，但一些相关证据给了我们重要的线索。

墓葬 2002 Ⅴ M3 曾出土一件绿松石龙形器和一件铜铃（图二：1），简报称该龙形器（2002 Ⅴ M3：5）“很可能是被斜放于墓主右臂之上而呈拥揽状，铜铃则位于手的附近”[②]。虽称之为龙形器，但该器主体特征仍为蛇形。再看这件龙形器与墓主人的位置关系，“拥揽”正是对“操蛇”的表现，我们可以依此复原下葬时两者的位置关系（图二：2）[③]，无论这位神职人员[④]生前是操蛇施法或仅执此器以象征持蛇，都表现出与“操蛇”的相关性。

---

① 参见杜金鹏、朱乃诚、蔡运章、李德方、顾问等学者的论文，载杜金鹏、许宏：《二里头遗址与二里头文化研究——中国·二里头遗址与二里头文化国际学术研讨会论文集》，科学出版社，2006 年。

② 中国社会科学院考古研究所二里头工作队：《河南偃师市二里头遗址中心区的考古新发现》，《考古》，2005 年第 7 期。

③ 由于该墓葬被二里岗文化晚期灰坑打破，人骨保存不佳，蓝色部分为假想复原部分。底图：中国社会科学院考古研究所：《二里头：1999—2006》，文物出版社，2014 年，第 999 页。

④ 杜金鹏认为是“宗庙管理者、祭祖活动参与者”，蔡运章认为是巫师“御龙氏”，杜金鹏、许宏：《二里头遗址与二里头文化研究——中国·二里头遗址与二里头文化国际学术研讨会论文集》，科学出版社，2006 年。

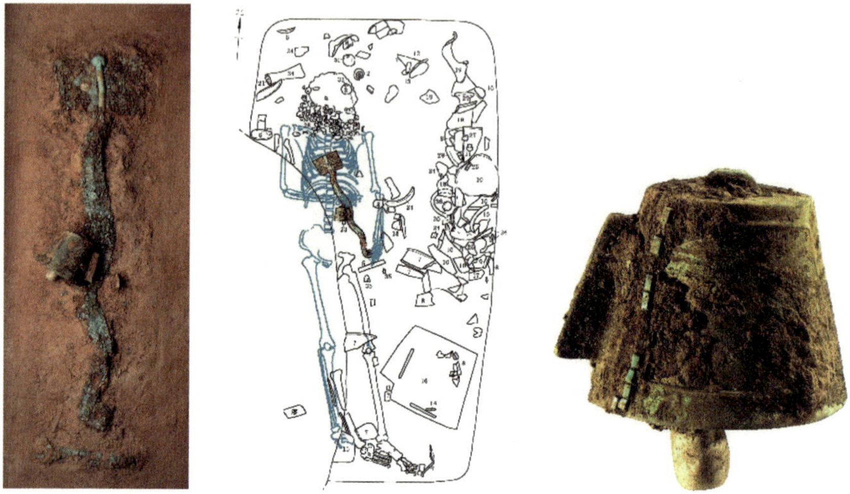

1　　2　　3

图二　二里头文化中绿松石龙形器、铜铃

1. 绿松石龙形器　2. 墓主人与龙形器关系假想图　3. 铜铃 2002 Ⅴ M3：22

另外，该墓出土的铜铃（图二：3）[①] 也应引起我们的注意，它是我国考古所见最早的青铜铃，应是东亚大陆第一次传出金玉共振的乐声（陶寺出土红铜铃太小，声响应不大）。同时，铜铃也体现出巫仪与音乐的密切关系，《山海经·大荒西经》中记载：“有人珥两青蛇，乘两龙，名曰夏后开（启）。开上三嫔于天，得《九辩》与《九歌》以下。”夏启“珥两青蛇”并掌握早期音乐的特征，与该墓主人“操蛇”、持铃的形象体现出观念上的一致性（但这并非试图论述此墓与夏王有何关联）。从整体上看，此墓表现出身为巫觋的墓主人“操蛇”（象征）、持铃的形象。

商周时期的“人蛇”主题

商周时期的“人蛇”主题可分为两类：一类是人、蛇独立并存的“人

① 中国社会科学院考古研究所：《二里头：1999—2006》，文物出版社，2014 年，彩版二八二。

蛇相伴”类型；另一类是蛇转变为人身体一部分的“半人半蛇”类型。

1．人蛇相伴

人蛇相伴类型中又可细分为两类：一类为蛇纹盘绕、覆盖人的四肢，可概括为“四肢盘蛇”类型；另一类为人头靠近蛇口，或头上盘蛇，可概括为“人头近蛇口”类型。

（1）四肢盘蛇。

人蛇相伴的形象中蛇位于人体的胳膊或腿处，蛇表现为覆盖、盘绕，或被操持。典型的例子有如下几例。

妇好墓出土有两件玉人（小屯 M5：371、小屯 M5：372）（图三：1–2）[①]，前者跽坐、着衣，身后一侧有 T 形宽柄器，报告认为该器因“与衣纹不连”，可能是玉人夹持着的某种器物，其上有蛇，并延伸至左腿。因蛇纹延续于 T 形器和人体之上，可见此蛇并非衣纹，而应是对盘绕其上的蛇的再现。同时，该玉人右腿外侧也有蛇纹。后者亦呈跽坐状，四肢均有蛇纹。有学者认为蛇纹“可能是纹身”[②]，但通过细致观察，可发现该玉人脖子处有衣领，应也穿着有衣服，另外玉人背后的状纹饰，也与前例玉人衣服上的纹一致。故发掘报告中认为“有衣纹，其上有蛇纹和云纹”。由此看来，妇好墓的两个玉人所表现出的人蛇关系是一致的，都是蛇于衣外盘绕于人体之上，更具体来说是盘绕于四肢。

---

① 深圳博物馆、中国国家博物馆：《国家宝藏 中国国家博物馆典藏精品展图录》，文物出版社，2008 年。中国社会科学院考古研究所《殷墟妇好墓》，文物出版社，1980 年，第 152 页。中国社会科学院考古研究所《殷墟妇好墓》，文物出版社，1980 年，第 153 页。中国社科院考古研究所:《王后·母亲·女将 纪念殷墟妇好墓考古发掘四十周年 玉器篇》，科学出版社，2016 年，第 4 页。（图中绿色为笔者所添，以强调蛇纹部分，下文同。）

② 中国大百科全书总编辑委员会：《中国大百科全书·美术》（1），中国大百科全书出版社，1991 年，第 241 页。

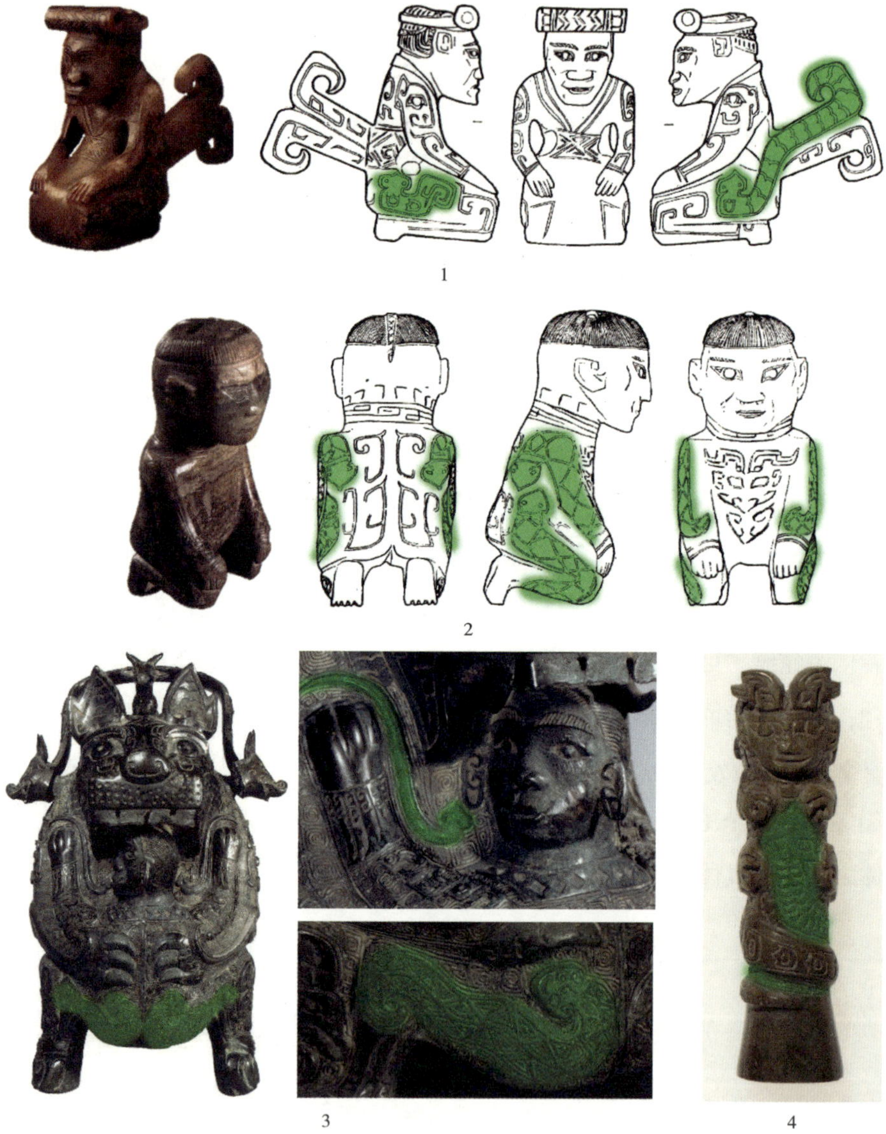

图三　商周时期表现人蛇相伴（双臂、双腿盘蛇）形象的器物

1.妇好墓玉人（M5：371）　2.妇好墓玉人（M5：372）　3.虎卣（法国赛努奇博物馆藏）　4.骨雕（明尼阿波利斯博物馆藏）

著名的“虎卣”也包含有人蛇相伴的形象，以法国赛努奇博物馆的虎卣为例，器中人物的双手各操持一条蛇，双腿也各盘有一条蛇（腿上的蛇用浮雕形式表现，以表明蛇和腿不是一体的，蛇纹并非纹身）。上肢操蛇、下肢盘蛇的形式也对理解妇好墓玉人四肢上的蛇纹有启发意义（图三：3）。

美国明尼阿波里斯博物馆所藏的骨雕（图三：4），其背面是老虎俯趴于人后背之上。从前面观察，在人体的下方有一条蛇，从胸部盘绕至双足，覆盖下肢。可视为双腿盘蛇的另一种表现。

上述器物的共同特征是人的上肢或下肢盘绕或操持有蛇。甲骨文中也有与“操蛇”相关的形象，如（龚），类似的还有等。李学勤认为：是“两手捧着一条龙的象形，可见龙的身体并不很大”①，结合虎卣中的“操蛇”形象，这“身体并不很大”的“龙”极可能是蛇。

（2）人头近蛇口。

除了双臂、双腿盘蛇，商代的“人蛇”主题中还有人头靠近蛇口的情况。

郑州商城曾出土一件早商阶段的表现“人蛇”主题的陶片（图四：1）②（线图浅色部分为复原部分）。图案左右对称，人物头部两侧各有一兽首，发掘报告称其为“虎噬人”图案③，不够准确：首先，兽头不是虎头而是蛇头，分叉的舌头即是证据；其次，该人物形象为商代巫觋常见的蹲踞状态（此

① 李学勤：《谈殷周时期的龙凤》，《李学勤早期文集》，河北教育出版社，2008年，第32页。

② 河南省文物考古研究所：《郑州商城——1953—1985年考古发掘报告》，文物出版社，2001年，彩版六。汤威、张巍：《郑州商城“人兽母题”陶片图案复原及相关问题探讨》，《中国历史文物》，2008年第1期。

③ 河南省文物考古研究所：《郑州商城——1953—1985年考古发掘报告》，文物出版社，2001年，第267页。

例为蹲踞姿态的剖展表现）[①]，并且面带笑容，不应是被吞噬的关系。属中商时期的郑州小双桥遗址曾出土一件青铜建筑饰件（图四：2）[②]，河南博物院藏有一件与之相近似的器物（图四：3）[③]。器物呈“凹”形，正面为饕餮纹，两侧面纹饰相近。侧面表现了龙、虎、人的主题[④]，发掘报告称表现了龙虎象的形象是不准确的。其中人是以蹲踞的姿态，而头是低头的状态，与郑州商城陶簋陶片一致，为耳部靠近蛇（龙）纹。现藏于弗利尔美术馆的商代晚期（或西周早期）青铜刀背脊处（图四：4）[⑤]，一蛇由人物肩部上行，在人首上部张口呈“吞噬”状。

甘肃灵台白草坡的玉人（M1:99）（图四：5）[⑥]，一蛇盘绕于人物头顶，呈现出戴蛇的形式。与之造型类似的有瑞典斯德哥尔摩东亚古物博物馆藏的一件铜钺（图四：6）[⑦]，其上人物的头上也有盘绕状物体，对比甘肃灵台白草坡出土的玉人，可推测该物很可能表现的是蛇的形象。

2. 半人半蛇

商周“人蛇”主题中的“半人半蛇”形象，也可再细分为两型：一类

---

① 韩鼎：《商周纹饰中剖展表现模式研究》，《曾国考古发现与研究》，科学出版社，2018。

② 河南省文物考古研究所编：《郑州小双桥——1990—2000年考古发掘报告》，科学出版社，2012年，第17页，照片：彩版二六。

③ 河南省文物考古研究所编：《郑州小双桥——1990—2000年考古发掘报告》，科学出版社，2012年，第17页，照片：彩版二七。

④ 韩鼎：《郑州小双桥商代青铜建筑饰件纹饰研究》，中国社会科学院考古研究所夏商周考古研究室编：《三代考古》7，科学出版社，2017年。

⑤ 线图转引自张光直：《商周青铜器上的动物纹样》，《考古与文物》，1981年第2期。

⑥ 甘肃省博物馆文物队：《甘肃灵台白草坡西周墓》，《考古学报》，1977年第2期。

⑦ Ch'en Fang—mei and Mette Siggstedt.The collection of Shang period bronzes in the Museum of Far Eastern Antiquities A catalogue. *Bulletin of Museum of Far Eastern Antiquities*（77）.p.191.

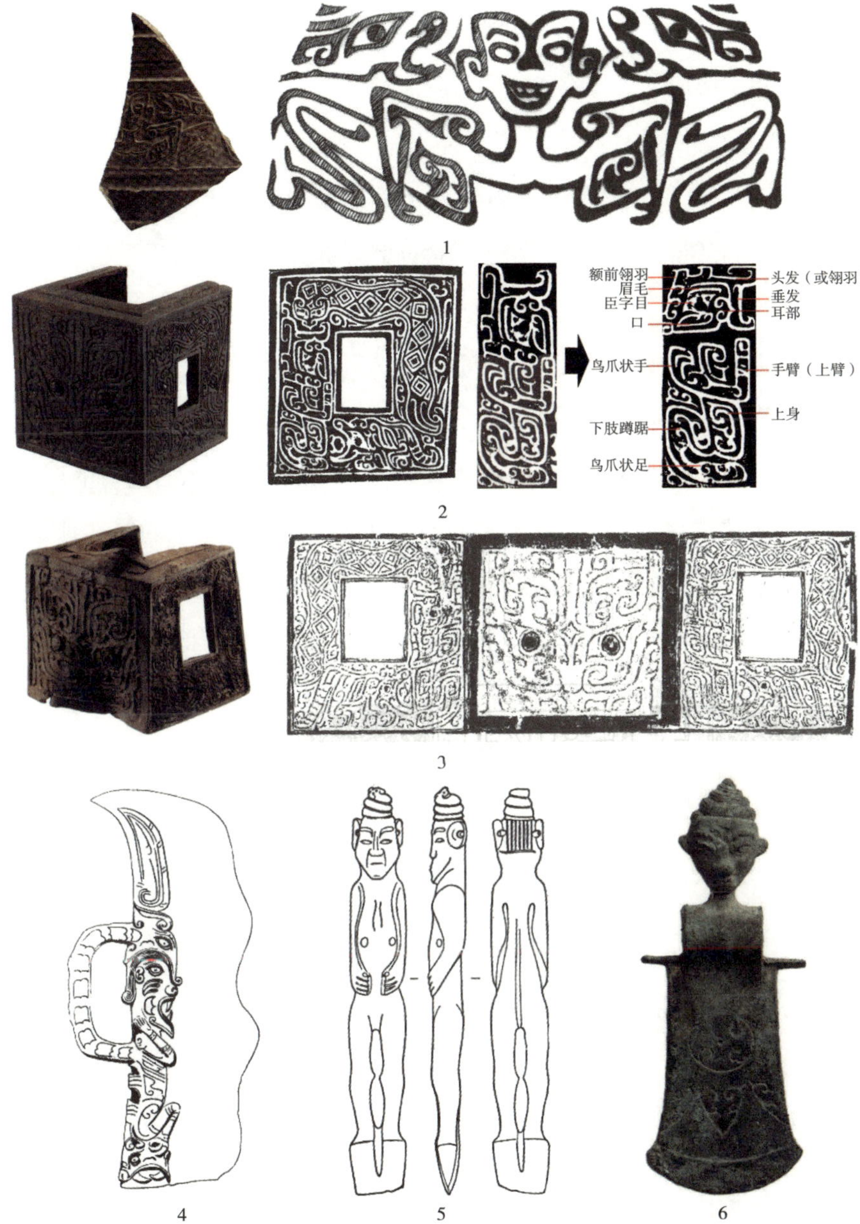

图四　商周时期饰有的人蛇相伴（人首近蛇）形象的器物

1. 陶簋残片（郑州商城 C8T62③：9）　2. 建筑饰件（小双桥 89ZX 采：01）　3. 建筑饰件（河南博物院藏）
4. 青铜刀（弗利尔美术馆所藏）　5. 玉人（甘肃灵台白草坡出土）　6. 铜钺（瑞典东亚古物博物馆藏）

为人的下肢由蛇纹替代，形成“人首蛇身”的形象；另一类为人的手臂由龙蛇纹替代，形成“人身蛇臂”的形象。

（1）人首蛇身。

“人首蛇身”的形象是商周半人半蛇形象中较早出现的一类，主要表现为人面蛇身的形象，部分例子中的手臂部分表现为鸟爪。典型例子如下。

美国弗利尔美术馆藏有一件人面盉（图五：1）[①]，该盉的器盖为人面，器身部分表现有爪和蛇尾，蛇尾从人的脑后向下延伸，绕器一周，整体形成人首蛇身的形态。该馆所藏青铜觥（图五：2），后足为人首蛇身的形象，其上人物表情肃穆，双手交叉，蛇身盘绕于下。传殷墟出土的三件骨雕，纹饰特征相近：人首蛇身，手为鸟爪状，但三件器物的蛇身纹饰均不相同，其中一骨雕的蛇身上有“”纹（图五：3左）[②]，它并不是商代常见的涡纹，而更类似于甲骨文中的“巫”（）字，另外两件一件蛇身为菱形纹饰（图五：3右）[③]，一件近盾形纹饰（图五：4）[④]，菱形、盾形为商代蛇纹身纹常见的二分化表现[⑤]。

在西周时期，不少玉璜纹饰中都表现为两个相对的人首蛇身形象，如

---

① Pope，John Alexander. *The freer chinese bronzes Volume I*. Washington.1967.p.223，227.

② 陈仲玉：《殷代骨器中的龙形图案之分析》，《历史语言研究所集刊》第四十一本第三分，图版 1—4。

③ 陈仲玉：《殷代骨器中的龙形图案之分析》，《历史语言研究所集刊》第四十一本第三分，图版 1—3。

④ 〔日〕梅原末治：《河南安阳遗宝》，京都小林写真印刷所，1940 年，图版 83—1。

⑤ 〔美〕艾兰、韩鼎：《商周时期艺术和文字的关系——以“蛇”为例》，《出土文献》，2025 年（待刊）。

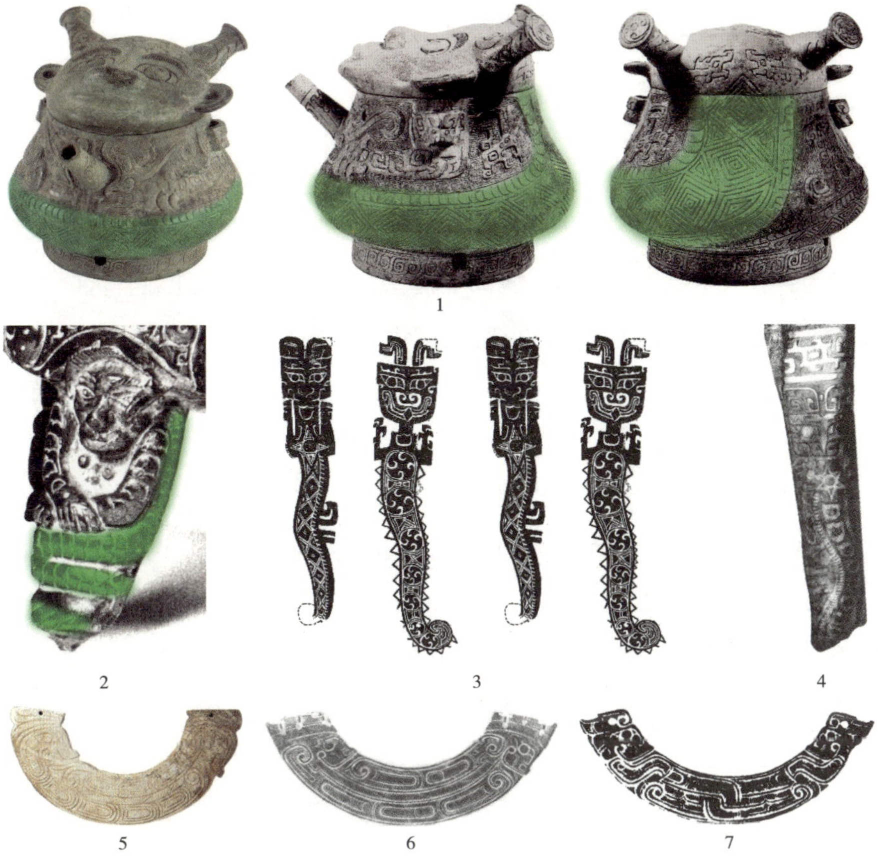

图五　商周时期饰有的半人半蛇（人首蛇身）形象的器物

1. 青铜盉（弗利尔美术馆藏）　2. 青铜觥（美国弗利尔美术馆藏）　3. 骨雕（怀履光旧藏）　4. 纽约藏家收藏
5. 虢国墓地出土玉璜　6. 芮国墓地出土玉璜　7. 晋侯墓地出土玉璜

虢国墓地玉璜（M2001：661-3）（图五：5）[①]、芮国墓地玉璜（图五：6）[②]、

① 河南省文物考古研究所、三门峡市文物工作队编：《三门峡虢国墓 第1卷》（下），文物出版社，1999年，彩版21—6。

② 陕西省考古研究院编：《芮国金玉选粹：陕西韩城春秋宝藏》，三秦出版社，2007年，第66页。

晋侯墓地玉璜（山西天马曲村 M113：66–12）（图五：7）[①]。共同特征是玉璜两端为两个相对的人首，玉璜中部由蛇身构成，蛇身之中常见盾形纹，有些例子中蛇身相互交缠。

（2）人身蛇臂。

西周时期出现了一种人身龙（蛇）臂的玉人形象，数量较多，其基本形式为：玉人呈侧视蹲踞状，胸部位置有一蜷曲的蛇（龙）纹，同时，头顶和臀下也常有蛇纹，头顶蛇纹呈张口状，此类人身蛇臂玉雕在张家坡墓地（图六：1）[②]、晋侯墓地（图六：2）[③]、虢国墓地（图六：3）[④]、芮国墓地（图六：4）[⑤]、扶风县强家村一号墓葬（图六：5）[⑥]等地均有发现。

基于上述基本造型，还出现了若干变体形式，如陕西张家坡曾出土的玉人（M157：104）（图六：1 左）[⑦]，这件玉雕由两个人首和多条龙蛇组成：大玉人手臂由蛇构成，脑后也有一蛇头探出，它又构成了小人头的“蛇臂”。另外，两人头上面均有盘绕状物，对比白草坡戴蛇玉人（图六：2），可知这也应是盘绕于头顶的蛇。有学者认为“以龙头代替人物的胸部似是西周

---

① 北京大学考古文博院、山西省考古研究所：《天马—曲村遗址北赵晋侯墓地第六次发掘》，《文物》，2001 年第 8 期。

② 古方主编，刘云辉卷主编：《中国出土玉器全集 14 陕西》，科学出版社，2005 年，第 77 页。中国社会科学院考古研究所编：《张家坡西周玉器》，文物出版社，2007 年。

③ 古方主编，宋建忠卷主编：《中国出土玉器全集 3 山西》，科学出版社，2005 年，第 89、116、136 页。

④ 河南省文物考古研究所、三门峡市文物工作队编：《三门峡虢国墓 第 1 卷》（下），文物出版社，1999 年，彩版 39—2。

⑤ 陕西省考古研究院编：《芮国金玉选粹：陕西韩城春秋宝藏》，三秦出版社，2007 年，第 72 页。

⑥ 曹玮主编：《周原出土青铜器》9，巴蜀书社，2005 年，第 1844 页。

⑦ 中国社会科学院考古研究所：《张家坡西周墓地》，中国大百科全书出版社，1999 年，第 277 页。

1

2

3

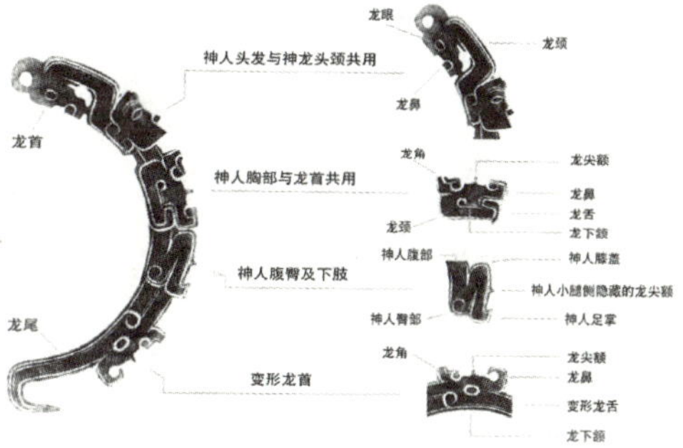

4

5

图六　西周时期饰有的半人半蛇（人身蛇臂）形象的器物

1. 张家坡墓地出土玉人　2. 晋侯墓地出土玉人　3. 虢国墓地出土玉人

4. 芮国墓地出土玉人　5. 陕西扶风县强家村 1981M1 出土玉人

玉器的特征”[①]，判断其为“西周玉器的特征”是非常准确的，但“龙头”代替的并非胸部，而是蜷曲的手臂，这点通过晋侯墓地正面玉立人可得到证明。出土于天马曲村遗址北赵晋侯墓地的正面玉立人（Ⅰ11M8：184）[②]（图六：2左），它表现了“人身蛇臂”玉人的正面平视形象（天津艺术博物馆藏有一件与之相似的玉人[③]）。观察可知，由蛇替代的是玉人的双臂而非胸部，侧视人像只是将“蛇臂”蜷曲起来表现。同时，该玉人双耳旁也各有一条张口的蛇纹（由于其尾部仍为一体，推测可能表现了双头蛇，或一条蛇的“剖展”的表现形式），也与侧视蛇臂玉人头上常有龙蛇的形象是一致的，均源自商代“人蛇”主题中人头靠近蛇口的形象。因此，报告称之为“披发”可能不够准确。蛇臂和戴蛇两个特征共同证明：正面玉人即侧面蛇臂玉人的正面形象。

“人蛇相伴”与“半人半蛇”的关系

上文梳理了自新石器时代至西周时期的“人蛇”主题，之所以将“人蛇相伴”和“半人半蛇”都归为“人蛇”主题，是因为笔者认为两者表现的是相同的内容，其差异仅是表现形式和抽象程度的不同。下面将以“人蛇相伴”类型中最常见的“双臂、双腿盘蛇”形象和“半人半蛇”类型中最多见的“人身蛇臂”“人首蛇身”形象为例，探讨“人蛇相伴”与“半人半蛇”两类间的相互关系。

第一，从“上肢盘蛇”到“人身蛇臂”。

---

① 中国社会科学院考古研究所:《张家坡西周墓地》，中国大百科全书出版社，1999年，第276页。

② 北京大学考古学系、山西省考古研究所：《天马——曲村遗址北赵晋侯墓地第二次发掘》，《文物》，1994年第1期。

③ 范汝森:《商周时代的几件玉雕——天津艺术博物馆藏》，《文物》，1959年第7期。

从上肢盘蛇的形象演变图（图七：1）可以看到：妇好墓玉人的上肢被蛇纹完全覆盖，蛇与手臂呈现出一体化趋势。而到了西周时期，手臂直接用蛇纹替代，如晋侯墓地玉人，其正面、侧面都表现了这一特点，以此来象征上肢缠绕有蛇，或蛇与手臂已融为一体，蛇成为人体的一部分。

第二，从“下肢盘蛇”到“人首蛇身”。

从下肢盘蛇的形象演变图中（图七：2）可以看到：虎卣中人物双腿上有两条浮雕蛇纹盘绕；而在骨雕中，双腿由于蛇的缠绕而隐没；再看觥足上，人物直接表现为人首蛇身。加之三者都具有“人首入虎口”的特征，由此可证明它们表现了相同的主题。从蛇处于腿上，到蛇盘绕而使腿隐没，再到下肢蛇身化，可知“蛇身”来源于双腿盘蛇的形象，经演变最终蛇身融入人体，呈现“人首蛇身”的形象。

1　　　　　　2

图七　“神人操蛇”与“半人半蛇”关系示意图
1.上肢盘蛇的形象演变　2.下肢盘蛇的形象演变

可以看到，商周时期“半人半蛇”形象中的“人身蛇臂”和“人首蛇身”，都可以在相关器物中找到较具象“人蛇相伴”类型的原型，我们有理由推测该时期的“半人半蛇”是对“人蛇相伴”形象的象征表现。目前学界对“半人半兽”形象的研究多由“图腾”理论入手，认为是人“拟图腾化”[①]

① 闻一多：《伏羲考》，《闻一多全集》（卷3），湖北人民出版社，1994年，第85页。

的表现，但除“半人半蛇”外，商周时期还有人虎、人蝉、人鸟合体的形象，显然无法都用“图腾”进行阐释，个别学者滥用图腾理论的情况已引起了学界的反思[①]。与其用一些西方人类学理论强加解释，不如结合同时代的相关证据，在“原境”中进行考察。

总之，商周“人蛇”主题中的“人蛇相伴”和“半人半蛇”两种类型，虽形象有差异，但内核一致。具体来说，“人身蛇臂”是对上臂盘蛇、“人首蛇身”是对双腿盘蛇的象征化、抽象化表现。那么，要理解“半人半蛇”形象的含义就应从“人蛇相伴”的形象入手分析。

早期“人蛇”主题的含义

人物身份

除上、下肢“蛇化”外，“人蛇”主题的人物还交叉体现出一系列共性特征，这对探讨人物身份有重要的启示意义。

1. 人物下肢蹲踞、上肢蜷曲上举。上引表现有“人蛇”主题的虎卣、小双桥建筑构件、西周的蛇臂玉人等均为蹲踞姿态（图三：3，图四：2-4，图六）。这是商周玉人的常见姿态，已多有出土，如殷墟妇好墓玉人（小屯 M5：518）[②]（图八：1）和侯家庄西北冈出土的玉人（M1550_40：R001339）[③]（图八：2）。通过统计可知殷墟“浮雕人像多作侧视蹲踞形，双臂上举”[④]，上文中的郑州商城陶片、弗利尔藏青铜刀、虎卣中人物也均

① 张光直：《说图腾》，《考古人类学随笔》，三联书店，1999 年。

② 中国社会科学院考古研究所：《殷墟妇好墓》，文物出版社，1980 年，图八一：1。

③ 梁思永、高去寻：《侯家庄第八本·1550 号大墓》，“中研院”史语所，1976 年。

④ 中国社会科学院考古研究所:《殷墟的发现与研究》，科学出版社，1994 年，第 339 页。

1　　2　　3　　4

图八　商代巫觋形象及相关配置

1. 妇好墓玉人（小屯 M5:518）　2. 西北冈玉人（M1550_40:R001339）

3. 妇好墓出土角饰（小屯 M5:1432、1434、1450）　4. 城固出土青铜面具（AON23）

为此姿态。该姿态玉人在西周仍普遍存在，侧视“蛇臂”玉人像皆为此形式。艾兰曾论证这一姿态玉人的身份为商代巫觋[①]（具体来说模仿了鸟类起飞前的姿态），依此说，“人蛇”主题中蹲踞姿态的人物，其身份也应为巫觋。

2. 头上有角饰。商代“人首蛇身”形象头上多有角饰，其中殷墟骨雕、人虎蛇骨雕的头上角饰（图五：1、3、4）与图八蹲踞玉人的完全一致。相似的角饰在妇好墓中曾有出土[②]（图八：3），其特点是末端都有凸出，属榫卯结构的榫子，应是用于插在面具上。商代的木质面具已朽毁不见，但仍发现有一些青铜面具，青铜面具头顶相应位置常有两孔，如城固出土的青铜面具[③]（图八：4）。面具和角饰应是商代巫觋在巫仪中的常见配置[④]。

3. 人首入兽口。“人蛇”主题中不少形象表现出人的头部靠近（或伸入）

---

① Sarah Allan，“He flies like a bird；he dives like a dragon；who is that man in the tiger mouth? Shamanic Images in Shang and Early Western Zhou Art”. *Orientations*，Apr. 2010，Vol. 41 Issue 3，pp.45-51.

② 中国社会科学院考古研究所：《殷墟妇好墓》，文物出版社，1980 年，图版一六三：5。

③ 曹玮主编：《汉中出土商代青铜器》（第三卷），巴蜀书社，2006 年，第 523 页。

④ 韩鼎：《大禾人面方鼎纹饰研究》，《中原文物》，2015 年第 2 期。

兽口的特征。兽口包括“蛇口”和“虎口”两种类型。表现有“人首近蛇口”的例子包括：郑州商城陶片、弗利尔藏青铜刀，以及西周时期的蛇臂玉人（图四、图六部分）。“人首入虎口”包括：虎卣、鸟兽纹觥足、人虎蛇骨雕（图三：3、4）。除“人蛇”主题外，商代不少器物也表现出“人首入虎口”的特征，如妇好墓出土铜钺[①]、阜阳龙虎尊[②]、三星堆出土龙虎尊[③]、司母戊鼎鼎耳[④]、大英博物馆杆头饰[⑤]。学界对“人虎”主题的研究已非常充分[⑥]，观点虽有差异，但普遍认为该形象与巫术有关。笔者较为认同艾兰提出的“蛇口”和“虎口”为生死入口的观点[⑦]，头入“生死入口”即体现了“仪式性死亡”，这对于商代信仰认为巫觋能够穿越生死界限，沟通人神、逝者有着重要的意义。

蹲踞姿态、角饰、面具、人首入兽口，都是商周艺术中巫觋的常见特征。再结合《山海经》这本“巫觋之书”[⑧]中诸多关于操蛇、载蛇（戴蛇）、衔蛇、珥蛇、践蛇以及乘龙（可能为下肢盘蛇的象征）的记载，可基本确定“人蛇”主题中的人物身份为商周时期的巫觋。

---

① 中国社会科学院考古研究所：《殷墟妇好墓》，文物出版社，1980 年，图六六：1。

② 葛介屏：《安徽阜南发现殷商时代的青铜器》，《文物》，1959 年第 1 期。

③ 四川省文物考古研究所：《三星堆祭祀坑》，文物出版社，1999 年，第 33 页。

④ 上海博物馆青铜器研究组编：《商周青铜器纹饰》，文物出版社，1984 年，第 209 页。

⑤ 李学勤、〔美〕艾兰：《欧洲所藏中国青铜器遗珠》，文物出版社，1995 年，第 79 页。

⑥ 王震中曾对各观点有过总结。王震中：《试论商代“虎食人卣”类铜器题材的含义》，《商承祚教授百年诞辰纪念文集》，文物出版社，2003 年。

⑦ 〔美〕艾兰：《龟之谜——商代神话、祭祀、艺术和宇宙观研究》（增订版），商务印书馆，2010 年。

⑧ 袁行霈：《〈山海经〉初探》，《中华文史论丛》，1979 年第 3 辑。袁珂：《〈山海经〉“盖古之巫书”试探》，《〈山海经〉新探》，四川省社会科学院出版社，1986 年，第 232 页。

蛇在三代信仰中的意义

如果“人蛇”主题中人物身份为巫觋，那巫觋为什么选择操持蛇这种生物呢？笔者认为，这应与蛇在三代信仰中的意义相关。虽然无法确知三代先民的蛇的观念，但可以根据与蛇相关的器物进行大致推测。

1. 蛇纹与祭祀礼器相关

蛇纹与礼器的关联从新石器时代已经出现，如出土于西安市东郊南殿村的仰韶文化红陶贴塑蛇纹罐，两条浮雕蛇纹盘绕罐体而上，两蛇头露出罐口内沿，相向对视（图九：1）[①]。良渚文化中的不少陶礼器上也有较为抽象的蛇纹，如福泉山出土刻纹陶鼎（M65：90）（图九：2）[②]。陶寺文化中出土了若干彩绘龙（蛇）纹陶盘，如陶寺龙纹盘（M3072：6）（图九：3）[③]。这些器物显然不是一般陶器，而是具有宗教性或等级性的巫具或礼器。

三代间，蛇纹与礼器的关系更加密切。二里头文化中，很多礼器上都出现了蛇纹，除出土了诸多刻有蛇纹的陶片外（图九：4–7）[④]，还出现了浮雕蛇纹透底器（图九：8）[⑤]、鱼蛇纹大陶盆（图九：9）[⑥]等形制较为特

---

① 翼东山主编：《神韵与辉煌·陕西历史博物馆国宝鉴赏（陶瓷器卷）》，三秦出版社，2006年，第30页。

② 上海市文物管理委员会编：《福泉山·新石器时代遗址发掘报告》，文物出版社，2000年，第100页。

③ 中国社会科学院考古研究所，山西省临汾市文物局编著：《襄汾陶寺1978—1985年考古发掘报告》，文物出版社，2015年，第616页。

④ 中国社会科学院考古研究所：《偃师二里头》，中国大百科全书出版社，1999年，第199、302页。

⑤ 中国社会科学院考古研究所：《二里头陶器集粹》，中国社会科学出版社，1995年，图版170、171。

⑥ 中国社会科学院考古研究所：《二里头：1999—2006》，文物出版社，2014年，彩版一八三。

图九　礼器上的蛇形象

1. 仰韶文化红陶贴塑蛇纹罐　2. 良渚文化“蛇纹”鼎　3. 陶寺文化龙（蛇）纹陶盘　4. 二里头文化蛇纹陶片　5. 二里头文化蛇龟纹陶片　6. 二里头文化蛇纹陶片　7. 二里头文化双身蛇纹陶片　8. 二里头文化浮雕蛇纹透底器　9. 二里头文化鱼蛇纹大陶盆　10. 商代晚期妇好墓出土鸮尊　11 商代晚期花园庄东 M54 出土铜觥　12. 山西天马曲村出土铜尊

殊的陶礼器。商周青铜礼器上的蛇纹更加丰富，是重要的动物性纹饰之一，简单列举几例：如商代晚期妇好墓鸮尊（M5：785）的翅膀根部实为蜷曲盘绕的蛇（图九：10）[①]；花园庄东地 M54 号墓出土的铜觥上满布蛇纹，饕餮纹的各部件也均有蛇纹组成（图九：11）[②]；西周早期山西天马曲村出土铜尊的颈部和圈足也都有蛇纹（图九：12）[③]。另外，当时最重要的纹饰——饕餮纹（尤其是殷墟时期较具象饕餮纹），其身躯部分“是龙蛇一类体躯图案化的结果”[④]。

可设想，当蛇纹出现在礼器上，蛇就象征性地参与了祭祀仪式，巫觋手持这些饰有蛇纹的礼器进行祭祀活动时（如、、所反映的形式），与巫觋“操蛇”具有观念上的一致性。

2. 蛇纹与死亡、墓葬相关

由于蛇穴居，所以它与“地下”（逝者）的观念有着天然的关联，又由于祖先长眠于地下，所以在早期宗教信仰中，蛇与逝者世界常表现出紧密的联系，如纳西族宗教认为逝者的“亡灵会变成蛇”[⑤]、侗族认为墓葬周边的蛇是“祖先的化身”[⑥]等。这种关联在商代的墓葬中也有反映，如花园庄东地 M54 的木棺上就绘有多条蛇纹（图十：1）[⑦]，这很容易让我们想到

---

① 中国社会科学院考古研究所：《殷墟青铜器》，文物出版社，1985 年，测绘图一四。

② 中国社会科学院考古研究所《安阳殷墟花园庄东地商代墓葬》，科学出版社，2007 年，第 123 页。

③ 北京大学考古学系商周组、山西省考古研究所：《天马—曲村（1980—1989）》2，科学出版社，2000 年，第 341 页。

④ 马承源：《商周青铜器纹饰综述》，《中国青铜器研究》，上海古籍出版社，2002 年，第 358 页。

⑤ 杨福泉：《东巴教通论》，中华书局，2012 年，第 217 页。

⑥ 吴嵘：《贵州侗族民间信仰调查研究》，人民出版社，2014 年，第 35 页。

⑦ 中国社会科学院考古研究所：《安阳殷墟花园庄东地商代墓葬》，科学出版社，2007 年，图六三。

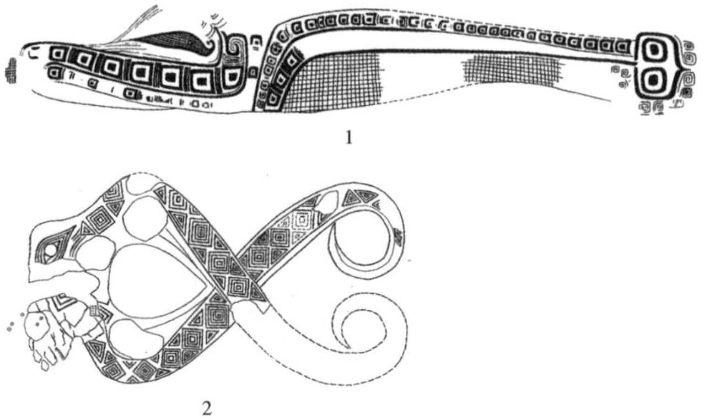

图十 商代墓葬中的蛇纹

1. 花园庄东地 M54 木棺上的蛇纹 2. 侯家庄 M1001 出土蛇木器

曾侯乙墓漆棺上大量的蛇纹和“人蛇”主题[①]，可推测蛇与墓葬相关的观念一直被传承。另在侯家庄 M1001 号大墓中，曾出土一件双身蛇木器（图十：2）[②]，可能为丧葬所需仪仗用器。这些例子都证明了在殷人的观念中蛇与死亡、丧葬的“语境”相关。另外，由于蛇类中有很多是有毒的，对于先民来说蛇是危险且致命的，因此张开的蛇口和虎口在早期艺术中常被视为连接生死之途，是逝者世界的“入口”，因此，蛇与死亡也密切相关。

蛇与墓葬的密切关系在《山海经》中也多有记述，《海外西经》记载：“轩辕之丘，在轩辕国北。其丘方，四蛇相绕。”对于墓葬中蛇的功能，《海内东经》称“帝颛顼葬于阳，九嫔葬于阴，四蛇卫之”。无论蛇出现在墓葬中的意义是否是在保卫墓葬和逝者，至少可以证明先秦时期，在先民观念中蛇与逝者有着紧密的联系。

3. 蛇与祭祀相关

除“人蛇”主题中表现的巫觋与蛇的关系外，部分甲骨文也能给我们启示，如上文所提“[illegible]”（龚）。艾兰曾总结过诸多含有[illegible]并与祭祀有关的

---

① 湖北省博物馆：《曾侯乙墓》（上），文物出版社，1989 年，第 25-40 页。

② 梁思永、高去寻：《侯家庄第二本·1001 号大墓》（上），“中研院”史语所，1962 年，第 57 页。

甲骨文，认为在商代蛇与死亡和祭祀紧密相关[①]。另外，甲骨文的“祀”（巳）字也值得探讨，“祀”写作、，有学者认为这是人的跪姿或胎儿之形，于省吾评论道：“（有学者）认为象人跪于神象之前，实则甲骨文中人形绝无如此作者。祀字的形体目前尚难以得到解释”[②]，但就字形而论，字无疑更接近蛇形（于省吾也将此字归类为蛇旁）。如果我们观察妇好墓玉人（M5：371），就会发现其身后有一个T字形宽柄器，有蛇盘绕其上，由于其上纹饰与衣纹不连，可能是以手臂夹持着。考虑到T形、蛇盘其上的形式特征，以及夹持者的巫觋身份，将这些特点对比的字形，可推测，这个有蛇盘绕其上的T形物可能与“祀”字的原型有关。

4. 重视“蜕皮—重生”的能力

许多文化的神话中都认为“蛇具有蜕皮后获得重生的能力”[③]，我们虽然不知道殷人是否也有这样的观念，但商代艺术中对具有“重生”能力的动物（器官）的确有着特别的强调，如蛇（身）、蝉（身）、鹿（角）。状角是从商代中期开始出现在龙纹上，弗利尔盉上人物也有此角（图五：2），马承源认为这是长颈鹿角，但中国先秦时期并无长颈鹿，该命名不妥[④]，林巳奈夫认为是赤麑的角[⑤]，笔者认为可能是鹿每年新生的鹿初茸角[⑥]。鹿角是哺乳动物中唯一可以完整再生的身体部件，基于这一认识，将

① 〔美〕艾兰：《商代艺术及其含义》，《龟之谜——商代神话、祭祀、艺术与宇宙观研究》，商务印书馆，2010年，第203页。

② 于省吾：《甲骨文字诂林》（4），中华书局，1996年，第1789页。

③ 〔法〕汉斯·比德曼：《世界文化象征辞典》，漓江出版社，2000年，第286页。

④ 马承源：《商周青铜器纹饰综述》，《中国青铜器研究》，上海古籍出版社，2002年，第360页。

⑤ 〔日〕林巳奈夫：《神与兽的纹样学》，三联书店，2009年，第20页。

⑥ 韩鼎：《早期龙文物所见中华文明突出特性》《龙藏九州：博物馆寻龙记》，中国财政经济出版社，2024年。

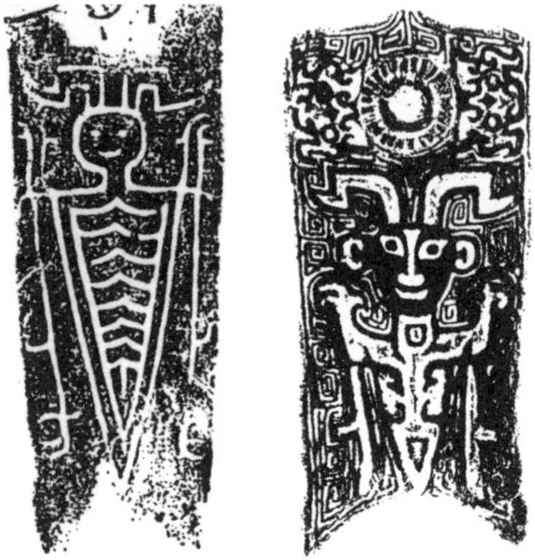
1　　　　　　　　2

图十一　商代人首蝉身形象
1. 铜川出土弓形器　2. 上海博物馆藏弓形器

鹿角加于龙头之上应有特殊的象征意义。对于“蝉身”，我们发现，“人首兽身”的另一常见形式就是“人首蝉身”，如铜川出土弓形器[①]（图十一：1）和上博藏弓形器[②]（图十一：2）的纹饰，妇好墓玉人（M5：372）胸前饕餮纹之下也有蝉体（图三：2）。“人首蝉身”人物头上的角饰与“人首蛇身”中的形式一致，可推测两者表现了相近的意义。

为什么用蛇或蝉来替代人的身体？考察两者的共同特征，可以发现它们都是出于地下，更重要的是均能蜕皮以“重生”。一方面，地下是祖先的长眠之地；另一方面，既然殷人相信祖先以另一种形式继续存在并影响人间，那么“重生”的观念对于祖先崇拜来说是非常重要的。蛇和蝉“重生”的能力意味着它们能够打破分层的宇宙，在生死间穿梭，换句话说，这种能力能够使它们穿越生死界限，而穿越生死界限是保证祭祀“成功”的前提。

将上述几点认识，放入商代信仰整体背景中去考察：祭祀是沟通祖先的手段，礼器是祭祀的物质载体，墓葬是祖先身体的“居所”。蛇纹广泛地出现在这些与逝者世界相关的器物或活动中，证明蛇与逝者的世界有着密切的联系（很多蛇对于先民来说是致命的，因此蛇口与虎口一样具有生死之途入口的象征性）。先民基于对蛇蜕皮以“重生”的认识，可能认为

① 铜川市文化馆：《陕西铜川发现商周青铜器》，《考古》，1982 年第 1 期

② 上海博物馆青铜器研究组编：《商周青铜器纹饰》，文物出版社，1984 年，第 344 页。

蛇有穿越生死界限的能力。一方面与逝者世界相关，另一方面能够穿越生死，由此我们就可以理解祭祀活动中巫觋为什么选择蛇来辅助沟通祖先、人神，这也是大量“人蛇”主题形象出现的宗教背景。

“人蛇”主题的含义

上文基于相关考古材料，论证了“人蛇”主题中人物的身份为巫觋，蛇在信仰中与逝者的世界紧密相关，并具有打破生死界限、“重生”的能力。因此，“人蛇相伴”的形象可理解为：巫觋操持蛇这种能够穿越生死界限的动物，借助其能力以在祭祀仪式中沟通人神、祖先。

商代最重视的祭祀活动是对祖先的祭祀，商王希望通过隆重的仪式和大量的牺牲换取祖先的庇佑。为了能在祭祀中更顺利地打破分层宇宙（天上、地上、地下，分别对应帝与祖先、世人、逝者的“居所”），沟通人神、祖先，巫觋常会借助一些特殊动物的能力，主要包括蛇、鸟、虎、蝉等。因此，商周艺术中这些动物或以整体、或以重组形式反复出现。与巫觋形象相结合，便出现了一系列“人兽”合体形象。

巫觋在祭祀中借助动物能力来沟通祖先时，动物不仅扮演着助手或工具的角色[①]，也是巫觋沟通人神能力的重要来源。巫觋操持这些动物是为了获得它们非凡的力量，“半人半蛇”形象正反映了巫觋对蛇的特殊能力的同化与占有[②]。

---

① 张光直:《中国古代艺术与政治——续论商周青铜器上的动物纹样》,《中国青铜时代》（二集），三联书店，1990 年。

② 江伊莉认为：人兽主题表现了商王向动物变形的形象，商王通过向动物变形以获得沟通人神的能力。笔者虽不同意人物身份为商王的说法，但“获得动物的能力”与笔者观点相近。Elizabeth Childs—Johnson，The Metamorphic Image: A Predominant Theme in Shang Ritual Art，*Bulletin of Museum of Far Eastern Antiquities*，1998，No 70.

结　语

从新石器时代到西周时期，“人蛇”主题有序传承，并于商周时期呈现出“人蛇相伴”和“半人半蛇”两种类型。“人蛇相伴”主要以四肢盘蛇、人头近蛇口两种形式出现；“半人半蛇”则主要表现为“人首蛇身”和“人身蛇臂”两类形象。通过细节的对比，可知“半人半蛇”实为对“人蛇相伴”形象的抽象化、象征化表现：“人身蛇臂”源自上臂盘蛇，“人首蛇身”源自双腿盘蛇。

通过蹲踞姿态、头戴角饰、面具、人首入兽口等特征，可推测早期“人蛇”主题中的人物身份为巫觋。而蛇形象在商周遗存常出现在祭祀礼器、墓葬中，同时也体现出与死亡、祭祀、重生等观念的关联性。整体而言，三代信仰中蛇既与逝者世界相关，又具有能够穿越生死的能力。

因此，“人蛇”主题可理解为巫觋操持蛇这种具有穿越生死界限能力的动物，借助其能力在祭祀仪式中沟通人神、祖先。“人蛇”主题中的“人蛇相伴”类型较写实地刻画了巫觋操蛇施法的场景，“半人半蛇”类型则象征表现了巫觋对蛇特殊能力的同化与占有。

作者小传

韩鼎，河南大学考古系副教授，硕士生导师。主要从事早期美术考古、中国古代青铜器等方向的研究。

蛇年说蛇

探寻博物馆中的“双人首蛇身”形象

高　可

全国多数博物馆藏有“双人首蛇身”文物，这些藏品跨越了从新石器时代到宋代各个历史时期，涵盖丰富的文化内涵与艺术风格，这些文物成为中华民族传统文化发展史中的珍贵宝库。“双人首蛇身”文物类型多样化，如湖北省天门博物馆的玉器连体双人头像、故宫博物院的绢本绘画伏羲女娲像、河南博物馆的伏羲女娲画像砖、中国民俗博物馆的人首蛇身黄陶俑、河南巩义博物馆的唐三彩双人首蛇身交尾俑、扬州双博馆的木雕双人首蛇身俑等，这些文物不仅历史底蕴深厚、形象独特，还蕴含着神秘感和生命力，它们在学术研究和艺术领域都具有极高的价值。

双人首蛇身的神话形象由来已久。早在春秋战国时期，文献中便有记载，如《山海经》中描述人首蛇身的神祇。《大荒北经》提到：“人面蛇身而赤，是烛九阴，是谓烛龙。”《海外西经》记载：“轩辕之国皆人面蛇身，尾交首上。”《海内西经》亦有：“窫窳者，蛇身人面，贰负臣所杀也。”这些文本都提到了人面蛇身形象。

双人首形象代表了古代神话中的伏羲与女娲，《独异志》记有伏羲女娲为兄妹，后结为夫妻育化人类的传说，因而伏羲女娲被古人视为生殖神和文化英雄，其图画形象最早出现在《楚辞·天问》。东汉末年文献中首次明确记载了“伏羲鳞身，女娲蛇躯”。考古发现与文献记载相符，早在史前时期，已出现关于双人首蛇身的玉器形象，作为最初伏羲女娲的标志，出土于石家河文化遗址。到了汉代，由于厚葬之风盛行以及神仙思想和阴阳思想的广泛影响，双人首蛇身的伏羲女娲形象在墓葬艺术中变得极为流行。这种趋势在唐代和五代时期达到顶峰，并在两宋时期的墓葬中继续沿用。本文选取全国各地博物馆藏“双人首蛇身”文物，深入探讨双人首蛇身图像的象征意义及其文化根源。分析这些图像的文化内涵，揭示了人首蛇身图像不仅是《山海经》中所提及神祇的典型特征，而且贯穿了伏羲女娲神话，蕴含了神秘的美学韵味，更深刻地反映了中华民族传统文化在社会生活中的隐喻。

新石器时代文物中的“双人首蛇身”

在新石器时代晚期的遗址中，发掘出了众多珍贵的玉器，尤其是湖北省天门市的石家河文化遗址，分布于湖北和豫西南及湘北一带，属于史前人类活动遗址群，出土了丰富的文物瑰宝，以玉器为主，其中的双人首蛇身玉玦尤为独特，它代表着原始宗教的神秘力量。

连体双人头像

作为石家河文化的代表，湖北省天门市博物馆收藏的连体双人头像玉玦形象简练、生动夸张、线条流畅、结构严密，显示出相当高的艺术手法（图 1）。首先，从整体来看，这块玉玦近似环形，长 2.5 厘米，宽 0.6 厘米，由透闪石软玉雕刻，玉色近鸡骨白，形成立体圆雕的玦形特征。玉玦的两端各雕有一人头像，人像以玦的外沿为中轴线，分别在玦的两面刻有一分为二的侧面像。左边人首为男性，右边则为女性。其次，从细节来看，双人首皆头戴冠帽、冠上刻条纹、钩状长发垂肩；脸部特征为人像宽额、耳廓结构清晰、菱形眼、梭眼凸笔，嘴口微微张开，颈部弯曲相连，为石家河文化所特有。

图1　连体双人头像玉玦　石家河文化　天门市博物馆藏

石家河文化的连体双人头像玉玦，作为首次发现的双人首蛇身形象，其意义非凡。它既展现了石家河先民对于某种通天通神能量的信仰，还蕴含了古代文明的多样性。这不仅是中华民族的宝贵财富，更是世界人类发展进步的宝贵文化遗产。

汉代文物中的“双人首蛇身”

在战国至秦汉时期，神仙信仰广为流传，尤其是在战国和西汉的人们，死后通过尸解以求成仙的思想成为社会的主流信仰，他们相信通过这一方法能够实现重生和转化成仙的愿望。因此，汉代盛行厚葬，被誉为“墓葬艺术”。特别是在两汉早期，厚葬之风盛行，原因有三：一是社会推崇为生者祈求福佑，二是为死者提供一个舒适的安息之所，三是汉代人梦想死后能升仙。因此，人们不惜耗费巨资修建墓室，模仿现实生活中的宅邸建筑，并用大量的画像石、画像砖来装饰墓室。汉代人将神仙信仰融入汉画像艺术中，伏羲女娲的双人首蛇神形象在画像砖、镇墓俑中频繁出现，主要分布在四川、山东、河南等地。

双人首蛇身黄陶俑

中国民俗博物馆珍藏着一件双人首蛇身黄陶俑（图 2），长 27 厘米、宽 6 厘米、高 9 厘米。该器物用黄陶土塑造，造型简约而朴素，呈现出横向的形态。从形象特征分析，人首面部雕刻十分精细，五官清晰可见。二人均头戴三角形冠帽，以双脚作为支撑，蛇身粗壮且长，连接着两端的人首，彰显了汉代人民的智慧与创造力。

作为镇墓俑的双人首蛇身陶俑，通常被用作墓葬习俗中的随葬品，是墓葬艺术的重要组成部分。伏羲和女娲的形象不仅反映了汉代人对神仙世界的向往，也寄托了他们对后代繁荣、家族昌盛的美好愿望。

图 2　双人首蛇身黄陶俑　汉　中国民俗博物馆藏

伏羲女娲画像砖

河南博物馆藏的“伏羲女娲画像砖”（图3）是东汉墓葬画像砖的杰出代表，该文物出土于河南省南阳市新野县樊集乡。观察其图像，可见伏羲位于右侧，头戴冠帽，而女娲位于左侧，头饰发髻。两位均身着交领短襦，双手合拢藏于袖中，举至胸前，手中各持一物高举过头顶。他们的下半身呈现为兽形，双足化作兽爪，蛇尾相交，紧紧缠绕着龟蛇合体的玄武。玄武则昂首挺胸，颈部伸展，其身上布满了龟甲纹饰。

图3　伏羲女娲画像砖
汉　河南博物馆藏

玄武的形象是龟与蛇的结合体，在《楚辞·远游》中已有提及。宋人洪兴祖在补注中解释道：“宣武指的是龟蛇，因其位于北方，故称玄；身披鳞甲，故称武。”汉代的蔡邕亦言：“北方玄武，乃介虫之长。”《礼记·曲礼》同样提到了玄武。东汉孔颖达在书中指出：“玄武，即龟也。”此外，汉代的玄武还被视为与阴阳相合、生殖繁衍相关联的象征。

同时，伏羲与女娲的结合也体现了神话传说中人类繁衍的故事。汉代人视伏羲女娲为神话中规范天地、社会的始祖神，因此以对偶交尾的形式描绘二者，反映了女娲创造人类的形象。因此，将伏羲女娲与神兽玄武缠绕在一起，展现了汉代人崇尚生殖观念和追求祥瑞的愿望，表达了他们祈求子孙繁衍、家族兴旺、趋吉避邪的愿景。

唐代文物中的“双人首蛇身”

唐朝时期，中华文明达到了前所未有的繁荣与鼎盛。随着文化的广泛交流与进步，艺术审美达到了新的高度。这一时期创造了很多艺术性的珍宝，是中华民族独特的文化遗产。由此，唐代的“双人首蛇身”文物类型繁多，伏羲与女娲的造型不再简朴，而是具有写实性，使人物形象更具体化、生活化，充分展现了唐代人的审美趣味和智慧光辉。深入研究双人首蛇身文物，我们得以洞察唐代社会对神话传说的解读与创新，以及对生育繁衍和家族繁荣的重视。与此同时，这些作品也为研究唐代的社会文化、宗教信仰以及历史演变提供了宝贵的实物资料。

伏羲女娲像

故宫博物院珍藏的伏羲女娲绢画（图 4），出土于新疆吐鲁番阿斯塔那古墓，据考证，该画作属于唐代。绢画整体上宽下窄，尺寸与墓中棺材相匹配，通常被覆盖在棺材上，或置于尸体之上，或用木钉固定在墓顶。

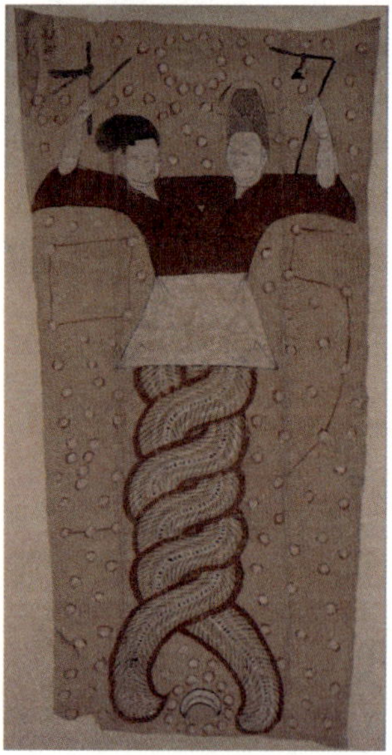

图 4　伏羲女娲像　唐　故宫博物院藏

画作纵左 222.5 厘米，右 231 厘米，横上 115 厘米，下 94 厘米，主要以绢本设色为主。画中描绘了双人首蛇身的伏羲和女娲，上身相拥，中间两臂相连，下尾盘曲相交，形成四节螺旋状。两人均穿着窄袖的绛红色胡装，腰间相连，共穿一条白裙。左侧为男性伏羲，头戴笼冠，左手持矩，代表大地；右侧为女性女娲，面部柔和，束高髻，右手持规，象征苍穹。两人头顶上方有一个圆轮，象征太阳；尾部下方有一钩弯月，代表月亮。画面四周布满了大小相等的圆圈，部分圆圈以线条相连，像天上的星辰，为墓室营造出一个宇宙空间。

唐三彩双人首蛇身交尾俑

河南巩义博物馆收藏的唐三彩双人首蛇身交尾俑（图 5），出土于巩义市第二造纸厂的唐代墓葬遗址。该器物高 29 厘米、宽 29 厘米、厚 14 厘米，与其他双人首蛇身的器物相比，其人物分别位于器物的正反两面。女娲的面容圆润而丰满，而伏羲则面容清瘦，略带狰狞之态。两人的面部近似圆形，眉毛以墨线勾勒，嘴唇则涂以红彩，惟妙惟肖。陶器表面施以粉红色釉彩，造型精巧、形象独特，蛇形躯体以脊状突起，呈现出圆形轮廓。伏羲与女娲的身躯紧密相拥，向上挺立并在头顶处相交，形成类似佛光火焰的形状，其兽足向前伸展，利爪弯曲，表现匍匐的姿态。作为唐代墓葬中的陪葬品，唐三彩双人首蛇身交尾俑反映了唐代墓葬习俗的特色。

图 5　唐三彩双人首蛇身交尾俑　唐　巩义博物馆藏

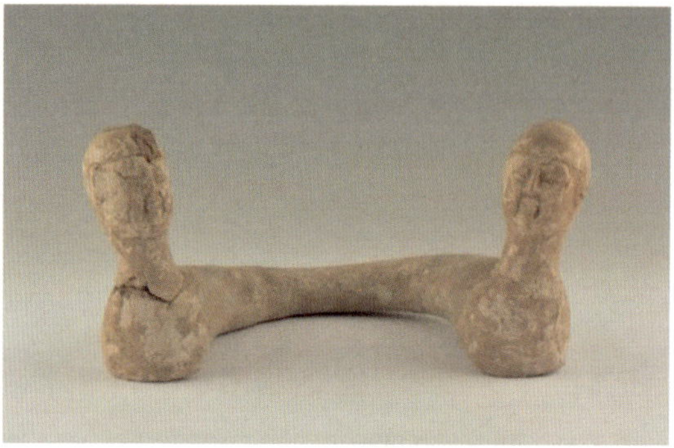

图6 双头人面蛇身陶俑 唐 襄垣县文物博物馆藏

双头人面蛇身陶俑

山西襄垣县文物博物馆藏的双头人面蛇身陶俑（图6），发掘于襄垣县新建西街的唐代墓葬。这件文物长49厘米，高15厘米，全身采用灰陶材质，曾涂有白色彩绘，但大部分已剥落。人首的身体从两端向中间逐渐变细。两位神祇均头戴冠帽，五官细腻，面带微笑。由于唐代晚期战乱不断，社会经济萧条，民众生活困顿，人们渴望借助风水之术来寻求生活的稳定、安居乐业以及子孙的福祉。因此，这件器物作为墓葬中的神煞明器，不仅具有震慑和守护的功能，其形象还寓意着对生命再生的祈求，墓主人期望通过它实现死而复生，使生命得以延续。

五代文物中的“双人首蛇身”

在五代时期，战乱频发、社会动荡，百姓的生活充满了不确定性。在这样的背景下，人们更加倾向于寻求神秘力量和宗教信仰以获得心灵的慰藉。伏羲与女娲作为远古神话中的生育之神，其富有象征意义的“双人首蛇身”图案，代表着永恒的生命力和子孙后代的繁衍。因此，在五代时期的文物中，这一形象常见于墓葬中的陪葬品。一方面，对于统治者而言，他们希望通过神灵的力量来主宰万物，保护自己的政权，实现割据一方的统治。另一方面，对于普通百姓来说，他们渴望神明的庇护，以驱邪避害，追求幸福安宁的生活。因此，五代时期的双人首蛇身文物不仅展现了极高的艺术和历史价值，更是那个时代社会文明的见证。

木雕双人首蛇俑

扬州双博馆所藏的木雕双人首蛇俑（图7），出土自蔡庄的五代大墓。这件文物高23.8厘米，其设计以蛇身两颈交缠成圈状竖立为核心，两端雕刻为人首，代表伏羲与女娲，他们背向而立，目光分别投向左右两侧。蛇形底座配备了一块长方形的木制支撑片，以确保整个器物的稳定性。双人首头部皆戴风帽，长发飘逸，双目微闭，眼神宁静，表情平和；下方的蛇身弯曲成一体，未施加任何衣饰，雕刻技法上结合了深浅不同的刻画，刀法凝练，造型饱满，展现了唐代艺术的余韵。此外，鉴于木雕双人首蛇身俑源自杨吴皇室的墓葬，进一步证明了当权者使用双人首蛇身俑作为陪葬品，期望在死后仍能保持权力并享受富贵，这也揭示了五代时期人们对神明力量的敬仰。

图7　木雕双人首蛇俑　五代　扬州双博馆藏

后蜀双人首蛇身俑

双人首蛇身的形象自北齐时期起便在墓葬中出现，蛇身或弯曲或直立。到了唐朝，这一形象达到顶峰，并从北方传播至南方，受到南方贵族的青睐。因此，在四川的多个地区，蛇形文物频繁出现。后蜀时期宋琳墓和赵廷隐墓都出土了双人首蛇身俑，两件作品均是墓葬艺术中的镇墓兽，它们形状相似，造型独特，清晰地展现了伏羲和女娲的面部特征以及身体结构，体现了后蜀时期陶器制作的高超技艺。

四川博物院所藏的双人首蛇身俑（图 8），发掘自四川省眉山市彭山区观音镇的后蜀宋琳墓。该俑的双人首分别位于两端，蛇身相互交缠，令人联想到汉代的“伏羲女娲交尾图”，象征着人首蛇身的神祇相拥，繁衍世间万物。作品左边代表女娲，其发髻扁平高耸，以发带束之，两鬓垂下，高耸并环绕耳部；右边则为伏羲，头戴幞头，双耳形状为上小下大，巾带在两侧相交并束紧，且带有缝边装饰。

图 8　双人首蛇身俑　后蜀　四川博物院藏

广都博物馆所藏的双人首蛇身俑（图 9），出土于成都市龙泉驿区青龙村赵廷隐墓。与宋琳墓出土的双人首蛇身俑相比，此件器物多一件底座，蛇身置于长方形陶座之上，底座正面及两侧镂空处刻有莲花图形，属于黑陶俑。蛇身依旧相互交缠，两端各代表伏羲与女娲，左侧人首为男性，头戴幞头，双耳硕大；右侧为女性，头顶束发髻，发带在髻上相交，髻中央竖立着“凹”形顶冠。

图9 双人首蛇身俑 后蜀 广都博物馆藏

两件器物的蛇身造型独特，刻画精细，蛇身均连肩披衣，胸腹部有几处横道纹，类似蛇的斑纹。伏羲女娲的五官细腻，眉目清秀，嘴角带笑，神态自然轻松，仿佛凝视着对方。对此现象需结合后蜀时期的社会背景进行考量。当时社会稳定，经济繁荣。后主孟昶酷爱芙蓉花，下令在成都广泛种植，使成都别称“芙蓉城”。芙蓉花象征浪漫、坚贞、纯洁。因此这两件双人首蛇身俑，不仅展现了蜀地人乐观和开朗的精神风貌，而且体现了古代爱情的一种独特形式。

宋代文物中的“双人首蛇身”

随着墓葬艺术的式微，“双人首蛇身”形象作品在两宋时期逐渐走向衰落，其数量亦随之减少。尽管如此，南方地区仍保存着一些蛇形象的文物，主要以陶瓷或陶俑的形式呈现。这些器物不仅保留了前代的象征意义，还融入宋代工匠的审美情趣和精湛技艺，同时也反映出伏羲女娲的古老神话在宋代依然具有深远的影响力和生命力。

灰陶双人首蛇身俑

浙江桐庐博物馆所藏的灰陶双人首蛇身俑（图 10），出土于浙江省桐庐市富春江镇象山桥村的南宋墓葬。这件陶俑采用青灰色的泥陶材质，伏羲与女娲分别位于两端，面容相似，头部未加修饰，头发略短，鼻梁高挺，目光直视前方，展现出宁静祥和的神态。蛇身部分饰有多道凹斜线纹，形似捆绑，层次丰富，可从多角度表现。造型语言简练，形象生动，彰显了宋代特有的审美风格。

图10 灰陶双人首蛇身俑 宋 桐庐博物馆藏

纵观历史，“双人首蛇身”形象虽然在不同的历史时期展现出多样的艺术形式与风格语言，但其文物所体现的蛇身造型和人首面部特征，始终是中华文明的象征。作为关键的标识，它不仅代表了各个朝代文化的成就，也反映了不同国家和地区间文化交流的成果，承载着丰富的文化内涵和深远的历史意义。

作者小传

高可，四川成都人。四川美术学院中国画专业硕士研究生。参与国家社科 1 项、省级社科 3 项，公开发表研究论文 6 篇，参与学术论坛 4 次。

蛇形象的多元文化内涵与历史演变

张广村　范聪颖

蛇作为一种古老而神秘的动物，在不同文化中都有着丰富内涵，体现在了艺术、文学、宗教各个领域，蛇的形象也从上古社会到封建社会经历了多次转变。

“蛇”之文字

在甲骨文的记录中，“蛇”这一字符属于象形文字，其形态直接模拟了蛇的外观，主要可分为单线条描绘与双线条勾勒两种书写形式。单线条的字样，即“虫”（也为“虺”的原始字形），是较为简洁的表达；而双线条勾勒的字样，则是“它”（作为“蛇”的原始字形），其设计更为生动具象。在双线条勾勒的字形中，上部的三角形巧妙地代表了蛇头，部分字形末尾还以微微上翘的短线条描绘出蛇尾的特征。金文时期，这一字形继续发展，双线条勾勒的蛇头被拉伸并转变为类似“宀”的形状，蛇身则大多转变为三条平行的曲线，其中间的一条曲线往往被理解为象征蛇腹中的猎物，而这三条曲线的末端汇聚一处，形成了蛇尾的视觉表现。

进入战国时期，文字经历了篆书和隶书的演变，大多数相关字形的线条趋向平直，原本描绘蛇身和蛇尾的部分逐渐转化成了类似“匕”的形状。由于“它”这个字在古代文献中常被用作其他意义，秦汉时期的人们便在“它”的基础上增加了“虫”作为偏旁，从而创造出了新的字形“蛇”。

到了东汉时期，许慎的《说文解字》中将“蛇”解释为“它”的异体字，曰：“它，虫也。从虫而长，象冤曲垂尾形。上古艸居患它，故相问无它乎。凡它之属皆从它。蛇，它或从虫。”上古时期，人们常因草丛中潜伏的蛇而遭殃，所以彼此问候时会问是否有“它”，所有“它”的字形都以此为根。而“蛇”，则是“它”的另一写法，有时会在其旁加上“虫”字来表示（图1）。

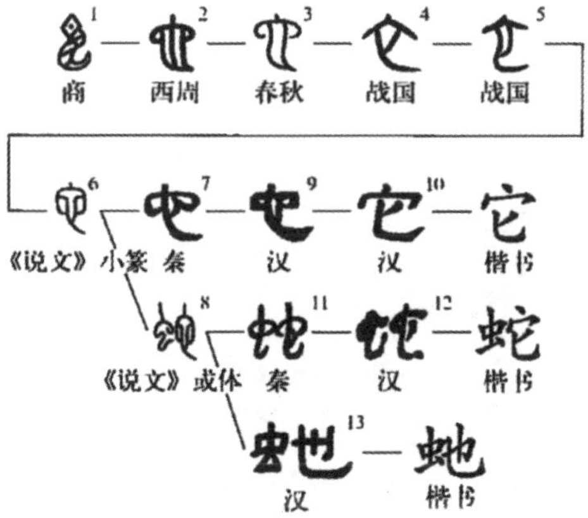

图1　“它”字的演变

“蛇”之器物

上古时期人们对于蛇的态度大多是畏惧中带有崇敬，他们既恐惧于蛇的凶狠，又崇拜蛇的美丽与强健，因此创造出来的器物也往往具有蛇的原始特征。如辽宁阜新查海遗址出土的，属于兴隆洼文化的蛇衔蟾蜍陶罐（图2），采用浮雕手法描绘了一条蛇衔住蟾蜍后腿的捕猎场景，蟾蜍惊恐不已地挥动四肢，似乎要挣脱蛇口却无处可逃。该浮雕栩栩如生，展现了蛇强大的捕猎能力。

图 2　蛇衔蟾蜍陶罐

图 3　龙纹剑

图 4　盘蛇尊

而经过了夏商西周几个朝代的发展，青铜器的冶炼技术逐步提高，人们有了更大的能力去征服自然，对于蛇的畏惧感也逐步下降。甘肃灵台白草坡西周墓出土的龙纹剑有透雕蛇纹鞘（图 3），剑鞘由镂空的蟠螭纹组成，蟠蛇头呈三角形，蛇身与藤状植物相缠绕，整体看来有着甲骨文“巳”字之形。将蛇雕于征伐的剑鞘之上，体现了西周人民对于蛇图腾的崇拜。

宋盘蛇尊（图 4），应为祭祀酒尊或陈设器。上部为双蛇盘踞造型，瓶身两侧盘靠两条大蛇，兽首蛇身，气势威猛。兽首、蛇身以及上部瓶身均饰以阴线云纹、几体纹，这些纹饰不仅增添了器物的艺术美感，也寓意着蛇与云、天的紧密联系，反映了宋代人民对蛇图腾与自然现象之间联系的一种认知。兽首蛇身的奇异形态出现，这种结合既神秘又威严，也和传说中的女娲伏羲形象相呼应。

“蛇”之传说

《山海经 · 大荒经》中记载：“女娲，古神女而帝者，人面蛇身，一日七十里。”《山海经》作为一部记录远古神灵与古老传说的宝贵文献，生动描绘了华夏民族的诸多神祇，诸如女娲、盘古、伏羲氏、羲和以及贤君尧、舜与大禹等，他们的形象往往被刻画为人面蛇身或人身蛇尾。这一描绘方式深刻揭示了蛇在中华民族祖先信仰中的显赫地位。蛇成为古代中国众多族群共同的图腾象征，而对蛇的崇拜则催生了人类文明史上的一座巍峨丰碑，即古代中国文明的一部分辉煌成就。

天干地支纪法是中华文化的代表成就之一，其中巳为十二地支中一支，巳与午对应的月份为夏季四月、五月，南方火热之气当令，故巳、午在五行同属火。十二地支的形象化代表是十二生肖，巳即对应蛇。古人在观天象时，将生肖动物的习性与时间相匹配，上午九时至十一时，艳阳高照，各种蛇类出洞觅食，属巳时，故作“巳蛇”。中国人自古以来将龙视为祖先，而龙在神话传说里又脱胎于蛇，因此在十二生肖中，蛇又被称为小龙。《史记》记述刘邦酒后斩了一条白蛇，后来编选为赤帝子杀白帝子的故事。因为蛇是龙、天子在人间的化身，所以它的种种变化情形也能代表政权的兴衰。龙有行雨之力，作为小龙的蛇自然也被赋予了雨神和水神的角色。在中国民间故事《白蛇传》中，白娘子为救许仙，发力水漫金山，体现了蛇的司水之力。

《太平广记》作为北宋初年官方编纂的四大典籍之一，其收录的资料大多源自唐代，其中包含了丰富的动物描写，特别是关于蛇的部分，占据了整整四卷的篇幅。这些记载展现了蛇在不同故事中所承载的多样社会寓意：有的聚焦于蛇的自然习性，如宣州鹊头镇一节讲述了蟒蛇吃人的故事；有的则强调蛇所展现出的人性特征，如《广异记》中檐生的故事，蛇也能够报答他人给予的恩情；还有的描绘了蛇的神性面向，如造新宅时遇蛇被视为祥瑞之兆。这些多样化的故事反映了唐代人们对蛇持有的复杂且矛盾的心理态度：一方面，蛇被视为吉祥的象征，寓意着好运与福祉；另一方面，它又被看作邪恶的代表，令人畏惧与排斥。

“蛇”之宗教

法国宗教历史学者米赫瑟亚·埃利阿德在《宗教简史》里写道：“对中国人来说，蛇是一切神奇能力之源。”道教作为中国土生土长的本土宗教，必然会受到蛇文化的影响。关于蛇与其他动物结合的形象，最常见的就是作为龟蛇结合的神灵玄武。道教常将青龙、白虎、朱雀与玄武尊为守护神灵。《楚辞·远游》注云：“玄武，北方神名。”玄武又称为真武，道教经书中描绘真武大帝的形象是披发跣足、身着玄袍、金甲玉带，仗剑怒目，足踏龟蛇，顶罩圆光，形象威猛。将蛇作为守护神的一部分，可见在中国传统宗教中蛇的神性体现。

但从宗教的方面来看，蛇不仅对中国有影响，外国文化中也有很多蛇的影子。古埃及作为四大文明古国之一，其灿烂的文化与蛇是分不开的，在埃及神话中，眼镜蛇女神瓦吉特是其保护神。古埃及是非常典型的神权政治，因此世俗王权也带有蛇的色彩，如将眼镜蛇本身看作王位的标记，法老的王冠装饰也都和女神瓦吉特有关。

据基督教的《圣经》记载，在伊甸园中，蛇引诱夏娃吃了智慧果，从而使人类第一次知道了裸体的羞耻，这里即体现了蛇作为人类性意识开启者这一身份。但是同样的，在外国文化中，蛇的形象也是复杂多面的。伊甸园之蛇既有引导人类启智的智慧，又含有狡诈，《圣经》直接将蛇比喻为魔鬼，又叫撒旦。除此之外，在《圣经》中，还记载了耶和华教授摩西的故事，他告诉摩西抓住蛇的尾巴，使其在手中变成权杖，从而展现神的力量。由此可见，中西方文化里的蛇形象都是多元的，蛇既有权力、地位的象征含义，又有灾难、恐怖的一面。

总之，蛇文化的发展是丰富而又复杂的，蛇这一文化符号跨越了时空，映射出人类社会的文化审美转变，也体现了人类对自然万物的不断探索。

作者小传

张广村，男，山东潍坊人，鲁东大学人文学院副教授，硕士生导师。

范聪颖，女，河南洛阳人，鲁东大学人文学院学科教学（语文）硕士研究生。

巳蛇未央

从文明起源开始找寻蛇的踪迹

潘嘉平

蛇作为一种神秘而富有象征意义的动物，在人类文明中占据着重要地位。从生物学角度看关于蛇的传奇可谓历史悠久，化石记录表明蛇类至少可以追溯到7000多万年前，古生物学家们认为蛇类作为爬行纲最后一支进化的动物，起码在一亿多年以前就已经从四足动物大家庭出走。它们舍去了自己的四肢，走上一条独特的赛道，直至一亿多年以后，依然肆意爬行在这颗星球上。

与蛇类一亿多年的征途相比，人类区区三百多万年显得微不足道，但是我们拥有了智慧和好奇心，可以追寻过去的故事，探索在人类的故事里，蛇类承担着怎样的角色。纵观人类历史，似乎一直都有蛇类陪伴，它们和我们共享这片土地，彼此纠葛，甚至成为一些族群重要的精神图腾。

东西方神话之蛇

有趣的是，世界各地的文明起源传说多少都带着蛇类的影子。在《圣经》描述的人类起源传说中，正是伊甸园里出现的那条蛇诱惑了人类的祖先亚当和夏娃，他们服下禁果开启智慧，产生羞耻心，并最终走出伊甸园，从此开启了西方世界的人类传奇。这类传说在后世宗教画中留下了许多经典形象。例如西班牙普拉多博物馆馆藏名画——《亚当与夏娃》这幅由著名画家丢勒于1507年创作的油画就描述了该场景，画面的最左侧，一条隐藏在阴影中的蛇，似乎正在蛊惑亚当与夏娃吃下手中可以开启智慧的禁果，苹果枝叶恰好遮挡住了私处，体现所谓的“羞耻心”（图1）。

图1 《亚当与夏娃》

在东方也存在类似的人类起源传说，极大的不同点则是华夏先贤们认为人类的祖先是女娲和伏羲，关于二者有很多文字记载，如《说文解字》：“娲，古之神圣女，化万物者也。”《文选 王延寿》曰：“伏羲鳞身，女娲蛇躯。”。伏羲和女娲的形象在各朝代不断演变，自汉朝开始，繁盛的丝绸之路使中西交流愈加频繁，吐鲁番盆地作为点缀在丝路上的一颗“明珠”，自然也受到了原本盛行于中原腹地的伏羲女娲信仰的影响。在这段时期，“人首蛇身相交，各自单手执物，对称分布”的构图形式逐渐成熟甚至公式化，从汉代的画像石，到唐代的绢画，一直如此，直到宋代以后

图 2　唐　新疆维吾尔自治区博物馆藏绢画（云理供图）

逐渐人形化。例如，现藏于新疆维吾尔自治区博物馆的唐代《彩绘伏羲女娲绢画》，画面中央男女二人，人首蛇身，上身相拥，左边女性头挽高髻，右手持规，左手握四支筹签搭于男性左肩，应为女娲。左边男性头戴插簪冠帻，左手持矩，右手持一墨斗搭于女娲右肩，应为伏羲。二人均穿宽袖白花对襟红袍衫，腰间共系一条喇叭状短裙，两者下身呈螺旋缠绕状的蛇躯，和 DNA 双螺旋结构高度相似。画面上方的红色圆轮象征太阳，下端圆轮绘有鸮面象征月亮。短线与小圆圈象征星辰，画面中央左侧甚至还画有一颗慧星。华夏大地上一直流传着“天圆地方”之说，伏羲女娲分执规矩，可能是表现“司天规地”之意，祈求他们保护并造福子孙，保佑逝者（图 2）。

汉字里的蛇

从传说走向现实，在中国古代有很多对蛇的称呼：它、巳、虺（huī）、小龙、螣（téng）、蚺（rán）、蜧（lì）、蜦（lún）、长虫、玉京子、虵（shé）等，每种称呼大多源于对这种动物特点的描述。如巳的甲骨文（图 3）很像一条小蛇，以至于许慎《说文》对“巳”字描述为：“巳也。四月昜（yáng）气巳出。阴气巳臧。万物见。成彣（wén）彰。故巳为它象形。凡巳之属皆从巳。”古文字学家李学勤先生的《字源》则补充道：“象形，自商至周有二形：一与‘子’同，像婴儿形，甲骨文、金文用以表示地支‘巳’；一为《说文》小篆所本，许慎以为像“子未成形”，字在甲骨文、金文用为‘祀’字。巳，后世指后嗣。《玉篇·巳部》：‘巳，嗣也。’”可见“巳”字在商代使用时就已经出现了意义上的区分。此外，有些蛇类是有剧毒的，在尚无血清治疗的古代，咬上一口就有可能致命的蛇毒无疑带给人们相当大的恐慌。可能是在付出了惨痛的教训以后，人们打招呼的方式出现了变化。许慎《说文》中曾经提到的“上古艸尻患它，故相问‘无它乎？’”这里所问的“它”这个东西应该就是蛇，而且“它”字的甲骨文就是一条蛇的具象描写（图4），金文则更像一条昂首向前威慑目标的眼镜蛇形态（图5），后来“它”字用作第三人称，为了加以区分而加上“虫”变成了“蛇”。

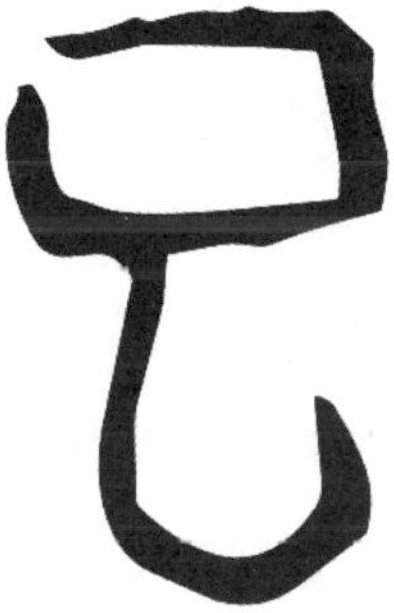

图3　甲骨文巳

图4　甲骨文它

图5　金文它

见证文明的蛇

浙江省多山的环境养育了众多两栖爬行类动物，据20世纪90年代统计两爬类共约82种，其中蛇类有6科29属59个种，占全国总数约十分之三，蛇类资源之丰富可见一斑。作为中华文明的重要发祥地之一，浙江坐拥“万年稻源”上山文化以及“实证中华五千多年文明史”的良渚古城遗址，拥有丰富的文物资源。然而作为浙江地区新石器时代的开端，上山文化遗址目前却没有出土过蛇类遗存或者与蛇类造型、纹饰有关的文物，考古学家们认为很有可能是蛇类遗骨过于微小而没有办法完整保存，加之筛选过程中依靠肉眼观察也容易被遗漏。至于蛇类纹饰则更可能被抽象成了一些波折纹等纹饰。

图 6　民国《良渚—杭县第二区黑陶文化遗址初步报告》

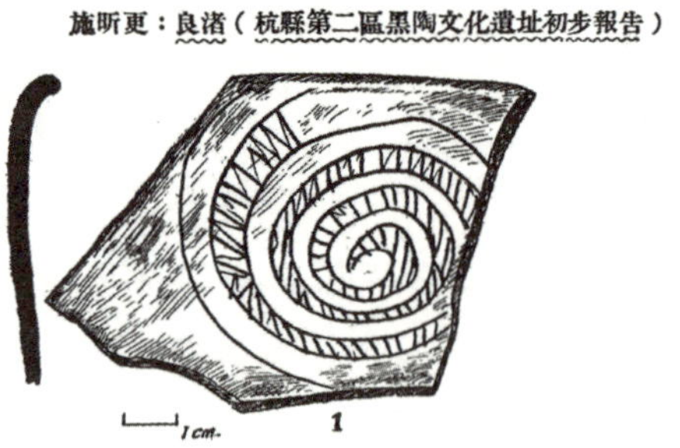

图 7　细刻蛇纹陶片

相较而言，处于新石器时代晚期的良渚文化则拥有更为丰富的蛇类相关文物。在良渚博物院第一展厅的第二单元《千年时空》右侧壁龛中，陈列着良渚文化发现人施昕更先生撰写出版的第一份正式的良渚遗址考古发掘报告《良渚—杭县第二区黑陶文化遗址初步报告》，其中记载了施昕更先生在 1936 年对良渚文化进行发掘的起因经过。在报告中有一片陶片尤为奇特，上面的纹饰像极了一条盘旋的小蛇，可惜因为年代久远，这片陶片早已遗失，仅留下报告中精心描绘的线图供人们参考（图 6、图 7）。

浙江地区陶器表面的刻纹装饰起始于上山文化，经过跨湖桥文化、马家浜文化以及崧泽文化几千年的不断传承与发展，良渚先民们制作的刻纹黑陶终于闪耀出别样的光彩。不同于中原地区仰韶文化的大幅彩绘，良渚黑陶以隐约细密的纹饰著称，在一些器物上甚至可以看到一毫米以内针刻数条阴刻线。在良渚博物院一展厅陶器展柜中，就展示着多件刻细纹黑陶片，其中有一件相对完整的陶刻纹贯耳壶非常亮眼，上面刻着两条尾巴互相盘旋的蛇纹，考虑到良渚先民生活在水边，又大量富集粮食，老鼠以及追踪猎物而来的蛇类可能就在村落安了家。二十世纪浙江地区村民经常会在家中空酒坛内发现蛇类产卵抱窝的情况，因此笔者认为蛇纹中间点缀的圆圈不排除是蛇卵的可能（图 8）。

图 8　良渚文化陶刻纹贯耳壶

图 9　良渚文化　刻纹黑陶残片

图 10　良渚文化　刻纹竹节豆把残片

图 11　良渚文化　刻纹竹节豆把残片 细节

当然，除了这件陶壶以外，博物院内还展示了许多其他的带蛇纹陶片，有些蛇纹会与方胜纹一起出现，有些蛇纹则带着明显的翅膀，考古学家们将这些带鸟翅的纹饰描述为蛇鸟纹，表现了良渚先民们对于蛇以及鸟类的重视。学者们认为这些在古城内发现的精制陶器的礼器性质大于实用性质，应该是贵族才能使用的礼器，在祭祀仪式中被破坏后进行了瘗（yì）埋，因此这些刻有精美纹样的磨光黑陶甚少有完整器具出土（图 9、图 10、图 11）。

藏礼于器的先秦蛇影

走出良渚博物院，来到浙江省博物馆之江馆。在之江馆区一楼和二楼有一个巨大的展陈《浙江一万年》，以史诗般的大篇幅讲述了浙江从旧石器时代一直走到新中国的伟大历程，在这一万年里，人们克服种种磨难，与天斗、与地斗、与人斗，最终将文明之花栽满了这片水乡泽国。在这一万年里，蛇的元素就好像蛇本身一样神秘、优雅，藏匿于各种细枝末节处等着人们那双善于发现的眼光。

人们总说“一部陶瓷史，半部在这浙里”，作为中国陶瓷工艺发展的重要起源地，浙江拥从夏商至两汉多处原始瓷窑遗址，从良渚文化时期的陶器到精美的原始瓷，浙江见证着中华文明最重要的一个文化特征：陶瓷的发展与演变。在西周时期，虽有《酒诰》禁酒令，祭祀时还是保留了饮酒的礼仪，因此酒器仍是重要的原始瓷类型。在《浙江一万年》先秦版块中，展出了一件西周原始瓷卣，这件瓷卣体态端正，敞口，折肩，肩上有“S”形蛇纹装饰，腹弧直，大平底。上腹部有陶耳一对，器表饰变体云雷纹。施青褐色釉，器表施釉不均（图 12）。

图 12　西周　原始瓷卣

在先秦时期，蛇被视为神明，像龙一般能潜渊布雨，象征着神秘、威严。到了东周，器物表面的云雷纹、龙纹等进一步符号化，出现了大量的蟠虺纹，“虺”指小蛇、毒蛇，《浙江动物志》中记载，蝮蛇有一别名“土虺蛇”，蝮蛇毒性猛烈，且喜欢栖息在平原及丘陵地带的坟堆草丛、荒野及其附近的稻田中，根据病例调查，早年间杭嘉湖平原一带蛇咬伤病例 90% 以上为蝮蛇咬伤。使用蟠虺纹装饰既体现了古代人民对自然界的敬畏之情，又展示了他们追求权力、地位的渴望。这件表面满饰蟠虺纹的战国原始瓷卣似乎正在诉说着原主人身逢乱世渴望伟业的豪情壮志（图 13）。

除了抽象化的蟠虺纹，战国时期的玉器上还能见到一种相对写实的蛇纹，详见于浙江省博馆藏的龙纹玉削刀。在先秦时期，文字更多被书写于简牍之上，当出现错别字的时候，削刀，这种最早的“橡皮”就派上用场了，因此出土削刀往往被视为文书的象征。这件玉削刀整体为长条形，环形首。刀背两面琢刻不同纹饰，一面主体纹饰为两组龙纹，龙纹两两相背，另一面在两条龙纹之间加了一条卷尾蛇纹，蛇首略呈三角形，疑似毒蛇。刀锋处未见使用痕迹，猜测并不是实用器具。

图 13　战国　原始瓷炉

一统天下的汉晋蛇踪

传说秦朝末年天下大乱，汉高祖刘邦斩白蛇起义，被拥立为沛公，后来打败项羽建立大汉王朝称汉高祖。到了汉武帝时期，打通西域、封狼居胥，我国历史上迎来了真正的大一统时代。在汉朝的统治中，浙江地区陶瓷匠人们对于釉料的掌控越来越娴熟，各种釉陶、青瓷等陶瓷制品大量烧制并且销往中原腹地。越州境内（今浙江宁波、绍兴）的著名青瓷窑口越窑，曾经烧制出大量精美陶瓷器皿，其中不乏一些有趣的釉陶器。

浙江省博物馆一楼越窑展区展出的东汉越窑黑釉熊灯是一件难得的大型器皿，灯座的主体是一只蹲坐在青面獠牙的鬼神怀抱里吃饼的小熊。鬼神头部是灯盏口，口沿至熊的头、肩、双膝堆塑着很多小动物，其中在熊的左肩就有一条头部像铲子、身披菱形鳞片的小蛇正在努力往上攀爬。馆方研究员认为鬼神面目可怕，可能还可以兼职镇墓兽的功能，但是又发现额部铭刻了“大吉羊（祥）”三字，考虑到汉代先民喜欢铭刻诸如“宜子孙、延年”等吉祥语讨口彩的习惯，这件熊灯吉祥祈福的功用可能还更多些（图14、图15）。

除此以外，还有两件陈列在之江馆青瓷厅的带蛇纹文物，分别是西汉釉陶蛇钮盖鼎，分器盖器身两部分，盖面鼓起，中心为一盘蛇，蛇外一周饰⊙纹，外划弦纹三道。弦纹外贴有对称的三只小鸟。釉层大多已剥落。盖的胎色与器身略深。内部鼓起的气泡较多。

东晋越窑青瓷蛇柄魁，魁就是汤勺，舀汤的器具。《说文解字·斗部》：“魁，羹斗也。”直口，锐唇，小弧壁，假圈足，平底内凹。外口沿处衔一蛇柄，口沿等距装饰演四点褐彩，施青釉，釉略泛黄，釉面有细小冰裂纹，胎体厚重。

图 14　东汉　越窑黑釉熊灯

图 15　东汉　越窑黑釉熊灯细节

汉代青铜器冶铸技术发达，但是浙江地区想要获得大量的青铜资源还是很难，因此浙江地区青铜器数量一直都不如晋、陕等地。青铜器类文物多为铜镜、带钩之类的小件。汉代青铜镜制作精良，审美高超，即使是偏远如浙江也偏好精美的汉镜。1959 年，上海博物馆拨交给浙博一件四乳四虺纹青铜，镜圆形，圆钮，圆钮座。座外设短斜线纹一周。主纹为四乳四虺纹相间环绕。四乳带圆座，四虺成 S 形。主纹外短斜线纹一周，凸宽弦纹带一周，双波折纹一周。器型规整古拙，是汉代铜镜之精品（图 16）。

带钩在浙江有着五千多年的历史，最初由良渚先民用玉石等材料制作，安装于腰带以束缚衣衫方便行动。在良渚文明失落以后，玉带钩再度出现已经是西周时期了，只不过造型有所更改。到了汉代，带钩的整体造型仍然延续着周代的风貌。如浙博藏汉如意纹蛇首铜带钩，整体造型好似琵琶。

图16　汉　四乳四虺镜

钩首作蛇形，钩首与钩面的角度大，钩面饰如意纹、花草纹；背部近尾部处有一椭圆形钉状钮，钮较大。

宋明金石仿古蛇

随着宋代金石学兴起，文人墨客对于古物的追捧使市面上出现了大量古物的仿制器皿。这一风气直到明清时期依然如此。但仔细对比，会发现仿制器物终究还是差了一丝韵味。如浙博藏宋仿古兽面纹铜尊，该尊属“粗体觚”形，无肩，敞口呈喇叭形，高圈足。上腹部饰蕉叶纹，蕉叶纹下为一圈左向垂首折身的蛇纹，细看蛇纹表情呆滞，与其说是蛇，不如说是一件如意。

明仿古蛇纹铜觯，觯是一种酒器。直唇，喇叭口，细长颈，深垂腹，

图 17 明代 陈洪绶《仿吴道玄乾坤交泰图》

高圈足。颈部纹饰带宽 2.7 厘米，主体纹饰为两组蛇纹，细看之下，蛇纹同样存在表情呆滞的缺陷，可见后世对于器物的制作已然不如上古精致仔细。

相对于匠人仿古，明代文人墨客对于古代绘画的理解更深刻，画家们的思想通过绘画技法与意境的融合，透过画面表达给观众。明代画家陈洪绶的绘画驰名艺坛，其双钩设色花鸟画可谓一绝，但当我们看到《仿吴道玄乾坤交泰图》这幅绘画时仍不免为其所震撼。画面中央的玄武体态威仪，长蛇回首吐信，与玄龟对望，蛇身缠绕于龟身，表达“乾坤交而为泰”的寓意。画面大气磅礴，神兽造型写实，笔触婉转圆润，用生动的玄武形象表达对于国泰民安、天地通达的美好愿景（图 17）。

浙江虽然蛇多文物也多，但与蛇直接相关的文物并不那么常见，于是，在文物中找寻蛇的踪迹便充满了挑战与惊喜。从文明起源开始，在文物中寻找蛇，其实也是我们对文明起源的一次探索，对中华文明的发展脉络能有更清晰的认知。当我们看到甚至触摸到这些文物的时候，会被触动，会感知到那些过去的人和事一直在影响着人类命运的发展。希望在我们了解文物之后，会带着陈寅恪先生的“了解之同情”，去面对中华民族的过去、现在和未来，去建设我们充满魅力的祖国。

作者小传

潘嘉平，良渚博物院社教专员，中国民主促进会会员，云南大学文物学硕士研究生在读。2018 年加入良渚博物院至今多次担任重要接待任务，为中外来宾介绍良渚文明。

北京地区所见蛇形象石雕文物

罗 飞

蛇形象石雕是北京地区甚至全国范围古代石雕文物中相对少见的题材，蛇在我国分布较广，不同的文化语境中对蛇的文化属性认识不尽相同，尽管一些蛇类有毒，但在我国传统文化中，蛇被视为智慧与顺利的象征，并因其蜕皮，还被认为有着强大而神秘的生命力和创造力，象征吉祥和神圣，寓意新生与长寿。北京地区所见蛇题材石雕此前尚未对其进行过梳理，2025 年逢中国传统的乙巳年——生肖蛇年，发掘“蛇”形象石雕背后的故事，阐释其文化内涵与艺术价值，可窥北京地区石雕文物的多样性与包容性。

三台子汉墓画像石上的伏羲与女娲

三台子位于北京右安门外以南三公里处[①]，1957 年北京市文物工作队对三台子遗迹进行了考古清理，在夯土层中发现了唐代瓷片与金代沟纹砖

① 三台子以北其北 300 米许为二台子，其东北 500 米许为大台子，即三个高大的土堆。20 世纪五六十年代，二台子、三台子已因历年取土挖砖了无痕迹，大台子还存有高大的封土堆。

垒起的石墙残迹，在残墙的西端出土了一对汉画像石石门。三台子出土的画像石原本应为墓门，合缝处作梯级式，其右边的一扇中部合缝旁有一小孔，门轴仅存左下一处，余皆损坏，门高 1.58 米、宽 0.57 米，门正面每扇以宽边分作三格，中间两格刻铺首。右上格刻一人，左肩负钺，右手持盾，两腿作前弓后曲之势，为倒像；右下格刻无足三首鸟，频展四翼。左上格刻一朱雀，侧身向右舒展两翼；左下格刻玄武；画面空白处刻三角纹，四边刻齿形纹，这组图像当为二十八宿与四象之神。墓门背面刻二人并立像，皆作人首、兽足、长尾。左者头戴“山”字冠，手执圆规，右者冠前低后高，双手捧曲尺，是神话中伏羲和女娲的形象（图1、图 2）。其各自手中所持工具看似普通，实则蕴含了丰富的文化寓意,即女娲曾炼石补天，以拯救苍生，以圆规象征着天的圆满，而伏羲是上古人皇，他的曲尺代表着大地的方正和稳固。这两件画像石的制作手法，均以浅浮雕阴刻线条为主,部分使用圆刀法,有一定的立体感。其表现风格，与河南南阳汉墓画像石和四川重庆沙坪坝石棺画像基本一致，但刻画线条较以上两处更为古拙，因而确定它是汉代的作品。

伏羲女娲是汉代画像石常见的题材，一般

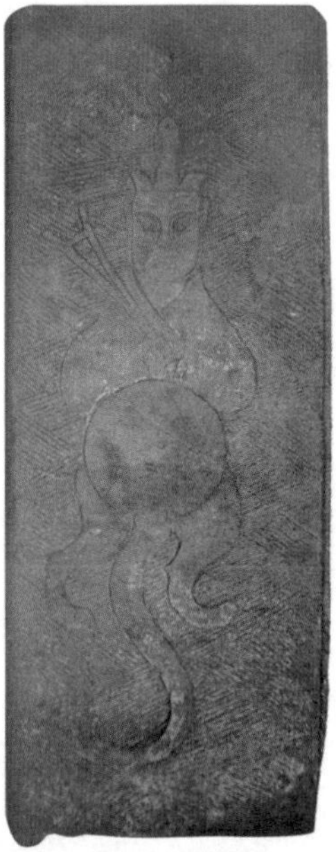

图1　三台子出土伏羲画像石
（采自《北京文物精粹大系·石雕卷》）

图2　三台子出土女娲画像石
（采自《北京文物精粹大系·石雕卷》）

作“人首蛇身”，伏羲是传说中三皇五帝之首，中华人文始祖；女娲则是传说中造人之神，华夏孕育之母。神话传说中他们二人通婚，繁衍了人类，二者作蛇尾状的下身以螺旋结构盘旋相缠，表达阴阳结合，生生不息。三台子画像石是北京地区首次经科学考古发现的汉画像石实物①，也是北京地区石目前已知最早与蛇文化因素有关的石雕文物，尤为珍贵。

唐、辽、金三代墓志盖上的蛇纹

北京地区所见唐代墓志盖上十二生肖中的蛇形象，从《新中国出土墓志·北京卷》《北京市文物研究所藏墓志拓片》《北京文物精粹大系·石刻卷》《北京辽金史迹图志》等书的著录实例来看，可以分为三种形式，依出现时间的先后顺序分别是：写实蛇纹，蛇首人身，人物捧蛇。十二生肖纹饰作为墓志纹饰中的一大类别，从出现到繁荣再到衰微经历了南北朝、隋、唐、辽、宋、金多个朝代及历史时期。根据北京地区所见墓志纪年可知，盛唐以前墓志盖上的十二生肖多为写实动物形象（图 3）；盛唐以后则开始流行兽首人身形象，其褒衣广袖，双手持笏，呈站立或跽坐的姿态（图 4）；中晚唐以后则出现了将生肖动物或捧于手中，或抱于怀中，或置于冠顶，或携于身侧的人物形象（图 5）。2013 年，在北京市房山区发现的唐代幽州节度使刘济及其夫人合葬墓中出土的刘济夫人墓志盖上即雕刻有手捧生肖动物的人物形象。辽、金两代北京地区墓志盖的装饰延续了盛唐之后的两种生肖动物形象，写实生肖动物纹则十分罕见。墓志盖使用十二生肖动物纹样，主要作用在于厌胜与驱邪。

---

① 目前北京地区经考古发掘的汉画像石墓仅见两处，除三台子外，另一处为北京市平谷区北张岱汉墓。

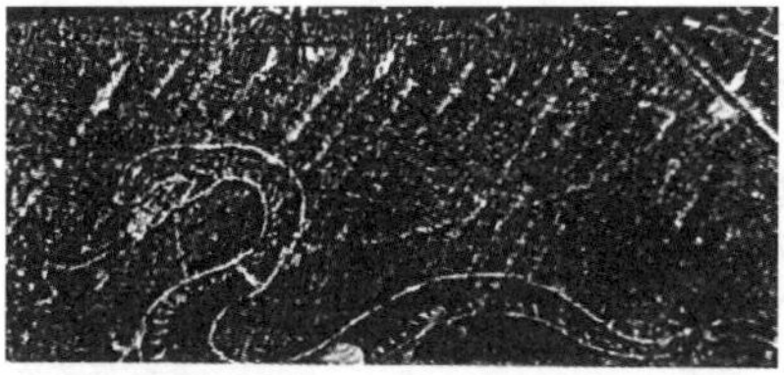

图 3　薛府君墓志盖上的兔纹约武周时期（公元 684—704 年）
（采自《北京文物精粹大系·石刻卷》）

图 4　王徽墓志盖上的兔首人身形象天宝十三年（公元 754 年）
（采自《北京文物精粹大系·石刻卷》）

图 5　王叔原墓志盖上的捧兔人物 元和八年（公元 813 年）
（采自《北京文物精粹大系·石刻卷》）

居庸关云台石雕中的蛇形象

居庸关云台，位于北京市昌平区南口镇北的居庸关关城内，是第一批全国重点文物保护单位，始建于元至正二年（公元 1342 年），至正五年（公元 1345 年）落成，为白色大理石砌成，呈长方形，通高 9.5 米，基座下部东西长 26.84 米，南北长 17.57 米，云台顶部平台略小于基座，台顶四周为雕花石栏及排水螭首，云台正中南北方向辟有券洞门，目前所见云台实际上是元代过街塔的基座，其上原有三座覆钵塔今不已存（图 6）。云台正中开洞门，宽 6.32 米，高 7.27 米，进深 15.8 米。券洞内地面由 100 余块巨石铺成，现留有南北向的 4 条车道痕迹，见证了昔日这里作为元明清三代北京北大门的历史与沧桑。

云台的券洞南北券面与券洞内部雕刻有精美的浮雕，主要为六拏具、四天王、曼荼罗、诸佛等藏传佛教题材，磅礴恢宏而不失精巧细腻，是典型的元代官式石雕，更是中国古代雕塑的代表之作。居庸关云台券壁上雕刻有汉文、藏文、八思巴文以及西夏文、回鹘蒙文、阑札体梵文六种文字

图6 居庸关云台

刻写的《尊胜陀罗尼经》，标志着多民族宗教观念与正统思想的趋同，并以禳灾延寿的吉祥寓意象征着一个和谐相处的多民族国家新纪元的开始[①]。然而，被人一贯忽视的是，在居庸关云台石雕中，雕有多处蛇形象，是目前全国蛇题材石雕出现最多的一处。

1.金翅大鹏与龙女附属的蛇

云台南北券面分别雕刻有大型藏传佛教的六拏具装饰，六拏具即藏传佛教中六种以动物象征组成的法相装饰，常用于佛座、佛像背光或券门之上。六拏具的现存实例十分丰富，卫藏地区早在十一世纪扎唐寺佛堂残留的佛像背光上以及江浦寺佛像座背上就已出现六拏具图像[②]。清代工布查布所译《造像量度经》中指出六拏具为大鹏金翅鸟、龙女、摩竭鱼、童子、兽王、象六种动物形象组成，并梳理了其形象来源，每一种动物的梵文发音分别

① 谢继胜：《居庸关过街塔造像义蕴考——11至14世纪中国佛教艺术图像配置的重构》，《故宫博物院院刊》，2014年5期。

② 张亚莎：《11世纪西藏的佛教艺术——从扎塘寺壁画研究出发》，中国藏学出版社，2008年，第105页。

与慈悲、保护、救渡、福资、自在、善师接近，因此取动物图像以象征六种“无形之义”，又因这六种动物的梵文尾语俱为“拏”，故得“六拏具”之名，“合为六度之义”①。

藏传佛教认为金翅大鹏鸟的形象是秃鹫和印度教大鹏鸟的结合，属厉神即护法之神。居庸关南北券面正上方各雕刻有一只金翅大鹏，其整体造型壮硕敦厚，头戴宝冠，背负双翼，与双臂并作大张状，肩挑日月，双腿呈蹲踞状，其上满覆鳞片，双足作鹰爪。在雕刻技法与构图处理上，大鹏鸟主体及其背后展开的双翼分别采用高浮雕与浅浮雕的雕刻技法表现，层次分明，使大鹏鸟更具立体感，呼之欲出，仿佛随时都可一跃而起，盘旋于云台上空（图7）。大鹏鸟双足作分别与左右两龙女足跟相钳，从而使大鹏鸟与龙女连为一体，这一细节也成为此后明清时期“六拏具”题材中常见的表现方式（图8）。传说中的大鹏鸟以蛇为食，隐喻对邪恶的吞噬，为表现大鹏鸟这一特征，居庸关金翅大鹏周身上下在其颈部、腰部、两侧大臂与腕部分别缠有一条蛇，宛如项圈、腰带、臂钏、手镯，共达六条之多。其中缠绕在腰部的蛇最大，由大鹏颈部一侧垂下，在腰部与蛇尾缠绕后，头部又蜿蜒而上，颈部次之，手臂上的两条最细，六条蛇均雕刻出头尾，首尾呼应，颇具写实色彩，表达出蛇被大鹏鸟降服之意。明清时期，北京地区石雕金翅大鹏的形象还见于真觉寺金刚宝座、八大处大悲寺、旭华之阁等处，其中或是作大鹏鸟喙中衔蛇状，或是将蛇省略，对蛇的表现远不

① （清）工布查布译：《造像量度经·造像量度经解》中记载“背光制，有云六拏具者：一曰伽噌拏，华云大鹏，乃慈悲之相也；二曰布啰拏，华云鲸鱼，保护之相也；三曰那啰拏，华云龙子，救度之相也；四曰婆啰拏，华云童男，福资之相也；五曰舍啰拏，华云兽王，自在之相也；六曰救啰拏，华云象王，善师之相也。是六件之尾语，俱是拏字，故曰六拏具，有以合为六度之义。其尺寸色饰。则西番书由上中下之分，且汉地旧有其式，故不具录。”同治十三年金陵刻本，第20页。

图 7　云台南侧的金翅大鹏鸟

图 8　金翅大鹏鸟及龙女（云台南侧）

及居庸关云台丰富。

金翅大鹏鸟两侧为一对作拱卫姿态的龙女（或为龙王），据《法华经·提婆达多品》载："龙女即娑竭罗龙王之女，年甫八岁，智慧猛利，诸佛所说甚深秘藏悉能受持，乃于刹那之顷，发菩提心，得不退转。复以一宝珠献佛，以此功德愿力，忽转女成男，具足菩萨行。"即龙女八岁时聪颖异常，受持《法华经》功德见佛献宝，变为男身，立地成佛。两龙女姿态对称，一手在胸前结期克印，另一手高举至头顶结护法印，头顶上方由肩颈部延伸出一身七头龙的形象，每个龙首头顶宝珠，值得注意的是，此处七头龙的形象，并非汉地常见的类似龙首形象，更接近印度早期佛教中的蛇的形象（图 9）。

此外，长久以来居庸关参观者均认为居庸关云台南北券面上所雕的两组大型六拏具图像是南北一致的，笔者在撰写此文考察居庸关云台石雕时发现二者实则在龙女的姿态上存在一处差异，即南面龙女双臂张开，各结手印，而北面的龙女则双手于胸前结说法印（图 10），这背后是否存在宗教学方面的意义，尚待进一步研究。

2. 广目天王手持之蛇

云台之内，两侧的石壁四隅雕刻有大型四天王坐像，每尊天王高度达 3 米有余，气势撼人，东、南二天王在东壁，西、北二天在西壁。我国著名建筑大师梁思成先生在《中国雕塑史》中曾这样评价云台四大天王雕像：

图 9　《大树与巨蛇——印度的早期佛教艺术》图录（封面）大都会博物馆出版，2023 年

图 10　金翅大鹏鸟及龙女（云台北侧）

“居庸关门洞壁上四天王像可称元代雕塑之代表。天王皆在极剧烈之动作中。其雕出不高，光影之反衬不甚强，然其路线则为绝对的动的。”[①] 四天王雕像在中国古代雕塑史上的地位由此可见一斑。

由南向北进入云台券门，位于西壁入口处的广目天王怒目侧视，与进入云台的观者目光相对，使人瞬间融入云台内部庄严肃穆的宗教气氛之中（图 11）。广目天王左手在胸前结期克印，右手执一条巨蛇，蛇身蜿蜒盘绕于其右臂之上，蛇头朝向广目天王侧视方向，口部大张，獠牙外露（图 12），其表现出的躁动凶猛与广目天王不怒自威形成了动静对比。蛇作为广目天王的法器，寓意惩恶护善，索拿有罪之人，使其改邪归正。据《千手观音造次第法仪轨》记载：“十八毗楼博叉王，色白。左手执杵，右手把金索青色。”[②] 可知，广目天王法器最初实则为绳索，后世将这一法器艺术化为蛇或龙的形象，居庸关此处广目天王所执巨蛇头顶长有细角，口部外廓雕有类似龙口部才有的细密火焰纹，从而凸显了此蛇并非现实生活中所见之蛇，

① 梁思成：《中国雕塑史》，百花出版社，2006 年，第 237 页。

② 《千手观音造次第法仪轨》卷 1，CBETA，T20，no.1068，p.138，c1-2。

图 11　云台内广目天王

图 12　广目天王所执蛇

图 13　北京真觉寺金刚宝座上的广目天王

体现了设计者对将蛇与龙两种形象的结合与折中。此外，今北京真觉寺金刚宝座下须弥座束腰西南角，也雕刻有坐于莲台上广目天王形象，高度不足 1 米，其右手执蛇，蛇的身盘绕于天王手臂之上，遗憾的是，蛇的头部主体已剥落（图 13）。尽管真觉寺金刚宝座上这尊广目天王的雕刻工艺与艺术内涵均无法与居庸关广目天王相提并论，但从剥落的蛇头顶部仍可看出雕有细角，可见二者在细节处理上的相似性与延续性。

元代以来，经过佛教与民间世俗的互动，四大天王手执法器，也衍生出更多元的含义，即南方增长天王，手持剑，象征着风的力量，保风和顺遂；东方持国天王，手持琵琶，代表着和谐之音，寓意气候调和；北方多闻天王，持伞，表示甘雨降临，保障丰收和滋润；西方广目天王，持蛇，象征着顺畅无阻，维护着自然秩序。四大天王的法器“剑、琵琶、伞、蛇”也被赋予了“风调雨顺”的吉祥的含义，明清之际的这四种法器，如道教的“暗八仙”纹一样，被广泛采用于民间吉祥纹样之中。

3. 云台石雕中的其他蛇

除上述金翅大鹏、龙女、广目天王附属的蛇外，在云台多处细节雕刻中也还有蛇的形象。广目天王执蛇手臂下方的山石上伏有一条小蛇，蛇身隐没于山石之间（图 14）。此蛇采用浅浮雕技法雕刻，头顶无角，口部无火焰纹，口部紧闭，蛇信外露，十分写实，显得格外安静与温顺，进而反衬出广目天王手中蛇的灵动与威猛。此外，北方多闻天王与南方增长天王二者右脚下所踩鬼怪手中（图 15、图 16），分别执有一条蟒蛇，蛇身绕臂，口部大张，作被鬼怪降伏状，表现出鬼怪的凶猛与狞厉。

图 14　广目天王执蛇手臂下方的蛇

图 15　北方天王脚下执蛇鬼怪

图 16　南方天王脚下执蛇鬼怪

总之，居庸关云台石雕以其气势磅礴、设计缜密、雕刻精美著称于中国雕塑史，是元代官式石雕集大成的代表之作[①]，更是研究民族关系史、佛教史、建筑史、艺术史宝贵的一手材料。若不将四个龙女背后的七头蛇统计在内，居庸关云台石雕中蛇形象石雕达 16 条之多，是目前已知的中国古代蛇形象石雕最多的一处，堪称全国之最。

① 此外，北京石刻艺术博物馆还收藏有一件元代石雕真武像，其脚下雕有龟蛇缠绕的玄武形象，但风化严重，难以辨认。

北大未名湖畔五供上的蛇纹

北京大学燕园未名湖南岸西段有一组雕工精细且纹饰精致的石五供（图17），其与湖畔的翻尾石鱼，以及位于山丘上的校钟亭遥相呼应，为未名湖景观的重要组成部分。2014年，李洪胜、杜若飞两名北大在校本科生撰写了《燕园未名湖南岸石五供年代及来源初考》，对这套石五供的来源、年代进行了全面梳理，认为该组石五供是明代遗物，最有可能是明米万钟在今燕园内墓地的供件，其被保留放置于燕园未名湖南岸的做法，可能服从于燕园的设计师墨菲为校园添加中国元素的设计理念[①]。这组石五供有香炉一件、蜡扦和宝瓶各一对，香炉前为一大型石头供桌，是典型的明清高等级墓葬墓前礼仪性石雕。

香炉居中，蜡扦和宝瓶分列两侧。石五供为摹仿青铜五供造像，表面装饰有仿先秦青铜器的浮雕兽面纹，居中的香炉顶部作博山状。北宋金石学家吕大临所著《考古图》中对博山炉记载："炉象海中博山，下有盘贮汤，

图17　未名湖畔石五供

① 李洪胜、杜若飞：《燕园未名湖南岸石五供年代及来源初考》，《西部人居环境学刊》，2014年2期。

使润气蒸香以象海之回环”[1]，即博山炉是模仿的海中升起的山，下面的承盘是盛水之用，而博山炉中香料在燃烧时所产生的香气、香烟和盘中之水如海上仙山一般。此处五供中的石香炉虽然不能燃香，但其设计理念则是来源于汉代博山炉，表达了升仙思想。炉顶博山呈半球状，山形层峦重叠，在其正、背面以及南侧的炉耳一侧，分别雕有竹、松、梅，构成“岁寒三友”主题，在三株树木与山峦之间雕有昆虫鸟兽，其中梅花树上蹲坐有两只手拿木棍正在捅蜂窝的猴子，取猴与蜂的谐音，寓意“封侯”，蜂窝旁因受惊飞出的马蜂与双臂上扬跃跃欲试的猴子，使整个画面传神且充满动感。博山背面的松树上，盘绕着一条从山洞中爬出的蛇（图 18），口部微张，仿佛在注视着梅花树上的猴子，与之形成了一静一动的对比。从目前已知的资料来看，未名湖畔这件石香炉博山顶上的蛇形象石雕，是除真觉寺明初广目天王执蛇法器外，北京地区明清时期仅见的一例单纯表现蛇作为动物属性的题材石雕，与明末清初之际北京地区石雕日渐呈现世俗化与精细化趋势的时代背景相呼应。

图 18　石香炉顶上的蛇

① 吕大临、赵九成：《考古图、续考古图、考古图释文》，中华书局，1987 年，第 181 页。

图19 首都博物馆藏蛇首石俑

结 语

灵蛇献瑞，金蛇狂舞，在2025年辞旧迎新之际，北京广播电视台春节联欢晚会上，一件北京蛇形象石雕文物成为关注的焦点——出土于北京西城区姚家井的一件唐代生肖石雕蛇首人身石俑[①]（首都博物馆藏）（图19），通过AIGC技术赋予其鲜活趣味的形象，达到让文物“动”起来的效果。北京石雕文物中的蛇虽然十分罕见，但具有着鲜明的地域与时代特色，承载和记录了北京地区厚重的历史积淀，为讲好今天北京文物背后的故事与“博物馆之城”建设、推动传统文化性创新发展注入了新活力。

作者小传

罗飞，大钟寺古钟博物馆藏品部副研究馆员，民盟海淀区文化专委会副主任，研究方向为北京地方史、中国梵钟，曾撰写大钟寺古钟博物馆基本陈列等展览大纲10余项，独立承担北京市委组织部优秀人才基金项目等科研课题，发表学术论文三十余篇。

① 该石俑出土于北京西城区姚家井地区，墓主人薛府君极有可能是薛仁贵、薛讷、薛楚玉家族成员。参见卢亚辉：《唐信州刺史薛府君墓所见幽营二州薛氏》，《北方文物》，2023年5期。

蛇之韵　史之痕

河南博物院馆藏文物里的蛇

鹿继敏

蛇，这一古老而神秘的生物，自古以来便与人类的文化紧密相连。独特的形态、强大的生命力以及令人敬畏的习性，使其成为众多文化和宗教中的崇拜对象。蛇崇拜的内涵并非一成不变，而是随着历史的演进、社会的变迁以及人类认知的发展而不断演变。

蛇崇拜的文化演变

原始时代的蛇崇拜：自然力量的敬畏

在原始社会，人类对自然界的认知有限，面对强大的自然力量，往往感到敬畏和恐惧。蛇作为一种常见的野生动物，其快速移动、蜕皮重生以及神秘莫测的习性，使古人对其产生了深厚的崇拜之情。这种崇拜最初可能源于对蛇的恐惧和敬畏，但随着时间的推移，人们逐渐将蛇视为具有超自然力量的神灵，进而形成了图腾崇拜。在图腾崇拜中，蛇往往被赋予神圣的属性，成为部落的保护神和象征。

农耕时代的蛇崇拜：生殖与繁衍的象征

进入农耕时代后，人类开始定居生活，农业生产成为主要的经济活动。在这一时期，蛇崇拜的内涵开始发生转变，从对自然力量的敬畏逐渐转向对生殖和繁衍的象征。蛇的繁殖能力强，且能够蜕皮重生，这些特性使蛇成为生殖和繁衍的象征。在许多文化中，蛇被视为能够带来子孙繁衍、家族兴旺的神灵。例如，在中国文化中，女娲和伏羲常被描绘为人首蛇身的形象，他们不仅是人类的创造者，还象征着生殖和繁衍。

封建时代的蛇崇拜：权力与地位的标志

随着封建社会的形成和发展，蛇崇拜的内涵进一步丰富和演变。在封建社会中，蛇逐渐被赋予更多的象征意义，成为权力和地位的标志。在中国文化中，蛇也被赋予吉祥和富贵的寓意，与龙、凤等一起成为皇权的象征。此外，在一些民间信仰中，蛇还被视为能够驱邪避害、保护家人平安的神灵。这些观念的形成，不仅反映了人类对蛇的敬畏和崇拜，也体现了封建社会中的权力、地位和吉祥等美好事物的向往和追求。

馆藏文物中的蛇形象

河南博物院作为一座收藏丰富、历史悠久的博物馆，馆藏文物中不乏与蛇相关的精美之作，这些文物不仅展示了古人精湛的工艺水平，更蕴含着深厚的文化内涵。本文将从河南博物院馆藏的蛇形文物出发，深入探讨蛇在中国古代文化中的象征意义及其在不同历史时期的发展演变，为理解蛇在中华文化中的独特地位提供新的视角。

青铜遗珍

妇好鸮尊（图 1）

图 1　商代妇好鸮尊

河南博物院馆藏的青铜器中，蛇形象常以纹饰呈现，商代妇好鸮尊上的盘蛇纹便是例证。妇好鸮尊出土于河南安阳殷墟妇好墓，是商代晚期青铜艺术的经典之作。其整体为昂首挺胸的鸮形，鸮具小耳高冠、圆眼宽喙，双翅并拢，两足与宽尾构成三点支撑。颈后有鋬，头部后方开四分之一圆形口，上有盖，盖前有站立鸟，鸟后有龙。器身纹饰繁复，以雷纹为底，蝉纹、双头怪夔、饕餮纹、盘蛇纹等交错运用。喙与胸部饰蝉纹，颈两侧各有一身两头怪夔，两翅前端各有一盘蛇，颈后部和盖面是饕餮纹，鋬下及尾上有鸱鸮。器口下内壁铸有“妇好”二字铭文。

在古代神话里，鸮和蛇常相关联，象征死亡与再生、黑暗与光明的对立统一。妇好鸮尊上的蛇纹饰，不仅彰显了商代艺术家的高超技艺与丰富想象力，也映射出当时的宗教信仰与神话观念，还可能与妇好的身份地位有关，作为商王武丁的妻子兼女将军，其权威和力量借此青铜礼器得以充分展现，同时也体现了商代社会对自然的细致观察与艺术再现能力。

蟠虺纹曲耳铜鼎（图 2）

蟠虺纹曲耳铜鼎，亦称周夔纹鼎、周牢鼎、牢鼎或虺螭夔纹鼎，为春秋时期的铜器杰作。其高 61.9 厘米，口径 65.9 厘米，整体造型宏伟，圆形敞口，微束颈，深腹圜底，配以附耳与蹄足，展现出独特的束颈与曲耳特征，关葆谦先生因其上饰牛首钮且体量庞大，故命名为牢鼎。1923年出土于河南新郑李家楼郑公大墓。

此鼎为李家楼大墓中的精品，装饰极为华美。颈上部环绕细密蟠虺纹，中部饰以窃曲纹，下部则为三角纹。上腹部装饰绹索弦纹两周，其间点缀三组纹饰，两侧为细密蟠虺纹，中间为粗犷夔龙纹。下腹以窄夔龙纹装饰，其下为叶状花纹。两耳相对的腹部正中前后各附一牛首，三蹄足上端亦饰以兽首花纹。整体纹饰繁复而不失秩序，细腻蟠虺纹与粗犷夔龙纹交织，平雕与凸雕技法并用，展现出春秋时期高超的铸造技艺。

此鼎不仅形体硕大魁伟，且纹饰精致细密，层次分明，承袭两周之际的旧制而有所创新，堪称春秋“轴心时代”的精神物化，其蛇纹体系既延续商周“铸鼎象物”传统，又孕育出“道器合一”的新哲学维度。鼎身交

图2 蟠虺纹曲耳铜鼎

织的蛇纹既是诸侯争霸的微观战场，也是华夏文明自我更新的基因图谱。

蟠虺纹铜盖鼎（图 3）

图 3 蟠虺纹铜盖鼎

蟠虺纹铜盖鼎是一件春秋晚期的青铜器，通高 35 厘米，口径 31 厘米，重 5.6 千克。该鼎于 1966 年在河南潢川县隆古公社高稻场大队的高稻场生产队出土。鼎的设计为子母口，深腹，两侧各附一方直耳，底部为圜底，下接三只外撇的兽首蹄足。盖顶中央设有一个六柱环形捉手，盖面中央饰有圆涡纹，外围环绕三周绹索纹和两周蟠虺纹，盖沿则饰有一周三角云纹。耳部饰有几何纹，腹部饰有两周蟠虺纹和一周绹索纹。

蟠虺纹是该鼎腹部的主题纹饰，这种纹饰是春秋中期青铜器装饰新潮流的标志。蟠虺纹，又称“蛇纹”，是由盘曲的小蛇形象构成的几何图形，与蟠螭纹（由两条或更多小螭龙相对纠结形成的纹饰）几乎同时出现于春秋中期，并在青铜器上流行了数百年。该鼎上的蟠虺纹采用了当时流行的模印工艺制作，这种工艺通过使用预先雕刻好的陶质或木质小方模，在陶范未完全干燥时拍印纹样，适用于制作连续的图案，大大提高了生产效率并节约了资源。

春秋晚期蟠虺纹铜盖鼎的发现，揭示了蛇崇拜在礼制崩解与技术创新背景下的深刻转型。这件器物不仅是青铜铸造工艺的革新见证，更是蛇纹从宗

图 4　蟠虺纹铜车軎

教符号向美学符号过渡的关键物证。鼎身流转的蛇纹，既是周礼解体的挽歌，也是新文明诞生的胎动。

蟠虺纹铜车軎（图 4）

蟠虺纹铜车軎，西周时期，出土于河南平顶山应国墓地。其尺寸为直径 8.6 厘米、长 6.3 厘米。这件车軎整体设计独特，呈圆筒状，不仅体现了西周时期青铜铸造技术的高超水平，更彰显了古代工匠对于细节的精雕细琢。

车軎表面一周巧妙地铸有六条浅浮雕的眼睛蛇，这些蛇的形象栩栩如生，极具视觉冲击力。蛇头部分采用三浮雕状设计，昂起后更有柱状支撑与辖壁相连通，形成了独特的立体效果。蛇身则相互蟠绕，交织出一幅复杂而精美的图案，展现了蟠虺纹的独特魅力。

更为精妙的是，在六条大蛇首之间，还巧妙地穿插有六只小蛇，这些小蛇同样以浅浮雕状呈现，与大蛇相互映衬，更添画面的层次感和动态美。这样的设计不仅丰富了车軎的装饰效果，更寓意着深远，反映了古代人们对于神秘力量的崇拜和追求。

这件蟠虺纹车軎浓缩着西周“制礼作乐”的文明精髓，其蛇纹既是《易经》“龙蛇之蛰”的天道隐喻，又是《尚书》“率循大卞”的礼法具象。从殷商“神权政治”到西周“德治主义”的转型中，蛇纹逐渐剥离巫术色彩，演变为宗法秩序的视觉编码。这种将自然崇拜转化为礼制符号的创造，

图6 青玉蟠虺纹璜

蟠虺纹是战国时期常见的装饰纹样，由多条小蛇相互缠绕构成，寓意深远，增添了玉璜的艺术魅力。

青玉蟠虺纹璜作为战国玉器的典范，其蛇形纹饰的运用与当时社会对蛇的崇拜密不可分。在先秦时期，蛇被视为具有通天神力的灵物，其蜕皮重生的特性被赋予"不死""永生"的象征意义。《诗经·小雅》中"维虺维蛇，女子之祥"的记载，说明蛇与生育力的关联已深入礼乐文化。这件玉璜上的蟠虺纹以小蛇交缠的几何化形态，既暗合《周易》"尺蠖之屈，以求信（伸）也"的哲思，又以密集的蛇体交织隐喻族群繁衍的愿景。

玉璜两端龙首与中部蛇纹的结合，实为"龙蛇一体"宇宙观的物质化表达——《山海经》所述"钟山之神，人面蛇身"的神灵形象，在此转化为可佩戴的礼仪圣物。两穿孔的设计除实用功能外，更暗含"贯通天地"的巫术思维，佩戴者借蛇形玉璜沟通人神，祈求生命力的永恒流转。

此类玉器常见于高等级墓葬，其青玉材质的温润与蛇纹的流动感相得益彰，折射出贵族阶层对"蛇蜕长生"理念的追崇。与同期青铜器上的蟠

图 7　唐彩陶俑

螭纹相比，蟠虺纹通过简化蛇形单元形成连续韵律，既延续商周动物纹样的神圣性，又显现战国工匠对自然生命的抽象提炼。这种纹饰的流行，正是上古蛇图腾崇拜在礼玉文化中的艺术升华。

唐彩陶俑（图 7）

陶器中的蛇形文物独具魅力，其中唐代彩绘人面蛇身交尾陶俑尤为精彩。该陶俑采用泥质红陶胎，通过手制和模制成型。其形态为两人首蛇身形怪兽交缠伏于不规则形底座之上，两人首相背，均呈现为尖发髻、粗眉、大眼、如意鼻、厚唇的特征，蹄形前肢趴于地面。两蛇身相互交缠，展现出独特的造型。

在制作工艺上，器表涂有白衣，人面发髻部分施黑彩，身体则涂以红彩，色彩鲜明且富有层次。陶俑整体形态奇异，极具神秘色彩，一般被认为可能是《大汉原陵秘葬经》中所记载的“墓龙”，作为镇墓神煞之一，具有特定的象征意义。

在唐代，蛇崇拜有着深厚的文化土壤。蛇因其独特的生理特性，如蜕皮与冬眠后复苏，被古人视为生命循环、永生不息的象征。这种对蛇的崇拜也融入了当时的丧葬文化。人们相信，将蛇形陶俑置于墓中，能借助蛇的神秘力量，守护墓主安宁，引导灵魂顺利进入另一个世界，同时抵御外界邪煞的侵扰，确保墓室的神圣不可侵犯。所以，唐代彩绘人面蛇身交尾陶俑不仅是一件独特的艺术品，更是当时社会宗教信仰与精神世界的生动写照。

伏羲与女娲交缠玄武画像石（图 8）

伏羲与女娲交缠玄武画像石，东汉文物，高 100 厘米，宽 33 厘米，河南南阳新野樊集乡出土。女娲居于左侧，头发梳成髻状；伏羲则位于右侧，头戴冠帽。他们上身穿着交领短襦，双手拢于袖内并举起于胸前，各自手中高举一物。下身呈现为兽形，双足呈兽爪状，两条蛇尾下垂并相交，紧紧缠绕着龟蛇合体的玄武。玄武昂首伸颈，身上布满了龟甲纹。

图 8　伏羲与女娲交缠玄武画像石

伏羲与女娲是汉画中常见的一对神祇形象。在先秦典籍中，他们分属于不同的神话系统。女娲的原型是抟土造人、衍生万物的始祖神，在神话流传的过程中，她又被赋予了炼石补天、治水等多种神绩。伏羲则有多种称呼，如牺、伏牺、宓羲等，其原型是古史传说中的文化英雄，被认为是诸多生活文明的发明者，如网罟渔猎、八卦、婚娶礼俗、琴瑟乐器等。

汉代人们认为，伏羲女娲作为文化英雄和祖先神的地位，可以护佑墓主魂灵并赐福于生者。从图像上看，汉代的伏羲女娲形象已经固定为上身人形、下躯蛇体（或龙体）。他们通常手持规矩，象征着在神话传说中规天矩地、规范社会的地位。伏羲女娲多以对偶交尾的形式出现，这既反映了女娲创造人类的神话，也表达了人们对繁衍子孙的祈愿。而他们尾部所缠绕的玄武神兽，则是汉代人们崇尚生殖观念和追求祥瑞的形象化体现，寓意着家族兴旺、子孙繁昌以及辟邪趋吉的美好愿望。

河南博物院馆藏的蛇形文物，不仅展示了古人精湛的工艺水平，更蕴含着深厚的文化内涵。从新石器时代到汉代，蛇的形象在不同历史时期经历了丰富的发展演变，其象征意义也逐渐丰富和完善。蛇作为中华民族的图腾之一，在中国传统文化中具有重要的地位，其智慧、神秘、生命力等象征意义，至今仍深深影响着人们的思想和生活。通过对河南博物院馆藏蛇形文物的研究，我们可以更好地理解蛇在中国古代文化中的独特地位和价值，为传承和弘扬中华优秀传统文化提供有益的借鉴。

参考文献

1.信阳地区文管会，罗山县文化馆：河南潢川县发现黄国和蔡国铜器，《文物》，1980 年第 1 期。

2.赵新来.潢川县出土蔡国青铜器补正，《文物》，1981 年第 11 期。

3.洛阳市第二文物工作队:《洛阳市浅井头西汉壁画墓发掘简报》，《文物》，1993 年第 5 期。

4.夏志峰：《郑公大墓青铜器》，大象出版社，2001 年。

作者小传

鹿继敏，河南博物院文化信息中心，公共管理硕士，研究领域为博物馆学、文化宣传。

蛇行神都

侯秀敏

蛇之轻重，关乎国之大事？

蛇文化在中华民族的五千年文明传统中源远流长。为了迎接即将到来的蛇年，想要写篇关于蛇文物的文章，却又苦于找不到素材。偶得朋友启发，决定把电脑中收集的考古资料重新梳理一下，时代、器型、纹样、类别……一个个关键词跃然心间，赶紧检索，一搜不得了，洛阳竟然也有很多“蛇”！随着对洛阳出土文物图片的逐一查看，蛇的形象在我眼前逐渐清晰、明朗起来，原来“蛇”无时不有、无处不在，早已在不经意间，融入洛阳历史文化长河，潜入历代寻常百姓的生活中，与我相伴多年，我却浑然不知。

洛阳地区的蛇文化潜踪隐迹，蛰伏久远，早已在文献古籍、生活器具、墓室建筑、宗教寺庙等地方卧匿遁形。那些运用绘画、雕刻、捏制、烧造等技法创作出来的蛇形象，时而庄严华丽，时而呆萌可爱，让人不感恐惧、只生敬畏。请跟着我穿越历史，寻找洛阳蛇文化的足迹，一起去发现并阐释它们吧！

蛇蕴于礼

蛇纹又称蚕纹、蟠虺纹，因其大小、组合不同称谓而略有变化。蛇的纹样源于原始某氏族部落的图腾崇拜，因蛇能潜于深渊招致云雨、落入人间送之富贵，因此古人视之为神明。在东周礼器中就有很多蛇的形象，由于龙蛇关系甚紧，龙又常被视为蛇的化身，以至于在东周时期龙蛇不分。如蟠螭纹，传说螭是汉族中的一种没有角但拥有长尾巴的龙，螭也常以蛇张口、卷尾、蟠的形态出现；蟠虺纹，又称“蛇纹”，以蟠曲的小蛇形象构成几何图形，虺即一种小蛇，作卷曲盘绕的形象，多以四方连续的构成方式出现,并用作凸起的主题纹饰,在青铜器表面组成如锦缎般繁密的图案。以上两种蛇纹，最早出现在商代中晚期，盛行于春秋战国时期。

我们不禁疑惑：蛇跟礼有关系么？那么，看看下面这些青铜礼器“国之重器”上的蛇就知道了。

蛇耳夔龙纹铜方簋

簋是中国青铜时代标志性器具之一，是商周时期盛放煮熟饭食的器皿，也用作礼器，在社交、祭祀、殡葬等重大活动中不可或缺。簋（图 1）呈方斗形，子母口。腹饰一周蟠螭纹，从簋腹部穿出一条蛇形双耳。蛇头前伸，后部弯曲引入簋腹，下有方形束腰四方形底座。高 16 厘米、口径 14.5 厘米。

图 1　蛇耳夔龙纹铜方簋　东周　洛阳西工区春秋墓出土

蛇（龙）纹铜方盖壶

商周时期铜壶主要用于盛放酒、水等液体，形状多样，有方形、圆形等。铜壶也用于婚礼、祭祀等重要场合，代表着亲情和社会地位。图 2 中的壶盖顶呈长方形，盖下沿有长子口。壶体为侈口、长颈，颈上部附兽形衔环耳。下垂腹、平底、高圈足。盖顶部饰一组平目窃曲纹。盖面饰三周凸棱纹及一周环带纹。壶身颈上部饰一周共八组重三角形纹。颈下部饰一周环带纹；腹部以“王”字形带状凸线与菱形凸饰为界，每面划分为四块，每块内饰体躯相交的两个卷体蛇纹，圈足上部饰环带纹，腹中下部饰一周八组窃曲纹。口长 18.5 厘米、口宽 14.4 厘米、腹宽 29.5 厘米、通高 50.5 厘米。

图 2　蛇（龙）纹铜方盖壶　东周　洛阳市润阳广场 C1M9950 墓出土

高浮雕龙首蛇身纹铜方壶

此壶作长方弧角形（图 3），由盖、身组成。盖上饰四组外侈镂空蟠螭纹莲瓣，盖下沿有小三角形凸牙卡在壶外侧。壶口微敞，长束颈，下垂腹。颈部饰浅浮雕垂鳞纹，颈腹间以带状弦纹相隔，腹部饰高浮雕双身交互蜷曲缠绕的蟠龙纹，下腹两侧有铺首衔环。主题纹饰为

图 3　龙首蛇身纹铜方壶　东周　洛阳康乐食品厂 C1M3427 出土

高浮雕龙首蛇身纹。龙头位于壶腹正中，张口，凸目，双角呈螺状凸起。圈足内束，平方底，通高63厘米、腹宽21厘米。

我国早期的国家大事有两件——祀与戎。《左传》记载：“国之大事，在祀与戎。”祀就是祭祀，戎就是军事。这件方壶从品相与规制看，既是王公贵族的生活器具，也是祭祀用礼器。蛇纹装饰于祭祀礼器上，可起到祈求上天庇佑、福至祸去的作用。龙首蛇身纹铜方壶上面塑造两条蛇，且把它置于最闪亮的位置，大概也有守护主人安全、保护祭品不受他人侵害的原由吧。

蟠螭纹铜鼎

鼎，为“和五味之宝器”。器体较大的鼎用以烹煮肉类，以六牲为主；器体较小的鼎盛放煮熟的肉类。在诸种飨礼当中，天子的飨礼因在规格和等级上远远高于其他各类飨礼而被誉为天子大飨礼，其他飨礼在等级和规格上虽逊色于天子大飨礼，但内容都是在天子飨礼的基础上有所损益。商周时期鼎是非常重要的礼器，还被视为立国重器，是国家和权力的象征。历史上，国灭则鼎迁，夏朝灭，商朝兴，九鼎迁于商都亳京；商朝灭，周朝兴，九鼎又迁于周都镐京。“一言九鼎”“定鼎中原”都充分阐释着鼎那至高无上的地位。那么，蟠螭纹又怎么在鼎上出现呢？

原来，东周时期的蟠螭纹被认为是龙和蛇的结合体，具有祥瑞的意义：象征事业如日中天，代表着美好和吉祥，常用于表达人们对幸福生活的向往，预示着顺利和成功。据说，蟠螭纹还与男女之间的感情有关联，蟠螭纹以其独特的形象和丰富的文化内涵，在古代中国的建筑、绘画、雕刻等领域得到了广泛应用。

铜鼎上的蟠螭纹主要是以小蛇的形态出现的（图4），两直立耳，微内倾，侈口、唇外翻，鼓腹、圜底。上腹部饰一周宽带状纹饰，纹饰内容为二组横向贯穿、交错排列的小蛇纹，腹底部接三兽蹄足。鼎通高 29.5 厘米、两耳间距离 24.5 厘米。

商周时期，青铜器、玉器与政治关系密切，“藏礼于器”是这一时期突出的文化特征。在青铜礼器上，蛇纹通常会作为主纹或附饰出现，商末周初的蛇纹通常是单个排列，而春秋战国时代的蛇纹则细小且作蟠旋交连状。

传言蛇到过的地方都会被称为风水宝地。真想不到，众多人眼里狠毒、冷漠的蛇在古代是代表着神明，所以国之重器怎能离开蛇的足迹？

只是让人不解的是，谁把蛇隐藏于礼器中，使它的形象由狰狞、神秘转变成温柔、静谧？使它悄然由“毒蛇猛兽”成为“祥灵瑞兽”“鼎上飞蛇”，一醉卧千年？

图 4　蟠螭纹铜鼎　东周　洛阳空空导弹研究院 C1M8832 出土

蛇藏于器

蛇也会出现在古代战场上，不知它待在承弓器上看着驰骋疆场的马车会作何感想。

错银卷云纹蛇形承弓器

承弓器又叫“弩辄”或“承弩”。是一种用于安放弓弩的固定支架。它通常安装在战车上，在战车行进时用于稳定弓弩或帮助张弩，并允许射手在车上进行射击。承弓器一般由铜或其他材质制成，有时还会装配有箭箙，即盛满箭镞的容器，以便于快速装填箭矢。

承弓器有三个支撑点：第一个用于承托弓弩的弓背部分，第二个用于支撑弩臂，第三个用于固定在车轼上。通过这三个点的稳定作用，弓弩可以在战车行进中保持稳定。此件承弓器（图 5）为长方形筩身，后端中空

图 5　错银卷云纹蛇形承弓器　战国　洛阳东周王城遗址战国车马坑出土

成方銎。前端为内弧形，下方伸出一长颈高昂之蛇头，蛇颈处承弓。箭身以朱漆、错银工艺绘出纤巧的卷云纹，工艺精细，为难得珍品。通长19厘米。

龙首蛇身铜环饰

此件铜环饰由两条龙首蛇身兽组成（图6），首尾弯曲相交合为一体，形成一个封闭圆环。环体扁薄，用重环纹阴刻出龙眉、龙眼及整个蛇形躯体。龙首蛇尾两端交会处，两蛇尾延展卷曲结为双扣，可穿钉、绳以作固定。龙首蛇身铜环饰长6.5厘米、宽4.8厘米、厚0.2厘米。铜环饰线条流畅自然弯曲，应为高品质之车马器。

图6　龙首蛇身铜环饰　东周　洛阳润阳广场C1M9950出土

蛇首绿釉陶魁

从汉代始，出现了一种低温铅釉陶制品。人们制作陶器时，在釉色中加入铅作为助溶剂，既降低了熔点，又增加了釉面的亮度。此类陶制品主要以铜和铁作为着色剂，从而呈现出美丽的色彩。洛阳出土的这类器物有壶、灶、碗、炉、勺等。从汉末、北魏始，佛教的兴起与传入使我国生活器具的形象发生了一些变化，其中蛇的造型与实用器结合渐趋紧密，在局部或某一部位将蛇的温顺、柔美线条等完整地表达出来，达到了实用与艺术完美相融。主要类型有蛇柄壶、蛇首陶（铜）魁、蛇形砚等。

魁是汉代较常用的一种有柄的盛羹器。《说文解字》记载："魁：羹斗也。" 民间多用木制或陶制，高等级贵族用铜魁或漆魁，也有魁柄装

图 7 蛇首绿釉陶魁 汉 新安县铁路煤矿出土

图 8 鸡首蛇耳青瓷壶 北魏 衡山北路延长线 C4M926 出土

饰为蛇首形状，且出土时魁里会放有勺。

蛇首绿釉陶魁（图 7），蛇头形柄，敞口，唇外翻，深腹，腹中部饰一周弦纹，矮圈足，平底。口径18.6厘米、高9厘米、通长26厘米。

鸡首蛇耳青瓷壶

南北朝时期是中国民族大融合时期，民族文化的交融发展也在出土文物中得到体现，蛇的不同种族形象也融入中原文化中，使器物的精神风貌更加洒脱超俗、仙气飘飘。洛阳邙山的一座北魏大墓中出土的一件鸡首蛇耳青瓷壶（图 8），就颇具北朝时期鲜卑族风格。壶嘴为鸡首，鸡头作昂首啼鸣状，深盘口、长束颈，鸡尾变塑贴长蛇形单耳柄，蛇竖立，衔盘口呈颈部弯曲状。鼓腹下收，平底。通高 41 厘米、长 37 厘米、宽 11 厘米。

青白釉贴花双蛇瓶

因唐代很多时候也是蛇龙不分，所以双龙瓶亦称“双蛇瓶”。它初创于隋，盛行于初唐，主要在东都洛阳一带流行，其他地区发现较少。从魏晋到隋唐，蛇的形制越来越成熟，制作形态也越来越精巧，表现出唐代匠人的超高审美。

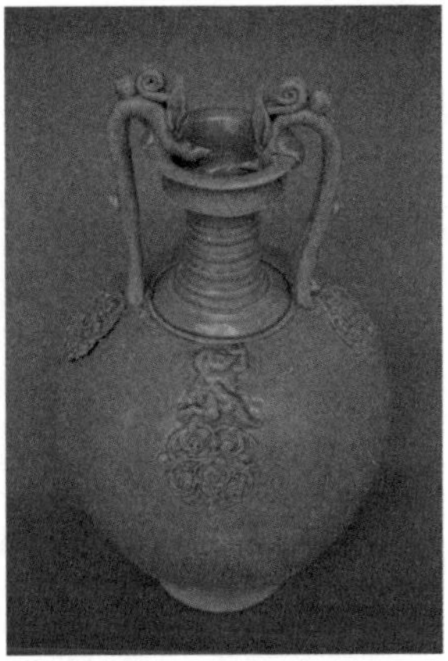

图9 双蛇（龙）瓶 唐 洛阳农业经济学校 C10M997 出土

此双蛇瓶（图9），盘口、细颈、颈部突起四道旋纹，罐状身、丰肩、鼓腹，腹部以下渐收，平底。颈肩连接处饰一周宽弦纹。双蛇清秀竖立，蛇身为柄连接于肩与壶口之间，蛇头部弯曲，尖唇紧衔盘沿，头顶各塑一双卷曲冠状物，双蛇背部各贴塑距离相间的三个圆珠。蛇尾紧接瓶肩部，双蛇奋起直立于瓶口两侧成耳。整个蛇身均系手工捏制而成，造型奇特，身形遒劲，神韵十足。其肩部一周均匀排列四组贴塑花纹。左、右耳下各贴塑宝相花纹，前后两处则分别在宝相花纹饰的上方贴塑佛教力士浮雕。该瓶釉色青白，器形规整，工艺娴熟。通高 50 厘米、口径 10.5 厘米、腹径 28 厘米、底径 12.5 厘米。

这件唐代青白釉贴花双蛇瓶造型古朴、线条流畅，特别是手工贴塑的蛇、宝相花、力士等纹样与器物交会融合。从装饰上看，明显具有波斯萨珊式器具塑造风格，应当是在接受了西方文化要素影响后，逐渐发展演变出的特殊品种。它吸取了波斯萨珊王朝（公元 226—642 年）金银器造型的特点，又融入我国传统的龙凤装饰艺术，集刻花、划花、塑贴、模印、等装饰技法于一身，体现了唐代制瓷工匠的高超技艺。

双蛇瓶作为明器，仅在世上存在了几十年，其流行时间虽短，却成为隋唐之际中原与西域、波斯等地区广泛交流的证据，是中国早期古陶瓷发展史上的重要组成部分，见证了唐朝盛世与古代丝绸之路的兴衰。这种巧妙地把西方文化与传统民族艺术相结合的装饰手法，堪称唐代釉陶器造型上的创新。

唐三彩蛇形单耳罐

洛阳出土唐三彩文物众多，三彩蛇形单耳罐却并不多见。这件单耳罐可称得上蛇文化器具用品的代表（图 10），罐口外侈，蛇口微张紧衔罐唇，与罐口贴合为一体，蛇尾曲身贴于肩部。直立颈、椭圆形深弧腹，饼形底。口至腹中部施黄、绿、白三色釉，腹下部及底无釉，露粉白色胎质。器型古朴典雅，色彩艳丽、釉色自然融合。

唐三彩常被认为是墓葬的陪葬用品，比如三彩马、三彩骆驼等，这件三彩器却是存储液体等用的生活器皿。

图 10　三彩蛇形单耳罐　唐　洛阳唐墓出土

蛇佩于身

要是缠蛇于腰上，会是什么感觉？相信很多人都会不寒而栗。但古人还真把蛇缠腰当宝了，因为只有家财万贯的富人才能享受蛇系于腰的待遇呢！

蛇被视为转变与重生的象征，佩蛇形物于身就预示着新的机遇和改变即将到来，所以古人常把带钩做成蛇形，来期盼实现其大富大贵的愿望。《周公解梦》里就有“蛇绕身者主大贵”一解。

错金蛇形铜带钩

带钩，也叫犀比，是古代贵族和文人武士所系腰带的挂钩，起源于西周，战国至秦汉广为流行。多用青铜铸造，也有用黄金、白银、铁、玉等制成。

带钩是身份的象征，带钩所用的材质、制作精细程度、造型纹饰以及大小都是判断带钩价值的标准。《淮南子·说林训》记述：“满堂之坐，视钩各异，于环带一也。” 可见带钩在古时也是身份和时尚的标志。能把蛇的形象以带钩形式来展现，更是体现出蛇在当时社会中受人崇尚的地位。

错金镶嵌工艺是我国古代发明的铸造（装饰）工艺之一。其特点是用隐嵌的技法，来形成有别于器表本身材料的色彩图案或文字，具有鲜明、突出的对比装饰效果。战国时期已经流行。嵌入金丝或片的谓之错金，嵌入银丝或片的谓之错银，同时嵌入金银丝片谓之错金银，嵌入红铜丝或片的谓之错铜，填黑漆者谓之漆错。

错金蛇形铜带钩（图 11），整体呈横“烟斗”形弯曲，蛇头自然回首成钩，眉目清秀飘逸，双眼圆睁，炯然有神。钩身圆润，短曲颈，腹下部有一圆形钮，背部整体饰如意云纹、几何纹图案，以错金方式相间排列，图案线条柔美、工艺精湛、

图 11　错金蛇形铜带钩　战国　洛阳西工区战国墓出土

做工考究。从外貌看，这条蛇形带钩不仅衣着华丽，还气宇轩昂、神情自若，无疑乃王公贵族出门佩戴之物。

错金银蛇首龙尾铜带钩

铜带钩在战国、两汉时期都有制作，且在形制上区别不大，数量亦少，钩首装饰以蛇、龙形居多。有的在钩尾上再琢一小龙，谓之螭，昂首与钩首相对，首尾相呼应，神采奕奕，故谓之双龙（蛇）钩。

此件铜带钩（图 12），钩首作蛇头状，钩身细长。躯体饰多组交会对称的卷云纹，整体采用错金银镶嵌工艺，腹下一圆钮，尾部饰龙首纹，龙之眉须清晰可辩。做工精致，制作精美，堪称双龙（蛇）钩的代表。

图 12　错金银蛇首龙尾铜带钩　战国　洛阳针织厂 C1M3943 出土

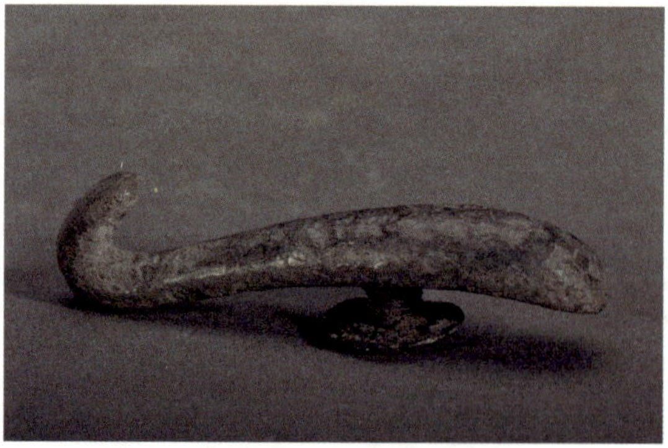

图 13　蛇形银带钩　战国　洛阳西工区战国墓出土

蛇形银带钩

古代人们使用带钩，不仅为日常所需，更是身份地位的象征。尤其王公贵族、社会名流所用带钩皆甚为精美，具有很高的工艺水平和艺术价值。蛇形银带钩（图 13）由整块银雕刻而成，横钩形。钩首为一蛇头，钩颈圆润，钩身扁长，腹下有一圆形钮，尾略下垂。带钩为素面，整体抽象自然。蛇体态丰腴、形象逼真。

蛇首蝉身铜带钩

蛇蝉结合的形制在出土文物里并不多见，但它有着美好的意味隐寓其中，预示古人在面临困境时，能像蝉蜕蛇解一样，积极主动地去升华、改变自己。蛇首蝉身铜带钩（图 14），钩首为蛇睁目回首状，钩后半身肖形于蝉翼中，蝉无首，膜翅闭合，下腹附一圆形扣状钮。

图 14　蛇首蝉身铜带钩　西汉　洛阳邙山出土

蛇形鎏金神人抱鱼铜带钩

在洛阳发现的曹休墓中出土了一件曹魏时期的铜带钩（图 15）。此带钩整体呈曲棒形。钩首为一蛇头，颦眉上卷，双目圆睁，尾两侧有后卷的双角，鼻中镶嵌有料珠。钩体上浮雕一鸟首人身的神人，双手抱鱼，用喙衔住鱼的吻部。神人头顶有向上的长冠，顶端卷曲，呈花瓣状，头两侧还有一对上竖的长耳，背部的一对翅膀向上伸展。带钩长 12.4 厘米，最宽处为 2.5 厘米。

造型优美，铸工精巧。加之鎏金嵌宝工艺，实为罕见文物珍品。

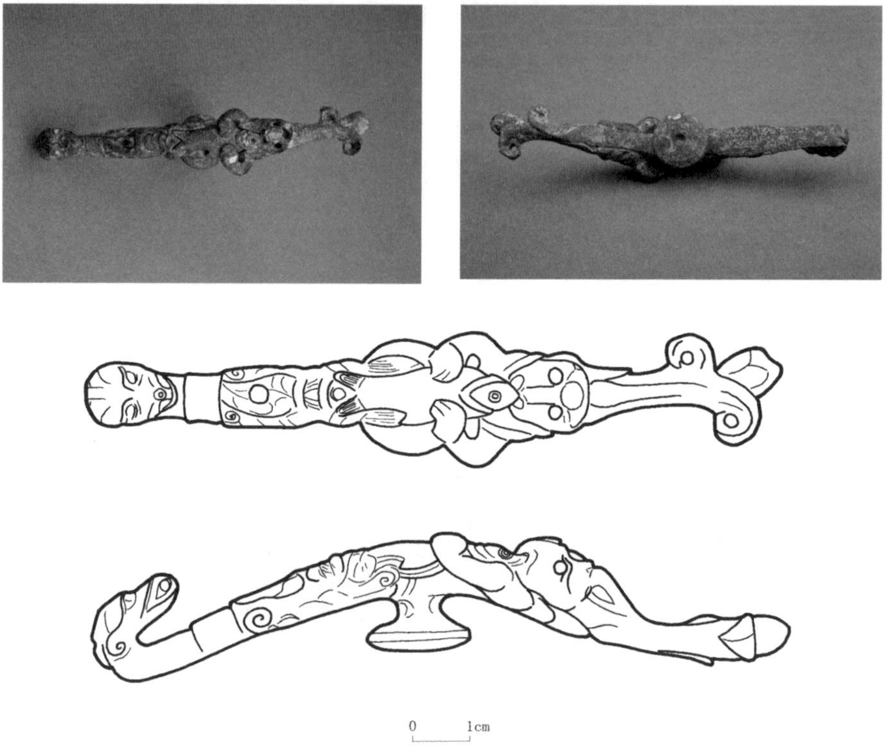

图15 蛇形鎏金神人抱鱼铜带钩 曹魏 洛阳曹休墓出土

蛇隐于玉

中国古代非常崇尚玉器，佩玉制度形成于西周，盛行于春秋战国之际。《礼记·聘义》中记载了孔子的一段话：“昔者君子，比德于玉焉。温润而泽，仁也。”佩玉不仅是佩戴者身份地位的象征，更是礼制的要求。

蛇形玉器或蛇纹玉器，在商周时期较为常见。且蛇纹多用于礼器、佩饰上。蛇纹在之后的几千年直至今天，都是玉器雕刻的主要纹饰之一。

蛇形玉佩

图 16　蛇形玉佩　战国中期　洛阳第二十六中学出土

玉佩常以与玉璜、玉珩、玉琚、玉冲牙等各类佩饰组合的形式出现，古人用各类彩线将它们排列成组并合成一串，形成组玉佩，系挂于颈项或腰间。组玉佩的规格与佩戴有着鲜明的时代特征和严格的等级制度，且“君子无故，玉不去身”。佩戴的组玉佩中玉饰数量的多少、质量的高低，显示着主人身份与等级。身份越高，组玉佩的结构越复杂越冗长，反之，则相对简单短小。

图 16 玉佩为黄玉质，双面均素面，体扁长，整体为蛇形，卷曲作扁“S”状，蛇腰正中部一穿孔，以穿绳系挂之用。尾部下垂微卷。玉佩玉质晶莹剔透，线条流畅。长 10.2 厘米。

双蛇形组玉佩

商周时期，玉石蛇会被当作礼物送给客人，寓意着祝福和喜庆，同时也代表着对生命的尊重和敬畏，其蜿蜒曲折的形态也寓意着长寿。成对的玉蛇还有“双喜临门”“好事成双”的意味。一对玉蛇（图 17），形制基本相同，整体呈横“S”状。蛇口微张，腹中下部一穿

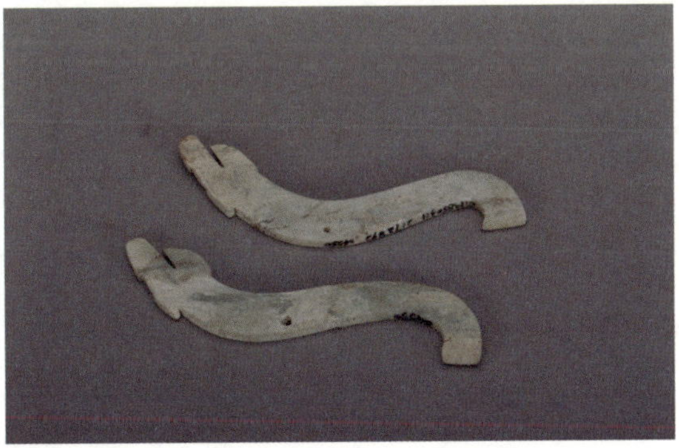

图 17　双蛇形组玉珮　东周　2005 年龙羽新都购物公园出土

孔，通体素面。蛇呈休眠睡姿，憨态可掬。

龙首蛇身玉佩饰

龙蛇在中国文化中是一个充满象征意义的物种。神话传说里蛇是龙的起源之一，诸如人首蛇身的神话人物伏羲、女娲、共工、后土、九婴等。将“蛇”与创世繁衍的能力相结合，也是蛇崇拜的一种延续。

图 18　龙首蛇身玉佩饰　东周　洛阳东周王城遗址区出土

龙首蛇身玉佩饰由整块玉石雕琢而成（图 18），头部阴刻口鼻和明显的卷云纹长鬣，蛇身呈“C”形，颈部一圆孔，若以绳悬吊，则龙首与蛇尾恰在同一条水平线上。

蛇形玉佩饰

古人认为朱砂的颜色鲜红，可以辟邪。常常把朱砂撒入墓葬里，或填塞在存放玉器的箱盒中。也有人用朱砂染成的丝绢来包裹玉器，使朱砂成为出土玉器上最明显的附着物，以达镇邪驱魔的目的。

图 19　蛇形玉佩饰　东周　洛阳周王城遗址区出土

蛇形玉佩呈“S”形（图 19），蛇首上扬，口微张，向前蜿蜒行进。通体饰谷纹。外附着有朱砂。

蛇形玉璜

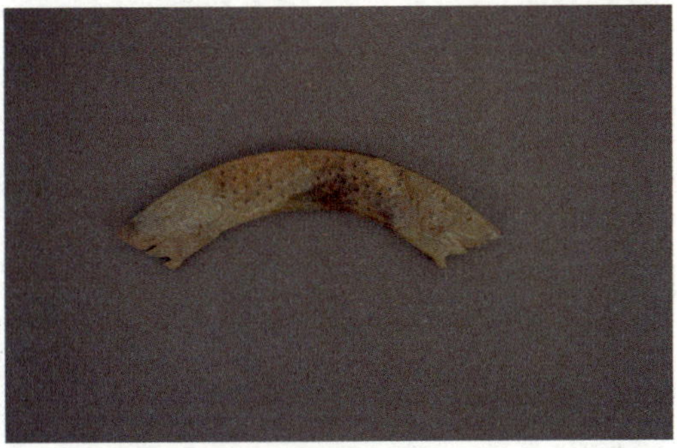

图 20　蛇形玉璜　东周　洛阳西工区出土

玉璜是一种礼仪性挂饰，多为单独佩戴或与其他玉器组成组玉佩垂挂于胸前，以彰显佩戴者的身份和地位，同时也是礼天的礼器。《周礼》一书称："以玉作六器，以礼天地四方：以苍璧礼天，以黄琮礼地，以青圭礼东方，以赤璋礼南方，以白琥礼西方，以玄璜礼北方。"六器之中的玉璜、玉琮、玉璧、玉圭四种玉器，皆为玉组佩的组成部分，由不同种类玉饰穿缀而成，结构和形式复杂。在不同时期和地域，玉璜更是演变出不同风格与款式。蛇形玉璜（图 20）为青黄色玉，两面纹饰相同。两端蛇首相向，整体呈月牙形，身饰乳钉纹。长 12.7 厘米、宽 2.2 厘米。

龙首蛇身羽人玉佩

玉被古人赋予了很多文化内涵。《礼记 · 玉藻》云："古之君子必佩玉……君子无故，玉不去身，君子于玉比德焉。"王公贵族皆以佩玉为时尚。龙首蛇身羽人玉佩为西汉时期王公贵族所用玉佩（图 21）。两面纹饰相同，为龙、蛇、羽人合体纹饰。龙首于前，回首凝视后方，张口、卷唇、颈部毛发顺直飘逸，微微上扬。蛇身向上弯曲，中部一圆形穿孔。前身有两羽翼，翼下接于龙爪，身饰谷纹，尾向上卷曲，尾上部贴立一羽人。整体技法娴熟、线条流畅。

图 21　龙首蛇身羽人玉佩　西汉　洛都利置业保利大都会 M2 出土

蛇形玉觿玛瑙饰

绳索在古代是非常重要的生活用具，人们出行往往会随身携带绳索，觿则是古代解绳结的辅助工具。平民百姓一般使用骨觿、角觿，或是把动物的獠牙一头磨得锃亮，使其光滑又尖锐，容易插入缝隙挑开绳结。只有上层贵族才会使用玉觿，把它作为腰间较为流行的佩饰。汉代刘向编纂的《新苑》有记述："能治烦决乱者佩觿。"可见佩觿当时也作为君王治乱的象征，具有一定的政治含义。至西汉时，解绳结已不再是玉觿的主要功用，它还被赋予"变乱为治"的美好寓意，成为一种佩饰文化象征。蛇形玉觿为幼蛇形体（图 22）。蛇首下钩，头部上、下均镂空雕刻蔓草形纹饰，蛇眼为一圆形穿孔，可系绳带，蛇身前半段至头部饰刻简单的花草、卷云纹，蛇身形纤巧，尾向上卷曲呈半月形，蛇尾尖细。玉觿长 8.2 厘米、宽 4.8 厘米。此玉觿出土时头部放有三颗红玛瑙，应都是墓主人随身佩戴之物。西汉时，蔓草大多数是作为衬托神话传说或动物纹样等的辅助纹样，它活泼饱满的纹样带有欢乐的色彩，连绵不断的造型寄寓着生生不息的吉祥内涵，“蔓带”“万代”有着谐音的效果。这件蛇形玉觿玛瑙饰像极凤冠霞帔戏耍之幼蛇，超显懵懂可爱。

图 22　蛇形玉觿玛瑙饰　西汉　洛都利置业保利大都会 M2 出土

蛇形玉带钩

秦汉时期，是玉带钩的普及发展期，其形制、纹饰及功用与春秋战国时差别不大，但形式略有变化。选材多采用白玉或青玉，形制也比战国时期更加多样化，腰束玉带钩也更有善自约束的意思。玉带钩呈“S”蛇形（图23），玉质脂感较强，雕刻细腻丰满，刀法出筋露骨，以手抚其棱角、运刀的交接处有顿挫之感。蛇首额部有块状起凸，蛇眼更突起谓之“虾米眼”，蛇腮上亦出现了表示力度的块状肌肉，鼻翼

图 23　蛇形玉带钩　汉　洛阳汉墓出土

开阔，鼻尖突起，露出角状鼻孔。蛇身形健硕，线条分明，钩尾尖而短。背有柱，柱下有圆扣形钮。带钩长 11 厘米。

蛇正衣冠

古人把蛇绘刻在铜镜、衣冠佩饰上有着不同的作用与意义。如古代朝廷官袍，就是用袍上的蛇蟒纹来区分王侯将相等级身份的，蛇蟒纹有正蛇蟒、侧蛇蟒、行蛇蟒等，蛇蟒纹的数量和爪数体现穿着者的身份等级。蛇通人性，也有分三六九等，蛇刻在铜、玉礼器上可谓“祭祀蛇”，绣在朝服、锦缎上就是“官宦贵族蛇”，雕在栋梁、墙壁上，即“乾坤蛇”，当然蛇若常是出入寒门贫舍中，肯定就是“平民蛇”了。

贴金银箔蛇纹透雕镜

铜镜背面的纹样在古代具有多种作用，主要有象征意义、文化内涵和审美价值。蛇纹在铜镜上象征着神秘和尊贵，反映了古人对蛇的崇拜和敬畏之情。图中蛇纹透雕镜为圆形（图 24），小环钮，柿叶纹钮座。四条蛇同向绕钮，呈顺时针排列。蛇首贴近钮座，圆眼，钩喙，角略弯，角尖与钮座叶尖相连，蛇身弯曲蟠绕，腹部有卷云纹。首、腹、背、尾、翼等处有五个圆圈纹，颈、身多处贴金箔，首、腹、尾间隔贴饰银箔。

图 24　贴金银箔蛇纹透雕镜　战国　洛阳铁路分局 HM293 出土

镜缘饰一周双线勾连纹。直径 14.8 厘米、厚 0.3 厘米。该镜造型华丽，工艺精湛。

四神五灵铜镜

四神，即青龙、白虎、朱雀、玄武。怎么以龙的相貌升华的蛇得了神仙眷顾，竟排在四神之首？

原来，铜镜背部的蛇纹在中国古代文化中常常具有吉祥、神圣的符号象征意义。蛇的形象在古代中国被分为家蛇和野蛇，家蛇被认为是吉兆，有时甚至被视为神圣的存在。中国神话中最大的“神物”之一“龙”，就是蛇的图腾化产物。而带有蛇纹的铜镜通常用于宗教仪式或日常生活中，作为装饰和象征性的物品。

四神五灵铜镜（图 25），圆形，圆钮，四叶纹钮座。座外方框，框外四角有四乳丁。主纹为博局纹，间饰青龙、白虎、朱雀、玄武四神，空白处填卷云纹。近缘处饰栉齿纹、铭文各一周。铭文为：“景公之象兮，吴娃之兑（悦）。作镂明镜兮，好如日月。长相思兮，世不绝。见珠（朱）颜，心中驩（欢）。常宜子孙。永始二年（公元前 15 年）五月丙午扁（漏）上五工丰造。”素平缘。直径 18.5 厘米、缘厚 0.7 厘米，重 1010 克。该镜是目前中国考古发现最早的纪年镜。

图 25　四神五灵铜镜　西汉　洛阳车站公安分局宿舍楼出土

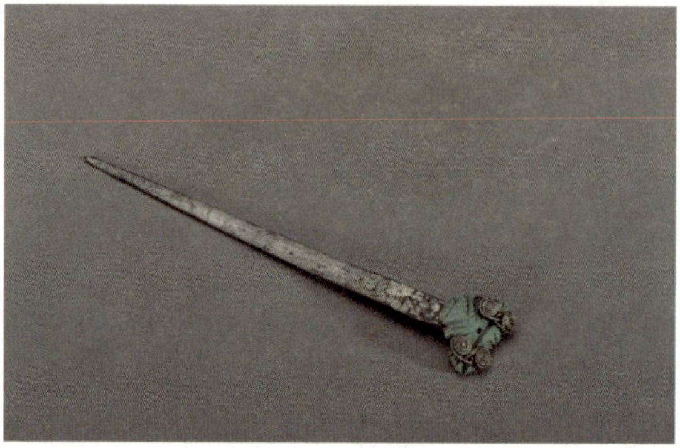
图 26 镶绿松石蛇形银簪 金元时期 洛阳宜阳县福昌城遗址出土

镶绿松石蛇形银簪

随着中国南北地域的交融互通，匈奴、百越、鲜卑、氐、羌等民族与中原汉人间的文化不断融合，蛇的崇拜体系也随之不断发展演变，并带有人格化的偶像形式。中原汉族也开始认为蛇具有某种超自然的能量，从而另眼相看。女性头上的“蛇簪”则更为具体和生动，曾一度成为一个时代的时尚。金元时期的银发簪（图 26），银质、蛇形。以绿松石雕刻出三角形头部。用银丝绕圈形成蛇的复式双目，蛇身至尾呈一直线，由扁宽逐渐变为尖窄，至尾部呈尖锥形。

蛇入生肖

在一些传统民俗中，蛇被认为是能够带来好运和庇护家庭的神灵，因此人们会用纹蛇图案来祈求平安和富贵；蛇又与机敏、长寿联系在一起，被认为是智慧的象征；蛇纹还象征着生命力和繁荣，提醒人们珍视生命的美好；在中国哲学中，蛇代表阴性，与阳性相辅相成，体现了阴阳的平衡与和谐；蛇的蜕皮新生还被视为一种重生与不朽，寓意着生命循环不息与坚韧不拔。因此，在传统的十二生肖中，蛇占据着不可撼动的地位。

生肖蛇（图 27）质地为红陶，蛇身涂有白衣，整个躯体白衣剥落呈斑驳状。蛇昂首、睁眼、目视前方，蛇身蜷曲盘坐于地，好似期盼着本命年的到来。

图 27 生肖蛇 唐 洛阳关林市场 C7M419 出土

从洛阳考古发现情况来看，自史前至明清，与蛇有关的文物在不同时期的墓葬或遗址中均有发现。就文物造型来看，蛇纹由商周时期的体小量多、线条简单至明清的形制繁缛、形式多样，清晰地反映出蛇形象的塑造与演变历程。就文化内涵来看，古人从创造蛇的形象开始，就已经赋予蛇精神文化上的深刻内涵。随着时代的发展，蛇的形象越来越具象化，文化寓意也越来越丰富，最终成为整个华夏民族文化的一部分。蛇在中华传统文化中被视为祥瑞、智慧、财富和永恒的代表。因此，蛇的纹样也成为人们追求吉祥、幸福的一种符号。

蛇居神都，享尽了洛阳千年盛世繁华，感受了洛阳万家爱恨情愁。如今又逢盛世，再迎蛇年。愿金蛇狂舞，神都年年好气象。期待蛇年好运吉祥，福运绵长！

作者小传

侯秀敏，洛阳市考古研究院副研究员，主要从事文物库房、古籍资料的管理、文物外展策划、布展等工作。研究领域主要为东周、汉唐文物。发表专著六部，专业论文三十余篇。

崇龙尚蛇的夏人信仰

二里头文物上的蛇形象

石牧阳

神话中的龙蛇

在中国民间，蛇一直有“小龙”之称，中国早期龙形象就是源自现实中的动物蛇。神话故事里，龙与蛇也常常密不可分，许多古圣先王的身世都与龙蛇有关。伏羲、女娲是传说中的人文初祖，古人认为伏羲龙身，女娲蛇躯，是指他们二人的身体为龙蛇形状，汉代画像石上，二人就以人首蛇身的形象示人。到了炎帝、黄帝、尧、舜时期，也常有先王的母亲或是感神龙而孕，或是遇赤龙而生，出生后日角龙颜的说法，为先王们的诞生蒙上了一层神秘的面纱。

到了距今4000年前后，大禹带领先民治洪水有功，被舜帝封为夏后氏。大禹治水走过的地方被称为禹迹，这些地方被划分为九州，这是我国最早的行政区划，从此华夏民族就有了“禹迹即九州、九州即天下、天下即中国”的共识。大禹被先民们拥戴，成为天下共主，并建立了中国历史上第一个王朝——夏朝。夏王族对龙蛇崇拜十分突出，传说大禹的父亲鲧在死后曾化成黄龙，大禹治水时也曾得到过龙的帮助。《说文解字》曾记载：“禹，虫也。”意思是说，“禹”字代表的是蛇形之龙，这点在青铜器铭文中得到了印证，遂公盨、禹鼎、秦公簋中“禹”的字型都带有摆尾的蛇身（图1）。《山海经》中大禹的儿子夏启也是耳戴青蛇、乘两龙的形象，《列子》中也有夏后氏蛇身人面的说法。总而言之，龙蛇是夏人最重要的图腾。

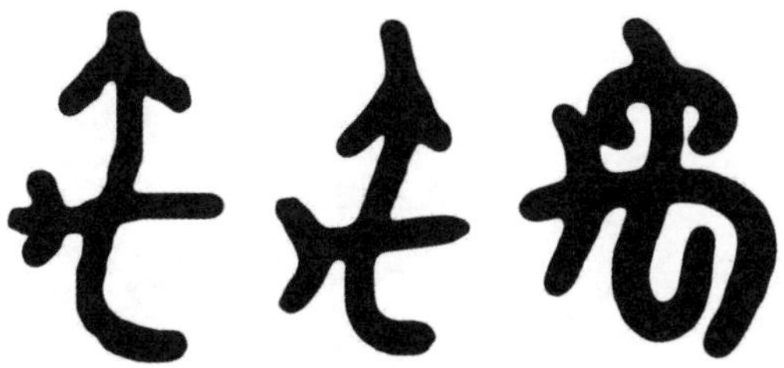
图1　遂公盨、禹鼎、秦公簋上的“禹”字

二里头的蛇形龙

崇龙尚蛇是夏人的图腾，这种信仰在二里头遗址出土文物上表现得更为明显。二里头遗址是夏代中晚期的都城遗址，遗址规模宏大、布局严谨，在超过300万平方米的土地上，发现有中国最早的宫城、最早的城市主干道网、最早的青铜礼器群、最早的绿松石作坊等多项中国之最，是当时东亚大陆上的核心都邑。二里头遗址出土的文物整体风格偏向朴素大气，纹饰也以绳纹、弦纹等简单大方的类型为主，在众多古朴的纹饰中最特别的要属蛇形龙纹了。在二里头遗址2号宫殿的3号墓葬里，曾经发现一件超级国宝绿松石龙形器（图2）。这是一条蛇形龙，整体由2000余片绿松石片组合而成，每片绿松石的大小仅0.2—0.9厘米，厚度仅0.1厘米左右。身长64.5厘米，中部最宽处4厘米，被斜放于墓主人右臂之上，呈拥揽状。龙头置在梯形托座上，扁圆形巨首，嘴部略微突出，青、白玉组成鼻梁，绿松石的蒜鼻头硕大醒目，梭形眼，白玉为睛。龙身为蛇躯，呈波浪状，曲伏有致，脊背上还用绿松石拼对出蛇的菱形斑纹，色彩绚丽，工艺高超。拥有这件蛇形龙的是一位30—35岁的成年男子，应当是掌管祭祀的高等级贵族。除这件绿松石龙形器外，二里头遗址还发现多件装饰蛇纹的陶片（图3），这些蛇纹有一头双身蛇，蛇头、蛇身上均有菱形纹装饰；有的蛇身蜿蜒起伏；还有蛇与龟

图2　二里头遗址出土的绿松石龙形器

图3　二里头遗址出土的蛇纹陶片

组合形成新型的龟蛇纹。华夏先民们将蛇与其他动物组合在一起，最终创造性地设计了图腾龙，二里头遗址出土的龙蛇形象为中国龙图腾找到最直接、最正统的根源，也力证了中国人永远是龙的传人。

崇龙尚蛇的信仰

二里头遗址发现的变化多样的蛇纹，表达了夏人对蛇的崇拜。如今我们将蛇虫鼠蚁并列，将它们视为害类，要驱赶消灭，很难想象，夏代先民为什么会如此重视蛇呢？这或许和当时的自然环境、生产力有着密不可分的关系。二里头时期自然气候比现在更加温暖湿润，属于暖温带季风气候，四季分明，降水充沛。现在的二里头是旱地农田，蛇并不常见，但根据二里头遗址出土的贝类、鳄鱼、豪猪、獐子等野生动物骨骼推测，3800 年前，二里头周边地貌环境应当是沼泽、河流、灌木丛、草地，非常有利于蛇的繁衍生存，二里头先民是经常能看见蛇的。蛇具有很强的生命力，像蝉一般会蜕皮，古人将这种行为视为重生的象征。蛇的活动迹象也与人们的生产活动息息相关，春日萌动，夏天旺盛，秋季收敛，冬日安眠，与农作物的生长规律一致，符合四季更替的节气变化。雨水是农耕社会得以维系的自然条件，雨多则蛇多，水多则蛇多，二里头遗址曾经出土过一件大陶盆，陶盆口沿内侧装饰一圈蛇纹，上方还装饰有水生生物鱼纹（图 4），说明二里头先民已经将蛇与水紧密联系一起。二里头时期，人们的生产生活方式已经从狩猎转向农耕，也正因蛇与农业生产的物候条件如此契合，蛇渐渐被先民神化，成为龙的重要原型，龙掌管着兴云布雨，在民以食为天的农耕社会，风调雨顺、国泰民安是中国人对大自然最朴素的崇拜与愿景，所以蛇形龙也逐渐升华为中国人千年不变的精神图腾。

图 4 二里头遗址出土的鱼龙（蛇）纹陶盆

二里头先民崇拜蛇，但也畏惧蛇，蛇形色怪异，行动诡异，它们在水田沼泽里穿梭，十分神秘。蛇毒更可致人死命，老虎、豹子等猛兽，人类尚可通过群力战胜，碰见毒蛇，人多也无用，被咬上一口，别说是在医疗条件低下的古代，即使是在医疗发达的现代，不及时救治也会死亡。二里头人畏惧蛇就要想办法驱赶蛇，蛇和一般野兽不同，它们没有外耳和骨膜，不怕声音，有些蛇甚至不怕火。意想不到的是蛇最怕震动，它们通过身体感知地面震动来判断周围环境是否安全，低频振动会直接传递到蛇的神经系统，使它们感到威胁，从而快速逃离。二里头先民们可能在长期与蛇斗智斗勇的过程中发现了这一特性，并将蛇的弱点巧妙地设计融合到器物里。在二里头遗址曾出土过 17 件底部中心有孔、内部中空的陶制透底器，其中两件造型最为独特，顶部开口，底部有孔，内部中空，平肩直腹，腹部堆塑多条盘曲而上的龙蛇，蛇身的菱形纹饰刻划得非常精细（图 5）。长期以来专家不知道这类装饰龙蛇的器物到底是做什么用的，只好先命名为透底器。有人认为它是乐器，两侧蒙上牛皮就是敲击的鼓，但二里头发现有

图 5　二里头遗址出土的陶堆塑龙（蛇）纹透底器

一件仿制鼓外型的陶壶，和现代的鼓造型相似，但与透底器的造型相差甚远。也有人猜测它是顶部破损的器盖，但透底器底部均为半封闭结构，很难覆盖在某一器物上，所以不应当是作为器盖使用。

这类器型在二里头之前从未发现，但在二里头之后却有传承，考古人员在无锡鸿山越墓中曾经发现造型相似的原始瓷器（图 6），在山西襄汾陶寺也有相似的青铜器（图 7），均有蛇纹盘旋器身。从四川博物院藏的战国水陆攻战纹铜壶中（图 8），专家们找到了这类器物的使用方法，从铜壶上描绘的击鼓场景中可以看出，下方的鼓座上有明显的

图 6　无锡鸿山越墓出土的原始瓷鼓座

图 7　山西襄汾陶寺北墓地出土的青铜鼓座

图 8 水陆攻战纹铜壶局部

蛇形装饰，所以这类器物很可能是鼓座，中间有一根长木柱贯穿鼓身，插入底座正中，用以固定木柱，便于人们起身凌空敲击鼓。

从夏代到汉代，鼓座的材质由陶土变为青铜，但鼓座上蛇的形象一直未变，古人为什么将蛇刻画在鼓座上呢？也许是和驱赶蛇有关，二里头人通过生活经验积累，发现敲鼓带来的震动可以驱蛇，久而久之就将蛇装饰到鼓座上，通过在祭祀盛典的场合敲击鼓，具有震慑压制蛇的意味。

二里头文物上的蛇形象反映了夏人崇龙尚蛇的精神信仰，这是华夏先民敬畏自然、遵守自然规律的体现。夏人敬畏蛇，更会想办法克服蛇，勤劳勇敢的中国人不仅善于利用自然规律，更敢于和大自然抗争，二里头遗址出土的蛇形鼓座就是华夏民族智慧与勇气的有力鉴证。千百年来，正是这种人定胜天的精神力量，激励着一代又一代中国人开疆拓土，永不停歇！

作者小传

石牧阳，1993 年生，二里头夏都遗址博物馆研学教育部副主任，文博馆员，西北大学文博硕士，发表过《宋元时期南方地区团花纹饰研究》《浅议遗址类博物馆考古研学策划实施》等核心期刊文章。

楚地探蛇迹

周韫奇 王沛雯

在长江中游史前文明的演进过程中，蛇形意象作为原始认知图式的重要构成，始终贯穿着先民对精神世界的建构。考古材料揭示，这种图腾记忆萌发于江汉平原新石器时代陶纺轮的抽象蛇纹刻符，至石家河文化时期升华为程式化的蜷体蛇形佩饰，最终在青铜时代的楚文化体系中，演进为具备形而上特质的信仰符号系统。

湖北地区作为中华文明的重要发祥地之一，孕育了独特的楚文化信仰体系，蛇成为古代先民眼中的始祖神，蛇文化在楚文化中占据重要地位。

楚文化中的蛇崇拜

作为华夏文明重要的精神原型，蛇形崇拜在楚地呈现出多维度的神学阐释。《楚辞·天问》“女娲有体，孰制匠之”的哲学诘问，实质上隐喻着楚人对人蛇同构神格的宇宙论思辨。王逸注所载“人头蛇身，一日七十化”的变形叙事，与《山海经》“轩辕人面蛇身”的志怪书写形成神话学意义上的互文结构，共同构筑了楚地特有的创世话语体系。值得注意的是，此类人蛇同体意象常与“七十化”“九首”等极数符号耦合，这不仅契合数字象征主义理论中“七曜历法”“九州分野”的时空架构，更与楚人“其数用九”的数术体系形成深层呼应。湖北省博物馆典藏的战国漆衣箱二十八宿图中，青龙白虎构图中蜿蜒的蛇形星官恰是这种宇宙认知模式在天文图示中的物质化呈现。

这种信仰体系在考古人类学视野中更具实证价值。轩辕黄帝的人首蛇身造型，通过《山海经·海外西经》“尾交首上”的拓扑学特征描述，暗示着生命循环与宇宙秩序的象征关联（图1）。

图1 伏羲女娲像

由于楚地多湖泽，草木茂盛，十分适宜蛇的生存与繁衍。楚人所居之地，在传说中被称为“三苗”之地。《山海经·海内经》中有记载：“有人曰苗民。有神焉，人首，蛇身，长如辕。”[①] 这表明苗蛮以蛇为图腾，蛇在他们的信仰体系中占据着核心地位。楚人的始祖祝融，在《山海经·海外南经》中被描述为“兽身人面，乘两龙”，这更是凸显了蛇与龙在楚文化中的紧密联系，反映了楚人对蛇的崇拜与神化。

① 闻一多：《伏羲考》，上海古籍出版社，2009年。

蛇崇拜广泛存在于上古时期各地，楚人通过蛇形符号的运用，既建构了与始祖崇拜相关的神圣象征体系，又通过仪式实践完成了对自然威力的象征性驯化，最终形成了一套独具楚系特质的文化符号系统。在中华文化中，蛇常常与神灵、山川、河流等自然元素紧密相连。《山海经·大荒北经》中，人面蛇身的“烛龙”掌控着昼夜的更替，象征着时间的循环与永恒。随着楚文化中蛇形象的不断演变与发展，其不仅成为自然力量的象征，还被赋予了保护神和冥神的双重身份。楚人相信蛇具有沟通天地、连接生死的能力，因此在祭祀活动中，蛇常常作为重要的祭祀对象出现。不仅如此，《楚辞》中的《九歌·湘夫人》有云：“灵蛇蜿蜒，导我先路”，这里的“灵蛇”被视为引导亡魂进入冥界的神灵，是楚人对死后世界的想象与信仰。因此，蛇成为一种与楚祖先相伴的灵物，是先主陵墓的地主与社神，楚人阴间的守护神，其形象在随葬器物中也被广泛运用，成为连接生死、沟通阴阳的重要象征。

文物上的蛇影重重

出土于湖北随县擂鼓墩的曾侯乙尊盘，堪称楚系青铜器纹饰研究的标型器，是楚文化中蛇形象艺术化表达的杰出代表。这件曾侯乙尊盘由“尊”和“盘”两件器物组成。尊盘使用了大量的蟠螭纹和蟠虺纹。尊盘表面共包含 2376 个独立蛇形单元，通过“∞”形骨架形成视觉流动感。这种设计暗合楚人“阴阳相生”的哲学观念，印证了张光直提出的“连续与断裂”青铜纹饰理论。

楚人将蛇视为灵瑞的象征，与龙结合，形成了独特的艺术风格。曾侯乙尊盘看起来既恢宏大气又玲珑剔透，使人不仅叹服于青铜器时代登峰造极的工艺，更折服于其恢诡谲怪的艺术之美。

尊的口沿处是多层套合的镂空附饰。外层是高低错落的蟠虺纹（图2），内层是蟠螭纹。颈部装饰有浅浮雕变体蟠螭纹和四只立体圆雕的豹，豹身由镂空变体蟠虺纹和涡纹构成（图3）。尊腹部和高足部均饰有细密的蟠虺纹以及四条高浮雕的夔龙装饰（图4）。

图2 曾侯乙尊盘（局部）战国

盘的口沿采用的是复杂的镂空蟠虺浮雕（图5），盘体表面也是蟠虺浮雕。盘上有四个由镂空蟠螭浮雕和夔龙构成的方耳，腹部饰浅浮雕的简化蟠螭纹，下部左右两侧的透空附饰上，分别有一条由镂空蟠螭组成的扁体兽形装饰，它们伏于盘腹上方，口衔盘沿，尾部下垂，兽首反首向上（图6）。

图3 曾侯乙尊盘（局部）战国

蟠螭为盘曲的无角龙，蟠虺则是蜷曲的小蛇。曾侯乙尊盘上的蟠螭纹由螭龙错综盘绕而成，头尾互触，形成隆起状的结节或类似图案。蟠虺纹由虺的形象构成几何图像，通过密集、蜿蜒且风格化的小蛇图形不断重复组合，有的采用二方连

图4 曾侯乙尊盘（局部）战国

图5 曾侯乙尊盘（局部）战国

图6 曾侯乙尊盘（局部）战国

续排列，有的构成四方连续纹样。

楚美术中丰富而系统化的戏蛇图像构成了先秦戏蛇图像的主体。湖北随州擂鼓墩二号墓中的四件大型编钟，上面的神人操蛇图像在编钟纹饰中首次出现，与荆门铜戈上的图像基本一致。曾侯乙中的漆棺彩绘上也充斥着鸟兽衔蛇、神人珥蛇、践蛇的情景。墓葬内的五弦琴上也绘有类似风格的神人戏蛇图像，图像中神人耳部珥蛇，肩和上肢由二龙（蛇）组成，似手舞双龙（蛇），胯下则是两条双首龙蛇互相缠绕而成的“8”字形。除此之外，蛇与龙、凤、鸟、鹿、蛙、猴等动物相互交织，形成了组合蛇图像、操蛇图像、践蛇图像和啖蛇图像，在器物上构成一幅幅充满想象力的画面，展现出了繁复、华美、灵动的艺术效果。

节庆与技艺的融合

从新石器时代到青铜时代，蛇的形象始终贯穿于湖北地区的物质文化与精神信仰之中。这种文化现象不仅体现在考古发现的各类文物上，更深深植根于当地的节庆习俗中。

在楚地的传统文化中，蛇被视为生命力的象征，这种观念在新春之际的“迎蛇舞”中得到了充分体现。《楚辞》记载，楚人村落会在新春时节举办“迎蛇舞”。这是一种古老的祭祀仪式，旨在祈求驱邪纳福、唤醒大地的生机。舞者们身着蛇形服饰，模仿蛇的蜿蜒姿态，通过舞蹈与观众互动。舞蹈过程中，蛇的形象被赋予了神圣的寓意，象征着大地的复苏和生命的延续。这种仪式不仅反映了楚人对自然力量的敬畏，还体现了古老的农耕信仰，即通过模仿蛇的形态来祈求丰收和平安。

端午时节，楚地的蛇文化同样丰富多彩。除了常见的驱五毒（包括蛇）习俗外，楚地还保留了独特的“蛇舟竞渡”活动。与传统的龙舟竞渡不同，蛇舟竞渡的起源与楚地的蛇崇拜密切相关。据考证，蛇舟竞渡可能源于古代楚人对水神的祭祀，蛇被视为水神的化身，具有镇水蛇、祈丰收的象征意义。在蛇舟竞渡中，船身通常被装饰成蛇的形状，竞渡者们通过划船比赛来纪念屈原，同时也表达了对自然力量的敬畏和对丰收的祈愿。这种活动不仅体现了楚地文化的独特性，还反映了蛇文化在楚地社会中的深远影响。

在楚地的剪纸艺术中，蛇的形象被广泛运用，形成了独特的“蛇赐福”“蛇闹春”等主题作品。这些作品将蛇的形象与花草、人物相结合，通过精湛的剪纸技艺展现出蛇的灵动与神秘。例如，在“蛇赐福”主题中，蛇的形象常与莲花、牡丹等花卉搭配，象征着吉祥与富足；而在“蛇闹春”主题中，蛇则与儿童、生肖等元素结合，寓意着生机与活力。这些剪纸作品不仅具有装饰功能，还承载了民间艺人对美好生活的向往和对吉祥寓意的追求。通过对蛇形象的巧妙运用，楚地的剪纸艺术展现了蛇文化的深厚底蕴和独特魅力。

在楚地的木雕和石雕工艺中，蛇的形象被赋予了守护家园和祠堂的神圣使命。蛇造型的木雕和石雕作品通常被放置在民居的门楣、窗棂或祠堂的神龛上，用以驱邪避灾、守护平安。从选材到雕刻风格，蛇的形象都被精心设计，以体现其作为乡土守护符号的独特地位。例如，木雕作品中的蛇通常采用柔软的木材，雕刻出蛇的灵动姿态，展现出蛇的神秘与威严；而石雕作品则更注重蛇的坚固与永恒，常以青石或花岗岩为材料，雕刻出蛇的盘踞形态，象征着对家园的守护。这些蛇造型的雕刻作品不仅沉淀了楚地的地域文化基因，还反映了楚人对蛇的敬畏与崇拜。

通过对湖北地区蛇文化信仰的梳理和蛇形象文物的分析，我们可以窥见古代先民对自然力量的认知、对生命起源的思考以及对宇宙秩序的想象。这种古今对话不仅赋予传统文化新的表达维度，更启示我们：文明的真正确立，在于持续唤醒沉睡在器物纹饰中的集体记忆。

参考文献

1.《山海经》，中华书局，2010 年。

2.《楚辞》，上海古籍出版社，2015 年。

3.闻一多：《伏羲考》，上海古籍出版社，2009 年。

4.湖北省博物馆编：《湖北出土文物精粹》，文物出版社，2018 年。

5.张光直：《中国古代考古学》，生活·读书·新知三联书店，2005 年。

6.李学勤:《楚文化与楚辞研究》，中国社会科学出版社，2012 年。

7.王逸：《楚辞章句》，中华书局，2014 年。

8.袁珂：《中国神话传说》，北京联合出版公司，2017 年。

9.陈竹：《曾侯乙尊盘上的蟠螭纹和蟠虺纹》，《荆楚文化》。

10.黄莹：《论楚文化对蛇的信仰与恐惧》，《西安文理学院学报（社会科学版》，2014 年。

11.湖北省民俗学会:《湖北民俗研究》，湖北人民出版社，2008 年。

12.湖北省民间文艺家协会：《湖北民间剪纸艺术》，湖北美术出版社，2007 年。

13.湖北省工艺美术研究所：《湖北民间雕刻艺术》，湖北教育出版社，2006 年。

作者小传

周韫奇，文学博士，毕业于华中师范大学汉语言文字学专业，现任湖北省博物馆馆员。主要负责学术研究工作，治学严谨，注重文献考据与理论建构相结合。先后在《华中学术》《澳门语言学刊》《语文报》《基础教育论坛》等核心期刊及专业刊物上发表专业论文若干篇。参与教育部哲学社会科学研究重大课题、教育部社科研究一般项目，并作为项目负责人主持完成湖北省社会科学基金后期资助项目。

王沛雯，文物与博物馆硕士，毕业于云南大学，在校期间参与国家社会科学基金项目“云南高原史前经济与社会的文明化进程研究”、四川罗家坝遗址考古发掘等文化遗产研究保护项目。现任职于恒达文博科技有限公司内容策划，专注于博物馆社教课程研发与展陈内容设计，凭借对文博行业的理解及创新思维，主导策划多类型文化传播工作，致力于将学术性内容转化为公众可感知的文化体验。

从自由生长到融合创新

考古所见岭南地区的蛇崇拜

杨小燕　刘如心

沿着江西、湖南与广东、广西的边界，有一条由东北走向西南的“五岭”山脉，蜿蜒曲折。“五岭”以南的地区属于热带、亚热带季风气候，这里雨水充沛、阳光充足，有得天独厚的自然资源，人们称之为“岭南”。在多元一体中华文明起源与形成过程中，岭南一直创造着极具特色的文化成果。顺着时间之梯寻根探祖，岭南人共同的民族文化特征——蛇崇拜，清晰而鲜活地展示出来，成为重要的族群识别符号之一。

岭南湿热，适宜的气候为喜暖畏寒的蛇提供了良好的繁殖条件，多蛇成为独具岭南特色的意象。而蛇具有的毒性和蜕皮特征，以及较强的繁殖力，使人心生畏惧和向往，是原始崇拜的根本原因。从汉文史籍的记载中可见，岭南人崇蛇的习俗由来已久，如《说文解字》中“南蛮，蛇种。从虫，亦声”“闽，东南越，蛇种”的注解，以及与蛇相关的信仰禁忌和神话传说，都成为岭南悠久的蛇崇拜的见证。

不仅是文字记载，随着考古发现不断涌现和研究的不断深入，反映岭南崇蛇的材料也愈加丰富。在凿刻的岩画和戳印的几何纹陶器上，在图绘的漆器和铸造的青铜器上，蛇的身影无处不在。岭南人将精神寄托物化为各种装饰形式，正是这些蛇崇拜的线索，让人们更加深入地了解了岭南悠久的历史文化和立体的生活图景。

本土自由生长的灵蛇

在距今 1 万年左右的新石器时代早期，由于多样性的地貌特征，岭南人以洞穴、河旁台地为家，以采集渔猎为主要生活方式。进入距今 6000 年左右的新石器时代晚期，随着物质和技术的远程交流网络的形成，岭南人将固有的渔猎采集与新兴的稻作农业相结合，有了稳定且愈发复杂的社会生活。顶蛳山文化、石峡文化、咸头岭文化，这些逐渐被认识的考古学文化使原本被称作“化外之地”的岭南呈现出生机勃勃的一面。

图 1　香港长洲岛岩画中的蛇形象

图 2　广东珠海高栏岛宝镜湾岩画中的蛇形象

珠江流域和香港岛留有这一时期的岩画，反映着向海而生的岭南人的生活与欲求。矗立在香港长洲岛、大浪湾海滩的岩石上刻画着相间环绕、竖立头颈的双蛇（图 1），似是在机敏觅食。而广东珠海宝镜湾岩画中舞蹈的人们、两头尖翘的舟楫、翻卷的海浪，以及由紧密交织的曲线组成的灵蛇（图 2），更像是岭南人祭祀活动的写照。从形态分析，香港岛岩画中的蛇应是岭南常见的游蛇科，而宝镜湾岩画中的蛇则是蝰科中的角原矛头蝮（图 3），是岭南地区独有的毒蛇。此蛇头上具有一对向外伸展的角状突起，这对“犄角”使之霸气凌然，称蛇为“小龙”非无本之源。纵然历经数千年海风的吹拂，这些岩画中具象的灵蛇缄默地诉说着岭南先民的宗教意识与信仰仪序。

图 3　角原矛头蝮

陶器是定居生活中重要的道具，也是区分不同族属文化的标志物证。岭南地区的陶器文化悠远漫长，呈现出质朴的生活气息。在土坑葬及岩洞墓中，大量出土陶器上都留下蛇的身影，或施以彩绘（图 4），或刻划装饰（图 5）。不同于岩画上写实的蛇，陶器上的蛇多转为抽象。蜿蜒翻转的曲线代表蛇身，其中弯卷的线段代表蛇纹，呈现滑动爬行状态的蛇成为岭南陶器装饰中的重点。正如中原地区将彩陶发扬光大，聪敏的岭南人将几何印纹陶器推至极致，新石器时代晚期至秦汉时期流行的几何印纹陶器,成为打开岭南文化的一把“钥匙”。其简约朴拙的工艺与岭南人质朴的性格相搭配，而丰富多变的纹饰更是反映了岭南人的崇拜与信仰。不规整的曲折纹、贝齿纹，以封闭图形为元素的

图 4　广东黄埔区茶岭遗址出土彩陶罐

图 5　广西弄山岩洞葬出土陶釜

菱格纹、云雷纹，印纹陶器上所见的纹样皆为抽象，但有学者破译“几何”，认为这些纹样是在模拟蛇的形状和蛇皮的花斑[①]。虽然岭南人将蛇纹高度简化、概括为几何艺术形式，但其中的崇拜信仰仍然依稀可见，而且为商周青铜器上虺纹、夔纹的出现奠定了基础。

文化交流交融的灵蛇

随着人群的迁移，长江流域的先民不仅将稻作农业带入岭南，还将先进的生产技术一并倾入。掌握了冶炼“核心科技”的夏商王朝结合自身的文化传统，创造出灿烂的以大型容器和乐器等礼器为代表的青铜文明。两周时期，通过与楚地的密切接触和交流，岭南地区也开始拥有制作精良的青铜器，其中饰有蛇纹、蟠虺纹的器物数量可观。

卣、尊是商周时期流行于中原的盛酒器，通过赏赐、交换或战争，于东周时期长途跋涉来到岭南地区。出土于广西勉岭的兽面纹提梁青铜卣（图6）、广西恭城秧家墓的蛇斗蛙纹青铜尊（图7）不仅器形挺拔俊秀，纹饰更是复杂精湛，重要的是人们在其腹部发现了消失已久的具象蛇纹，它们有的卷尾翘头、有的与蛙相伴，重新活灵活现地装饰于青铜之上。如果青铜器的出现只能模糊地说是岭南与岭北交流的见证，那么青铜器纹饰上铸有的蛇与蛙的交缠，则可以明确地认为是岭南与楚地文化接触的结果。蛇噬蛙是楚地蛇崇拜的意象表达，通过湖南地区所见与岭南极其相似的青铜器（图8、图9）判断，此类纹饰可能是顺着湘江流域进入岭南，并再次点燃了岭南人基因中具象蛇崇拜的火种。

① 陈文华：《几何印纹陶与古越族的蛇图腾崇拜》，《考古与文物》，1981年第2期。

图 6　广西南宁勉岭出土的兽面纹提梁青铜卣

图 7　广西恭城秧家出土的蛇斗蛙纹青铜尊

图 8　湖南衡阳出土的动物纹提梁卣

图 9　湖南衡山出土的霞流尊

作为几何印纹陶纹饰上的延续，以抽象的蛇纹——蟠虺纹作为装饰的青铜器在岭南地区也有不少。与蛇斗蛙纹青铜尊一起出土的还有蟠虺纹铜鼎（图 10），腹部中间饰有蟠虺纹。广东清远出土的马头岗沐缶（图 11）和罗定市出土的两件鉴（图 12），腹部都有细密浮凸的蟠虺纹。这些器物身上的蟠虺纹大都作为主体纹饰存在，并非辅助性装饰，可见当时岭南人

图 10　广西恭城秧家出土的蟠虺纹铜鼎

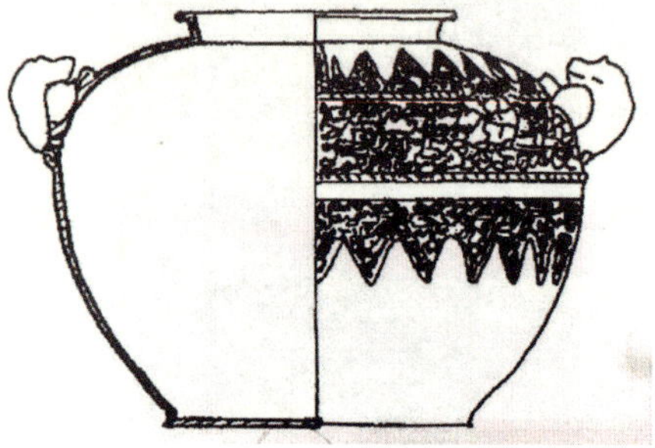

图 11　广东清远出土的马头岗沐缶

图 12　广东罗定市出土的两件鉴

对蛇的情感颇深。

公元前 221 年，秦始皇统一了中原。雄心勃勃的嬴政为了“北逐匈奴、南平百越”，派遣任嚣、赵佗等将领穿越南岭山区，经过四年鏖战，于公元前 214 年完成了统一大业，在岭南设置了南海、桂林、象三郡。南海郡的郡治番禺（今广州市）成为岭南三郡的政治权力中心。公元前 207 年，秦亡，中原再次混乱。赵佗划岭自治，建立南越国。自此，岭南有了自己的政权，也开始有了文字的记载。赵佗在位期间依秦例、仿汉制，任用越人官员，采取“合辑百越”的政策，同其习俗，良从恶禁。开放包容、兼收并蓄的岭南，进入了一个空前繁荣的时期。

1983 年夏天，考古人员在广州象岗发现了南越国第二任君主——赵胡（眜）之墓。这座历经两千多年未曾被盗掘的墓葬为我们了解南越国的历史文化提供了极大的参考价值。在整理出的 1000 多件（套）文物中，不乏蛇纹饰品。

玉杯是用来承接“云表之露”以求长生的道具。赵胡墓中出土的这件铜承盘高足玉杯由青玉杯、玉杯托、铜托座、承盘、木垫五个部件组合而成（图 13）。其中置于铜承盘之上的铜托座嵌有三条金首银蛇，三蛇张口正好衔住杯托的花萼，精妙绝伦。在这样一套帝王求仙问药的重要器物上，用金首银蛇来装饰，可见蛇在南越国统治者阶层心目中拥有的极高地位。这两个墓中玉杯的发掘要早于南越王墓中的玉杯，在广西罗泊湾 1 号墓和秦阿房宫遗址中也有类似的玉杯（图 14）发现，由于只有杯身留存，是否也有蛇纹样式的托座已无从知晓。

图 13　南越王墓出土的铜承盘高足玉杯

图 14　广西罗泊湾 1 号墓出土的高足玉杯

赵胡（眜）墓中奇珍异宝满目，主棺室东侧出土的一件装饰华丽的屏风难得见到（图 15）。屏风底部有 6 个托座，共 3 种样式，左右对称排列，每一种样式中都有着共同的主题——蛇。蛇纹托座（图 16）位于屏门两侧底部，由 3 条蛇支撑，正面 1 条，背面 2 条，蛇首在中部，蛇尾弯曲着地形成支点，以保持屏风的平衡。屏风的两转角处底部是一对人操蛇托座（图 17），以跪坐的力士俑为主体，力士俑口衔双头蛇，两手各操一蛇，两脚各夹一蛇，蛇与蛇之间又互相缠绕，形成多

图 15　南越王墓出土的屏风复制件

图 16　蛇纹托座

图 17　人操蛇托座

图 18　蟠龙托座

处着力点。根据《山海经》记载，操蛇之人往往是自然神，神操蛇是能够控制各种强大的自然力的证明。屏风的最外侧是两个蟠龙托座（图 18），龙的四足分别踩在两条蛇组成的支座上，每条蛇各缠着一只青蛙，是楚地蛙蛇图案的延续。

在这一时期的贵族墓中还见蛇形铜灯和带钩。出土于广西的三足铜灯（图 19），柄部呈弯曲的蛇首状（图 20），以便手持。蛇张嘴吐芯，浑身遍布花纹。除了居家用品，服饰配件上也发现了蛇的踪迹。在广西贵港市罗泊湾 1 号墓发现有西汉时期的蛇首铜带钩（图 21），蛇与云纹相配，是灵动祥瑞的写照。

图 19　广西出土的蛇手柄三足铜灯

图 20　三足铜灯局部

既是承接仙露的助手，亦是被神操控的自然力量；既有本土的灵蛇遗风，也有吸收而来的蛙蛇纠葛，南越人对蛇既崇拜又敬畏。随着北方汉族的南迁和文化的交流，岭南的蛇崇拜习俗也与其他文化相互融合、创新，作为一个文化符号，成为岭南人文明的传承。

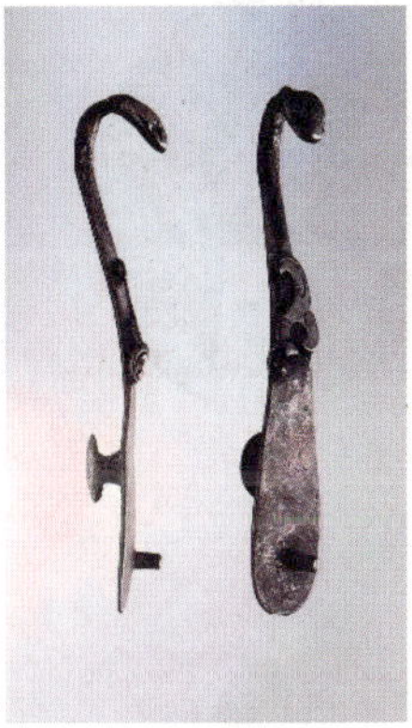

图 21　广西贵县罗泊湾 1 号墓出土的蛇首铜带钩

历史发展，文明进步，岭南地区的这条“蛇”从史前时期的岩刻画，爬行至新石器时代的几何印纹陶，再蜿蜒到秦汉时期的青铜器，岭南人对蛇的崇拜和敬畏似乎从未间断。相关文献记载，新中国成立之前，广西桂北侗族每年元宵节期间，都要以隆重的蛇舞来纪念蛇祖萨堂。跳蛇舞时，侗族人民身穿织有蛇头、蛇尾和鳞身的蛇形服饰，围成圆圈，模仿蛇的步态。这一仪式在今天贵州、湖南等地的侗族聚居地或许还能见到。蛇，作为图腾与守护，深深融于岭南文化的血脉之中。时至今日，虽形式或有变迁，但那份对蛇的敬畏与崇拜，依旧在岭南人的生活中悄然传承，成为连接古今、沟通自然的独特文化纽带，见证着岭南文明生生不息的力量与智慧。

参考文献

1.《广东文物考古三十年》，暨南大学出版社，2009 年。

2.《瓯骆印象——广西百越文化文物精品展》，上海锦绣文章出版社，2011 年。

3.《西汉南越国》，浙江文艺出版社，2023 年。

4.《开篇岭南：寻迹古南越国》，南方日报出版社，2024 年。

作者小传

杨小燕，首都师范大学考古与文博专业硕士研究生，中国国家博物馆副研究馆员。主要从事社会教育及公共考古研究。发表《博物馆课程中公众考古实践的探索与思考》《河津窑所见人首摩羯形象分析》《裴李岗文化的东进与北辛文化的形成》等文章。

刘如心，对外经济贸易大学汉语国际教育专业在读研究生。主要研究方向为教育学、语音学等。

巴蛇吞象

成语里隐藏的信息

何大江

“人心不足蛇吞象”是汉语里的常用成语，用于比喻人心贪婪，如同细长的蛇要去吞食体形巨大的大象一样，终究会为自己的欲望所害。这个成语也作“人心不足，巴蛇吞象”，或者更为简练的“巴蛇吞象”。这是一个极具画面感的成语：在树荫蔽日的密林里，一条蛇正在跟一头大象缠斗。然而，即便是俗称蟒蛇的巨蚺，要吞下大象也太过艰难。

“巴蛇吞象”，固然是一个具有比喻意义的成语，但也透露出极为丰富的历史、地理与气候信息——在数千年前的巴蜀大地上，雨水充沛，气候湿热，丛林里蛇与亚洲象并存。这两种动物，也是某些氏族部落的图腾，而部落争战的信息，就藏在“巴蛇吞象”这个成语之中。

巴人的图腾崇拜，从蛇到虎

川、渝地区常被称为巴蜀大地，是因为在先秦时期，这片土地是巴国和蜀国两个古代方国或民族生活的地方。

蛇，是古代巴民族早期的图腾。“巴”这个字，在殷商时代的甲骨文里就能找到，其字形正像张着大口的蛇。东汉许慎在我国第一部字典《说文解字》中对“巴”这个字解释得很清楚：“虫也。或曰食象蛇。象形。”可见蛇与巴族有着极其密切的关系。

《后汉书·南蛮西南夷列传》和《晋书·李特李流载记》对巴人的兴起所做的描述大同小异。巴人起源于武落钟离山，巴氏、樊氏、曋氏、柏氏、郑氏五个氏族争夺部落联盟的大权，结果巴氏胜出，被称作廪君（巴人对首领的称呼）。按《后汉书》的记载，“廪君死，魂魄世为白虎。巴氏以虎饮人血，遂以人祠焉”。这说明巴人五个部落形成一个新的、更强大的部落联盟后，图腾也开始重新整合，以虎作为部落联盟新的图腾。

巴人发源的武落钟离山，位于今湖北西南部长阳土家族自治县境内。自廪君之后，巴人开始自西向东发展，其势力急速增长，开始控制今鄂西、重庆、川东北以及陕南汉中一带。成为国家的巴定都于江州，即今重庆市渝中区。疆域广阔的巴国，东邻楚国，西毗蜀国。

博物馆里的“巴蛇”

因为椎骨和头骨都很脆弱，关节松散，因此远古体型较大的蛇化石很难发现。不过，我们可以通过金沙遗址博物馆和三星堆博物馆里的蛇文物，来感受古代的“巴蛇”。

古代的巴国与蜀国，地域上紧紧毗邻，气候环境极其相似，文化上交流密切，可谓“你中有我，我中有你”。巴与蜀，在古代文献中就被视作一体，合称巴蜀。因此，说金沙和三星堆出土的蛇是“巴蛇”，一点都不为过。

金沙遗址一共出土6件石蛇，其中最具表现力的是这条S形的蛇（图1）。

图1　商周石蛇　成都金沙遗址博物馆 供图

成都金沙遗址博物馆里的这条石蛇发掘于2001年，材质为蛇绿岩。蛇头微微上昂，蛇嘴大张，露出血红的蛇口来。这片红色，乃是涂抹的朱砂矿物颜料。蛇的眼珠呈黑色，而眼珠与蛇头之间也涂抹了　圈红色，真实地呈现了虹膜与瞳孔的关系。石蛇埋在地下，经历了三千年的时光，色泽依然鲜明。

石蛇圆睁眼珠、张嘴上昂的姿态，略显呆萌。然而蛇身两折，呈S形，却显得极为灵动。石蛇盘曲向上，通高5.4厘米，雕塑长17厘米，而整个蛇身长41.8厘米，是一件写实的作品。

石蛇出土时，或与石虎、石人，或与玉器、金器相伴，应当是祭祀时的崇拜物。可见在商代，蜀人也与巴人一样，曾经以蛇为图腾。

无独有偶，三星堆遗址则出土有青铜蛇。三星堆青铜蛇1986年出土于二号坑，共计10件，文物年代为商代。

其中的一件商代青铜蛇，残为三段，采用分段铸造法制成，连接处有铆孔，然后浇注铜液将各段铆嵌。该蛇头部宽大平直，头部残长54.5厘米，宽 14 厘米。蛇头昂起，蛇尾上翘内卷，似乎正准备对猎物发起攻击。蛇的脊背上，刻有精细的连续菱形纹，每个大的菱形纹又由四个菱形勾纹组成。自然界的蛇，有菱形斑纹的很少，五步蛇是其中之一。五步蛇又称蕲蛇、尖吻蝮，在中国广泛分布于长江以南。《本草纲目·鳞部》称：“（蕲蛇）背有方胜花纹。”所谓方胜花纹，又称方胜纹，指的是两个菱形压角相叠的图案。五步蛇的身上，正是菱形斑纹的尖角在脊柱处相连。如此看来，三星堆商代青铜蛇正是对五步蛇的再现。

有学者认为，五步蛇是古代巴人的崇拜物。很显然，三星堆的青铜蛇受到了巴文化的影响。

蛇与象共存于巴蜀大地

“巴蛇吞象”的说法，最早见于《山海经·海内南经》：“巴蛇食象，三岁而出其骨，君子服之，无心腹之疾。”《山海经》作为先秦的地理博物志，这一段文字似乎更像写实的描述。

屈原《天问》，设问一百七十余。其中一问，也跟这吞象之蛇有关，所谓：“一蛇吞象，厥大何如？”

从气候、地理条件看，在古代的巴蜀，巨蛇和象是同时存在的，这是成语“巴蛇吞象”的前置条件。上古时代的巴蜀地区，气温比现代要高，雨水充足，符合亚热带乃至热带森林的特征，为良好的生态多样性提供了保障。

森林里则生活着众多的蛇类，体型巨大、喜欢挂在树上的亚洲蟒蛇正是其中之一。这种温度适宜、水源充沛的热带或亚热带森林，也非常适合于亚洲象的生存。大象曾广泛分布于中国古代。三星堆和金沙遗址都曾发现大量的象牙，三星堆还发现过幼象的遗骸。这些都能说明，在 3000 年前左右，成都平原是有大象生存的。

蛇与象共同生活于同一空间，蛇吞象有了可能，但这种现象一定存在吗？实际上从屈原开始，古人对“蛇吞象”的说法就充满了疑问。

晋代郭璞为《山海经》作注，进行了大量的考证和推论，对于蛇吞象，他用了一个“蛇吞鹿”的类比来解释。这段文字也记载于《太平御览·鳞介部》中：“今南方蚺蛇吞鹿，已烂，自绞于树，腹中骨皆穿鳞甲间出，此类也。”

鹿的体型也很大，但毕竟跟象还是有差距，因此郭璞的解释是一个“缩水版”的蛇吞象。实际上，蛇吞鹿的后果就非常严重了，不仅没能消化掉鹿，反而被撑死，以致于鹿骨刺穿蛇腹，这就让人更有理由对蛇的贪婪进行嘲讽。

到了明代，著名学者、嘉靖年间状元罗洪先的《罗状元醒世歌》里便有这样的诗句：“人心不足蛇吞象，事到头来螂捕蝉。”在“巴蛇吞象”这句成语之前，再加上“人心不足”四字，就说明人们已经看重的是它的比喻意义了，而并不纠结于蛇是否真的能够吞象。

部落战争的隐喻

尽管蛇吞象的比喻意义大于现实意义，但喻义毕竟是后世之人赋予，那么存在于先秦文献中的蛇吞象，究竟有什么含义呢？

众多学者认为，蛇吞象其实是上古氏族部落之间战争的隐喻。蛇所指非常明确，即以蛇为图腾的巴部落；那么，象所指是什么呢？那个以大象为图腾的象部落又在何处呢？

有学者称，古时在洞庭湖地区一带曾居住着一支以象为图腾的原始部落，他们在与巴人的争战中战败，向南退至今广西一带。也有人认为，象部落的首领，即舜的弟弟。在上古的神话传说中，舜有一个同父异母的兄弟，叫作象，是一个不肖之徒，曾多次想杀害舜。而舜则以德报怨，将他分封至有庳，此事《孟子》中记载为“象至不仁，封之有庳”。有庳，又称鼻墟、鼻亭，故址在今湖南省道县北，南临广西桂林。从地理位置上看，此种说法亦能自洽。

相较之下，笔者认为学者黄剑华将象部落阐释为古蜀则更有可信度。在《巴与蜀的蛇、象探讨》一文中，黄剑华先生称“巴蛇吞象”即“巴蜀相争”，其核心论点有二：古蜀先民与大象的关系非常密切，巴国与蜀国之间时有战争发生。

实际上，这两个方国最后的命运也跟相互的战争有关。末代蜀王开明十二世封其弟于汉中一带，号为苴侯。蜀王恼怒于苴侯私下与巴国交好，于是兴兵讨伐。苴侯打不过，就逃到巴国，同时向北方的秦国求助。正执着于开疆拓土的秦惠王见到巴、蜀之间有纷争，于是借机派兵南下，于公元前316年先后攻灭巴、蜀两国，在原址分别设立巴郡与蜀郡。

从此，巴与蜀纳入中原王朝的版图，开启融入华夏文明的旅程。蛇图腾与象图腾，皆成绝响，只有在文献中才能找到痕迹。

作者小传

何大江，作家、编辑、地方史研究者。四川省作家协会会员，就职于媒体。长篇小说《超能脑波》获首届晨星科幻文学奖。短篇小说《三星堆》获第八届全球华语星云奖科幻电影专项奖。中篇小说《猛犸金沙》获“幻享未来”优秀科幻作品文学类铜奖。有巴蜀民俗、风物专栏散见诸多家媒体。

飞不须翼　行不假足

洛阳古墓博物馆藏汉画中的灵蛇

徐婵菲

《韩非子·难势》中有“飞龙乘云，腾蛇游雾”。

《荀子·劝学》中有“腾蛇无足而飞”。

《列子·汤问》中有“操蛇之神闻之，惧其不已也，告之于帝”。

《山海经·大荒北经》中有“又有神衔蛇、操蛇，其状虎首人身”。

《山海经·大荒西经 》中有“西海陼中，有神，人面鸟身，珥两青蛇，践两赤蛇”。

《史记·晋世家》载“龙欲上天，五蛇为辅”。

《焦氏易林》亦有“乘龙上天，两蛇为辅，踊跃云中，游观沧海，安乐长处”。

《淮南子·主术》中有“夫螣蛇游雾而动，应龙乘云而举”。

王延寿《鲁灵光殿赋》中有“伏羲鳞身，女娲蛇躯”。

曹操《龟虽寿》中有“螣蛇乘雾”。

傅玄《灵蛇铭》曰：“嘉兹灵蛇，断而能续。飞不须翼，行不假足。上腾云霄，下游山岳。逢此明珠，预身龙族。”

……

“腾蛇”和“螣蛇”在古代指的是同一种蛇。上述文献显示，蛇是一种神异之物，具有以下四个特征：一是上古大神人类始祖伏羲女娲的躯体是蛇的形象；二是虽无羽翼，却能在天上飞行；三是常与神龙为伍；四是常伴神灵左右（不少神灵衔蛇、操蛇、珥蛇、践蛇，即嘴里衔着蛇、手中握着蛇、耳上挂着蛇、脚下踩着蛇）。上述文献成书于战国至汉晋时期，时间跨度有数百年，表明蛇之“天赋异禀”在当时社会不仅被深度认可而且广泛流传，这一点可以在汉代画像上得到充分证实。

汉代画像（简称“汉画”）形式多样、内容丰富，博大精深。汉画就其制作手法和附着介质而言，有画绘和雕塑两种，前者有壁画、帛画、漆画等，后者有画像砖、画像石、瓦当和铜镜等。汉画中有大量的蛇画像。这些蛇画像在印证古代文献的同时，还丰富并补充了文献的内容，为我们进一步了解先秦两汉时期灵蛇的形象和奇异性提供了直观资料。汉代历时四百年，疆域广阔，汉画数量庞大、分布广泛。在此，我们撷取洛阳古墓博物馆收藏的几幅汉画，从中一窥汉代灵蛇的身姿与风采，探寻蕴藏其中的文化内涵。

洛阳古墓博物馆所藏汉画的年代多为西汉至新莽时期（公元前202—公元25年），种类有绘在空心砖上的壁画和刻在石头上的画像石。馆藏汉画上的灵蛇画像可分为写意型半身蛇和写实型全形蛇两种。写意型半身蛇，是指腰身以上是人形、腰身以下是蛇躯的蛇，蛇的尾部多是鱼尾形，上半身的人形有男女之分。这种半身蛇共有十例，分别出自西汉时期的卜千秋壁画墓、浅井头村壁画墓、烧沟61号壁画墓、磁涧里河村壁画墓和新莽时期的偃师辛村壁画墓中，每墓有两例，一个是男性形象，另一个是女性形象。据考证，男性形象是伏羲，女性形象是女娲。在伏羲、女娲身旁有日月相伴，通常是伏羲身旁是太阳（图1），女娲身旁是月亮（图2）。写实型全形蛇共有三例，其中有两例分别出自卜千秋壁画墓和浅井头村壁画墓，另一例出自偃师后杜楼西汉画像石墓。前两例壁画都位于墓室顶部，壁画中的蛇均是红色，身上有黑色条纹，但与蛇相伴的物品不同，卜千秋墓壁画中的蛇，身上站着一个双手抱弓的男子，蛇的上方是一只九尾狐和乘凤的抱鸟女子，下方是一只游动的蟾蜍（图 3），浅井头村墓壁画中的蛇，与一只蟾蜍和一条黄龙共同衔着一枚玉璧，龙、蛇的身躯从璧好中穿过（图 4）。后一例画像石墓中的蛇，位于墓门一侧的门框石上，蛇与龙相伴，两者身体相互缠绕作相交之状，受狭长空间的限制，龙、蛇竖直排布，首部在上（图 5）。

图 1　浅井头村西汉壁画墓中的伏羲托日壁画

图 2　磁涧里河村西汉壁画墓中的女娲扛月壁画

图 3　西汉卜千秋壁画墓中的人物乘蛇壁画

图 4　浅井头村西汉壁画墓中的灵蛇穿璧壁画

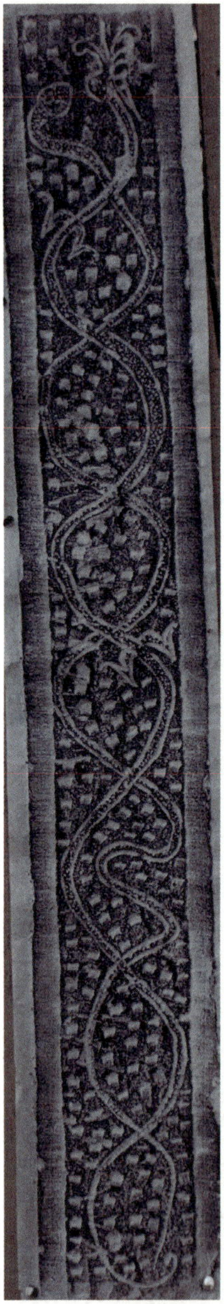

图 5　偃师后杜楼西汉画像石墓龙蛇相交画像拓片

上述汉画中的灵蛇，以不同的姿态和不同的物品在一起，蛇的身份、意义和表现的主题是不同的。蛇（包括伏羲女娲）与日月、龙在一起的画像，蕴含着“一阴一阳之谓道”的阴阳观念，此时的蛇，和女娲、月亮一样代表阴，伏羲、太阳、龙则代表阳，表达了阴阳和合万物以成的主题。蛇与玉璧、龙、九尾狐、蟾蜍等在一起，表明蛇和龙、九尾狐、蟾蜍一样是仙界的神兽。令人费解的是图 3 中的蛇，这里的蛇是什么身份、起什么作用？回答这些问题，我们需要了解一下这幅壁画所在的墓葬情况和壁画全貌。

图 3 中的壁画出自一座用空心砖建成的砖室墓（图 6），墓葬保存完好，墓中出土两具棺木和 60 余件随葬品，其中的一枚印章使我们知道墓主人名叫卜千秋，此墓是卜千秋及其夫人的合葬墓。墓中绘有三幅壁画，两幅位于山墙上，一幅位于墓顶。墓顶壁画长 4.51 米、宽 0.32 米，图 3 便是这幅长卷壁画的

图 6　西汉卜千秋壁画墓墓室

一个小局部（最重要的部分），在其前方和后方还有女娲、月亮、持节方士、青龙、枭羊、朱雀、白虎、西王母、玉兔、伏羲、太阳、黄龙等画像，整个画面满布云气纹（图7）。图中的云气纹和神人神兽——特别是西王母——说明这幅壁画的主题是求仙。两汉时期社会上弥漫着浓厚的求仙风气，西王母因手中握有能让人长生的不死之药而倍受世人崇拜。在这幅壁画中，西王母位于乘蛇男子和乘凤女子的正对面，说明这对男女正是热切渴望成仙的墓主人——卜千秋夫妇。二人能与神人神兽一道在天上飞行，表明他们已从西王母那里获得了不死之药，已得道成仙。但与神灵不同，凡人即便成了仙也不能凭空而飞，要飞只能借诸外物，壁画中的那条蛇和那只凤便是这个外物，它们担负起了驮载卜千秋夫妇在天上飞升的重任。这幅壁画说明，灵蛇还具有另外一个鲜为人知的功能——载人飞天。无独有偶，在陕西靖边县杨桥畔一村东汉壁画墓的前室东壁绘有大幅仙人接引壁画，其中有两小幅是乘蛇飞天，一幅是一个人骑在一条蛇身上，另一幅是一个人坐在祥云上，祥云被三条蛇托着，两条蛇昂首前行，一条蛇在两蛇下方上身蜷曲（图8）。考古报告认为，两幅壁画中的人是仙人、神兽是龙。壁画中的人是仙人还是凡人暂且不论，但神兽是蛇而不是龙，因为此墓后室西壁绘有一幅仙人御双龙壁画（图9），两处壁画上的神兽差别显著，明显是“一龙一蛇”。

然而，文献资料和汉画资料显示，当时人们普遍认可的载人升仙神兽并不是蛇，而是龙。《庄子·逍遥游》中有“藐菇射之山，有神人居焉……乘云气，御飞龙，而游乎四海之外”。《山海经·大荒西经》中有“西南

图7　西汉卜千秋壁画墓墓顶壁画线描图（红框内是图3部分，绿框内是西王母画像）

图 8 陕西靖边杨桥畔一村东汉壁画墓人物御蛇壁画 陕西省考古研究院藏

图 9 陕西靖边杨桥畔一村东汉壁画墓人物御龙壁画 陕西省考古研究院藏

海之外，赤水之南，流沙之西，有人珥两青蛇，乘两龙，名曰夏后开。开上三嫔于天，得九辩与九歌以下”。意思是，西南海海外，赤水的南边，流沙的西边，有一个人耳朵上挂了两条青蛇，驾着两条龙，名叫夏后开（就是夏代的开国之君夏启）。夏后开三次上天做客，得到天乐九辩和九歌，下到凡间。《史记·封禅书》中有：“黄帝采首山铜，铸鼎于荆山下。鼎既成，有龙垂胡须下迎黄帝，黄帝上骑，群臣后宫从上者七十余人，龙乃上去。”人物乘龙的画像更是汉画中常见的内容，乘蛇画像相对要少得多。文献无征不意味着不曾存在。上面几幅考古发掘出土的人物乘蛇壁画，填补了史书的缺失，使我们对灵蛇的神性和功能有了更进一步的认识。

总之，自然物种中的蛇，自古以来就为人们所关注。在战国两汉之际，随着神仙信仰的出现和流行，神仙家与方士们需要为世人编造出一个神仙世界以及抵达这个世界的方法方式，于是他们以“人世间”为蓝本，把一些动物神格化后拉入仙界，本就神秘感十足的蛇理所当然被网罗进来，成为仙界神兽中的一员。关于灵蛇的神性，西晋人傅玄在其《灵蛇铭》中已有总结：“嘉兹灵蛇，断而能续。飞不须翼，行不假足。上腾云霄，下游山岳。逢此明珠，预身龙族。”在此，我们还要再加上一句“载人飞升，游乎四海”。有学者考证，十二生肖最迟定型于东汉后期，灵蛇能够成为十二生肖的一分子，当与其拥有的特殊神性有极大的关系。

当然，看问题要一分为二，蛇也因其凶残和毒性使人恐惧，特别是文献中记载的几种恶蛇，如两头蛇、蝮蛇、修蛇和肥遗等在古代被视为不祥之物，人人恐而避之，在此就不详说了。

作者小传

徐婵菲，洛阳市考古研究院研究馆员。主要从事博物馆展陈和文物研究工作。主编出版《洛阳古代墓葬壁画》《洛阳西汉画像空心砖发现与研究》《砖画青史——洛阳宋金墓葬雕砖》等6部专著，发表学术论文40余篇。

汉代文物中的神蛇图像*

李重蓉

嘉兹灵蛇，上腾云霄。蛇乃神兽的观念可追溯至先秦时期，比如十二生肖的文化意识出现在先秦时期，其中蛇的位置属于巳。睡虎地秦简《日书》甲种以巳配蟲，孔家坡汉简《日书》以巳配虫，所谓蟲、虫应即蛇，后来人们正是以巳配蛇。

汉代是神兽文化空前发展的时期，这时的蛇又有哪些艺术表现？有什么样的象征含义，承载了人们哪些愿景与诉求呢？

中原神蛇图像的分类

汉代神蛇图像在中原地区有突出表现，按照蛇图像的组合方式、造型特点，我们可将它们分为三种。

神人与蛇的组合图像

汉画像上有一种神人手执蛇的图像，相关的组合形式还包括神人“珥

* 本文为国家社科基金青年项目“美术考古视野下的怪兽图像研究”（21CKG026）阶段性成果。

蛇”“践蛇”“戴蛇”等。这些神人与蛇的组合在《山海经》中多有记载，如《中山经》云：“神于儿居之。其状人身而身操两蛇，常游于江渊，出入有光。”“洞庭之山……是多怪神，状如人而载蛇，左右手操蛇。”①《海外东经》曰：“奢比之尸在其北，兽身、人面、大耳，珥两青蛇。”②《大荒东经》云：“东海之渚中，有神，人面鸟身，珥两黄蛇，践两黄蛇，名曰禺䝞。”③

相关图像如山东安丘汉墓后室东间北面画像石④。北壁纵170厘米、横208厘米，由上下两石组成，壁面上右下三边饰有双层纹饰带，外层为奇禽瑞兽纹，内层为复合几何花纹带。上石主体画面为奇禽异兽与羽人图；下石画面分作左右两部分，左方为神鸟与虎衔兽，右方为神人操蛇、虎首怪抱持人逃跑、射手等图像（图1a）。其中的神人操蛇图像为一名力士状的神人蹲踞着，双臂伸开各持一蛇在挥舞，两条蛇头部皆抬卷作半个圆弧状（图1b）。

图1a　山东安丘汉墓后室东间北面画像石拓片

图1b　画像石拓片局部

① 袁珂校注：《山海经校注》，上海古籍出版社，1980年，第176页。

② 袁珂校注：《山海经校注》，第253页。

③ 袁珂校注：《山海经校注》，第350页。

④ 中国画像石全集编辑委员会编：《中国画像石全集》第1卷《山东画像石（一）》，山东美术出版社、河南美术出版社，2000年，第116页，图一五五。

图2 山东临沂吴白庄汉墓前室北壁西二立柱南面画像石拓片

又如山东临沂吴白庄汉墓前室北壁西二立柱南面的画像，石面左右各有一条边框，主体画面从上往下依次为：一神人正面蹲立，肩头搭一条长蛇，并用双手操持着，蛇首与蛇尾翘起；神人腿下有一物似壁虎；一戴笠羽人执臿而立；一长喙、鸟首、兽身的有翼神兽；最下方是两名着袍戴冠的人，其中一人持便面（图2）①。

又如山东费县垛庄镇潘家疃发现的一块画像石，石面四方带边框，左右上三方还带两条三角形与半圆形纹饰带，主体画面从左往右依次为：跪坐着的操蛇者，两名武士，麒麟及其背上的飞鸟，两人持武器抓住一人以及大象图（图3）②。

类似的神人操蛇画像石还见于安徽淮北、山西离石等地。

另外河南洛阳卜千秋西汉墓主室前、后墙壁之间的墓顶平脊内侧，绘有一长幅升仙图壁画。

图3 山东费县垛庄镇潘家疃画像石拓片

① 临沂市博物馆编：《临沂吴白庄汉画像石墓》，齐鲁书社，2018年，第117页。

② 中国画像石全集编辑委员会编：《中国画像石全集》第3卷《山东汉画像石（3）》，第72、73页，图八七。

据王绣先生的摹本并经霍宏伟先生考证后，我们可知此长卷从左往右的图像依次为：月神、月亮、羽人、五灵（即青龙、白虎、朱雀、麒麟及玄武的前身鱼妇）、西王母、玉兔、墓主人卜氏夫妇、日神和太阳。画中的卜氏夫妇一上一下，各乘一只三首凤与一条飞蛇，由最前边的羽人和五灵引领着，正穿越生死的界限，前往仙境（图4）[①]。

图4　洛阳卜千秋西汉墓升仙图壁画摹本局部

这些人物或操蛇或乘蛇，其图像应该具有某种特殊的含义。

半人半蛇的组合图像

汉代有一种神蛇图像是把蛇尾与人身相组合，形成上半身为人形、下半身为蛇形的半人半蛇图像。这种神人往往是汉代的伏羲与女娲图像。

汉王延寿《鲁灵光殿赋》曰："伏羲鳞身，女娲蛇躯"，当时人们认为人类始祖伏羲与女娲的驱体是蛇的形象。汉画像中与文献相对应的伏羲女娲图像常见，在画像石分布的五大区皆有发现[②]。

画像石上的伏羲女娲图像又可分为三类，第一类是他们直接相组合，比如山东济宁嘉祥武梁祠西壁画像石上即刻这对神人图像。西壁画像石的图像从上往下分为五层，第一层为西王母及其仙境图，第二层为古代帝王图，第三及第四层为孝子图，第五层为车马出行图；其中第一层与第二层之间、

① 王绣、霍宏伟：《洛阳两汉彩画》，文物出版社，2015年，第40-41页。

② 所谓汉画像石分布的五大区是借鉴信立祥先生的归纳，参见信立祥：《汉代画像石综合研究》，文物出版社，2000年，第13-15页。

图5 山东济宁嘉祥武梁祠西壁画像石拓片

第三层与第四层之间以及第五层之下，都各饰几条几何纹饰，加以分隔（图5）[①]。在西壁第二层图像的最右端刻伏羲女娲，他们左右面向相对而立，各自手持着规与矩，为人身蛇尾、蛇尾相交，一旁榜题作“伏戏仓精，初造王业，画卦结绳，以理海内”。

山东临沂独树头镇西张官庄出土一块画像石，石面四周带边框，上方、左方还刻半圆形花纹，主体画面也为伏羲女娲直接相组合[②]。他们头戴冠，着交领襦衣，下半身的蛇尾相交在一起，尾巴上还带有鳞（图6）。

图6 山东临沂独树头镇西张官庄画像石拓片

第二类伏羲女娲图像是与西王母或东王公相组合。如山东济宁微山县两城镇出土一块画像石，石面浅浮雕，画面中央刻一西王母，她梳高髻，头顶栖息着一只飞鸟；着交领长袍，拱手端坐，背后两面各飘浮着一朵祥云。在西王母的左右两侧，分别立有伏羲与女娲。伏羲戴高冠，女娲梳高髻，他们着交领襦衣，各持一便面，人身蛇尾，带鳞片的长尾交缠在一起成为一个结构对称的纽结形式，各自的尾尖还幻化出一只回首飞鸟，西王母就端坐在他们如此雍容的长尾结上方，构图可谓是设计巧妙、形式

① 中国画像石全集编辑委员会编：《中国画像石全集》第1卷《山东画像石（一）》，第29页，图四九。

② 中国画像石全集编辑委员会编：《中国画像石全集》第3卷《山东汉画像石（3）》，第49页，图六〇。

优美（图7）[①]。

类似的西王母端坐于伏羲女娲相交长尾上的图像，还见于山东滕州市桑村镇大郭村出土的一块西王母、人物与牛羊车画像石（图8）[②]，滕州市桑村镇西户口村出土的一块西王母、读经人物与建鼓画像石（图9）[③]上。

伏羲女娲与东王公相组合的图像也常见，如山东邹城市郭里乡黄路屯村出土一块画像石。石面浅浮雕，从

图7　山东济宁微山县两城镇画像石拓片

图8　山东滕州市桑村镇大郭村画像石拓片

图9　山东滕州市桑村镇西户口村画像石拓片

① 中国画像石全集编辑委员会编：《中国画像石全集》第2卷《山东画像石（二）》，第32页，图四一。

② 中国画像石全集编辑委员会编：《中国画像石全集》第2卷《山东画像石（二）》，第196页，图二〇四。

③ 中国画像石全集编辑委员会编：《中国画像石全集》第2卷《山东画像石（二）》，第216页，图二二九。

上往下依次刻伏羲女娲与东王公、对鸟衔鱼及一鸟啄鱼图像（图 10）[①]。上方的伏羲女娲分立在东王公左右，同捧日轮，伏羲戴冠，女娲梳髻，两位神人皆着交领襦衣、人身蛇尾，蛇尾尖相交。

第三类伏羲女娲图像是与一名力士状神人相组合，神人在中间，而伏羲女娲则被他一左一右地拥在怀中。有研究认为这类图像中位于伏羲女娲中间的神人，乃高禖神的形像[②]。这类画像石在山东与南阳都有发现。

图 10 山东邹城市郭里乡黄路屯村画像石拓片

图 11 山东临沂沂南汉墓墓门东立柱画像拓片

如山东临沂沂南汉墓墓门东立柱，石面浅浮雕，其画像从上往下依次为伏羲女娲与神人相组合的图像，西王母的仙境图（图 11）[③]。上方的神人头戴尖顶帽，身形壮硕，伸出双臂一左一右地揽着女娲与伏羲；女娲伏羲各自持着规与矩，人身蛇尾。

类似的图像还见于一块早年出土于山东滕州市龙阳店镇附近的伏羲女娲画像石（图 12）[④]，一块出土于河南南阳唐河针织厂

① 中国画像石全集编辑委员会编：《中国画像石全集》第 2 卷《山东画像石（二）》，第 77 页，图八四。

② 练春海、武灵：《汉代操蛇神人图像研究》，《民俗研究》，2024 年第 2 期。

③ 中国画像石全集编辑委员会编：《中国画像石全集》第 1 卷《山东画像石（一）》，第 134 页，图一八二。

④ 中国画像石全集编辑委员会编：《中国画像石全集》第 2 卷《山东画像石（二）》，第 144 页，图一五三。

的校猎、高禖神画像石（图 13），以及一块出土于河南南阳市区的高禖神画像石（图 14）等上[①]。

图 12　山东滕州市龙阳店镇画像石拓片

图 13　河南南阳唐河针织厂画像石拓片

图 14　河南南阳市区画像石拓片

玄武图像

汉代蛇图像还常与龟相组合，意象奇特，此即四神之一的神兽玄武形像。四神是指青龙、白虎、朱雀和玄武等四名守护东、西、南、北四方的

① 中国画像石全集编辑委员会编：《中国画像石全集》第 6 卷《河南汉画像石》，第 13 页，图一六；第 170 页，图二〇七。

神兽。有时四神为与五行相配，还会增添一神兽，如《淮南子·天文》曰：“何谓五星？东方，木也，其帝太皞，其佐句芒，执奎而治春；其神为岁星，其兽苍龙，其音角，其日甲乙。南方，火也，其帝炎帝，其佐朱明，执衡而治夏；其神为荧惑，其兽朱鸟，其音徵，其日丙丁。中央，土也，其帝黄帝，其佐后土，执绳而制四方；其神为镇星，其兽黄龙，其音宫，其日戊己。西方，金也，其帝少昊，其佐蓐收，执矩而治秋；其神为太白，其兽白虎，其音商，其日庚辛。北方，水也，其帝颛顼，其佐玄冥，执权而治冬；其神为辰星，其兽玄武，其音羽，其日壬癸。”①

玄武图像在汉代艺术品上常见。如中国国家博物馆藏一组西汉末期的四神圆形瓦当，它们可能为宗庙礼制建筑的专用瓦，当面正中心皆有一个圆突，瓦当上的四神形象均为侧面形象。其中玄武瓦当直径 18.1 厘米、厚 1.9—2.0 厘米，边轮宽 1.2 厘米，左上方边轮有残损。当面饰一只乌龟，龟首伸出微微扬起，龟背高隆，龟壳上布满甲纹，四足立地；在龟身上缠有一条大蛇，蛇体蜿蜒，蛇头稍微向下垂，正好与上视的龟首对望，蛇身上长满鳞甲（图 15）。

图 15　中国国家博物馆藏西汉玄武瓦当

玄武图像在画像石、画像砖上也很常见，比如山东嘉祥武氏西阙子阙栌斗南面即刻玄武图像。此石画面上方边框刻条形纹和半圆形纹饰带，主体画面的横向左中右三方各刻一带栌斗的立柱，在

① （汉）刘安：《淮南子·天文训》上，明嘉靖九年王鎣刻本第 87、88 页。

图 16　山东嘉祥武氏西阙子阙栌斗南面画像拓片

三根立柱两两隔开的空间里，左方刻一只玄武与一只飞鸟，右方刻一只朱雀与一只飞鸟（图 16）[①]。其中玄武由一只正在爬行的乌龟和缠绕在它身上的蛇组成，蛇回首与乌龟对视、蛇身绕在乌龟的壳上、蛇尾曳地，造型奇特。

一组陕北米脂官庄墓墓门的左右立柱石，石面图像分为上下两栏，上栏画像又分为左右两格。在左右立柱石的上栏外格皆刻云气纹，上栏内格画像从上往下依次为人身蛇尾的伏羲或女娲、楼阁与拥慧门吏；下栏皆刻一玄武，背景饰瑞草（图 17）[②]。

图 17　陕北米脂官庄墓墓门左右立柱石拓片

① 中国画像石全集编辑委员会编：《中国画像石全集》第 1 卷《山东画像石（一）》，第 13 页，图二五。

② 中国画像石全集编辑委员会编：《中国画像石全集》第 5 卷《陕西、山西汉画像石》，第 23 页，图三一、图三二。

1988年河南南阳卧龙区麒麟岗汉墓出土的墓室顶部的天象画像石，石面中心位置刻有一位头戴三叉冠、广袖宽袍的主神，端坐中央，气质雍容威严，学界较一致地认为他是汉代人信奉的最高主神：太一神。太一神的上下左右，分别刻有朱雀、玄武、白虎和青龙，这些神兽或羽翼飘飞、凌空轻盈，或腾云驾雾、怒吼奔跃。最左端刻一人身龙尾、手持日轮的日神，旁有北斗七星；最右端则刻人身龙尾、手持月轮的月神，旁为南斗六星。画面背景弥漫着流畅变幻的云气纹，神人、神兽造型生动，共同营造出一个仙气飘然的神仙空间（图18）[①]。

图18　河南南阳麒麟岗汉墓墓室顶部画像石拓片

西南地区的灵蛇图像

汉代西南地区多山林，气候湿热，受自然环境影响，当地的器物、建筑上也常装饰灵蛇图像。

云南昆明晋宁区石寨山6号墓出土一枚西汉“滇王之印”金印，印为正方形，高1.8厘米、印面边长2.3厘米。印钮与印身为分铸后焊接而成，印钮

---

① 中国画像石全集编辑委员会编：《中国画像石全集》第6卷《河南汉画像石》，第102-103页，图一二八。

为蛇形，金蛇的头部昂扬，眼部凸出；身形扭卷为两个圆圈，作盘旋卷曲之态（图19）。印面凿刻“滇王之印”4字篆书，篆书的字体工整方正，用笔方圆兼备，线条饱满而有力，字形典雅而端庄，体现出皇家之范（图20）。

据目前发现而言，汉代西南地区的蛇图像资料集中在今云南昆明和玉溪，这两地曾是古滇国领地。古滇国在汉武帝时期被归为益州郡，郡治滇池县。《史记·西南夷列传》载：“元封二年，天子发巴蜀兵击灭劳浸、靡莫，以兵临滇。滇王始首善，以故弗诛。滇王离难西南夷，举国降，请置吏入朝。于是以为益州郡，赐滇王王印，复长其民。”[①] 这枚金印证实了这一历史事实。

云南昆明羊甫头113号墓出土一件铜箭箙[②]，长49.6厘米、宽12.8厘米、厚4厘米，正面除了顶部一组曲线纹，中间阴刻两段蛇纹带将画面分

图19 中国国家博物馆藏“滇王之印”金印（中国国家博物馆供图）

图20 中国国家博物馆藏“滇王之印”金印的篆文（中国国家博物馆供图）

① 《史记》卷一一六《西南夷列传》，中华书局，1959年，第2997页。

② 云南省文物考古研究所、昆明市博物馆、官渡区博物馆：《昆明羊甫头墓地》（卷一），科学出版社，2005年，第197页，线图一七四。

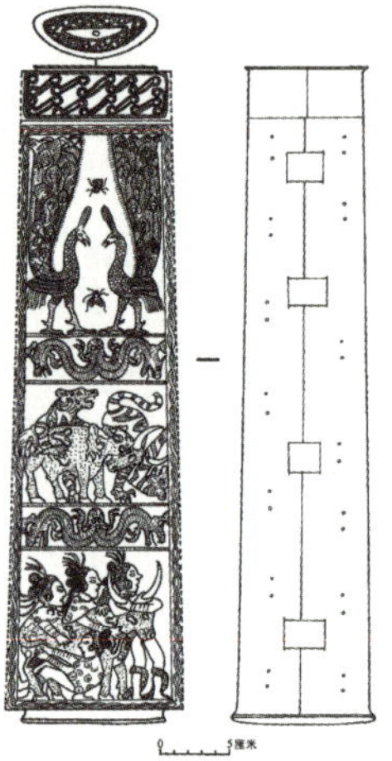

图 21　昆明羊甫头 113 号墓出土铜箭箙线图

图 22　江川李家山出土铜锥线图

作上下三格，最上面一格刻一对开屏的孔雀图像，它们中间点缀蚊虫；中间一格为虎牛相搏图；下格为人驯牛图（图 21）。

云南省玉溪市江川区李家山 24 号墓出土一件铜锥[①]，锥顶刻一只孔雀践蛇图像（图 22）。

川渝地区的汉代石阙也饰有蛇图像。郑岩先生曾做过统计：重庆忠县乌杨阕左主阙顶角檐雕饰缠蛇、右主阙前右角椽上雕饰蛇纹，重庆渠县沈氏阙右阙左前角角椽雕饰蛇纹，四川雅安高颐阙右阙主阙檐下近左前角椽雕饰蛇纹[②]。

西南地区的灵蛇图像相较于中原地区的神蛇图像，少了几分神奇的色彩，而更加富有灵动的生活气息。

汉代神蛇图像的象征含义

从巫术神权到世俗皇权

蛇在汉代继续被视作神兽，是因为它的寓意深刻而丰富，其含义之一是象征权力。先秦时期，它象征着神秘的巫术神权；入汉

① 云南省博物馆：《云南江川李家山古墓群发掘报告》，《考古学报》，1975 年第 2 期。

② 郑岩：《腾蛇绕榱——川渝汉代石阙的几个细节》，《美术大观》，2023 年第 11 期。

以后，随着时代风气的变化，它逐渐成为世俗皇权的象征。

前述神人操蛇图像在春秋、战国时期就已流行，吴荣曾先生曾考证过操蛇之神的艺术形象及有关神话的变异，认为操蛇神怪的原始形态应是鸟衔蛇、鸟践蛇[①]。朱存明先生认同这一观点，并认为鸟衔蛇与鸟践蛇图像能够起到对蛇的防御作用[②]。练春海先生在这些观点的基础上，进一步认为操蛇神人图像表示人们不再满足于单纯的对蛇防御，汉代的这一图像与先秦的鸟蛇相斗图像之间存在着演变与传承关系，特别是体现出神人对于蛇的掌控力，希望能够掌控和利用蛇的力量[③]。

综合以上学术观点可知，蛇在先秦时期虽然是被防御的对象，可它所具有的神秘力量却为人们所重视甚至畏惧。设置神人与之相配并对它进行操持，可能是转而希望借助它所拥有的力量为人所用，这一思维即巫术观念的体现。

入汉以后，蛇图像逐渐成为高级身份的象征，这一观念受到当时社会风气的影响。汉代是商周秦代以来，第一个以平民开国称帝的王朝，上自皇帝下自文武百官大部分都出身于社会中下层，对个人能力的信奉推崇达到空前的高潮。自陈胜、吴广喊出“王侯将相宁有种乎”起，到刘邦“吾以布衣提三尺剑取天下”，追慕景仰英雄主义成为一种社会风潮。

而蛇作为政治权力的象征，受到有能力者的推崇，《史记》中多有相关记载。如《史记·郑世家》载：

① 吴荣曾：《战国、汉代的“操蛇神怪”及有关神话迷信的变异》，《文物》，1989年第10期。

② 朱存明：《肖形印“神人操蛇”图像的产生及演变》，《中国美术研究》，2012（Z1）辑刊。

③ 练春海、武灵：《汉代操蛇神人图像研究》，《民俗研究》，2024年第2期。

> 十四年，故郑亡厉公突在栎者使人诱劫郑大夫甫假，要以求入。假曰："舍我，我为君杀郑子而入君。"厉公与盟，乃舍之。六月甲子，假杀郑子及其二子而迎厉公突，突自栎复入即位。初，内蛇与外蛇斗于郑南门中，内蛇死。居六年，厉公果复入。①

在这个故事里面，蛇是流亡在外的郑厉公与当时在位的郑子的象征，郑国都城南门内外有两条蛇相斗，被认为是二君相争的预兆。

《史记·秦本纪》载："（宣公）四年，作密畤。"张守节《史记正义》注："《括地志》云：'汉有五畤，在岐州雍县南，则鄜畤、吴阳上畤、下畤、密畤、北畤。秦文公梦黄蛇自天而下，属地，其口止于鄜衍，作畤，郊祭白帝，曰鄜畤。秦宣公作密畤于渭南，祭青帝。秦灵公作吴阳上畤，祭黄帝；作下畤，祠炎帝。汉高帝曰"天有五帝，今四，何也？待我而具五"。遂立黑帝，曰北畤是也。'"②秦国君王曾经修建了四座祭祀神灵的畤，其中鄜畤的修筑是因为秦文公梦见黄蛇自天而下，在此黄蛇乃白帝的化身。

再比如著名的刘邦斩蛇开国传说：

> 高祖被酒，夜径泽中，令一人行前。行前者还报曰："前有大蛇当径，愿还。"高祖醉，曰："壮士行，何畏！"乃前，把剑击斩蛇。蛇遂分为两，径开。行数里，醉，因卧。后人来至蛇所，有一老妪夜哭。人问何哭，妪曰："人杀吾子，故哭之。"人曰："妪子何为见杀？"妪曰："吾子，白帝子也，化为蛇，当道，今为赤帝子斩之，故哭。"

---

① 《史记》卷四二《郑世家》，第 1763、1764 页。

② 《史记》卷五《秦本纪》，第 184、185 页。

人乃以妪为不诚，欲告之，妪因忽不见。[1]

这些帝王的传说故事说明在秦汉之交的社会意识中，君权不再是神秘、专属于贵族阶层的，而是有能者可能争取到的，并能够被蛇这一生物象征。

前述汉代封赐滇王的蛇钮金印也表明在中原人的观念中，蛇乃王权的象征，才会被汉王朝赐给西南蛮夷君长。

综上所述，蛇在先秦象征超验的巫术神权，在汉代则逐渐象征世俗的皇权。

象征生育的神灵

蛇本身的生殖繁衍能力较高，这为追求子孙昌盛的汉代人所重视。《诗经·小雅·斯干》曰："维熊维罴，维虺维蛇。"用熊、蛇来作为生男或生女的预兆，说明当时人已经认识到蛇的生殖力并祈望能够借此获得庇佑。

汉代蛇图像体现了人们期望借助蛇的这一能力来保佑子嗣绵延的世俗愿景。比如伏羲女娲作为人类始祖，创造生命是其使命之一。将他们设计为人身蛇尾的形象，应即考虑到他们的职责，所以选用适合的动物形象与人形相拼接组合，以这种奇特的造型来凸显出他们的神力及职能。

汉画像中又将伏羲女娲与西王母、东王公或高禖神图像相组合，西王母的职责之一是掌管生育，高禖神也有此职能。如《礼记·月令》曰："仲春之月……是月也，玄鸟至。至之日，以太牢祀于高禖，天子亲往。后妃帅九嫔御，乃礼天子所御，带以弓，授以弓矢，于高禖之前。"[2]

又如中国国家博物馆藏一件汉代交蛇画像砖，砖面模印两条蛇，身形圆润，形式对称：蛇首相对，蛇身相交作两个圆环扣在一处的形态（图23）。交蛇图像也有象征生殖的含义。

① 《史记》卷八《高祖本纪》，第347页。

② 李学勤主编：《十三经注疏·礼记正义》，北京大学出版社，1999年，第473页。

图23 中国国家博物馆藏汉代交蛇画像砖（中国国家博物馆供图）

正因为蛇本身的生物属性，所以汉代人用它的图像寄托期望子孙兴旺的生活诉求。

日常生活的写照

汉代西南地区的蛇图像，又不同于中原蛇图像的神圣权威，而体现出日常生活化的一面。西南地区自然生态环境良好，所以多蛇，人们所创造的蛇图像反映出当地人对于自然的亲近之情，才能够近距离观察，用图像去活灵活现地记录蛇，并且对其生活习性有所认识和了解。

蛇图像是滇文化墓葬器物上常有的图像题材。比如当地器物上多刻画孔雀与蛇搏斗的场景，这一图像可能既是自然的写照，也有其文化渊源。战国时期流行的一种鸟蛇斗图像，刘敦愿先生指出它主要见于北方青铜器画象与南方彩绘木雕上，其中鸟类有鹤、鹰、鱼鹰、凤凰等；这一图像可能源自楚文化，而影响到北方中原文化[①]。郑岩先生补充说："文献所见与蛇相关的鸟类有三种，即孔雀、鹤和雉。"这一图像可能是表现"蛇与鸟相匹偶或相转化，或许是'龙凤呈祥'观念的一个变体""可能是图腾时代部族之间亲密关系的反映"[②]。滇文化墓葬中的孔雀践蛇图像原型可能也与楚文化鸟践蛇图像有关，只是到了汉代这一图像的神圣性逐渐消淡，而其世俗性逐渐增加，是当地人如实记录周围环境情况的一个写照。

---

① 刘敦愿：《试论战国艺术品中的鸟蛇相斗题材》，《湖南考古辑刊》（1982年辑刊）。

② 郑岩：《从中国古代艺术品看关于蛇的崇拜与民俗（下）》，《民俗研究》，1989年第4期。

四川重庆地区多在汉阙的阙檐或角椽处装饰蛇纹，以细致入微的观察力、栩栩如生的表现力与出神入化的技艺，将日常民居随处可见的一幕生活也即自然场景刻画得入木三分，反映出当地人对于自然的深刻理解力。

结　语

汉代人继承了先秦观念，仍将蛇视为一种神兽，并在造型艺术中加以表现。具体通过神人操蛇图、伏羲女娲图与玄武图等三种图像，汉代人在艺术中表现出蛇神奇的一面，同时也在西南地区的艺术中表现出它日常化的一面。这些蛇图像反映出汉代人借此表达自己的精神诉求：对世俗皇权的崇拜与追求，渴望子孙绵延家族兴旺以及对日常生活的热爱。

这些艺术与愿景经久流传，成为我们民族精神文化的一部分，仍然感召着我们对那些静驻于历史褶皱深处的风物的追溯与探寻。

作者小传

李重蓉，中国人民大学历史学博士，中国国家博物馆副研究馆员，中国秦汉史研究会会员。发表专业学术论文10余篇，主持1项国家级、1项省部级课题。其中参与中国国家博物馆重要科研项目《海外藏中国古代文物精粹·英国大英博物馆卷》，发表《大英博物馆藏东汉六博釉陶俑考辨》《一九五四年洛阳孙旗屯出土石兽的定名与年代》等论文。

书画碑拓与文房雅器中的蛇

徐 强 邓 斌

《说文解字》释“蛇”为“它，虫也。从虫而长，象冤曲垂尾形。上古艸居患它，故相问‘无它乎？’”，体现出先民对蛇类既敬畏又警惕的原始情结。作为中华文明中最早被神化的生灵之一，蛇在历史长河中蜿蜒出复杂而深邃的文化轨迹：它既是伏羲女娲人首蛇身的创世图腾，又是《诗经》“维虺维蛇，女子之祥”的吉兆化身；既化身为《白蛇传》里跨越仙凡的灵性象征，亦蜕变为十二地支中代表智慧与变革的巳蛇。本文将穿梭于鳞爪蜿蜒的丹青墨韵之间，循着书画碑拓的笔意刀痕，叩问文房雅器中的蟠螭纹样，在方寸天地间解码蛇形符号背后潜藏的哲学密码与美学精神，让灵蛇吐信的古老图腾，引领我们深入华夏文明的幽邃秘境。

汉代至唐代的伏羲女娲人首蛇身图像（图 1 至图 3），集中体现了蛇的早期文化寓意。二者交尾缠绕的形态，是生殖崇拜的具象化表达，寄托着家族血脉延续与生命轮回的期望。伏羲持规象征天圆，女娲执矩代表地方，通过“执规握矩”的符号象征天地方圆秩序。蛇身交缠的螺旋结构暗合生命本质（如 DNA 双螺旋），其蜕皮特性进一步强化重生与循环的宇宙观。值得注意的是，伏羲女娲形象的演变折射出母系社会向父权制度的过渡：蛇身从单一的女性生育象征，逐渐与男性权威结合，成为阴阳调和的哲学符号。

图 1　唐人《伏羲女娲像立轴》 中国国家博物馆藏

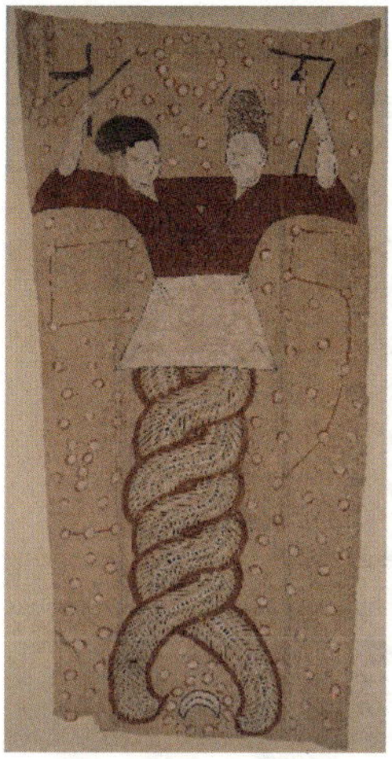

图 2　唐人《伏羲女娲像》 故宫博物院藏

图 3　唐人《伏羲女娲图》 新疆维吾尔自治区博物馆藏

马王堆帛画（图 4）中蛇元素的分布，构建了汉代人对天、地、人三界的系统性认知。顶部人首蛇身神祇（或为烛龙、女娲或太一神）象征宇宙秩序的掌控者；底部的蛇形人鱼（鱼妇）则隐喻灵魂重生与升仙路径。该作品融合楚地巫文化、中原神话与汉代新兴信仰，蛇作为共通符号，既串联画面叙事，又体现“天人合一”的哲学思维。帛画中蛇的多重身份——创世者、护佑者与转化媒介——揭示汉代贵族对生死、权力与永恒的终极思考。

图 4　《马王堆汉墓 T 型帛画》 湖南博物院藏

汉代画像石（图 5）中的西王母、伏羲与女娲形象，承载着丰富的神话内涵与时代信仰。伏羲与女娲的人首蛇身特征见于《楚辞・天问》王逸注“女娲人头蛇身”及《帝王世纪》中“伏羲

图 5 山东微山汉画像石拓片 顾森编著：《中国汉画图典》第 482 页

氏……蛇身人首”等文献，两人作为创世神祇，蛇身交尾的形象成为汉代艺术的重要母题。《山海经 · 西山经》记载西王母“其状如人，豹尾虎齿而善啸，蓬发戴胜”，为半兽形象，带有原始自然神的特征。汉代社会盛行追求长生升仙之风，西王母作为昆仑仙界的主宰，被奉为不死药与永生的象征，常以人首蛇身形象现身于墓葬画像石中，人首蛇身的形象既保留了神性异相，又符合汉代对神仙“人形化”的审美需求。伏羲与女娲则常作为西王母的侍属，分列其左右，凸显西王母在汉代神系中的至高地位。如山东微山画像中，西王母与伏羲女娲共处仙界，蛇身蜿蜒交缠，构成“天地人”三才的视觉隐喻。

现藏于中国国家博物馆的一级文物汉代“滇王之印”金印（图 6），1956 年出土于云南晋宁石寨山汉墓，1959 年由云南省博物馆拨交，其上的蛇钮造型尤为引人注目。印钮通高 1.8 厘米，边宽 2.4 厘米，边厚 0.65 厘米，以一条盘曲的蛇为形，蛇首昂起，双目圆睁，口部微张似含威仪；蛇身鳞片古茂雄浑，尾部缠绕成稳固的基座，整体造型既写实又充满动态张力，展现出滇人匠人对蛇这一图腾的精湛艺术表现力。蛇在汉代滇文化中具有特殊地位。滇地位于今云南一带，古时多沼泽丛林，蛇类繁生，滇人将蛇

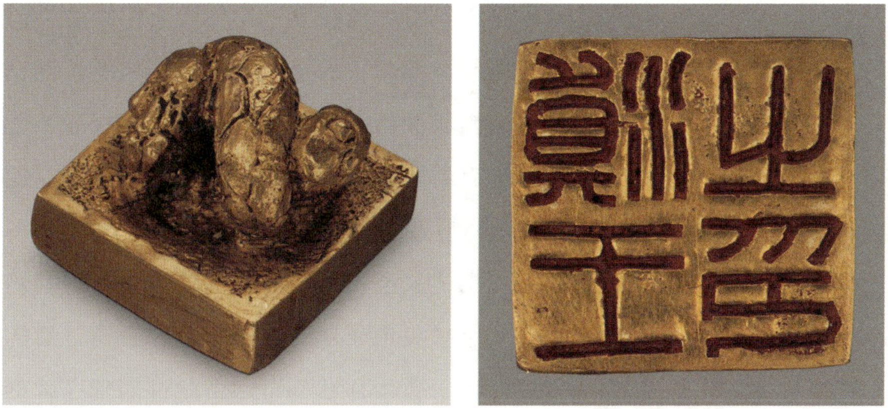

图6 “滇王之印”金印

视为沟通天地的灵物，既是水源与丰饶的象征，也是部族权力的守护者。考古发现的滇国青铜器上常见蛇纹装饰，甚至祭祀场景中亦有巫师持蛇的形象，足见蛇在滇人信仰体系中的核心地位。

这方金印的主人，是归附汉朝的滇王尝羌，汉武帝以其地为益州郡，并赐“滇王之印”，既承认其自治权，又将滇地纳入中央王朝的羁縻体系。《史记·西南夷列传》记“元封二年，天子发巴蜀兵击灭劳浸、靡莫，以兵临：滇。滇王始首善，以故弗诛。滇王离难西南夷，举国降，请置吏入朝。於是以为益州郡，赐滇王王印，复长其民。西南夷君长以百数，独夜郎、滇受王印。滇小邑，最宠焉”。印文篆书“滇王之印”四字，形制与《汉旧仪》中诸侯王印“龟钮金印”的记载略有差异，蛇钮的特殊设计恰恰凸显了汉王朝对滇地文化的尊重与融合。金印的赐予，标志着滇国从独立王国转变为汉帝国边疆治理的重要一环，金印不仅印证了《史记》的记载，更成为中原与西南边疆文化交流的千年见证。

蛇在传统纹样中常与玄武相结合，《山西襄汾汾阴洞吴道子龟蛇图碑》（图7）是山西省襄汾县赵康镇北赵村汾阴洞古庙内的一处重要文物。该

图 7　山西襄汾汾阴洞吴道子龟蛇图碑拓片

图 8　五代榆林窟第 16 号窟后室东壁壁画（局部）

碑正面刻有“龟蛇图”，传为唐代画圣吴道子所绘，落款“吴道子笔”，其构图严谨，线条粗犷豪迈，龟蛇交缠的动态感极强，龟背饰有卦象与星图，暗含道教阴阳哲思，蛇纹疏密有致，刻工细腻。现存碑刻“龟蛇图”上方书“太邑汾阴洞镇宅龟蛇”九字，右侧书小字“吴道子笔”“明德堂郝重镌，后学曹好善、曹泰祥恭刊”，由此可知现存碑刻为“明德堂”主人郝氏主持重刻，并由石匠曹好善、曹泰祥勒石完成。此碑不仅是艺术杰作，亦承载了地方文化记忆。汾阴洞作为儒释道三教合流的古建胜地，其龟蛇图碑更被赋予镇宅祥瑞的寓意，反映了古代山西民间信仰与绘画艺术的深度融合。

五代榆林窟壁画以巨蛇缠树的场景展现佛教斗法主题（图 8）。舍利弗化身的巨蛇摧毁外道大树，象征佛法对异教力量的征服；而蛇作为摩睺罗伽（大蟒神）的护法属性，又暗含对自然力量的敬畏与转化。这一形象折射佛教中国化进程中的策略性调整：印度传统中象征邪恶的“那伽”（龙蛇），被赋予守护功能，成为本土信仰与外来宗教融合的视觉纽带。

故宫博物院所藏宋代佚名《二郎神搜山

图 9　宋代《二郎神搜山图卷》　局部　故宫博物院藏

图卷》(图9),表现了民间传说二郎神搜山降魔的故事。整体画面气氛紧张,神兵神将手持刀剑、面目凶悍,围剿山林中的妖魔。妖怪多为野兽幻化,如虎、熊、猴、蛇等,或藏匿洞穴,或仓皇逃窜。蛇作为"魔怪"阵营成员,既承袭佛教贪欲象征,亦暗喻南宋社会官兵欺压百姓的现实矛盾。画面通过神魔对抗的戏剧性张力,揭示艺术创作对宗教伦理与社会不公的双重回应。

中国国家博物馆收藏有一件清代刻蛇石砚(图10),长17厘米,宽12.5厘米,高2.5厘米,通体黝黑,为传统文房四宝中砚台的经典之作。砚台整体设计简约庄重,砚堂呈簸箕状,为研墨留白之域;砚边略高于砚堂,以素面无纹的线条勾勒轮廓,凸显匠人对实用性与美感的平衡。点睛之笔在于砚额处的雕刻:一条蛇身盘曲如云,鳞片刻画细腻分明,蛇首低垂伏于砚额边缘,双目微敛,姿态安详,似静观砚堂墨韵流淌。蛇形蜿蜒的线条刚柔相济,既显奇逸古厚之韵,又暗合传统文化中蛇所象征的智慧与生生不息之意。整器以静制动,将灵蛇的鲜活气态凝于砚石方寸之间,既为实用雅器,亦为清代工匠融自然生灵于文房艺术的典范之作。

故宫博物院所藏的一件清代掐丝珐琅花卉纹角端蛇形香熏(图11),是宫廷陈设艺术与实用器皿完美融合的典范。此香熏主体以神兽角端为造

图10　清代刻蛇石砚　中国国家博物馆藏

图11　清代掐丝珐琅花卉纹甪端蛇形香熏　故宫博物院藏

型，身形浑圆饱满，头部比例夸张，双目圆睁，张口露齿，威仪中透着一丝憨态，甪端作为传说中的仁兽，象征着君主贤明、广纳善言。其足下盘踞一蛇，蛇身蜿蜒成环，蛇首昂然挺立于甪端胸前，而蛇在传统文化中既代表生生不息的生命力，又与“地龙”之说关联，暗喻江山稳固。

香熏通体以深蓝色珐琅釉为底，采用掐丝工艺勾勒出繁密的缠枝莲纹与卷草纹，枝叶舒卷如云，其间点缀红、黄、绿、白等珐琅彩料，色彩对比明艳而不失典雅。甪端的头部、足下所踏的蛇等局部采用鎏金工艺，在光线流转间闪烁华贵光泽，凸显宫廷造办处的极致匠心。其功能性设计尤为精巧：甪端头部可向上掀开填入香料，点燃后轻烟自兽口袅袅溢出，既满足熏香实用，又营造出“神兽吐瑞”的祥瑞意象。这件器物不仅展现了清代珐琅工艺的高超水准，更将政治象征、礼仪规制与生活美学凝练于方寸之间，堪称宫廷物质文化的微缩史诗。

故宫博物院珍藏的一方清代玉蛇纽长方章料（图 12），堪称清代玉雕工艺与文人雅趣相融合的典范之作。这件作品整体形制轻巧玲珑，高仅数寸却尽显匠心独运。其主体由上下两部分构成：下部为规整的素面长方印体，线条方正端凝，印面未刻一字，似为文人预留挥毫篆刻之白卷；上部则以

图 12　清代玉蛇纽长方章料　故宫博物院藏

灵动之姿跃然而起，以镂空透雕技法琢出一尾盘曲灵蛇，蛇身如游龙般扭转成连环，肌理起伏间暗含柔韧力度。玉匠在创作中展现出高超的巧思，蛇首刻画尤为精妙，仅以寥寥数道阴刻线便勾勒出点睛之笔——双目微凸似含机敏，口部轻启若吐信子，虽未施繁复雕琢，却将蛇类特有的警觉神态捕捉得入木三分。

更令人称绝的是对天然玉料的智慧运用：匠人巧妙借取玉石本身的色斑瑕疵，通过“俏色”工艺将其转化为蛇身斑纹，黄褐沁色若隐若现于青白玉质之上，既化解了原材瑕疵，又平添自然天成的韵律之美。在清代宫廷玉器中，蛇形题材颇为罕见，此作突破传统瑞兽题材的窠臼，以冷门生灵入艺而能形神兼备，既保有玉雕的端方气韵，又注入野逸生趣。蛇身环环相扣的立体镂空造型，既考验匠人对玉料透雕的精准把控，又暗合中国传统文化中生生不息的哲学意蕴。

故宫博物院所藏清代《胤禛行乐图册·喇嘛装》（图 13），绘雍正皇帝虔诚修行之景。在佛教文化里，蛇象征灵性与守护力量，暗示雍正帝修行时，有神秘力量或护法庇佑，确保修行顺利安全。在中国传统文化中，蛇有吉祥寓意，象征财富、繁荣与长寿，或许暗示雍正帝修行能为国家百姓带来吉祥，保统治长久稳定。此外，蛇作为自然生物，出现在山洞场景，营造自然和谐氛围，体现雍正帝修行中与自然的融合，达到超脱尘世之境。

图 13 清代《胤禛行乐图册·喇嘛装》 故宫博物院藏

蛇的神秘、灵动特质，也常与神秘力量、灵性相连，增强画面神秘氛围，凸显雍正帝修行喇嘛装的神秘色彩与超凡灵性，展现他对佛教修行的虔诚及精神追求。

现当代的书画家中，亦留下了很多关于蛇题材的绘画作品。北京画院藏有一件齐白石的《草蛇图》（图 14），齐白石以水墨写意手法重塑蛇形象，弱化其阴险刻板印象，转而强调生命力与祥瑞寓意。《草蛇图》通过“计白当黑”的构图与灵动线条，将蛇融入“天人合一”的自然哲学，并借生肖文化赋予其蜕变重生与财富守护的象征内涵。徐悲鸿所作的一件《十二生肖册·蛇》（图 15），突破传统生肖画的程式化表达，以西方素描技法结合水墨晕染，塑造温和灵动的蛇形象。作品隐含对战后民族复兴的期许，蛇的“小龙”隐喻与墨色渐变的生命力表达，成为近代中西文化碰撞的缩影。

蛇，作为中华文明中最为深邃的文化符号之一，其蜿蜒的身影贯穿了华夏数千年的艺术史与精神史。从伏羲女娲交尾创世的原始图腾，到汉代帛画中勾连天地的神祇意象；从滇王金印上象征权力的蛇钮雕刻，到清代文房中凝练智慧的石砚与玉章，蛇始终以多重视角诠释着中国文化的哲学内核——它既是生命轮回与阴阳调和的隐喻，也是权力秩序与自然敬畏的象征。不同时代的艺术家与匠人，以笔墨、金石、玉雕等载体，将蛇的蜕

图14　齐白石《草蛇图》 北京画院藏

图15　徐悲鸿《十二生肖册页 · 蛇》

变性、灵动性与神秘性转化为美学语言，使其成为贯通天人、连接古今的精神纽带。而现当代书画中蛇形象的创新演绎，更昭示着这一古老符号在文化传承中的永恒活力。透过鳞爪交错的丹青墨韵，蛇的图腾不仅镌刻着先民对宇宙的思考，亦在当代语境中吐露着中华文明生生不息的哲思密码。

作者小传

徐强，文物修复师、策展人，毕业于中国艺术研究院。中国国家博物馆文物修复师，金属文物保护国家文物局重点科研基地（中国国家博物馆）成员，科技部“十三五”国家重点研发计划项目“馆藏脆弱铁质文物劣化机理及保护关键技术研究”课题5成员。兼任中华文物交流协会文博书画院副秘书长，故宫学校特聘专家，马来西亚沙巴艺术学院学术顾问。

邓斌，高级司法鉴定人，北京司法鉴定协会文痕专业委员会委员、中国刑事警察学院客座教授。出版专著《中国书画的司法鉴定》《多胞胎书画的物证鉴定》。专注于将物证鉴定学与书画鉴定学有机地连接、创新融合、系统应用。

笔起龙蛇

浅谈书法艺术中的“蛇”

冯小夏

以“蛇”为题介绍古人书法，是有些另辟蹊径，让人为难的命题作文。毕竟，我们通常见到的古人书作，以书《兰亭序》《出师表》、王维、杜甫、李白诗的居多，以《捕蛇者说》为内容进行书法创作的，可谓凤毛麟角，少之又少。几经思量，不如就从我们耳熟能详的成语“笔走龙蛇”破题写起，结合故宫的文物收藏，说说书法与蛇的掌故。

从笔走龙蛇说开去

元祐八年（1093 年）九月，宋人游师雄在长安（今陕西西安），将怀素所书《藏真》《律公》二帖合刻于一石。篇首刻铭“唐怀素法帖”，篇尾则刻游师雄所书《李白赠怀素草书歌》。相传这首李白赋诗便是成语“笔走龙蛇”的出处。

这通帖石目前保存在西安碑林博物馆。故宫则藏有其最为知名的一册

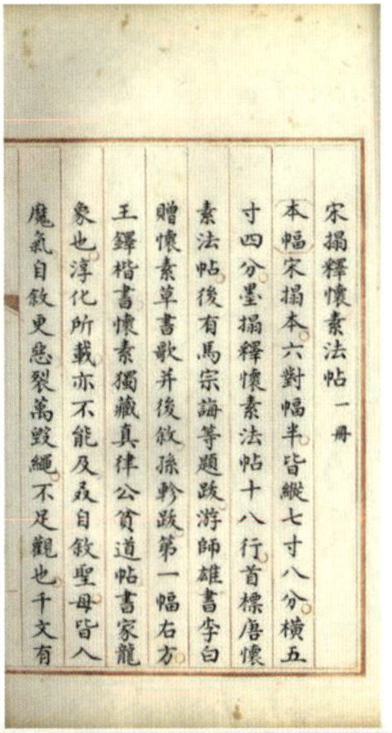
宋搨釋懷素法帖 一冊
本幅宋搨本六對幅半皆縱七寸八分橫五
寸四分墨搨釋懷素法帖十八行首標唐懷
素法帖後有馬宗誨等題跋游師雄書李白
贈懷素草書歌并後敘孫軫跋第一幅右方
王鐸楷書懷素獨藏真律公貧道帖書家龍
象也淳化所載亦不能及叒自敘聖母皆入
魔氣自敘更恣裂萬毀繩不足觀也千文有

图1

宋代拓本，曾经《石渠宝笈·三编》著录，旧藏建福宫延春阁内（图1）①。拓本完整呈现了帖石所刻全部内容，即怀素《藏真》《律公》帖、宋周越等人题跋记、《李白赠怀素草书歌》及后序。后序介绍了所刻怀素书帖自五代以来流传有序，称将二法帖与其后题跋、李白赠怀素诗同刻一石，是为传诸公好事。

所刻第一帖《藏真》，以行草书就，短小精悍，仅五十一字，书记了怀素与颜真卿初次见面习得笔法的一段机缘："怀素字藏真，生于零陵，晚游中州。所恨不与张颠长史相识，近于洛下偶逢颜尚书真卿，自云颇传长史笔法。闻斯八法，若有所得也。（图2）"帖中，怀素自报其名与籍贯。而所谓的晚游中州（豫州），也只不过是三十几岁的年纪②。彼时他早已名动长安，而一代草圣张旭（张颠长史）则已去世多年。张旭曾亲授怀素的老师邬彤草书笔法，而邬彤则倾其所学相授于怀素。作为草圣的再传弟子，却未能与草圣有一面之缘，可谓平生憾事。书至此处，怀素突然加快了书写速度，以行转草，笔触迫切，寥寥几笔，尽显无奈。而文中提到颜真卿（颜尚书），则又跳脱出了之前的书写节奏与用笔，用现在的话说，就是加大加粗，气势高标雄健。此番偶遇颜氏，又被亲授长史亲传笔法，怀素将自己"若有所得"的喜悦，以欢脱灵动的笔调，跃然书于纸上。自"颜"

① 《延春阁藏摹刻法帖》，《石渠宝笈》第十七函第二册，《钦定秘殿珠林石渠宝笈三编》，嘉庆二十年本。

② 张东华：《自叙帖推衍》，江西美术出版社，2020年。

字始，一气呵成，以至于漏写了“八法”二字，补书于侧。通篇先慢再快，前断后连，给人以动静结合的观感。经后人考证，怀素与颜氏的偶遇大约在唐大历七年（772年），《全唐文》收录的唐陆羽撰《僧怀素传》[①]翔实记述了二人在长达数月的洛下频繁会面中交流笔法心得的经过。

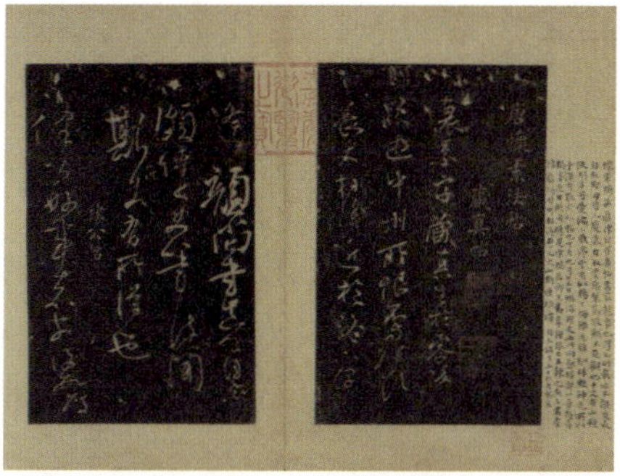
图2

《律公》帖，实为两通短帖，同为行草相杂，讲的是怀素与律公的一段有些“无可奈何”的墨缘（图3、图4）。前一通写道“律公好事者，前后数度，遂发怀素小兴也，可深藏之篋笥也，怀素”。律公其人，曾随怀素的老师邬彤学习书法。帖中，怀素称其数次求书，于是便勾起了兴致，为其写赠了可“压箱底”的墨宝。第二通则写道“贫道频患脚气，异常忧闷也，常服三黄汤，诸风疾兼心中，常如刀刺，乃可处方数服，不然客舍非常之忧耳。律公能抬步求贫道颠草，斯乃好事也。卒复不尽垂悉，沙门怀素白”。此

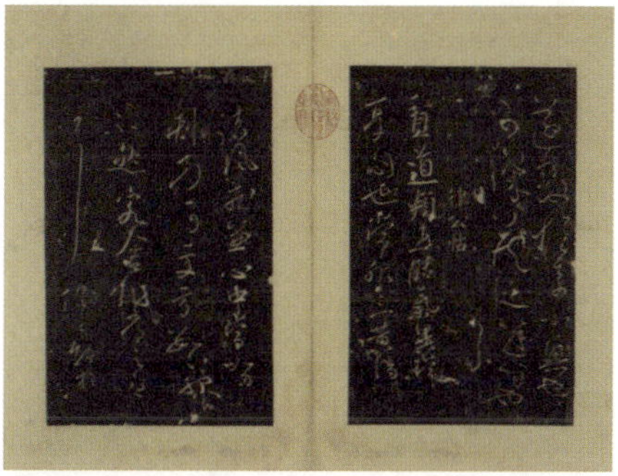
图3

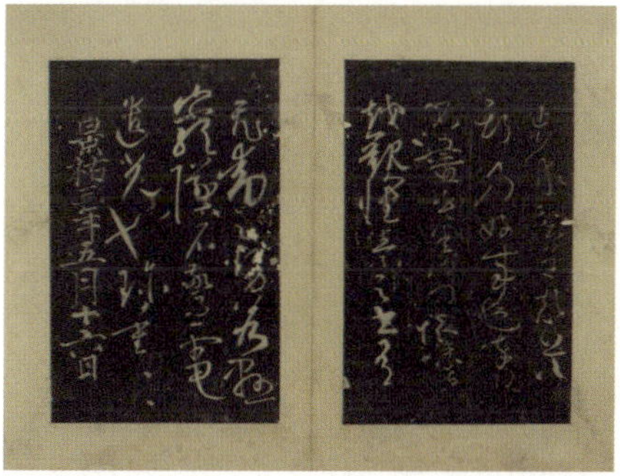
图4

① 《全唐文》卷四三三，中华书局，1983年。

帖从行文措辞到书法用笔，都流露出怀素为脚气、风疾等病痛困扰，本就苦闷，但律公屡屡求书，却也是真心喜好怀素书作，简直是“被爱的负担”，无奈之下，只能写此札倾诉。此帖书写婉转圆通，正如帖后刻宋周越跋所称：“观怀素之书有飞动之势，若悬岩坠石，惊电遣光也……”

《草书歌行》①，也就是刻于帖石最末的《李白赠怀素草书歌》，据郭沫若考证是李白于乾元二年（759年）秋流放夜郎途中遇赦后，从巫山返程南游至零陵，与少年僧人怀素相见时所作②。时年李白59岁，怀素22岁。诗云：“少年上人号怀素，草书天下称独步。墨池飞出北溟鱼，笔锋杀尽中山兔。八月九月天气凉，酒徒词客满高堂。笺麻素绢排数厢，宣州石砚墨色光。吾师醉后倚绳床，须臾扫尽数千张。飘风骤雨惊飒飒，落花飞雪何茫茫。起来向壁不停手，一行数字大如斗。恍恍如闻神鬼惊，时时只见龙蛇走。左盘右蹙如惊电，状同楚汉相攻战。湖南七郡凡几家，家家屏障书题遍。王逸少，张伯英，古来几许浪得名。张颠老死不足数，我师此义不师古。古来万事贵天生，何必要公孙大娘浑脱舞。（图5、图6）”诗文刻画了少年怀素意气

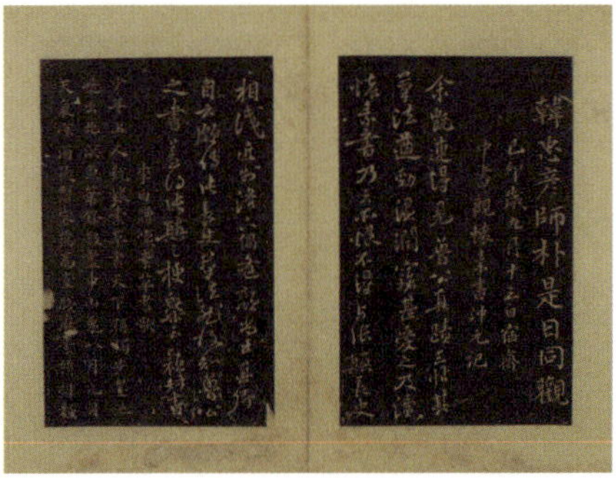
图5

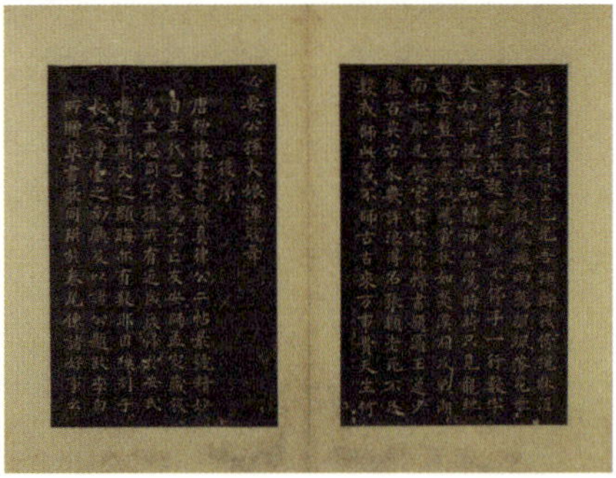
图6

① （唐）李白著，（清）王琦注，杨用成点校，《李白全集1》，珠海出版社，1996年。
② 郭沫若：《李白与杜甫》，中国长安出版社，2010年。

风发、醉后运笔挥洒的书写情形，其势如骤雨旋风、飞雪茫茫，其书则如龙蛇奔走，雷惊电绕。以“蛇”来形容怀素书法所呈现的运动轨迹的，也远不止李白一人。唐人张谓有诗云：“奔蛇走虺势入座，骤雨旋风声满堂。”[①]明人赵崡则称：“《藏真》《律公》共三帖，宋游师雄刻之于石者，所谓游丝笔法也。有惊蛇飞电之恍渺，有挽强拔山之气力，最奇笔也。”[②]

当然，关于怀素的书法，后来人最为耳熟能详的并不是诗仙等人的诗，而是以“时时只见龙蛇走”句总结出的成语——笔走龙蛇。至两宋时，“笔走龙蛇”便已被广泛使用，形容书法风格洒脱，疾笔速写，笔势雄健，生动且有气势。如韩琦诗云：“诗好盈编堆锦组，字奇随笔走龙蛇。”[③]林季仲诗云：“诗锵金石音尤古，笔走龙蛇意自闲。”[④]钱处仁词曰：“笔走龙蛇，句雕风月，好客敦高谊。”[⑤]石孝友词曰：“笔走龙蛇，词倾河汉，妙年德艺双成。”[⑥]

以“蛇”论书

怀素并非唐人以“蛇”论书的孤例。张怀瓘曾评欧阳询书法：“八体尽能，笔力险劲……飞白冠绝，峻于古人，犹龙蛇战斗之象，云雾轻宠之势，风旋雷激，掀举若神。”[⑦]韦续则称其书若：“草里蛇惊，云间电发，又如金

① （宋）陈思：《御览书苑菁华》卷十八，民国五年黄氏重编汇印翠琅玕馆丛书本。怀素书《自叙帖》亦曾引张谓赞其草书所作此句。

② （明）赵崡：《石墨镌华》卷四，清乾隆三十七年至道光三年，长塘鲍氏刻知不足斋丛书本。

③ （宋）韩琦：《安阳集》卷十四，明正德九年安阳张士隆刻本。

④ 《竹轩杂著》卷二，清乾隆文渊阁四库全书钞永乐大典本。

⑤ 朱德才主编：《增订注释全宋词 第四卷》，文化艺术出版社，1997 年。

⑥ 夏于全集注：《唐诗宋词全集 第 29 册》，印刷工业出版社，1999 年。

⑦ （唐）张怀瓘：《书断》卷中，清乾隆文渊阁四库全书钞浙江鲍士恭家藏本。

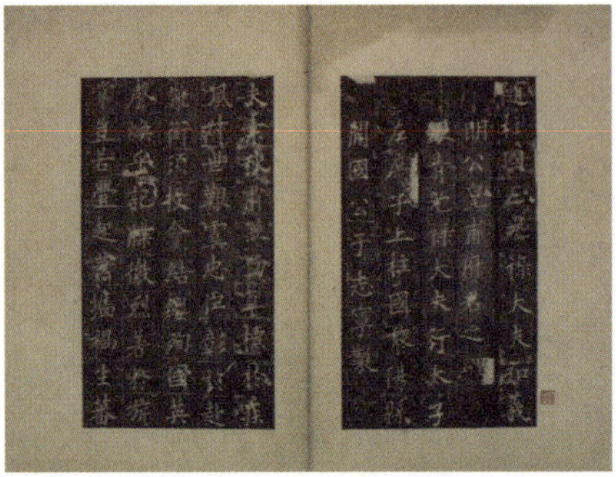
图 7

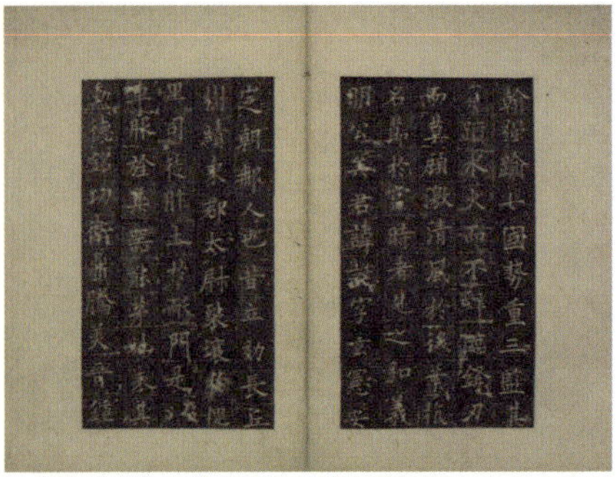
图 8

图 9

刚瞋目，力士挥拳。”①后至宋朱长文称其行书：“黝纠蟠屈，如龙蛇震动，戈戟森列。”②蛇好斗，相斗时竭力勇猛，以龙蛇战斗之象说欧阳询书法，其险峻之势凸显纸面。

而且，欧阳询在其《用笔论》中写道：“夫用笔之法，急捉短搦，迅牵疾掣，悬针垂露，蠖屈蛇伸”③，说的就是用笔的方法：要紧握低捏，快速牵拉，悬针垂露，如蠖般屈曲，如蛇般伸展。

故宫藏有众多欧书碑刻，如《皇甫诞碑》《九成宫碑》《虞恭公碑》等宋拓珍本。其中《皇甫诞碑》最见欧书中“草里惊蛇”的险峭意向（图 7、图 8、图 9）。

《皇甫诞碑》是为隋尚书左丞皇甫诞追立的墓碑，立于唐贞观间，于志宁撰文，欧阳询书。书碑时，欧阳询年已迟暮。此碑书法结构紧密内敛、法度严整、骨气刚劲，历

---

① （唐）韦续：《墨薮》卷一，清乾隆文渊阁四库全书钞浙江巡抚采进本。
② （宋）朱长文：《墨池编》卷三，清乾隆文渊阁四库全书钞浙江鲍士恭家藏本。
③ （清）董诰辑，《钦定全唐文》，清嘉庆十九年武英殿刻本。

代书论皆以此碑为欧书险峭之笔的代表作。清杨宾曾评："信本碑版……险峭莫过于《皇甫诞碑》，而险绝尤为难，此《皇甫诞碑》所以贵也。"[①]清翁方纲曾评此碑："由隶成楷，因险绝而恰得方正，乃率更行笔最见神采，未遽藏锋，是学唐楷第一必由之路也。"[②]明杨士奇更是感叹："此其振发动荡"[③]，莫不是在说这碑上的字如云间闪烁的雷电，惊了草间蛰伏的蛇开始惶惶流窜呢？

南宋曾敏行《独醒杂志》[④]中记有一段对话："东坡尝与山谷论书，东坡曰：'鲁直近字虽清劲，而笔势有时太瘦，几如树梢挂蛇。'山谷曰：'公之字固不敢轻议，然间觉褊浅，亦甚似石压蛤蟆。'二公大笑，以为深中其病。"这是苏轼与黄庭坚之间，关于书法创作的小段子。亦师亦友的二人分别以"树梢挂蛇"和"石压蛤蟆"相互打趣对方的书法风格。而"树梢挂蛇"的评价从何而来呢？黄庭坚书法具有非常鲜明的个人风格，字多欹侧，结字中宫紧密，呈向外的辐射状，加之书写时用笔波曲，质朴中见婀娜，贯气强烈，从而意向分明。故宫博物院藏黄庭坚书《君宜帖》是一通别样的黄书信札，内容是赴君宜家饮酒后，写给德舆求借东坡书法一事。此札行文结字紧凑、欹侧中多了几分险特，用笔飘动、波曲中流露着震颤，贯气略有松懈。究其原因是由于"为诸子虐酒""大醉不能语"，酒醒后"头犹岑岑未醒"所书（图 10）。此札虽为非主流之作，却也将黄书"树梢挂蛇"的气质展现得入木三分。而这一字字真切的颤抖与松懈，也似在提醒今人友朋相聚，小酌怡情，宿醉伤身，莫要贪杯啊！有趣的是，黄庭坚也曾赋诗《墨蛇颂》

① （清）杨宾撰，柯愈春点校：《大瓢偶笔》卷三，浙江人民美术出版社，2012 年。

② （清）翁方纲：《复初斋文集》卷二十二，清光绪四年李彦章校刻本。

③ （明）杨士奇：《东里文集》卷之十一，清乾隆文渊阁四库全书钞明刻本。

④ （宋）曾敏行：《独醒杂志》卷三，清乾隆文渊阁四库全书钞两淮盐政采进本。

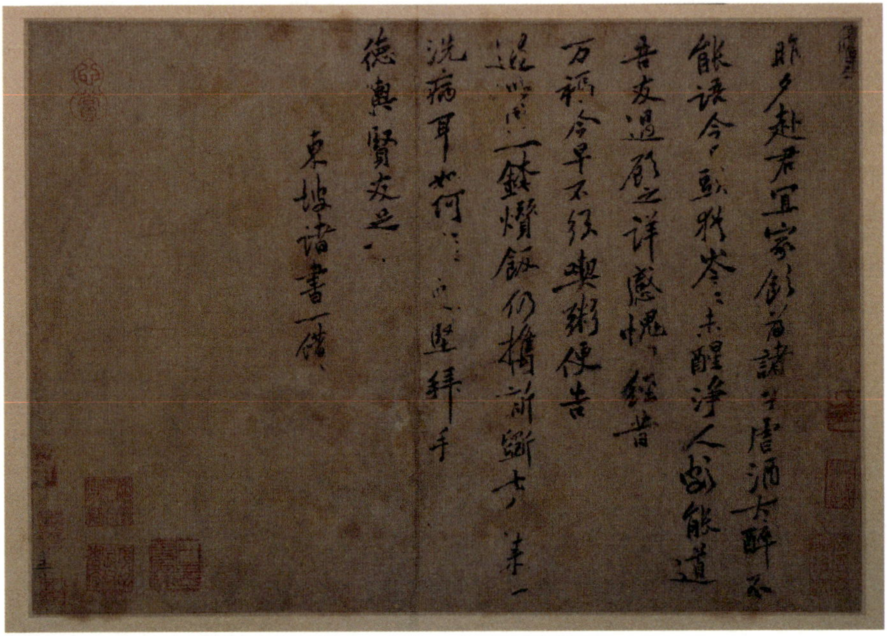

图10

自比书法有蛇的意象、怀素的风范。诗云："此书惊蛇入草，书成不知绝倒。自疑怀素前身，今生笔法更老。"①

书法中的"蛇"

一门心思地在故宫博物院收藏的书法中找蛇，是一件挺有挑战的事儿。在故宫博物院官网公布的文物总目中，还真有这么一件《同治帝御笔〈捕蛇者说〉》贴落，可惜还未及采集影像，不能在此分享关于它的故事了。当然，相信那总会是一个与教化、德政、励精图治有关的少年天子的故事吧？

① （宋）黄庭坚：《山谷别集》卷二，明嘉靖六年刻《山谷全书》本。

元旦前，有朋友造访，要去参观石鼓馆，站在“吾车”鼓前，我得意地笑了，对他说，这上面有“蛇”，拍个照片，除夕发朋友圈使吧。是啊，我竟忘了众里寻他千百度的“蛇”，一直都在最显眼的位置上呀！

石鼓，共十面，因其外形似鼓而得名。石上刻大篆书记叙游猎的十首诗，故也称《猎碣》。它是我国现存最早的一组石刻文字，被康有为称作“中华第一古物”。石鼓文有些字型与籀文相同。籀文也称大篆，传说是周宣王时太史籀所造。籀文型体齐整稳定，春秋时期已在秦国流行，流行过程中又进一步简化和线条化。此石鼓文书法朴茂浑古，清康有为谓：“如金钿落地，芝草团云，不烦整裁，自有奇采。”[①]清代一些书法家的篆书多得力于此。

“吾车”鼓铭文有“骍骍角弓，弓兹以持”句（图11、图12）。其中的“以”字，写成了一个反“巳”的模样（图13）。《说文解字》称“以”字：“从反巳……巳，意巳实也。象形。”而“巳”在《说文解字》中的释义即为蛇，象形。也就是说，“以”字最初便是蛇的形象。而石鼓文中的“以”，灵动自然，在摆脱图画意味的同时，又不失天真，风致楚楚。这也便是中

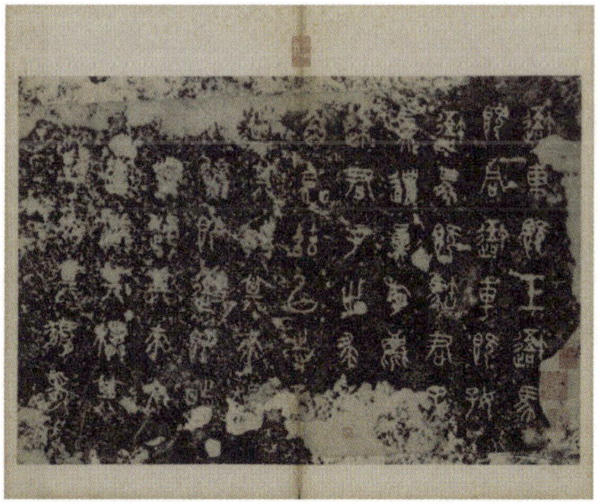
图11

图12

① （清）康有为：《广艺舟双楫》卷二，清光绪十九年南海万木草堂刻本。

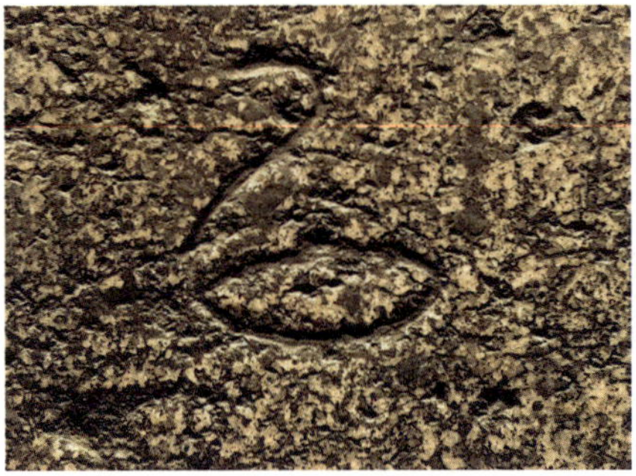

图13

国古代书法中最为高标挺然，也最耐人寻味的“蛇”的形象了吧？

从书论到作品，书法中的“蛇”各尽其态。它们好似灵蛇之珠，在又一个蛇年到来之际，为今人生动描摹着传承千余年的中国古代书法艺术与“蛇”的渊源与故事，隽永深刻，历久弥新。

作者小传

冯小夏，故宫博物院副研究馆员，就职于故宫书画部碑帖组，从事院藏古代碑帖的整理、研究与展览等工作。近年，曾参与“千古风流人物——故宫博物院藏苏轼主题书画特展”“宋拓魅力——碑帖珍本特展”“大道之行——儒家文化特展”等展览。研究聚焦古代碑帖与书法的鉴定与鉴藏史，曾发表《〈怀仁集王羲之书圣教序碑〉及故宫藏北宋拓本一种》《尺牍：方寸映素心》《故宫藏黄易集拓砚铭考略》《故宫博物院藏明拓〈苏轼杂书帖〉册考析》《宋拓〈九成宫醴泉铭〉胜芳王氏本的流传、品评与考据》等学术论文。

漫谈龟蛇

从陈洪绶《龟蛇图》谈起

张　伟

陈洪绶《龟蛇图》纵 112.4 厘米，宽 45.9 厘米（图 1），约作于万历三十七年（1609 年），应是陈洪绶存世最早的作品，现藏于浙江省博物馆。该画以水墨绘制，龟、蛇的眼睛、舌头用淡淡的朱色点染而成。画面整体浓淡相宜，背景的云雾处理颇为大胆，以粗笔渲染，营造出无边无际的润泽效果。龟蛇的鳞甲极富装饰美感，蛇的双叉舌先绕了一个圈，插入龟口吐出的四叉火焰之中；而蛇的双眼，与龟的右眼相互对视，令全图神采奕奕。龟甲八卦俱全，甲背有三小卦，分别为坎（水）、兑（泽）、离（火），边缘是巽（风）、乾（天）、坤（地）三卦，腹部则有两小卦，即震（雷）、艮（山）。龟背上，在众星之间，九天魁罡右手高举火杖，

图 1　明　陈洪绶《龟蛇图》轴　纸本设色　浙江省博物馆藏

疾速前奔，周围雷火环绕，其后有大火焰直冲一星。这幅作品有陈洪绶七世孙陈遹声在1918年的题跋，讲述其父亲于道光戊戌年（1838年）购得此画，认为此画是仿唐代画家吴道子《乾坤交泰图》，称赞此画"奇古神化，精神赫奕，真宰上契，笔通造化"，并直言世传吴道子的作品远不及此。

陈洪绶出身世家，其祖居原在河南许昌，第五十四代远祖陈寔为汉太丘县令长，人品学问堪称一时士林楷模。他的第十五代远祖陈寿身居高位，于北宋末年南渡，定居在浙江一带的诸暨枫桥镇。因父亲陈于朝笃信佛教，陈洪绶自幼深受熏陶，影响颇深，正如他在《山居》一诗中所写："岩阿君避地，卜宅我为家。溪女能留饮，山僧远送茶。学仙堆药草，供佛种莲花。清福难消受，团瓢不用赊。"故而在陈洪绶一生所用名号里，与佛教相关的不在少数，像九品莲台主者、老莲居士、莲沙弥、僧悔等。其幼名"莲子"就出现在浙江省博物馆所藏的《龟蛇图》上，这一幼名联结着陈洪绶与佛教的深厚因缘，而龟蛇形象又与道教存在一定关联，那么陈洪绶画中这种龟蛇合体的"殊相"究竟蕴含着怎样的寓意呢？

龟与蛇结合而成的形象被称作玄武（图2），玄武是古代四象之一。四象指青龙、白虎、朱雀、玄武，古人依照前后顺序，将四神对应东、西、南、北四方各自的星象七宿，此即为四象。这一象征体系历史久远，在诸多古籍中均有体现。《礼记·曲礼》提及"行，前朱鸟而后玄武，左青龙而右白虎"，清晰点明了玄武的方位定位，它与朱雀、青龙、白虎一同

图2 宋 铜龟蛇 天津博物馆藏

构建起古人对空间方位的认知架构。从方位与守护的象征意义来讲，龟蛇代表的玄武作为北方之神，守护着北方。在古代军事领域，玄武旗常被用于指挥军队，彰显军队的威严与守护之力。

龟蛇合体的形象，融合了龟与蛇各自的特性，衍生出独特且丰富的象征意义，成为一种极具力量的精神符号与文化象征。龟，在中华文化里是长寿的典型象征，深入人心。《史记·龟策列传》记载："余至江南，观其行事，问其长老，云龟千岁乃游莲叶之上"，鲜活地勾勒出龟长寿的模样。古人坚信龟能历经岁月沧桑，洞悉天地奥秘，寿命超凡。蛇虽不像龟那般直接被赋予长寿寓意，但其蜕皮重生的特质，被古人视作坚韧不拔、生命不止的象征。蛇在成长进程中不断蜕皮，每一次蜕皮皆是一次新生，象征着对困境的突围以及对生命的不懈追求。在古代神话传说里，蛇常常与神灵或超自然力量紧密相连。伏羲和女娲被描绘成人首蛇身的模样，他们被尊为人类始祖，拥有创造和主宰万物的神秘伟力。这些神话传说充分彰显了蛇在人们心中承载的神秘力量。

龟代表阴，其沉稳、内敛的特性与阴的特质完美契合；蛇代表阳，其灵动、活跃的特性与阳的特质相互呼应。龟蛇合体，寓意着阴阳相互交融、彼此制约，达成一种和谐的状态。这种阴阳平衡的理念，贯穿于中国传统文化的各个层面，如中医、武术、哲学等。玄武所代表的阴阳平衡观念，为人们提供了一种追寻和谐、平衡的生活模式与价值导向。

在浩如烟海的古代文献中，龟蛇的身影屡屡闪现，承载着厚重的文化内涵。在《楚辞·远游》里，"召玄武而奔属" 一句，将玄武与神秘莫测的远游情境相关联，增添了其神秘色彩。东汉张衡在《思玄赋》中写道："玄武缩于壳中兮，腾蛇蜿而自纠"，此为"龟蛇相纠"的生动表述。李贤注《后汉书·王梁传》曰："玄武，北方之神，龟蛇合体。"段成式《酉阳杂

图3 商 龟形骨刻刀 中国考古博物馆藏

俎》记载："朱道士者，太和八年，常游庐山，憩于涧石。忽见蟠蛇如堆缯锦，俄变为巨龟。访之山叟，云是玄武。" 这些文献栩栩如生地描绘出龟缩于壳内、蛇蜿蜒盘绕的形态，进一步强化了龟蛇与玄武之间的紧密纽带。

商周时期，龟和蛇的形象初步显现出关联。在河南安阳殷墟妇好墓出土的一把骨刻小刀，刀柄端刻成龟形，头微翘，四足外伸，作爬行状，龟背刻有蛇纹（或龙纹），这是目前所见最早的龟蛇合体实物，极有可能是玄武形象的雏形（图3）。龟蛇组合形象最早或许现身于春秋战国时期。在一些出土文物中，已然能够发现龟蛇相互缠绕、相伴的模样。这一时期，龟蛇形象在不同地区与文化中持续演进。在淮阴高庄战国早期墓出土的铜盘内，周边环绕聚集着群蛇，盘底正中刻有一龟，这种以龟为核心、众蛇环绕四周的形式，是后来龟蛇相纠形态的初始阶段。《周礼·考工记》提到"龟蛇四斿，以象营室也"，足见当时龟蛇已与星宿有所关联。春秋战国时期阴阳五行思想逐渐兴起，对龟蛇形象的发展起到了推动作用。彼时，南方被视作光明、火的方位，神为火神；北方则被视为黑暗、水的方位，神为水神，龟蛇与北方的联系愈发紧密。龟蛇形象不仅在物质文化层面有所展现，还在思想文化领域逐步融入更多象征意义，为其在秦汉时期的进一步蜕变筑牢了根基。

秦汉时期，龟蛇形象在建筑和墓葬等领域得到广泛应用，具有重大象征意义。在建筑装饰方面，龟蛇图案频繁现身于宫殿、庙宇等重要建筑的墙壁、梁柱、瓦当之上（图4）。如西汉汉城遗址出土的瓦当玄武图案，

图4　汉　龟蛇纹瓦当　天津博物馆藏

多为龟蛇合体、相互缠绕之态。这些图案设计精妙绝伦，有的龟蛇相互缠绕，构成复杂且富有韵律的图案；有的则单独呈现，龟的庄重与蛇的灵动相映成趣。龟蛇形象的出现，一方面是为了装点建筑，使其更显美观华丽；另一方面，则寓意着守护与辟邪，期望借助龟蛇的神秘力量，庇佑建筑免遭邪恶侵扰，确保居住者或使用者平安吉祥。这种组合形象的诞生并非偶然，它凝聚着多种文化元素的交融。

西汉初期，龟蛇图像呈现多样化态势。1988 年西安东郊国棉五厂 M6 汉墓出土的铜温酒炉上（图 5），出现了龟蛇交缠的图像，温酒炉上部为椭圆形，口沿上有四个支钉，四壁镂雕四神，蛇缠绕于龟身，睁目张口，冲向龟首，立龟昂首侧视，准备抗争，龟蛇双争凶猛狰狞，生动活泼。南阳百里奚墓地 M12 为西汉早期墓葬，外棺底髹黑漆，周边以朱雀、玄武、青龙、白虎

图5　汉　四神温酒炉　陕西省文物考古研究所藏

四神图像装饰，这表明龟蛇交缠的玄武形象在西汉墓葬文化中崭露头角。然而，在这一时期，除了龟蛇之外，还有其他一些图像用以代表北方。汉武帝时期的河南芒砀山柿园汉墓，主室室顶出土的“云气四神图”中，北方的图像是一怪兽，鸭嘴、长颈、鱼身，身覆鱼鳞纹，背生羽翼（图6）；河北满城汉墓（窦绾墓）出土的四神博山炉上，代表北方的则是一只骆驼（图7）。

图6　汉　四神云气图　河南博物院藏

图7-1　汉　博山炉　河北博物院藏

图7-2　博山炉中的骆驼纹样

这种多样的表现折射出当时北方神兽图像尚未完全定型，龟蛇形象在与其他图像的角逐中逐步发展。

西汉中期以后，以龟蛇为玄武图像来代表北方神兽的文物愈发多见。从文献记载来看，《淮南子》中对玄武有相关描述，将其与北方、水等元素联系起来。在出土文物层面，众多铜镜、铺首、瓦当等都出现了龟蛇形象。如台北故宫博物院所藏东汉早期博局四神镜，内填青龙、白虎、朱雀、玄武四神（图8）。到了东汉时期，龟蛇形象在文物中的呈现更加丰富、成熟。河南南阳唐河针织厂汉墓、麒麟岗东汉画像石墓、山东沂南汉墓等墓葬中，都有龟蛇图像与其他三神兽的组合。从这些文物能够看出，龟蛇相纠的形象在东汉时期逐渐成为代表北方的固定图像，完成了其定型历程。这一过程受到多种因素左右，如阴阳五行思想的深入发展、人们对北方星宿的认知深化以及文化传承等。在阴阳五行思想中，北方属水，龟蛇的形象与水的联系紧密，契合北方的属性。同时，人们对北方星宿的观察与想象，将虚宿、危宿等与龟蛇形象相结合，也助推了龟蛇形象的定型。

在墓葬文化中，龟蛇形象同样举足轻重，这些陪葬品中的龟蛇形象，有的充当墓主人的守护者，陪伴其在另一个世界；有的则象征着墓主人对长生不老的追求，鉴于龟的长寿和蛇的蜕皮重生特性，被人们视作生命延续的标志。此外，在墓葬的壁画和石刻中，也不乏龟蛇形象的登场。它们或与其他神话生物一道，勾勒出一幅神秘的天界图景，

图8　东汉　博局四神镜　台北故宫博物院藏

寓意着墓主人死后能够升入仙境；或单独现身，守护着墓主人的灵魂，使其得以安息。

隋唐时期，国家一统，经济昌盛，文化艺术迈向鼎盛。龟蛇形象在这一时期的艺术创作中展现出繁荣与创新的风貌。文学创作领域，隋唐时期的诗人、文学家们常常以龟蛇为素材，创作出诸多优美的诗词和文章。他们借由对龟蛇形象的描绘，抒发自身情感与志向，表达对自然、人生的思索。例如，唐代诗人杨炯在《浑天赋》中写道："北宫则灵龟潜匿，腾蛇伏藏"，形象地刻画了龟蛇在北方星宿中的神秘姿态，为龟蛇形象增添了浓郁的文学韵味。在绘画范畴，画家们凭借高超技艺勾勒出形态各异的龟蛇形象。唐代绘画注重写实，画家们对龟蛇的外形特征进行了细致入微的观察与描绘，令龟蛇形象跃然纸上。而且，唐代绘画还深受佛教、道教等宗教文化的浸染，龟蛇形象常常与宗教题材相融，展现出浓厚的宗教氛围。据陈洪绶七世孙陈遹声称，《龟蛇图》的画意恰源自唐代画家吴道子，正值龟蛇题材绘画风靡之际。

龟与蛇在中国文化中的意义绝非偶然，而是与中国古代的自然环境、社会结构、宗教信仰、哲学思想等诸多因素深度交织。深入探寻龟与蛇的文化内涵，不但有助于我们更为透彻地领悟中国传统文化的博大精深，更能为我们在现代社会传承与发展优秀传统文化给予有益的启迪。

作者小传

张伟，清华大学美术学院艺术学理论博士，天津博物馆馆员。研究方向为中国美术史。

以虫入圣*

胶东面花“圣虫”的审美意蕴

韩　明

胶东面花“圣虫”，又称神虫、盛虫、升虫。其主体造型为蛇形，以小麦面粉塑形，是“灵蛇”意象在民间文化中的独特表现，具有深厚的民俗寓意和神秘的神话色彩。胶东民众以圣虫为媒介，祭祀祖先、海神、财神等天地神灵，祈求风调雨顺、五谷丰登、生活富足，寄托了民间社会追求美好生活的朴素情感。

“圣虫”为何物？

何物是“圣虫”？在胶东民众的观念中，“圣虫”是一种守护钱粮的神灵。关于“圣虫”的传说，虽在不同地域有多种版本，但其故事核心为“新娘救蛇”，叙事原型为“动物报恩”母题。

* 本文为国家社科基金艺术学重大项目“新时代中国工艺美术发展策略研究”（课题编号：20ZD08）阶段性成果、泰山学者艺术学团队项目成果。

莱州朱桥镇流传的“新娘救蛇”传说中，故事的主角是一位善良的新娘。在寒冬腊月，一户富人家迎亲途中，新娘于雪地中发现了一条冻僵的神虫①。出于怜悯，她将神虫藏入怀中，带回夫家。拜天地仪式后，新娘借查看粮仓之机，将神虫悄悄放入粮囤。那年恰逢灾年，新娘劝说婆婆开仓济民。村民们争相到取粮三日，粮囤却丝毫未减。原来，神虫为报答救命之恩，暗中施展神力，以粮生粮，让粮仓中的谷物取之不尽。这个故事传开后，胶东百姓每逢年节或婚嫁，都会蒸制蛇形面花供奉于粮仓，称其为“圣虫”，寓意“粮满仓、福绵长”（图 1）。

朱桥镇人祭祀祖先、海神、财神时，也常以“圣虫”为媒介，祈求神灵赐福与庇佑。春节期间，农人会在粮仓中放入“圣虫”以“压仓”，相信这样能让囤中的粮食用之不竭。秋天收获时，当粮囤被装得满满当当时，

图1 大圣虫 莱州面花 制作者：盛乐文

① 神虫，即蛇。莱州人称蛇为虫。在故事叙述中称“神虫”，赋予了其神圣力量。

人们往往会戏称“圣虫来了”[①]。由此可见，“圣虫”这一文化意象已深入人心，甚至已成为当地民众日常生活交流中的重要语汇。民众供奉“圣虫”的行为，虽看似虚幻，实则是一种朴素、良善、求吉避凶心理的文化表征。

“圣虫”的造型与工艺

圣虫造型样式

胶东面花中的“圣虫”造型样式丰富。按其尺寸大小可以分为大圣虫（图2）、中圣虫、小圣虫三种；按民俗功能可以分为祭祖圣虫、上梁圣虫、祭海圣虫、婚礼圣虫等类型；按虫的身体姿态，又分为坐虫（盘虫）和走虫（爬虫）两种。

大圣虫的身体为蛇形盘绕状，整体呈现出“巨眼盘蛇”的独特形态，这种造型是以“蛇”为原型的变体，经过长期发展演变而来。它不仅体型庞大，往往高达60厘米以上，而且整体造型威武壮观，色彩鲜艳，富有视觉冲击力。大圣虫主体部分为三层，最上层是其头部，中间部位和最下层莲花座则是圆圈形的盘蛇身躯。头部呈现出圆形馒头状，眼睛凸出，耳朵呈扇形，上绘鱼、蝶、摇钱树等吉祥图案。双耳之间插有一红色冠子，或为树形，或为

图2　大圣虫　莱州面花　制作者：孙雪堂

---

① 讲述人：孙雪堂，女，1946年生，采集地点：莱州朱桥镇山上贾家村，采集时间：2025年2月11日，记录人：韩明。

涡形。鼻翼上绘有蝴蝶、蜜蜂等昆虫形象。嘴部开口部位插入一枚钱币装饰，寓意着财富和吉祥。口部位置一般会用金线描绘出莲花形嘴线和胡须。大圣虫身体两侧常附饰有二龙戏珠、龙凤呈祥、对鱼为常见吉祥题材。周边插饰有各种类型的摇钱树、元宝、佛手、燕子、鸽子以及鱼精、虾精、蚌精、八爪鱼等海洋精怪，多成对出现。身体后方还会插上成对的爬虫（小蛇），这些细节的添加使“大圣虫”造型更加丰富多彩，丰富了形象的文化内涵。

中型圣虫，造型与大圣虫相似，高度约 30 厘米，通常尺寸不及大圣虫的一半，主要用于春节时个体家庭供奉于祖先影轴前，与画中宗亲一同“享受”香火奉祀。组装的模件也较为简省。主体造型之外，仅有花卉、佛手、福字、元宝、双鱼、春燕等少量的附饰配件（图 3）。

图 3　中型圣虫　莱州面花　制作者：盛乐文

小圣虫，是用面条一体化塑造的人面盘蛇形圣虫，盘形身体直径 10 厘米，高 8 厘米左右。神虫人面造型，头顶有角，背部有鳞。眉心点有胭脂点，鼻子用豆面捏制，眼睛为嵌入的两粒黑豆，眉心点以红点，眉毛胡须皆以黑线描绘，口中衔有镍币。雄性耳朵着绿色，雌性耳朵着红色，尾部开叉，有如鱼尾（图 4）。

图 4　小圣虫　莱州面花　制作者：孙雪堂

爬虫圣虫，是呈游走型的圣虫，体型较小神虫还要小，一体成型，多附饰于大圣虫的背部。大圣虫、中型圣虫、小圣虫均为盘蛇形圣虫，有守护家宅粮囤之意，爬虫又称走虫，其“职责”则是从外面向家中驮运“财宝”。莱州地区民间艺人制作一种小型爬虫，背部鳞片用一层层镍币装饰，称为“钱龙”（图 5），实为爬虫的变体。

图 5 “钱龙”圣虫 莱州面花 制作者：孙雪堂

双头人面圣虫，是一种应用于婚庆礼俗的铜盆花圣虫。与前三种以明丽色彩装饰的圣虫样式不同，这种圣虫通体为素色，仅有些许色彩点缀。蛇身盘绕成螺旋状，两具人面蛇首共用一个躯干，头部捏塑人的面部五官，口衔元宝或麦穗，底部以莲花形面饼为基座。人面以黑豆点睛、朱砂点唇，蛇身鳞片用梳齿压印“人”字纹，尾部翘起呈“S”形曲线，象征动态交合。双头造型呼应伏羲女娲交尾图，莲花底座寓意“连生贵子”，元宝与麦穗分别指向财富与丰收。

带刺圣虫，人面样式，头上有角，背部有突起，口中有元宝，身体呈圆盘状或盘绕状。面部五官捏塑而成，眼睛用豆面做眼球，黑豆做瞳孔。周身有刺，与刺猬形象融合为了一体①。通体以白面底色为主，面部及尖刺处点缀少量色彩（图 6、图 7）。

“圣虫”造型样式虽多，但本质上是一套以蛇为原型，融合龙、鱼、人等多重符号的视觉语言系统。莱州北部以及招远地区盛行“组装型”大圣虫和中型圣虫，莱州南部地区以小圣虫为主，栖霞、海阳等地则流行双

① 胶东地区，刺猬在民间亦称圣虫，面花中也有 10 厘米左右的小型刺猬，但刺猬形圣虫不及蛇形圣虫普及。

图6、图7　带刺圣虫　莱州面花　制作者：昭泰食品

头人面圣虫。圣虫的形态差异既受制于婚嫁、祭祀等礼俗场景，也受沿海或内陆地域语境的影响，体现了民间艺术“形随俗变”的适应力。

圣虫制作工艺

胶东“圣虫”面花作为传统民间手工艺的典型代表，从选料到成型，每一个环节都遵循一定的工艺流程。

制作“圣虫”面花时，首先需要精心准备原材料和工具。主料选用胶东本地高筋麦粉，以确保面团的延展性和塑形稳定性，部分地区在制作祭海圣虫时，会采用豆面制作，以增强其耐潮性。辅料有多种，各有其用途。“面起子”为面粉发酵之用。红枣、黑豆、红豆用于身体构件或装饰。上色用的食用色素，早期多从菠菜等天然植物提取，现代多用食品级色素。花生油，主要用于成品防裂增亮。白糖用于增添口感。基础工具包括擀面杖、剪刀、梳子、竹签和小刀。辅助工具有花馍模子及福字、寿字、叶片等硅胶模具。

莱州面花制作有“发面”和“烫面”两种。[①] 发面中加了酵母粉经蒸制后，形态饱满也容易变形、干裂，烫面和面时不加面起子或酵母粉，塑形经蒸制后不变形。一般各类圣虫的主要身体部位用发面做成，鼻子、眼

① 唐家路：《山东莱州面花》，《设计艺术》，2005年第3期，第15页。

睛、耳朵、冠子等小型构件，采用烫面制作。面团的制备与发酵是制作“圣虫”面花的关键步骤。面粉与水的比例适中，冬季水温需 30℃左右以激活酵母活性。经验丰富的艺人通过“抓握法”判断面团湿度——面团粘手则水多，松散则水少。揉面技巧需达到“三光标准”，即手光、盆光、面光，反复揉压至面团光滑无气孔。发酵过程中，传统方式是将面团加盖湿布，置于火炕上或暖灶旁，自然发酵。夏季 1—2 小时，冬季需 3—4 小时，以体积膨胀至 2 倍、内部呈蜂窝状为佳。现代改良工艺采用恒温发酵箱，温度 28—32℃，湿度 75%，缩短发酵时间至 40 分钟。

手工塑形与细节刻画是“圣虫”面花制作的核心环节。首先是盘绕基型，取发酵好的面团搓成长条，自尾部向头部螺旋盘绕，形成蛇形主体。大型圣虫需分层制作馒头状头部和组装身体的圆形面盘。底层为实心，呈莲花状。上面两层为空心形圆盘，直径由上而下每层直径递减。头部塑形，要先捏出三角形蛇头，顶部用拇指与食指捏出角状突起。眼睛以黑豆镶嵌，蛇信用元宝形面团。剪刀刻鳞，沿蛇身斜剪出交错鳞片，深度约 2 毫米，需保持间距一致。梳子压纹，用木梳齿按压躯干，形成连续“人”字形纹路。地域差异显著，招远圣虫背部剪三至五行毛刺，象征镇邪，莱州则偏好细密鱼鳞纹，寓意“钱串子”。

蒸制与组装是“圣虫”面花制作的最后一步。大型圣虫头部、躯干、底座，分层蒸制，根据体量大小蒸制 10—20 分钟。蒸汽调节过程，燃气灶需大火上汽，水沸腾开锅后再文火慢蒸。现代蒸箱设定温度 100℃，依体积调整时间，蒸后静置 5 分钟防塌缩。组件拼装多用竹签插接。

装饰与上色是“圣虫”面花制作的点睛之笔。传统点彩方式是以毛笔蘸食用色素勾勒细节。喜庆的红色用于冠子、面颊；金色，描绘嘴线；绿色涂染莲叶或角；黄色点缀鳞片边缘。绘制完成后，用毛刷均匀涂抹花生油，既防干裂又能形成光泽感。

胶东“圣虫”面花制作工艺，是麦作文明与艺术审美结合的产物。从面粉的揉捏到色彩的点描，每一道工序皆承载着匠人对自然的敬畏与生活的祈愿。民间艺人的巧手之下，蛇作为一种凡俗之物变身为一种守护一方水土的“精神图腾”。

“圣虫”的礼俗功用

胶东地区的“圣虫”面花作为民间信俗的重要载体，广泛运用于岁时节日、人生礼仪及祭祀活动中。其使用方式与仪式场景紧密关联，既体现了对自然神灵的敬畏，又寄托了人们对丰收、平安、财富的祈愿。

岁时节日中的“圣虫”

春节期间，“圣虫”被供奉于神案、粮仓或米缸，象征“守粮护财”。除夕夜，农家堂屋中的摆供祭祀的对象主要是祖先及老地老母、财神、菩萨等天地众神，供桌上 5 个枣饽饽叠放在一起。年三十接神，正月初三撤供品[①]，正月十五再供 5 个茧饽饽和 3 个圣虫。供奉时中为祖先，右供财神，左供菩萨，意为多财多子[②]。祖先、财神、菩萨面前各放一碗粮食，圣虫放在盛粮食的碗里，供奉完毕后，茧饽饽食用，圣虫放入粮缸内，直到二月二由孩子们分着食用。正月十六收拾供桌的时候，莱州人还把“圣虫”的脸转向先祖，背对着门口，以示“圣虫”所带来的财富全部留在自己家

① 正月初三撤供，主要意为年初三开始，外家亲戚们之间开始走动，家中神灵不宜示见外人。

② 唐家路：《山东莱州面花》，《设计艺术》，2005 年第 3 期，第 14 页。

里[①]。祭祀完毕，把“大圣虫”从供桌上撤下来，放在粮囤里，寄托取之不尽用之不竭之意，祈福来年丰衣足食、家人吉祥安康。十里不同风，百里不同俗。即使在民俗气息浓厚的胶东地区，春节期间“圣虫”祭祀使用方式也存在地域间的差异，莱州地区使用圣虫上供一般是在正月十四、正月十五为祖先摆供时使用，紧邻的招远地区除夕夜即已开始用圣虫上供（图8）。

图8 春节圣虫祭祖 山东招远蚕庄镇王秀芹面塑作坊

元宵节，胶东地区盛行制作“圣虫豆面灯”，用于占卜农事吉凶。莱阳、即墨等地将“圣虫”与月灯结合，祈求每月作物丰收。以豆面捏制12盏圆柱形月灯，闰年13盏，灯碗边缘按月份捏褶，一月一褶，十二月十二褶，五月、八月、九月灯下加捏“囤底”，上盘“圣虫”。农人夜晚点燃灯芯，观察灯花形态。若灯花爆裂呈麦穗状，预示该月作物丰收；若灯油溢出，则需防范水涝。燃尽的月灯与“圣虫”置于粮仓旁，直至二月二后撤供[②]。“圣虫”与月灯的结合，将时间与空间符号化，形成“天地人神”共通的农事历法体系（图9）。

二月二，吃圣虫。农历二月初二民俗中“龙抬头”的日子。胶东民间通过“打灰囤”仪式祈求风调雨顺，“圣虫”是这一仪式的重要祭品。清晨，人们以草木灰在院中撒画粮囤图形，外绘梯子象征“粮囤高满”。灰

① 兰玲：《胶东“圣虫”花饽饽形象探源》，《鲁东大学学报》，2023年第2期，第46页。

② 兰玲：《胶东“圣虫”花饽饽形象探源》，《鲁东大学学报》，2023年第2期，第46页。

图9　莱州朱桥镇正月十五圣虫祭祖的供桌　拍摄于孙雪堂面塑作坊

囤中心放置“圣虫”，周围撒五谷。家主诵读《扶犁喜歌》：“犁破新春土，牛踩丰收亩。”仪式结束后，“圣虫”由全家分食。莱州人二月二吃的圣虫是春节时放在粮囤中的圣虫；胶东其他地区也有二月二专门蒸制圣虫食用的习俗。

神灵祭祀中的“圣虫”

胶东地区通过“圣虫”祭祀的神灵有海神、宅神、祖先、财神等，其“职责”均与民众的日常生活息息相关。有的农家财神神位前，常年供奉有圣虫，让圣虫“看守”财神窝子。

莱州人认为，“圣虫”就是龙王。正月十三祭海神，使用的祭祀媒介就是大圣虫。人们通常在海边举行祭祀仪式，祈求龙王爷保佑渔民出海作业风平浪静、人船平安，保佑鱼虾满舱、丰收富足。祭祀完毕，渔民会将圣虫“请”到船上，安置于船尾，然后开船带圣虫“巡视”自己的海区。

仪式结束后，圣虫会被推入水中，沉入海底。

胶东民间建房上梁时，需将大型圣虫置于房顶，祈求家宅平安。圣虫身高可达 1 米，身后背旗面书“上梁大吉”。上梁的时辰一到，对着正间的屋外空地上放好供桌，桌上燃一对红烛，大圣虫位于桌案中央，供奉鸡、鱼、酒、肉，两侧各放 5 个大枣饽饽，中间设香炉焚香。供桌后面置红布封口、内盛小饽饽、栗子、红枣、糖块等物的柳斗。大梁一般是香椿木，当地认为香椿为木中之王。东家要在供桌前焚香烧纸、磕头祭拜，还要燃放鞭炮，经过一系列的叩拜祭礼之后，木匠与瓦匠两位掌尺师傅边唱喜歌边上房梁，“上梁上梁盖瓦房，盖起瓦房住新娘……”，“上梁大吉四邻美，一步一个大元宝……”[①]。这样唱着，两位掌尺师傅便登上房顶，木匠居东，瓦匠在西，拉大梁入位。在上梁仪式中，圣虫被赋予了镇宅生财的意义（图 10）。

图 10　莱州扇贝养殖户时国仓家新房上梁仪式　莱州三山岛街道

莱州人家族祠堂的祭祀，通常也会选用大圣虫作为主要媒介。朱桥镇大郎庄郎氏家族的家祠祭祀自 20 世纪 70 年代末以来一直在用大圣虫（图 11）。早些年郎家祭祖用的大圣虫由家族中的巧手女子制作，近年来委托招远蚕庄镇王秀芹作坊制作。面塑艺人做好之后，正月十四驱车穿越十里地山路送至郎

① 唐家路：《山东莱州面花》，《设计艺术》，2005 年第 3 期，第 15 页。

图 11　郎氏家族人多年来坚持用大圣虫祭祖　地点：朱桥镇大朗庄村郎氏家祠

氏家祠。2025 年，郎家人专门组织了秧歌队表演将圣虫迎入家祠，仪式热烈隆重。郎家祭祖使用了一大两小三座圣虫。大圣虫放置于主影轴前，小圣虫分别放置在两侧分支影轴前的供台上，供正月十五元宵节前来祭祖的郎家后人祭祀瞻仰。仪式结束后，主祭人会将大圣虫拆解分发食用，以示共享祖先、神灵的福泽。

人生仪礼中的“圣虫”

胶东婚俗中，女方需制作铜盆饽饽圣虫作为嫁妆，置于铜盆内送至男方家，象征“带财入门”。婚礼圣虫多双头人面蛇身，口含元宝，盘绕于莲花底座。栖霞地区“圣虫”直径大于铜盆，海阳则小于铜盆，形成“盆载圣虫”或“盆覆圣虫”两种形式。新婚当日，“圣虫”摆于正厅供桌，新人行合卺礼后，由婆婆将“圣虫”移至新房粮仓，念诵“早生贵子”之类的祈愿语。

“圣虫”形象建构的修辞手法

“圣虫”作为胶东地区民俗文化的重要符号，其形象将自然物象、文化信仰与实用功能紧密结合，形成了独特的视觉语言体系。为了更好理解其视觉逻辑，可以从隐喻、象征、夸张变形、并置组合四个维度分析其修辞手法，解析形象建构的逻辑与意义。

隐喻：自然物象的神圣化塑造

圣虫形象建构是对“蛇”生物学属性的延展。圣虫以蛇的盘绕形态为基底，利用蛇在农耕文化中的捕鼠“护粮”功能，隐喻“守护者”角色。蛇的蜕皮特性被转化为“再生” 符号。圣虫身体上的环状纹饰，名为“钱串子”，象征财富循环不息。创作者这些隐喻手法，将蛇的自然属性与人类对财富和生命的期望相联系,使圣虫成为一种承载美好寓意的视觉形象。圣虫形象融入了“龙”的元素，提升了其神格属性。通过添加龙角、龙鳞等元素，将灵蛇升华为“小龙”，用于祭祀海神龙王，这种“蛇龙一体”的隐喻策略，既保留蛇的亲和力，又借龙的神圣性强化了权威感，形成“地蛇化天龙”的文化想象，使圣虫在视觉上更具威严和神秘感。莲花意象隐喻多子多福。圣虫常盘绕于莲花底座，莲花在佛教中象征纯洁与超脱，在民间则因其多籽特性隐喻“多子多福”。例如，婚嫁圣虫的莲花底座，既暗含对婚姻纯洁的期许，又指向生育繁衍的世俗诉求，通过莲花这一自然物象的隐喻，将圣虫与生命的延续和婚姻的美满相联系，丰富了圣虫的文化内涵。莱州花饽饽最受欢迎的品种均为发面蒸制的饽饽[①]，民俗观念中工

① 讲述人：盛乐文，1959 年生，地点：莱州三山岛吴三村，时间：2025 年 2 月 12 日，记录人：韩明。

艺流程中的“发面蒸制”过程，与“发财致富”“蒸蒸日上”形成了隐喻关系，形式造型中具有了固定的语义内涵。

象征：符号化的文化编码

圣虫的衔物均有象征的指向。圣虫口衔铜钱、麦穗，以具象符号直指祈福核心。祭祖圣虫“雄衔钱、雌衔枣”，通过性别分工强化“阴阳互补”的民俗观念，使圣虫成为一种具有明确象征意义的视觉符号。祭海圣虫口衔元宝，象征渔业丰收；粮囤圣虫驮元宝，则直接指向家业兴旺的物质追求。通过不同的衔物，圣虫在不同场景中展现出多样化的象征意义，满足了人们在各种仪式中的祈愿需求。色彩系统也具有象征的指向。即墨等地圣虫以面粉原色白色为主，仅以黑豆点睛、红枣饰吻，通过“去色彩化”使圣虫在视觉上呈现出一种质朴而神秘的感觉。祭祀用大圣虫施以红、金等艳丽色彩，红色隐喻喜庆与生命力，金色象征财富与尊贵，形成强烈的视觉冲击，塑造了威严肃穆的感觉。

夸张变形：视觉张力的强化

造型比例的重构。圣虫头部占比达全身1/3—1/2。耳朵、冠子高耸，双目圆睁，如同三星堆遗址的青铜纵目人面具通过局部夸张凸显神性威仪。这种“大头”修辞常见于年画等民间艺术，旨在强化震慑力与存在感。在蛇首添加凸起的龙角，通过形态嫁接实现“地蛇”向“天龙”的符号升格。上梁圣虫的巨型化与房梁正中高位供奉，通过体量膨胀形成了冲击力和威严感，强化了其在民俗文化中的象征意义。祭海圣虫的鱼尾变形，将蛇的陆地属性转化为海洋符号，通过形态的适应性调整完成文化转码。元宵节“圣虫豆面灯”简化鳞纹，突出与月灯的结合，通过抽象化处理强化农事占卜的功能性，展现出多样化的视觉形态和文化内涵。

模件拼接：多重意义的叠加

大圣虫的制作采用了模件拼接的手法。整体造型分解为多个独立模件，分别制作后再组合成型。这种手法既提高了制作效率，又增强了造型的灵活性与表现力。元宝、铜钱、麦穗、鱼形面塑等衔物模件，需单独制作后插入圣虫口中。上梁圣虫的彩旗模件，以竹签固定于头部。不同场景的圣虫模件设计各有侧重。如上梁圣虫的龙首模件强调威严，婚嫁圣虫的龙凤模件突出交合寓意，祭海圣虫的海洋精怪模件体现海洋文化。模件拼接通过附加装饰，将多重吉祥符号叠加于一体，形成“财、寿、子、福”的复合寓意。通过模件的分解与组合，圣虫从自然物象升华为超自然符号，承载了农耕社会对物质丰裕与精神安宁的双重诉求。这种手法不仅赋予形象以强烈的视觉冲击力，更通过符号化的艺术语言，将民俗信仰转化为可感知、可参与的视觉仪式，成为胶东文化记忆的重要载体。二月二“打灰囤”仪式中，圣虫与草木灰绘制的粮囤、梯子图案并置，将现实农事与超自然信仰结合，构建“人—神—自然”协同的宇宙观，通过时空的叠加和叙事策略的运用，圣虫形象在视觉上呈现出一种跨越时空的神秘感和文化深度。

结　论

“圣虫”形象根植于农耕文明的精神土壤，以巨眼盘蛇为典型意象，承载了民众对物质丰裕与精神安宁的双重诉求。“圣虫”不仅是民间神话传说的叙事核心，更是一个凝结象征、隐喻与仪式实践的复合型艺术意象。其生成与传播过程，深刻体现了民间文艺创作中“形式与内容”“符号与意义”的辩证统一。“圣虫”形象通过隐喻、象征、夸张、并置交织成意义网络，其核心在于将农耕社会的生存焦虑转化为可视化的祈福符号，并通过适应性调整实现文化延续。这种修辞模式既是民间智慧的结晶，也是传统文化在传承语境中自我更新的见证。解析圣虫形象的审美意蕴，可以窥见乡土中国“以形载道”的美学观念，以及民间艺术生生不息的文化韧性。

作者小传

韩明，山东工艺美术学院副教授，山东省签约文艺评论家。

灵蛇之珠

博物馆里的生肖蛇文化

下册

本书编写组 著

中国财经出版传媒集团
中国财政经济出版社
北京

目录

敦煌石窟里的中国年

寻找敦煌蛇[①]

敦煌研究院融媒体中心

2025年乙巳蛇年，我们迎来首个“世界非遗版”春节，蛇成为第一位登场的生肖。在中华文化里，蛇是灵性、智慧和生命力的象征，寓意着丰收、吉祥和福瑞。敦煌石窟中也有许多“蛇”的图像，种类丰富、千姿百态。今天，让我们一同“进窟寻蛇”！

圣洁吉祥：充满正能量的“蛇”

中国古人对蛇的尊崇最早可以追溯到远古时期，神话传说中就有许多尊蛇为始祖神或信仰蛇神的故事。上古奇书《山海经》中就记载了许多灵蛇异兽，如能乘雾飞行的螣蛇。《荀子·劝学》称“螣蛇无足而飞”，比喻做事应当专心一致，最终必能取得成功。

人类始祖伏羲、女娲都是人首蛇身的形象，他们与蛇的关系非常密切。

① 本文作者：王嘉奇、殷曦、付琳玮，学术指导：赵晓星、赵燕林，节选自杜鹏主编《敦煌十二生肖》一书，经修改后收入本书。

战国《列子·黄帝篇》中就有“庖牺氏、女娲氏……蛇身人面”的描述，东汉王延寿《鲁灵光殿赋》中也说“伏羲鳞身，女娲蛇躯”，前秦王嘉撰《拾遗记》更言“昔者人皇蛇身九首，肇自开辟”。这些记载与莫高窟西魏第285窟中所绘“伏羲女娲”以及“天皇十三头、地皇十一头、人皇九头”的“人首蛇身”形象基本相符。图1中上方的伏羲和女娲均“人首蛇身”，左侧的女娲一手持矩，另一手持墨斗；右侧的伏羲左手持圆规，右手持绳尺。两者身着汉装，飘带随风飞扬，行进于流云天际。

图1 莫高窟第285窟 伏羲女娲 西魏

古人认为，蛇和龟是延年灵兽，象征着长寿吉祥。而在中国传统神话中，有一种龟蛇合体的形象，称为玄武，它是北方之神，具有祛邪、避灾、祈福的象征意义。东汉张衡所作《思玄赋》中有“玄武缩于壳中兮，螣蛇蜿而自纠”的描写，李善注云“龟与蛇交曰玄武”。敦煌藏经洞出土文献P.2683《瑞应图》记载“似龟而黑色，常负蛇而行，北方神兽”。四大神兽之一的玄武，也出现在莫高窟西魏第249

图2 莫高窟第249窟 玄武 西魏

窟中（图 2）。玄武的造型些许夸张，头部像鹿，壳以赭色涂染，长蛇穿腹缠绕，龟蛇相交，两头相对。

力大无穷：倒拔“垂杨柳”的蛇

自然界中，蛇会用盘绞的方式捕食猎物，敦煌藏经洞出土文献《降魔变文》中有“辞佛故来降外道，次第总遣大风吹。神王叫声如电吼，长蛇擿树不残枝”的描述，反映了蛇的气力之大。

在榆林窟五代第 16 窟的劳度叉斗圣变中，就画有体现蛇力大无穷的生动场景（图 3）。画面中，一棵大树被一条巨蛇紧紧缠绕，加之狂风劲吹，大树直接被连根拔起，根系皆裸露在外。巨蛇双目如铜铃，口中厉牙蛇信毕露，神态夸张。

图 3　榆林窟第 16 窟　巨蛇　五代

心安神泰：英勇守护的“蛇”

天龙八部是八种佛教护法神，是天地生灵中英武勇猛的代表，通常画在佛的两侧。其中，与蛇有关的形象是摩睺罗伽。相传，摩睺罗伽是大蟒神，无足腹行，属乐神之类。

在榆林窟中唐第 25 窟里，就存有摩睺罗伽的形象（图 4）。画面中，摩睺罗伽面含笑意，沉着稳重，目视前方。头部盘有一条怒目圆睁、大口张开的蟒蛇。以巨蛇寓意摩睺罗伽力大无穷、心安神泰之意。

图 4　榆林窟第 25 窟　摩睺罗伽　中唐

中国的“蛇文化”源远流长，它以其独特的魅力，连接着过去与现在，蕴含着人们对美好生活的向往与祈愿。

蛇形印记

一个文化符号的时空穿越之旅

塔　娜

在历史的浩瀚烟云中，总有一些神秘的符号，宛如穿越时空的精灵，深深烙印在人类文明的记忆深处。蛇，无疑是其中最具魅力的存在之一。它从古老的图腾中蜿蜒而来，化身文化长河里的璀璨明珠，成为人类探索自然、生命与宇宙奥秘的永恒线索。数千年来，蛇的形象历经多次蜕变，每一次形态更迭都暗合着文明的认知升级——这不仅是艺术形式的流变，更是一个民族精神世界的进化史诗。

蛇的起源：从神秘图腾到文化符号

当人类文明的第一缕曙光洒落在远古大地上的时候，蛇，就已悄然登场。在那个充满未知与危险的时代，它是隐匿于草丛中的致命猎手，让先民们心生恐惧；可它灵动又神秘的模样，又激发着先民们无尽的想象。

回溯至 8000 年前的仰韶文化时期，出土于陕西西安东郊南殿村仰韶文化遗址的红陶贴塑蛇纹罐上（图 1）那双蛇缠绕的造型，仿佛在低语一个

图 1　新石器时代红陶贴塑蛇纹罐　陕西历史博物馆藏

古老而神秘的故事。先民们用质朴的双手，将对蛇的敬畏与崇拜，融入这小小的陶罐。为什么是蛇呢？你瞧，蛇那灵动的身姿，在山林间、洞穴中自由穿梭，好似掌握着自然的密码；它蜕皮重生的特性，更让先民们惊叹，仿佛看到了生命的轮回与延续。在母系社会，生命的繁衍至关重要，蛇自然而然成为生殖崇拜的核心符号，承载着先民对生命延续的美好期许。

随着时间的推移，蛇的形象在不断演变。在部落融合的过程中，蛇与龙的渊源逐渐显现。20 世纪 30 年代闻一多先生在《伏羲考》中指出，龙图腾的主体形态源于蛇。远古时期，部落不断兼并融合，蛇的形象也在这一过程中逐渐丰富，龙“是蛇图腾兼并与同化了许多弱小单位的结果”，它是“由许多不同图腾糅合成的一种综合体”。在中国传统文化中，蛇被称为“小龙”，当蛇身逐渐融入龙形，文明的图腾完成了一次基因重组——蛇是龙的肉身，龙是蛇的升华。

从查海遗址的石龙（蛇），到商周青铜器上精致的盘虺纹，蛇的形象在岁月的洗礼中，逐渐褪去原始的恐怖色彩，摇身一变，成为权力与智慧的象征。汉代“滇王之印”（图 2）就有金蛇钮设计，滇王之印用纯金铸成，蛇钮蛇首昂起，蛇身盘曲，小巧却威严十足，仿佛在向世人宣告蛇在政治与信仰领域的双重重要地位。

图 2　西汉“滇王之印”金印　中国国家博物馆藏

蛇与神话：从创世到守护

在古老的神话世界里，蛇扮演着举足轻重的角色，它的身影穿梭于创世与守护的宏大叙事之中。

在中国神话体系中，伏羲与女娲这两位华夏始祖，常被描绘为人首蛇身的形象。他们手持规、矩，交尾而立，不仅创造了人类，还为世间万物定下了秩序。新疆阿斯塔那古墓出土的唐代伏羲女娲帛画（图 3），以生动的画面展现了这一传说。画中，伏羲女娲的蛇身相互缠绕，周围环绕着星辰日月，象征着阴阳调和、生命繁衍，而双螺旋交尾的蛇身，竟与现代科学中的 DNA 结构惊人相似。这难道只是巧合吗？或许，这是远古智慧对生命本质的深刻隐喻，让千年后的我们，仍能感受到那份跨越时空的神秘力量。

图 3　唐代彩绘伏羲女娲绢画　新疆博物馆藏与 DNA 结构图对比

图 4 汉代玄武瓦当 河南博物院藏

除了创世神话，蛇在守护神话中也有着重要的地位。在传统文化中，蛇与龟组合而成的“玄武”，是镇守北方的神兽，位列“四灵”之一。玄武的形象寓意着长寿、稳定与智慧，它的存在为人们带来了安全感和精神寄托。在河南博物院收藏的一件汉代玄武瓦当中（图 4），玄武的形象栩栩如生，蛇身与龟身紧密相连，展现出一种沉稳而强大的气场，仿佛在默默地守护着这片土地。

在其他文化的神话中，蛇同样有着独特的象征意义。在遥远的古埃及，眼镜蛇是法老王冠上的“常客”，它高高盘踞，象征着神圣王权，仿佛在向世人宣告法老的至高无上。希腊神话里医神阿斯克勒庇俄斯的蛇杖，成为现代医学的标志性符号。想象一下，一条蛇优雅地缠绕在权杖上，简洁而充满力量，仿佛在传递着治愈与希望的信息。北欧神话中的耶夫姆加德巨蛇，以衔尾之环的独特姿态，预示着永恒的循环，仿佛在诉说生命是无尽的轮回，一切都在周而复始中延续。

蛇在艺术中的蜕变：从图腾到美学符号

蛇的艺术表达，宛如一场精彩绝伦的时尚秀，随着时代的变迁，不断焕发出新的光彩。

在新石器时代的陶器上，蛇纹常常以简洁而质朴的线条出现，勾勒出蛇的灵动身姿。这些早期的蛇纹，虽然简单，却充满了生命力，反映了当时人们对自然的观察和敬畏。到了商周时期，青铜器上的镂空蛇纹鞘剑（图5），霸气十足。工匠们巧妙地将蛇的威慑力融入兵器装饰，让每一把剑都仿佛拥有了灵魂。想象一位勇士手持此剑，那气势，简直无人能敌。

唐代的彩绘十二生肖陶俑，又带来不一样的惊喜。例如，湖南省博物馆所藏的唐代青瓷蛇俑（图6），蛇首人身的造型，既庄重又带着一丝诙谐，仿佛把严肃的信仰变得更加接地气。这小小的陶俑，折射出当时世俗化信仰的幽默感，也反映出十二生肖文化在唐时的深入人心。作为十二生肖之一，蛇的纹样广泛出现于各类器物，它早已超越了装饰的范畴，化作一种独特的文化符号，融入人们生活的方方面面，成为精神世界中不可或缺的部分。

宋元时期，蛇的形象开始明显分化。宋代《搜山图》（图7）中，蛇被描绘成妖邪的象征，需

图5　西周镂空蛇纹鞘剑　甘肃省博物馆藏

图6　唐代青瓷蛇俑　湖南省博物馆藏

图 7　宋代《搜山图》局部　北京故宫博物院藏

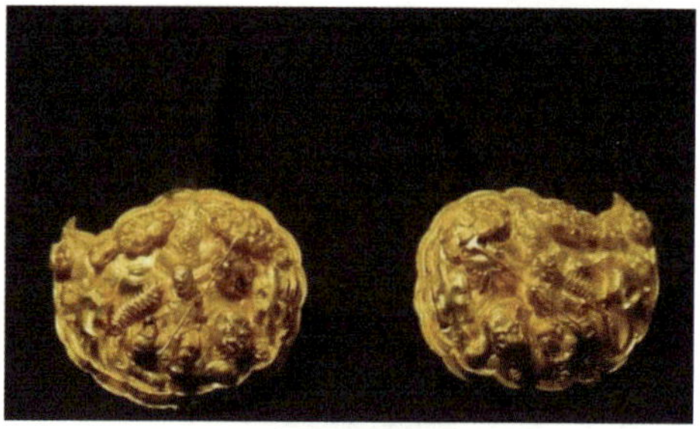

图 8　明代艾虎五毒金头银簪　江阴博物馆藏

图 9　现代宝格丽 Serpenti 系列珠宝

神将驱除，画面动感强烈，气氛紧张，寓意正义必定战胜邪恶；而现藏于江阴博物馆的明代艾虎五毒金头银簪（图 8），将蛇作为辟邪符号，融入端午民俗。在端午节时，明代妇女有头戴“簪五毒”的习俗。五毒通常指的是蜈蚣、蝎子、蛇、蟾蜍、壁虎，为了驱邪避毒、祛病防疫，由这五种毒物组成的装饰图案，便成为端午节上至宫廷下至民间必备的应景纹样，从而达到“以毒攻毒”的效果。这一正一邪的转变，是不是很有趣？它反映了不同时期人们对蛇的不同认知和情感。

在现代艺术中，蛇的形象依然是艺术家们喜爱的创作题材之一。艺术家们运用各种现代艺术手法，对蛇的形象进行重新诠释和演绎，赋予了蛇新的生命力和文化内涵。例如，当宝格丽 Serpenti 系列珠宝横空出世（图 9），瞬间成为时尚界的宠儿。它巧妙地将蛇的曲线化为永恒之美，融合东方的神秘与西方的时尚。戴上这样一件珠宝，仿佛自己也成为神秘与优雅的代言人。

蛇与民俗：从生肖到民间传说

蛇作为十二生肖之一，在民俗文化中有着深厚的根基，它的形象融入了人们的日常生活，成为民间信仰、节日习俗和民间传说的重要组成部分。

在福建樟湖镇，每年都会举办盛大的“蛇王节”（图 10）。游蛇灯、分活蛇等独特仪式接连登场，热闹非凡，彰显出当地人在与自然相处中领悟到的和谐共生智慧。夜幕降临，蛇灯蜿蜒前行，在夜空中熠熠生辉，仿若灵动游龙，满是生机。而在甘肃、陕西、山西等地，“蛇盘兔”文化融入生活，成为重要的传统习俗（图 11）。这一文化借剪纸、花馍、布艺等形式传承，内涵丰富，既在婚嫁时寄托祝福，也在葬俗中有独特意义。久而久之，形成“蛇盘兔，必定福”的谚语，人们把蛇兔环绕的意象当作吉祥象征，承载对幸福生活的祈愿。

在文学与传说的世界里，蛇的形象亦正亦邪。《白蛇传》里的白素贞（图 12），是一位深情又勇敢的女子。她为了爱情，不惜与世俗抗争，打破了人们对蛇“蛇蝎心肠”的刻板印象。每当重温她和许仙的爱情故事，人们都会被那份执着和深情打动。“杯弓蛇影”“画蛇添足”等成语，则

图 10　福建樟湖镇蛇王节

图 11　“蛇盘兔”文化元素

图12 电视剧《新白娘子传奇》剧照

以蛇为媒介，反映了人们对蛇的复杂情感和文化认知。

在中医典籍的记载中，蛇蜕、蛇胆等具有药用价值，被应用于疾病的治疗与身体的调养。这些记录，将蛇的“灵性”从文化领域延伸到生命疗愈的范畴。看似普通的蛇，竟在医学领域发挥着如此重要的作用，着实令人惊叹，也让我们对大自然的馈赠有了更深层次的认识与敬意。

蛇的现代意义：传承与创新的交织

古老图腾遇上数字文明，蛇的文化基因正在经历前所未有的创造性转化。2025 年央视春晚吉祥物“巳升升”的爆红绝非偶然。设计师从甲骨文“巳”字中提炼出流线型身段，将三星堆青铜蛇的“臣字目”化作灵动眉眼，让沉睡三千年的神秘符号化身为数字时代的文化使者（图 13）。它不仅完成了传统意象与现代媒介的碰撞，更激发出跨越时空的文化共鸣。

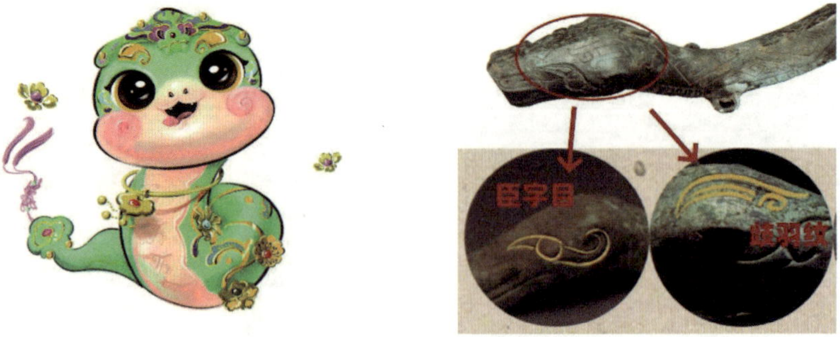

图 13 春晚吉祥物“巳升升”与三星堆青铜蛇

在影视领域，《白蛇：缘起》《白蛇2：青蛇劫起》（图14）等作品通过三维建模技术，为古老传说注入了新的活力。它们以现代动画技术重塑白蛇与青蛇的形象，将传统文化中的爱情与奇幻元素完美融合，让观众在视觉盛宴中感受传统文化的魅力。

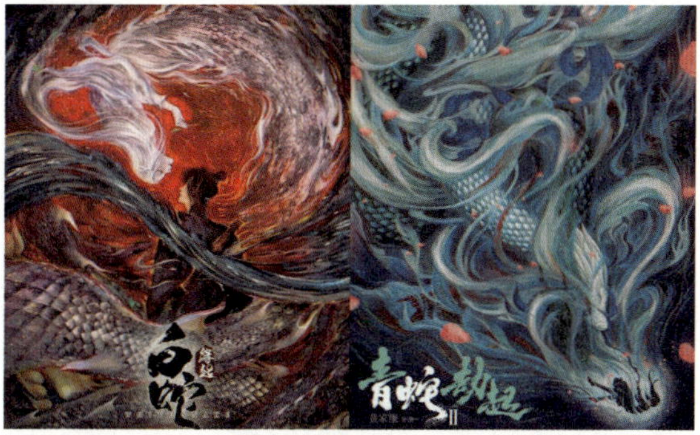

图14　电影《白蛇：缘起》《白蛇2：青蛇劫起》海报

游戏产业中，《只狼》里的白蛇神祇重构了东方玄幻的叙事框架，将蛇的形象与武士精神相结合，创造出独特的游戏体验。《哈利·波特》手游的蛇院文化则引发了全球热议，通过数字技术将蛇的神秘与智慧融入魔法世界。甚至连经典游戏《贪吃蛇》也进化出了VR版本，当玩家化作灵蛇穿梭于虚拟空间时，仿佛穿越时空，回到了远古先民在岩壁上勾画图腾的时代。

这种文化觉醒的背后，是年轻世代对传统基因的主动解码。河南春晚中杨丽萍的《蛇来运转》以舞蹈形式致敬祖先文明，用优美的舞姿诠释蛇的神秘与灵动。在成都博物馆的“宝格丽灵蛇传奇”特展中，商周青铜器与宝格丽Serpenti系列构成了一场时空对话。观众透过展柜玻璃看到的不仅是器物的演变，更是一个文明如何将原始恐惧转化为审美自觉的精神历程。这种从古老文化中汲取灵感并赋予其现代生命力的尝试，不仅展现了文化的传承，也彰显了文化创新的力量。

结语：蛇文化的永恒魅力

蛇，这个跨越时空的神秘符号，既是我们内心恐惧的源头，也是精神信仰的归宿。它从远古洞穴中的幽影，一步步蜕变为文明长河中璀璨夺目的星辰，承载着人类对自然、生命与宇宙的永恒追问。无论是仰韶陶罐上那古朴的原始图腾，还是现代珠宝中精致的美学演绎，蛇始终以独特的“永恒之环”姿态，深深缠绕在人类文化的基因深处。它的神秘与灵动，时刻提醒着我们：文明的演进，如同蛇的蜕皮，在不断的断裂与重生中，勇敢地走向新的轮回，绽放出更加绚烂的光彩。

作者小传

塔娜，1990 年出生，蒙古族，来自乌兰察布。现任乌兰察布市博物馆（乌兰察布市文物保护中心）藏品保护与鉴定部副主任，专注北疆考古研究，在文物保护与考古领域不断探索，致力于挖掘北疆历史文化的深厚内涵。

灵蛇千相

透过陕历博藏品看从图腾崇拜到文化符号的中华蛇文化演进

高小超

蛇文化在中国传统中的重要性

在华夏传统文化的长河中，生肖文化占据着独特而重要的地位，其中蛇年文化更是蕴含着丰富的寓意与象征。蛇这一形象，既有着神秘莫测的一面，又与诸多文化元素紧密相连。自远古时代起，蛇就频繁出现在人们的生活与精神世界里。它不仅是自然界中的神秘生物，更通过各种艺术形式融入文化创造之中。在中国传统神话、宗教、民俗以及艺术作品里，蛇类形象无处不在，被赋予了丰富多样的象征意义，反映了不同历史时期人们的信仰、审美观念以及对自然和世界的认知，成为中国传统文化不可或缺的一部分。

陕西历史博物馆作为一座大型综合性博物馆，馆藏丰富，被誉为“古都明珠，华夏宝库”，承载着中国悠久历史与灿烂文明，是展示古代文化遗产的重要窗口。其藏品跨越了漫长的历史时期，涵盖众多门类，为深入探究中国历史发展脉络与文化演进提供了珍贵实物资料。其中的众多文物犹如一把把钥匙，为我们打开了通往不同历史时期的大门，让我们得以窥探古人的精神世界、生活方式以及艺术审美。它们不仅是物质层面的历史遗迹，更是精神文化的生动载体，见证了中华文明的发展与变迁。

深入探讨蛇类文物的历史与文化

本文旨在全面梳理并深入剖析陕西历史博物馆所藏蛇类文物，通过对这些文物的系统概述，挖掘其背后深厚的历史底蕴、丰富的文化内涵以及卓越的艺术价值。具体而言，一方面，希望借助对蛇类文物历史演变的研究，勾勒出不同历史时期蛇文化的发展轨迹，为中国古代史研究提供更为翔实的实物资料和文化阐释；另一方面，通过对蛇类文物艺术特征的解析，揭示古代工匠的高超技艺和独特审美观念，为艺术史研究和现代艺术创作提供有益的借鉴与启示。同时，深入探究蛇类文物所承载的文化内涵，包括图腾崇拜、宗教信仰、生活习俗以及民间传说等方面，有助于更好地理解中华民族传统文化的多元性和复杂性，增强民族文化认同感和自豪感。总之，本文期望通过对陕西历史博物馆蛇类文物的综合概述，为历史、文化、艺术等多个领域的研究贡献力量，并助力中华优秀传统文化在当代社会的创造性转化与创新性发展。

原始艺术的代表

新石器时代，人类文明尚处于萌芽与初步发展阶段，此时诞生的蛇类文物虽略显质朴，却蕴含着原始的生命力与创造力，贴塑蛇纹罐便是其中的典型代表（图 1）。这类贴塑蛇纹罐通常以泥土为原料，经手工捏制或泥条盘筑成型。罐体表面的蛇纹并非简单绘制，而是采用贴塑工艺精心塑造。工匠们先将陶土搓成细长泥条，再依据构思将泥条蜿蜒盘绕于罐体之上，塑造出蛇的形态轮廓，随后运用细腻的刻画手法，为蛇身增添眼睛、鳞片等细节，使蛇的形象栩栩如生。从造型上看，贴塑蛇纹罐整体较为简洁，多为圆腹、平底，罐体线条流畅自然。蛇纹的布局巧妙，或盘旋于罐体肩部，似在守护容器内的物品；或环绕于腹部，仿佛赋予罐体灵动的气息。这些蛇纹形态各异，有的昂首吐信，充满警觉；有的蜿蜒爬行，姿态悠然，展现出古人对蛇的细致观察与生动表现。在色彩方面，由于当时的烧制技术有限，陶器颜色多以土黄色、红褐色为主，蛇纹部分则因烧制过程中的氧化还原反应，呈现出与罐体略有差异的色泽，形成独特的视觉效果。这种色彩搭配虽不艳丽夺目，却散发着古朴自然的韵味，彰显出新石器时代独特的艺术风格。这些早期蛇类文物不仅是实用的生活器具，更承载着重要的文化意义。它们反映了当时人类与自然界的紧密联系，蛇作为自然界中神秘而强大的生物，被古人以艺术形式融入日常生活用品中，体现了古人对自然力量的敬畏与崇拜。贴塑蛇纹罐的出现，也标志着人类艺术创作意识的觉醒，开启了用艺术手法表达内心世界与精神信仰的先河，为后续蛇类文物的发展奠定了坚实基础。

图 1　贴塑蛇纹罐

工艺与象征的结合

商周时期，青铜铸造业达到了很高的水准，这一时期的蛇形青铜器展现出独特的魅力，蛇首系铃铜匕便是极具代表性的一件（图 2）。蛇首系铃铜匕整体造型设计精巧，构思独特。它以青铜为原材料，利用当时先进的铸造技术打造而成。该器物的前端为蛇首造型，蛇首微微昂起，双目圆睁，炯炯有神，仿佛时刻警惕着周围的一切。蛇口大张，露出尖锐的牙齿，给人一种威严且神秘的感觉。蛇首之后连接着细长的匕身，匕身线条流畅，比例协调。在匕身靠近蛇首的部位，巧妙地系有一枚小铜铃。随着器物的晃动，铜铃会发出清脆悦耳的声响，为整件器物增添了一份灵动之美。从纹饰方面来看，蛇首系铃铜匕的表面装饰有精美的云雷纹和夔龙纹等图案。云雷纹作为商周青铜器上常见的纹饰之一，以连续的回旋线条构成图案，线条规整而富有韵律感，布满了器物的部分表面，营造出一种神秘而庄重的氛围。夔龙纹则刻画在关键部位，夔龙形态矫健，蜿蜒曲折，与蛇的形象相互呼应，进一步强化了器物的神秘色彩和艺术感染力。这些纹饰不仅是单纯的装饰，更是当时社会文化和宗教信仰的一种体现，反映了商周时期人们独特的审美观念和精神追求。在工艺制作上，商周时期的工匠们展现出了高超的技艺。他们熟练掌握了青铜合金的配比，使铸造出的器物质

图 2　蛇首系铃铜匕

地坚硬且具有良好的韧性。在铸造过程中，采用了分铸、合范等复杂的工艺方法，确保了蛇首、匕身以及系铃等各个部分的精准结合和完美呈现。对于纹饰的雕刻，更是精细入微，线条都流畅自然，每一个图案都栩栩如生，充分显示出当时青铜铸造工艺的高度发达。蛇首系铃铜匕这类青铜蛇形器在商周时期具有多种功能和意义。从实用角度看，它可能是一种进食或祭祀时使用的器具；从文化层面讲，蛇在商周文化中具有特殊的象征意义，或许与当时的图腾崇拜、宗教信仰有着密切联系。这些青铜蛇形器不仅是物质文化的杰出代表，更是商周时期精神文化的重要载体，见证了那个时代独特的历史风貌和文化底蕴，为后人研究商周时期的社会、文化、艺术等方面提供了珍贵的实物资料。

生肖文化的生动体现

陕西历史博物馆藏唐代十二生肖俑中的蛇俑（图 3），蕴含着丰富的时代特征与文化寓意。从外观特征来看，这件蛇俑通高约 44 厘米，整体造型生动逼真，展现出唐代工匠卓越的写实技艺。蛇俑以人身蛇首的形象为蓝本，蛇首微微昂起，双目圆睁，目光炯炯有神，仿佛在警惕地注视着周围的一切，神态刻画入微，将蛇的机敏与灵动表现得淋漓尽致。在象征意义方面，蛇俑作为十二生肖俑的一部分，具有深厚的文化内涵。十二生肖文化在唐代已广泛流传，并深深融入人们的日常生活与信仰体系之中。蛇在十二生肖中

图 3　唐十二生肖俑之蛇俑

占据独特地位，被赋予了多种象征意义。一方面，蛇具有神秘莫测的特质，其行动隐秘、蛰伏冬眠又复苏的习性，使古人将其与自然界的神秘力量相联系，认为蛇拥有某种超自然的能力，能够洞察未知、沟通阴阳。因此，蛇俑在墓葬中可能起到守护墓室、辟邪驱鬼的作用，保护墓主人免受邪恶力量的侵扰，确保其在地下世界的安宁。另一方面，蛇还与智慧和机智相关联。在古代传说和故事中，蛇常常以聪明狡黠的形象出现，能够巧妙地应对各种困境。这一象征意义反映在生肖蛇俑上，或许寓意着墓主人希望借助蛇的智慧，在来世获得顺遂的生活，面对各种挑战都能机智应对。此外，蛇的繁殖能力较强，在一些文化观念中，它还象征着生命的延续与繁衍。唐代社会重视家族传承和子嗣繁衍，蛇俑可能也承载了人们对家族兴旺、子孙满堂的美好祈愿。唐代十二生肖俑中的蛇俑，凭借其独特的造型特征和丰富的象征意义，不仅成为唐代艺术创作的杰出成果，更成为研究唐代社会文化、宗教信仰以及民俗风情的珍贵实物资料，为我们深入了解那个辉煌时代提供了一扇重要的窗口。

神话与艺术的交融

玄武是北方太阴之神，由二十八宿中的北方七宿斗宿、牛宿、女宿、虚宿、危宿、室宿、壁宿组成的龟蛇相缠中像，是北方、后方的代表和象征。壁画题材为代表方位的四神图之一的玄武图（图 4），由龟与蛇进行缠绕交合而成的形象。玄武图中龟形体态壮硕、足部苍劲有力；蛇身相对体态较瘦，面部灵动生猛，从龟腹前后足之间缠绕成两匝后，首尾结合环绕，相互对视，分别做吞云吐雾状。这样一胖一瘦的结合，疑似有东汉魏伯阳《周易参同契》一书中雌雄同体之意。绘制技法较为娴熟，先以线条勾勒出龟与蛇主要轮廓，再施以颜色绘制。勾勒线条的技法上一笔到位，流畅洒脱。在被盗之前应是迄今为止所发掘唐墓中保存最完整、色彩最鲜亮、绘制技法最高超的一幅，具有极高的艺术研究价值。壁画绘制技法洒脱有力，形象生动，画面主要内容为龟与蛇，四周加以黄色祥云进行点缀。画面中龟足强壮胸口健硕，附有六边菱形甲胄纹，龟背绘有菱形王字纹，龟身有点状黑色纹样，行走有力。蛇体在龟腹前后足之间缠绕两匝，头与尾向上高扬呈环状相互交叉，龟蛇嘴巴大张，怒目圆睁相互对视。绘制技法较为娴熟，先以线条勾勒出龟与蛇主要轮廓，再施以颜色绘制。勾勒线条的技法上一笔到位，流畅洒脱，颜色主要以黄色为主，稍加橘红色进行渲染。

图 4　韩休墓玄武图

蛇类文物的造型与纹饰艺术

陕西历史博物馆的蛇类文物在造型与纹饰方面展现出独特而迷人的艺术魅力，反映了不同历史时期的审美观念与文化特色。

蛇类文物的造型丰富多样，不拘一格。从整体形态上看，有的蛇类文物以写实手法逼真呈现蛇的自然形态，无论是蜿蜒爬行的动态，还是盘绕休憩的静态，都捕捉得极为精准，让人仿佛能感受到蛇的灵动与鲜活。而另一些则采用抽象、夸张的表现手法，对蛇的形态进行大胆变形与简化。

通过提炼蛇的典型特征，如修长的身形、独特的头部形状等，以简洁的线条和几何形状重新组合，创造出富有想象力和现代感的造型。这种抽象造型往往更注重传达蛇所蕴含的精神内涵和象征意义，而非单纯追求形似。在与其他元素的结合上，蛇类文物也展现出无穷创意。许多文物将蛇与人物、动物或器物巧妙融合，形成独特的复合造型。比如有的青铜器上，蛇与瑞兽相互缠绕，彼此呼应，营造出神秘而奇幻的氛围，赋予了其更多的文化寓意和审美价值。

蛇类文物的纹饰同样精彩纷呈，是古代艺术匠人的智慧结晶。纹饰题材广泛，除了常见的云雷纹、夔龙纹外，还有各种几何纹、花草纹以及神话传说中的图案。这些纹饰或单独使用，或相互搭配，构成了千变万化的装饰画面。几何纹以其简洁的线条和规则的排列，为蛇类文物增添了秩序感和韵律美。三角形、方形、圆形等基本几何图形通过重复、对称、渐变等方式组合，形成富有节奏感的图案，与蛇的灵动形态相互映衬，刚柔并济。花草纹为文物带来了生机与活力，细腻描绘的花瓣、枝叶与蛇的形象相得益彰，展现出大自然的和谐之美。神话传说类纹饰则充满了神秘色彩和浪漫情怀。这些纹饰往往取材于古代神话故事和民间传说，如伏羲女娲人首蛇身的形象、白蛇传等相关元素。通过艺术化的表现手法，将这些神话故事生动地呈现在文物上，不仅丰富了文物的文化内涵，也反映了古人对未知世界的探索和对美好生活的向往。在纹饰的表现手法上，既有阴刻、阳刻等传统技法，也有浮雕、透雕等立体表现形式。阴刻线条细腻流畅，如同绘画中的笔触，能够精准地勾勒出纹饰的轮廓和细节；阳刻则使纹饰凸起于器物表面，立体感强，更具视觉冲击力。浮雕和透雕技法的运用，进一步增强了纹饰的层次感和空间感，使观者仿佛能穿越时空，领略到古代艺术的精湛魅力。这些纹饰不仅是美的装饰，更是历史文化的记录者，它们以独特的语言诉说着过去的故事，为我们了解古代社会提供了珍贵的线索。

古代工匠的智慧

陕西历史博物馆的蛇类文物在材质选择上极为多元，不同材质的选用既受当时社会生产力与资源获取条件的限制，也与创作者想要表达的艺术效果和文化寓意紧密相关。金属材质，尤其是青铜，在商周时期的蛇类文物中占据主导地位。青铜是铜与锡、铅等金属的合金，具有硬度高、熔点低、铸造性能好等优点。商周时期高度发达的青铜铸造业，使青铜成为制作蛇形器物的理想材料。青铜的厚重质感与沉稳色泽，赋予了蛇类文物庄重、威严的气质，与当时社会的等级制度和宗教仪式相契合。像蛇首系铃铜匕，青铜材质不仅保证了器物的坚固耐用，还通过其独特的质感凸显出蛇的神秘与力量。陶质类也是蛇类文物常用的材质之一。陶质文物以泥土为原料，来源广泛且成本相对较低，适合大规模生产。新石器时代的贴塑蛇纹罐便是陶质蛇类文物的代表。泥土经过塑形、烧制后，呈现出质朴自然的质感，虽然不如玉石和青铜那般精美华丽，却带有浓厚的生活气息和原始的艺术韵味。这种材质的选择反映了当时人们的生活水平和实用需求，同时也展现了他们在有限条件下对美的追求。

蛇类文物的制作工艺精湛绝伦，充分体现了古代工匠的高超技艺和卓越智慧。不同材质的蛇类文物，其制作工艺也各有千秋。青铜铸造工艺在商周时期已达到登峰造极的程度。制作青铜蛇形器时，首先要制作模具。工匠们会根据设计好的器物形状，用陶土制作出母模，然后在母模上翻制出外范和内范。外范和内范的制作需要极高的精度，以确保器物的尺寸准确和形状完整。接下来，将调配好的青铜合金溶液浇铸到范腔中，待溶液冷却凝固后，去除外范和内范，得到初步成型的器物。之后，还需对器物进行打磨、修整、装饰等后续处理，使器物表面光滑、纹饰清晰。像蛇首系铃铜匕这样的复杂器物，可能还会采用分铸法，先分别铸造蛇首、匕身、系铃等部件，再通过焊接或其他工艺将它们组合在一起，确保各个部分的连接紧密、浑然一体。陶质类文物制作工艺同样蕴含着古人的智慧。以新石器时代的贴塑蛇纹罐为例，首先是选取合适的陶土，经过筛选、淘洗等工序去除杂质，使陶土质地细腻均匀。然后采用手工捏制或泥条盘筑的方法将陶土塑造成罐体形状。在罐体成型后，运用贴塑工艺制作蛇纹。工匠们将搓好的泥条按照设计好的图案贴附在罐体表面，再用工具进行按压、修整，使其与罐体紧密结合。最后，将陶罐放入窑中烧制。烧制过程中，要严格控制温度和气氛，以确保陶器的质量和色泽。由于当时的烧制技术有限，陶器的颜色和质地可能存在一定的差异，但这种独特的不完美反而增添了其古朴自然的魅力。

蛇类文物的文化象征

在远古时期，人类对自然界的认知有限，面对诸多无法解释的现象和强大的自然力量，往往将某种动植物或自然物视为本氏族的祖先、保护神，即图腾。蛇因其独特的生理特征，如蜕皮再生、行动诡秘等，引发了古人无尽的遐想与敬畏，从而成为众多氏族部落崇拜的图腾对象。陕西历史博物馆的部分蛇类文物便是这种图腾崇拜的直观体现。那些造型简约却充满神秘气息的蛇形陶器，可能并非仅仅作为日常用具而存在，更有可能是氏族举行祭祀、庆典等重要仪式时使用的圣器。在这些仪式中，蛇形陶器被赋予了神圣的意义，人们通过对其顶礼膜拜，祈求蛇图腾庇佑氏族平安、繁衍昌盛。这种图腾崇拜反映了当时人类对自身起源的探寻以及对自然力量的尊崇，蛇类文物则成为沟通人与神灵的媒介，承载着氏族成员的精神寄托。

随着历史的演进，蛇的形象逐渐融入各种宗教信仰体系之中。在道教文化里，蛇被视为具有灵性的生物，与阴阳平衡、生命循环等理念紧密相连。一些道教法器或道观壁画中的蛇形象，往往寓意着道法自然、生生不息的教义。陕西历史博物馆所藏的壁画文物玄武图上，蛇的图案以巧妙的方式呈现，象征着超凡脱俗、长生不老的追求。

无论是图腾崇拜还是宗教信仰，蛇类文物都在其中扮演着不可或缺的角色。它们以物质形态留存至今，为我们深入探究古代人类的精神世界、宗教观念以及文化传承提供了珍贵的实物见证，让我们得以跨越时空的界限，感受古人对未知世界的敬畏与探索精神。

蛇在日常生活中的反映

蛇类文物在一定程度上反映了古代的生活习俗。在一些地区，蛇被认为具有特殊的药用价值，这在相关文物中有所体现。例如，某些描绘蛇类的绘画文物，旁边可能配有关于蛇入药的文字记载，展示了古人对蛇药用功效的认知与应用。这表明在当时的生活中，人们会捕捉蛇类用于医疗保健，形成了独特的医药习俗。另外，蛇皮在古代也曾被用于制作生活用品。一些出土的蛇皮制品文物，如蛇皮制成的腰带、箭袋等，反映出当时人们利用蛇皮坚韧特性的生活实践。这些文物不仅展示了古人对自然资源的巧妙利用，也体现了当时的手工艺水平和生活风尚。在服饰文化方面，蛇形配饰的文物揭示了古人独特的审美与装扮习惯。佩戴蛇形玉佩、金蛇耳环等饰品，不仅是为了美观，还可能具有某种象征意义或社交功能。这些蛇形配饰在不同场合的佩戴，反映了当时的礼仪规范和社交习俗，展示了古人如何通过服饰来彰显身份、表达个性。

民间传说也为蛇类文物注入了丰富的文化内涵。许多蛇类文物的造型或纹饰与著名的民间传说紧密相连。以白蛇传为例，这一经典传说在一些瓷器、木雕等文物上有生动呈现。瓷器上描绘的白娘子与许仙相遇的场景，或是木雕中塑造的白娘子形象，都展现了民间传说对艺术创作的深远影响。这些文物不仅是艺术作品，更是民间传说传承的载体，让白蛇传的故事得以代代相传。又如伏羲女娲人首蛇身的传说，在不少画像石、壁画等文物中频繁出现。这些文物通过艺术手法展现了伏羲女娲的形象，他们蛇身交缠的画面蕴含着古人对人类起源、繁衍的思考。这种传说与文物的结合，反映了民间传说在古代文化中的重要地位，以及古人如何借助艺术形式表达对神话传说的崇敬与传承。此外，一些地方特色的蛇类民间传说也在当地的文物中留下了痕迹。这些传说往往与当地的地理环境、人文历史紧密相关，通过文物的呈现，使这些独特的民间故事得以保存和传播，成为地域文化的重要组成部分。这些蕴含民间传说的蛇类文物，不仅丰富了人们的精神世界，也为研究古代民间文化提供了宝贵的资料。

现代技术与传统文化的结合

“灵蛇纳福”数字展是陕西历史博物馆在喜迎蛇年之际推出的一场别开生面的展览，旨在借助数字化手段，全方位、多角度地展示蛇类文物的魅力，为观众带来全新的观展体验。

该数字展精心挑选了馆内不同历史时期、不同材质的蛇类文物精品进行展示。从新石器时代质朴而充满生命力的贴塑蛇纹罐，到商周时期造型精巧、纹饰华美的青铜蛇形器，再到后世各类材质的蛇形艺术品，每一件文物都承载着丰富的历史信息和文化内涵。通过数字化的高清图像采集与处理技术，观众可以清晰地欣赏到文物的每一处细节，如蛇纹的细腻刻画、器物的精致造型以及材质的独特质感。展览不仅展示了文物本身，还深入挖掘了其背后的故事。通过图文并茂的展板介绍、生动有趣的语音讲解以及丰富翔实的视频资料，向观众讲述蛇类文物所反映的历史文化背景、图腾崇拜、宗教信仰、生活习俗以及民间传说等内容。例如，在介绍与道教相关的蛇类文物时，详细阐释了蛇在道教文化中的象征意义以及与道教教义的紧密联系；对于那些与民间传说相关的文物，如以白蛇传为题材的瓷器，生动地讲述了传说的起源、发展以及在不同历史时期的演变，让观众更加深入地了解文物背后的文化脉络。

数字展最大的特色在于其创新性地运用了多种数字化技术，打破了传统展览的时空限制，为观众营造出身临其境的沉浸式观展体验。观众戴上设备，利用虚拟现实（VR）技术，仿佛穿越时空，置身于古代的祭祀现场、宫廷宴会或民间生活场景之中，亲眼目睹蛇类文物在当时的使用情境，感受其在历史长河中的真实存在。例如，在模拟新石器时代的祭祀场景中，观众可以看到氏族成员围绕着蛇形陶器举行庄重的仪式，亲身感受图腾崇拜的庄严氛围。增强现实（AR）技术的应用也为展览增添了不少趣味。观众只需使用手机扫描展览现场的特定标识或文物图片，就能在手机屏幕上看到虚拟的蛇类文物模型跃然眼前，并可以通过手势操作对其进行全方位的观察和互动。例如，观众可以放大缩小文物模型，查看其内部结构，还能触发相关的动画演示和语音讲解，深入了解文物的制作工艺和文化内涵。

此外，展览还设置了多媒体互动区域，通过触摸屏、体感游戏等形式，让观众积极参与到展览中来。在互动游戏中，观众可以扮演古代的工匠，亲自体验制作蛇类文物的过程，从选择材质、设计造型到雕刻纹饰，每一个环节都充满了挑战与乐趣，使观众在轻松愉快的氛围中加深对蛇类文物制作工艺的理解。“灵蛇纳福”数字展以其丰富的展览内容和创新的展示形式，成功地将古老的蛇类文物与现代数字化技术相结合，为观众打开了一扇了解历史文化的新窗口，让更多人领略到蛇类文物的独特魅力，同时也为文物的保护、文化的传承与弘扬提供了新的思路和模式。

蛇纹文物的历史演变

从春秋到清代，蛇纹文物在造型上经历了显著的发展与变化。春秋时期，蛇纹在玉器和金器上的呈现较为具象且富有动感。以咸阳博物院的蟠虺纹玉环为例，众多小蛇相互缠绕纠结，形态各异，通过纤细流畅的阴线刻划，将虺蛇的昂首曲身、蜿蜒爬行等姿态生动展现，线条刚劲有力，细节处如眼睛、鳞片也刻画入微。凤翔区博物馆的双螭双蛇龙首金带钩同样如此，螭龙与蛇相互盘绕于龙首之上，身体以流畅线条勾勒，生动表现出它们的灵动姿态，线条起伏转折自然，展现出极高的造型塑造能力。到了唐代，蛇俑的造型更加注重写实与神韵的结合。陕西历史博物馆藏唐代十二生肖俑中的蛇俑，蛇首微微昂起，双目圆睁，神态刻画入微，将蛇的机敏灵动展现得淋漓尽致。此时的蛇纹造型不再局限于简单的形态展示，而是更深入地捕捉蛇的内在气质与神态。

在寓意方面，蛇纹文物也随着时代变迁而不断丰富和深化。春秋时期，蛇纹文物的寓意与当时的社会阶层、宗教信仰密切相关。蟠虺纹玉环可能作为装饰品体现佩戴者的身份地位，也可能在礼仪活动中扮演特定角色，或是与宗教信仰有关，蕴含着对蛇神的崇拜和辟邪祈福之意。双螭双蛇龙首金带钩以龙首为造型体现权力尊贵，螭龙与蛇的组合寓意着多种祥瑞力量的汇聚，象征着权力、守护、繁衍等美好愿望，反映出当时人们的宗教信仰、审美观念以及对美好生活的向往。唐代蛇俑作为十二生肖俑的一部分，其寓意更加多元。一方面，由于蛇的神秘特质和习性，蛇俑在墓葬中具有守护墓室、辟邪驱鬼的作用，保护墓主人安宁；另一方面，蛇与智慧、机智相关联，寓意墓主人在来世能借助蛇的智慧顺遂生活；同时，蛇的繁殖能力使其承载了人们对家族兴旺、子孙满堂的祈愿。此外，蛇俑在墓葬中的摆放位置与方位、时辰对应，与阴阳五行学说相连，寓意为墓主人照亮通往另一个世界的道路，帮助其完成生命形态转变，还寄托着灵魂重生、沟通阴阳等美好期盼。龙与蛇的结合象征着力量与智慧、威严与灵动的完美结合，传达出古人对于美好生活的向往与追求，以及对宇宙万物和谐共生的深刻理解。此时的蛇纹寓意不再局限于个体的祈福辟邪，更多地上升到对美好生活和宇宙哲理的思考层面，反映出当时社会文化的进一步发展与成熟。各个时期，蛇纹文物在造型上从较为单纯的具象表现逐渐走向细腻精致且与其他元素融合的多元化风格，在寓意上从简单的权力、守护等诉求发展到对生命、智慧、家族以及宇宙和谐等多维度的深刻思考，这些变化反映了不同历史时期社会文化、宗教信仰、审美观念等方面的发展与演变。

跨学科与地域文化的探索

蛇类文物研究不应局限于传统的考古学、历史学范畴，而应加强与生物学、民俗学、心理学等多学科的交叉融合。例如，借助生物学知识深入探究古代人类对蛇的生态认知，分析蛇类文物中蛇的种类、习性等信息，进一步揭示古人与蛇的生态互动关系；运用民俗学理论剖析蛇类文物在不同地域、民族民俗活动中的演变与传承，挖掘其背后隐藏的深层民俗心理和文化逻辑；引入心理学视角，探讨蛇在古人潜意识中的象征意义，以及蛇类文物所反映的古人情感、信仰和价值观的形成机制。通过跨学科研究，有望为蛇类文物研究开辟新的路径，获得更全面、深入的认识。

目前对陕西历史博物馆蛇类文物的研究多集中在文物本身及其所代表的主流文化层面，未来可加大对地域文化中蛇类文物的研究力度。深入挖掘陕西不同地区蛇类文物的独特之处，比较其与周边地区蛇文化的异同，探究地域间蛇文化的传播、交流与融合过程。同时，关注少数民族文化中的蛇类文物，研究蛇在少数民族信仰、习俗和艺术中的特殊表现形式和文化内涵，揭示中华民族多元一体蛇文化格局的形成与发展，丰富蛇类文物研究的地域文化维度。

随着数字技术的飞速发展，应进一步加强其在蛇类文物研究与展示中的应用。一方面，利用三维建模、大数据分析等技术对蛇类文物进行全方位数字化记录和分析，构建蛇类文物数字资源库，实现文物信息的永久保存和高效利用。通过对海量文物数据的挖掘和分析，发现蛇类文物在不同历史时期、地域的演变规律和内在联系。另一方面，借助人工智能、区块链等新兴技术提升蛇类文物的展示效果和传播范围。例如，利用人工智能开发智能导览系统，为观众提供个性化的参观体验；运用区块链技术保障文物数字版权，促进文物数字资源的合法共享与传播，推动蛇类文物数字化成果更好地服务社会大众。

聚焦文物保护与修复，针对不同材质的文物，研发更加环保、有效的保护材料和修复工艺，提高文物保护的科学性和可持续性。同时，加强对文物病害的监测与预警研究，建立健全文物保护修复档案，为文物的长期保护和科学管理提供有力支持。此外，开展文物保护修复技术的国际合作与交流，引进国外先进经验和技术，提升文物保护修复的整体水平。

强化公众教育与传播研究。蛇类文物承载着丰富的历史文化信息，应更好地向公众传播这些信息，提高公众对蛇类文物的认知和兴趣。深入挖掘蛇类文物背后的文化故事，开发多样化的文化教育产品。编写针对不同年龄段、知识层次的科普读物、绘本，制作动画短片、纪录片等多媒体资源，将蛇类文物知识融入学校教育课程体系与社区文化活动中。通过举办专题讲座、工作坊、亲子活动等形式，增强公众对蛇类文物的认知与兴趣，培养文化传承意识，让蛇类文物所承载的文化价值真正走进大众生活。

蛇类文物的历史、艺术与文化价值

陕西历史博物馆的蛇类文物犹如一部部无言的史书，承载着厚重的历史、卓越的艺术和深邃的文化价值。在历史价值方面，这些蛇类文物宛如时光的纽带，串联起不同历史时期的社会风貌。从新石器时代的贴塑蛇纹罐，我们能窥探到人类文明初期，古人与自然紧密相连的生活状态，以及艺术创作意识的萌芽；商周时期的青铜蛇形器，如蛇首系铃铜匕，见证了青铜铸造业的鼎盛，反映出当时高度发达的物质文化和独特的精神追求。后世各个时期的蛇类文物，也都从不同角度记录了社会的发展与变迁，为研究中国古代史提供了确凿的实物证据，填补了诸多历史研究的空白。艺术价值上，蛇类文物展现出令人叹为观止的魅力。造型上，或写实逼真，将蛇的灵动鲜活展现得淋漓尽致；或抽象夸张，以简洁线条传达深刻内涵；与其他元素的巧妙融合更是创造出无数独特的复合造型。纹饰题材广泛，几何纹、花草纹、神话传说纹等交相辉映，通过阴刻、阳刻、浮雕、透雕等多样技法，呈现出层次丰富、美轮美奂的装饰效果。材质运用多元，玉石的温润、青铜的厚重、陶瓷的质朴以及其他材质的独特质感，都为艺术表达提供了广阔空间。制作工艺精湛绝伦，青铜铸造的复杂、陶瓷制作的精巧以及精美绝伦的唐代壁画等工艺的综合运用，无不彰显古代工匠的高超技艺和卓越智慧。文化内涵上，蛇类文物蕴含着丰富的精神密码。它是图腾崇拜与宗教信仰的重要象征，曾作为氏族祭祀的圣器，承载着人们对自然力量的敬畏和对神灵庇佑的祈愿；在道教和佛教文化中，蛇的形象与教义紧密相连，传递着深刻的哲学思想和人生追求。民间传说更是为其注入了浪漫色彩，白蛇传、伏羲女娲等传说在文物上的呈现，使这些传说得以代代流传，成为地域文化和民族文化的重要组成部分。

总之，陕西历史博物馆的蛇类文物是历史、艺术与文化的完美融合，它们不仅是中华民族珍贵的文化遗产，更是全人类文明宝库中的璀璨明珠，值得我们深入研究、精心保护和大力传承。

作者小传

高小超，现任陕西历史博物馆保护修复部专业技术人员，主要专注于壁画文物与纸质文物的保护修复工作。

蛇影千年

陇上文物中的幽幽蛇影

辛　欣

世间万物，各有奇妙，然而蛇却独得一份灵异之韵。它们身形细长，蜿蜒前行的姿态，仿佛诉说着远古的秘密，带有一股穿透时空的神秘力量。在原始社会时期，蛇被视为人类的天敌之一。东汉许慎的《说文解字》中提道："蛇，它或从虫。""它，虫也。从虫而长。象冤曲垂尾形，上古草居患它，故相问无它乎。"可见先民对蛇的惧怕。在人类与蛇的漫长共存历史中，人们既感受到了蛇的潜在威胁，也逐渐认识到了它所象征的智慧和灵性。对蛇，人类的情感是复杂的，既敬畏其力量，又崇敬其所代表的深意。

在中国古代图腾文化的长河中，"蛇"作为主要代表之一，其历史可以追溯到比"龙"更为久远的时代。在古老的民俗传统里，蛇曾经是美好与吉祥的象征，不仅是受人崇拜的对象，更是中华民族原始宗教中的一位神祇。而在中国的上古创世神话中，"人头蛇身"的伏羲与女娲、"蛇身朱发"的共工氏、"九首蛇身"的相柳氏等，则深刻地反映出蛇文化在中华文明中的深远根源及重要地位。蛇从最初被视为神秘且危险的生物，逐渐演变为神灵与图腾，这一转变不仅见证了人类对自然界认知的不断深化，也体现了蛇在多元文化和信仰体系中所占据的重要地位。

甘肃，作为中华文明的重要“摇篮”之一，文化积淀深厚，是中华民族五千年历史长河中的一颗璀璨明珠。这片广袤而神秘的土地不仅孕育了丰富多彩的文化遗产，更是古老智慧与现代精神交融之地。作为中华蛇文化的重要组成部分，甘肃的蛇文化见证了地区间文化交流与融合的过程，同时也是人类对自然界探索与理解的一个缩影。

信仰神祇

蛇作为自然界中既神秘又令人敬畏的存在，在许多文化中都扮演着重要的角色。它可以是生命力、再生能力的象征，也可以是连接人间与神灵世界的媒介，守护人们的信仰。

甘谷县发现的距今 5200 年的仰韶文化晚期鲵鱼纹彩陶瓶（图 1），瓶身的腹部以黑彩绘鲵鱼纹，鲵鱼双目圆睁、大口露牙，身体曲折成三角形，首尾相连。图案线条单一，但运笔自如、形象生动，勾勒出了远古先民对神秘力量的敬畏与崇拜。这件彩陶瓶上的鲵鱼图案，与古籍中所记载的伏羲形象——“龙身人首”“人首蛇身”十分相似。因此，学术界普遍认为瓶身上的人面鲵鱼图案实际上是对伏羲这一神话人物的一种人格化表达。在齐家文化中，也出土了与蛇有关的重要文物。庄浪县韩店镇西面塬遗址出土的蛇纹响铃罐（图 2），肩部饰一条蛇形纹，三角首，长条身，卷尾，蛇身绘饰三角鳞纹。此纹饰在齐家文化的陶器中十分罕见，推测其可能为蛇向龙形象演变的雏形。有学者研究认为，此罐很可能是被用作祭祀仪式中的器物，罐身的蛇纹不仅是图腾崇拜的具体表现形式，也可能是当时人们对于某种特定宗教信仰或原始习俗尊崇的表现。

图1　鲵鱼纹彩陶瓶　甘肃省博物馆藏

图2　蛇纹响铃罐　庄浪县博物馆藏（庄浪县博物馆供图）

青铜蛇影

在青铜器装饰艺术中，蛇纹饰占据了一席之地，是不可或缺的装饰元素之一。特别是出现在祭祀等重要仪式场合使用的青铜器上，蛇纹饰更是被赋予了深刻的功能性和象征意义，成为沟通人间与神灵、传递信息与情感的重要媒介，见证了中国古代文明的高度发达和深厚积淀。

灵台县白草坡西周墓出土的镂空鞘青铜短剑（图3），剑鞘镂空的中心为一蟠蛇，头呈正三角形，双睛炯然有神。蛇身与藤状植物相绕结，构成了一组对称中包含变异的网络状镂饰。鞘口两侧有一对相背的圆雕伫立犀牛，二牛四腿外突，与盘绕的蛇藤相呼应。此剑鞘的蛇形头部宽大，还有一双突出而夸张的浮雕眼，是一种比较写实的蛇纹。青铜器上的蛇纹装饰始见于商代中晚期，在商周时期，蛇纹的主要表现有两种形式，一种是以

图3 镂空鞘青铜短剑 甘肃省博物馆藏

单体形式出现在图案中的单体蛇纹。这种单体的蛇纹盛行于商代晚期，到了西周中期趋近于消亡。另一种则是图案更加复杂多变、繁复细密的蟠虺纹。蟠虺纹以盘曲的小蛇（虺）的形象为基础，通过精巧的设计，构成了二方连续或四方连续的几何形纹饰带，是春秋时期盛行的蛇纹装饰。从商代中期到春秋时期，青铜器上的蛇纹饰经历了从简单到复杂、从单个到群体组合的变化过程。这种从具体到抽象、从单一到复合的发展过程，为青铜器增添了神秘而迷人的色彩，反映了当时人们审美观念的变化以及社会文化的变迁。

人文始祖

在中国古代神话传说中，伏羲和女娲被尊为人文始祖，他们通常被描绘为“人首蛇身”的形象。这种独特的形象如同一种文化符号，象征了人类与自然界的和谐共生，也体现了古人对于宇宙、生命起源以及人类社会发展的深刻思考。

高台县骆驼城苦水口墓葬出土的伏羲女娲画像砖（图4），左侧为女娲，一手持矩、一手拿阴物，人首、蛇身、兽足、挽高髻、着交领长衣，腹部绘月轮；右侧为伏羲，手中持矩，腹部绘日轮，内有一金乌，周围云气环生，意在天界畅游。两砖拼合形成阴阳交合图。高台县骆驼城南墓群也出土了两块类似的画像砖，伏羲图彩绘画像砖（图5），画面绘伏羲，人首蛇身，兽足，头戴山字形冠，着交领长袖袍服。左手持矩，右手持日轮，内以黑彩绘一神乌，象征太阳；女娲图彩绘壁画砖（图6），画面绘女娲，人首蛇身，兽足，头梳高髻，着交领红裳，右手持月轮，月轮内有蟾蜍，左手持规。在武威市博物馆收藏的一件魏晋时期的彩画陶盆内壁上，同样也绘有伏羲女娲图案（图7）。陶盆内壁墨绘伏羲、女娲图案。画面上方绘飞廉各一，下方绘太阳、月亮。太阳内绘三足乌，月亮内绘蟾蜍、玉兔，日、月均有双翼、蛇身。太阳、月亮变为伏羲、女娲的头部，两臂变成双翼。除了上述文物外，河西地区还保存了许多与伏羲女娲神话传说相关的文物，这些文物见证了河西先民对这两位创世神祇的崇敬。

图4　伏羲女娲画像砖　高台县博物馆藏
（高台县博物馆供图）

图5　伏羲图彩绘画像砖　高台县博物馆藏
（高台县博物馆供图）

图6　女娲图彩绘壁画砖　高台县博物馆藏
（高台县博物馆供图）

图7　彩画陶盆内壁　武威市博物馆藏
（武威市博物馆供图）

在古人的时空观与宇宙观中，“天圆地方”有着重要的地位。伏羲、女娲二神执规矩、蛇身交尾的意象，是古人对宇宙结构的基本理解，也深刻体现了中国传统文化中阴阳互补、万物相生的思想。墓葬中出现的伏羲、女娲形象，正是墓主人对于死后世界的一种理想化追求和美好愿望的寄托。包括两个方面，一是对升天成仙、灵魂不灭的向往；二是对后代能够繁衍生息的美好期盼。画像砖上伏羲女娲两尾交合重叠，则是一种隐喻性的表达，寓意了墓主人希望阴阳相合、生命轮回的愿望，反映了河西地区先民对生命、死亡及宇宙秩序的独特见解。

岁在巳蛇

上古时代的蛇图腾与蛇崇拜，为十二生肖中蛇形象的形成创造了条件。蛇作为一种特殊的生物，是很多原始部落中图腾之物，象征着力量、智慧、再生等多种含义。这种对蛇的崇敬之情，经过长时间的发展与演变，最终融入十二生肖的文化体系之中。蛇在十二生肖中位列第六，对应的是地支中的“巳”，又称“巳蛇”。十二生肖自起源之初便与人们的日常生活和精神世界紧密相连，人们赋予了十二生肖丰富的寓意，它们成了祈求平安、幸福、长寿等美好愿望的载体，同时也表达了人们对自然界规律的崇敬和顺应。

肃南裕固族自治县西水乡大长岭唐墓出土的彩绘“马、蛇”生肖木版画（图 8），木板左边壶门内墨绘一站立骏马，骏马两侧环绕升腾的云朵。右边壶门内绘一张口吐须的盘蛇，蛇的两边各绘云朵。这样的构图展现了当时高超的艺术表现手法，也揭示了十二生肖与丧葬明器结合的传统在这一时期的流行趋势。考古研究表明，将十二生肖和丧葬明器结合的传统最早可以追溯到南北朝时期。隋至初唐时期，在两湖、四川等南方地区有发现，到了盛唐时期在中原地区流行起来。此墓中出现的十二生肖木版画，显然是受中原文化的影响，它不仅是地区间文化交流的例证，也体现了古人对于时空循环往复的理解和认知，同时也兼具了驱邪避害、保护墓主人灵魂安宁的功能。

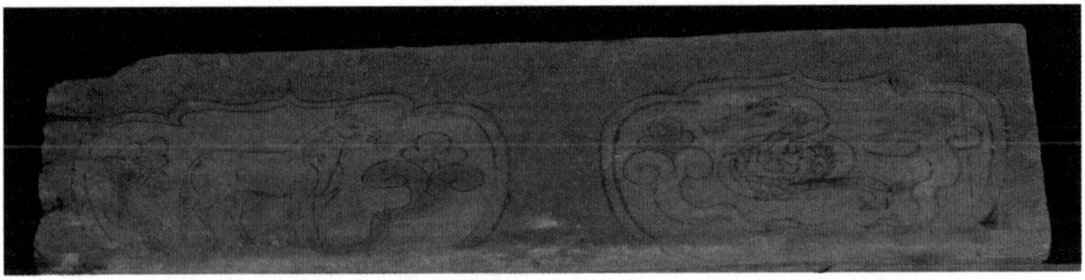

图8　彩绘“马、蛇”生肖木版画 肃南裕固族自治县民族博物馆藏（肃南裕固族自治县民族博物馆供图）

随着时间的推移，蛇在中国社会中的象征意义经历了深刻的变化，逐渐融入日常生活的方方面面，成为民间艺术、文学作品、节日庆典等不可或缺的一部分。从民间故事、民间习俗到民间艺术，蛇的形象在不同的语境下以不同的形象出现，寄托了中国人对于美好、平安、幸福、富足生活的祈盼与追求。如庆阳市博物馆收藏的清神怪火轮蛇皮影（图9）和清神怪蛇蝎大殿皮影场景（图10）。神怪火轮蛇皮影，蛇盘成一圆形火轮，蛇头伸出，蛇身线条自然流畅，火轮的设计更为巧妙绝伦，仿佛能在光影中旋转燃烧，凸显出神怪栩栩如生的形象；神怪蛇蝎大殿皮影场景，蛇蝎大殿气势辉煌，正脊盘有数条蛇，大殿的四根立柱上缠绕着蛇形图案，上爬有蝎子，这些蛇或盘绕上升，或蜿蜒而下，形态各异，蛇身鳞片清晰可见，给人一种真实且神秘的氛围。这两件皮影反映的是清代时期人们对神秘、超自然现象的浓厚兴趣以及对神怪文化的热爱，同时也为我们了解当时的社会风俗、审美观念以及艺术水平提供了珍贵的资料。

图9 清神怪火轮蛇皮影 庆阳市博物馆藏
（庆阳市博物馆供图）

图10 清神怪蛇蝎大殿皮影场景 庆阳市博物馆藏
（庆阳市博物馆供图）

在自然环境中，蛇以隐秘的方式潜伏遁形；在中华传统文化中，蛇的形象既神秘又灵动，扮演着复杂且多变的角色。从古老的伏羲女娲创世传说到镇宅家神的民间传说，蛇在中国人心目中的地位早已超越了单纯的敬畏或恐惧，成为一种深刻的精神寄托和文化符号。它凝聚了古人对于宇宙万物的深刻理解与细腻感悟，同时也表达了现代社会人们对和谐共生的美好愿景。

作者小传

辛欣，甘肃省博物馆馆员，主要从事博物馆学研究、文物研究等。先后参与策展2019年至2025年生肖主题系列文物大联展，在《读者欣赏》《看历史》《孔子学院》《甘肃日报》等期刊杂志发表多篇文章。

梵宫汉韵

敦煌石窟宝应声、宝吉祥菩萨溯源再论 *

神 帅

敦煌石窟历经千年营造，被誉为“沙漠中的美术馆”，系中华优秀传统文化的展览馆。敦煌石窟艺术是中国美术史的重要组成部分，敦煌简牍、遗书更是补充、明晰西北区域史乃至中国古代史的重要历史证据。以敦煌莫高窟第 285 窟所见人首蛇身图像这种外来文化艺术在岁月长河中积极吸收、利用本土题材，试图融入中华优秀传统文化的代表性案例，也正是中华文明连续性、创新性、统一性、包容性、和平性突出特性在敦煌石窟中的生动表现。

敦煌莫高窟第 285 窟所见人首蛇身图像

莫高窟第 285 窟窟顶东坡相对绘有两身人首蛇身图像，该图像具有明确的图像志特征，主要表现为人首蛇尾，兽形双爪，双手分持规矩、日月图像，二者之间绘有摩尼宝珠图像（图 1—图 2）①。目前，学界对莫高窟第 285

* 本文节选自神帅《敦煌十六国北朝石窟与墓葬艺术的交融》，经修改后收入。

① 壁画彩图采自敦煌研究院编《丝绸之路艺术——从印度到敦煌·敦煌石窟卷》，甘肃人民出版社，2024 年，第 57 页；线描稿为笔者绘。

窟东坡所绘图像身份主要存在两种观点。其一为伏羲女娲说。此观点以段文杰[①]、张元林、[②]张倩仪[③]等学者为代表。其二为宝应声与宝吉祥菩萨说。此观点以贺世哲[④]、殷光明等学者为代表。其中殷光明认为此处的图像为中国传统传说中的伏羲、女娲，但已被借用来表现佛教内容，其身份为宝应声菩萨和宝吉祥菩萨[⑤]。笔者拟在前人研究的基础上，以佛教石窟艺术对伏羲、女娲形象的吸收和利用为题再作述论，以期明晰以该图像为代表的外来佛教艺术与汉地文化艺术的交融表现，挂一漏万，敬请斧正。

墓葬艺术中的伏羲女娲图像

伏羲女娲文化一直是学界的研究热点，长期以来学界围绕伏羲女娲神

---

① 段文杰：《十六国、北朝时期的敦煌石窟艺术》，载氏著《段文杰敦煌艺术论文集》，甘肃人民出版社，1994 年，第 23 页。

② 张元林在肯定其伏羲女娲原始身份的基础上，还指出在莫高窟第 285 窟中绘制此图像或表达了元荣家族“东望故乡”的美好愿景（氏著：《兼收并蓄，融汇东西——灿烂的莫高窟西魏艺术》，载吴健编著：《中国敦煌壁画全集·西魏卷》，天津人民美术出版社，2002 年，第 18 页）

③ 张倩仪认为其应为伏羲女娲像，且完全是汉画石及河西画像砖的造型。与之不同之处是将西王母图像换成摩尼宝珠，有如北魏石棺前档常见朱雀或畏兽拱护摩尼宝珠的情况（氏著：《魏晋南北朝升天图研究》，商务印书馆，2010 年，第 208 页）。

④ 贺世哲认为其分别为宝应声菩萨与宝吉祥菩萨，并指出其与嘉峪关新城 16 号墓棺盖画伏羲女娲图尤为相似，显然是继承嘉峪关墓画发展起来的（氏著：《关于 285 窟之宝应声菩萨与宝吉祥菩萨》，《敦煌研究》，1985 年第 3 期，第 37-40 页；《莫高窟第 285 窟窟顶天象图考论》，《敦煌研究》，1987 年第 2 期，第 1-13 页；氏著：《敦煌图像研究：十六国北朝卷》，甘肃教育出版社，2006 年，第 298 页）。

⑤ 殷光明：《敦煌壁画艺术与疑伪经》，民族出版社，2006 年，第 82-84 页；氏著：《敦煌西晋墨书题记画像砖墓及相关内容考论》，《考古与文物》，2008 年第 2 期，第 104 页。

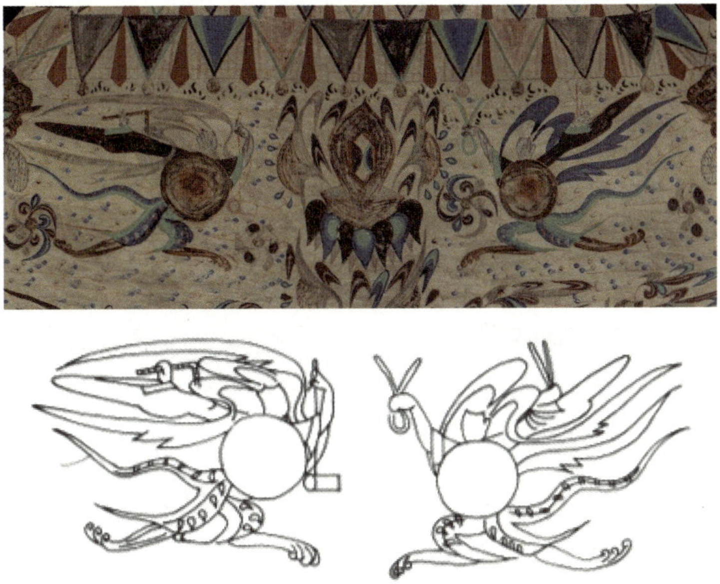

图1、图2　莫高窟第285窟窟顶东坡人首蛇身图像

话与信仰及其图像表现等问题进行过较为深入的研究，涌现了诸多上佳之作[①]。这对对偶神在先秦时代互不统属，属于相对独立的信仰系统，女娲之

① 20世纪以来学界关于伏羲女娲相关研究便层出不穷，其中较为代表的作品有：芮逸夫：《苗族的洪水故事与伏羲女娲的传说》，《人类学集刊》，1938年第1期；常任侠：《沙坪坝出土之石棺画象（像）研究》，《时事新报》，1943年第41-42期；朱炳祥：《伏羲与中国文化》，湖北教育出版社，1997年；杨利慧《女娲的神话与信仰》，中国社会科学出版社，1997年；杨利慧：《女娲溯源——女娲信仰起源地的再推测》，北京师范大学出版社，1999年；闻一多：《伏羲考》，上海古籍出版社，2006年；刘文锁：《伏羲女娲图考》，载中山大学艺术史研究中心编《艺术史研究（第8辑）》，中山大学出版社，2006年；过文英：《论汉墓绘画中的伏羲女娲神话》，浙江大学博士学位论文，2007年；李丹阳：《伏羲女娲形象流变考》，《故宫博物院院刊》，2011年第2期；刘惠萍：《伏羲神话传说与信仰研究》，陕西师范大学出版社，2018年；刘惠萍：《图像与神话：日月神话研究》，陕西师范大学出版社，2019年等。

名相较伏羲出现更早，二者之间的对偶关系至两汉之时才被确立[①]，二者形象多见于墓葬艺术当中，且通常还会伴随不同的艺术造型出现[②]，被人们赋予了调和阴阳、祛除邪祟、护佑灵魂、指引升天等诸多功能。汉时人们将伏羲女娲双蛇交尾的形象刻画在送魂幡和墓壁上，为的是指引亡灵重返创世时刻，获得再生。在汉人的神画中，伏羲女娲持规矩、举日月，验之楚帛书，表示方圆之天地及日月都是他们创造或再造的[③]。因此，伏羲女娲也被视为日月之神得到供奉[④]。

伏羲女娲图像广泛分布于我国各地，是两汉至隋唐时期我国各地区墓葬艺术中普遍流行的题材，图像载体主要有画像石、石棺、画像幡等。依据图像特征大致可分为 A 型（有兽爪形足）和 B 型（无兽爪形足）两大类，具体图像表现如下。

① 陈屡生：《神话主神研究》，紫禁城出版社，1987 年；武文：《阴阳和谐的思维原始——论伏羲女娲的人文意识》，《西北师大学报（社会科学版）》，1993 年第 1 期，第 44-50 页；吕威：《楚地帛书敦煌残卷与佛教伪经中的伏羲女娲故事》，《文学遗产》，1996 年第 4 期，第 16-29 页；杨利慧：《女娲溯源——女娲信仰起源地的再推测》，北京师范大学出版社，1999 年；李丹阳：《伏羲女娲形象流变考》，《故宫博物院院刊》，2011 年第 2 期，第 140-155 页。

② 程万里列举了 12 种同伏羲女娲一起出现的画像表现，分别为：日月、规矩、芝草、玄武、九尾狐与星宿、圆璧、圆环、单阙、羽人、莲花、西王母等（参见氏著：《汉画伏羲女娲图像艺术学研究》，《艺术百家》，2012 年第 4 期，第 202 页）。

③ 吕威：《楚地帛书敦煌残卷与佛教伪经中的伏羲女娲故事》，《文学遗产》，1996 年第 4 期，第 22 页。

④ 〔日〕林己奈夫：《汉代の神祥》，京都：临川书店，1989 年，第 281-319 页；〔日〕曾布川宽：《汉代画像石》における升仙图的系谱》，《东方学报》，1993 年第 65 册，第 23-221 页；殷光明：《敦煌西晋墨书题记画像砖墓及相关内容考论》，《考古与文物》，2008 年第 2 期，第 99 页。

A 型（有兽爪形足）包括 Aa 型（有兽爪形足交尾）和 Ab 型（有兽爪形足不交尾）两种亚型表现。其中 Aa 型主要集中出现在汉代和魏晋时期，在我国四川、贵州等地墓葬艺术中均有发现，图像特征主要有：人首，类人身，兽爪形双足，二者蛇尾相交等。例如四川郫县二号、三号、四号（图 3）[①]、五号石棺[②]，贵阳金沙县后山乡 2 号石棺等[③]。Ab 型时代同样主要集中在汉代和魏晋时期，地区主要集中于我国四川、甘肃等地。图像特征主要有：人首，类人身，兽爪形双足，二者分立。其中，汉代相关图像主要集中出现在四川地区相关墓葬中，例如成都博物馆藏伏羲女娲画像砖（图 4）[④]、成都武侯祠博物馆藏伏羲女娲画像砖[⑤]、四川合江 4 号石棺、新津县宝子山崖墓 1 号石棺等处。魏晋时期相关图像的出现多见于甘肃地区墓葬中，代表性作品为嘉峪关 M1 号墓葬。该墓葬照墙处存有正方形伏羲女娲画像砖，人物图像绘制在画像砖中间，充斥了整个画面。伏羲女娲分别手持规、矩，胸前为日月图像，日月图像中分别绘有金乌、蟾蜍等图像，人首蛇身，蛇身各有兽爪形足一对[⑥]。

B 型（无兽爪形足）同样包括 Ba 型（无兽爪形足交尾）和 Bb 型（无兽爪形足不交尾）两种亚型表现。其中 Ba 型时代集中在隋唐时期，汉代及魏晋时期亦有。出现地点主要集中出现在新疆吐鲁番、四川等地区，

---

① 图片采自高文：《中国画像石棺全集》，三晋出版社，2011 年，第 139 页。

② 高文：《中国画像石棺全集》，三晋出版社，2011 年，第 132-142 页。

③ 高文《中国画像石棺全集》，三晋出版社，2011 年，第 397-398 页。

④ 高文、王锦生：《中国巴蜀汉代画像砖大全》，国际港澳出版社，2002 年，图版第 191 页。

⑤ 高文、王锦生：《中国巴蜀汉代画像砖大全》，国际港澳出版社，2002 年，图版第 202-203 页。

⑥ 此两件画像砖现藏甘肃省博物馆，相关简介及图版可参见赵莉：《甘肃考古发现的汉、魏晋时期伏羲、女娲图像》，《丝绸之路》，2009 年第 22 期，第 24 页。

图3 四川郫县竹瓦铺东汉砖室墓4号石棺后挡

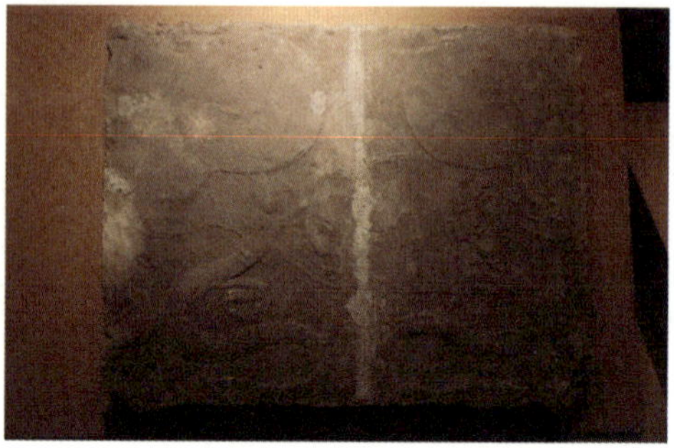

图4 东汉伏羲女娲画像砖（笔者摄） 成都博物馆藏

图5 新疆维吾尔自治区吐鲁番阿斯塔那第42号墓出伏羲女娲绢画（64TAM19）

图像载体包括画像石、画像幡和绢画等。例如，吐鲁番地区相关图像的图像特征主要表现为：伏羲女娲上身两臂相连、另外两臂分持规、矩，蛇尾呈麻花状相交，身周通常还绘有天象图，蛇身无兽爪形足的出现。代表作品为新疆阿斯塔那第42号墓出土的伏羲女娲绢画（图5）[①]。画面中伏羲女娲上身均着圆领宽袖朱色袍服，两臂相连，另外两臂分持规、矩，腰部相连、着裙，裙上饰有曲条形装饰。下身均为蛇尾，呈麻花形相交织。二者头部中间上部位置及双尾相交末端分开处各绘一圆盘，圆盘周饰联珠纹。身周满绘天象。Bb型时代主要集中在汉代，

① 图片采自新疆维吾尔自治区博物馆编著:《新疆历史文物集萃》，文物出版社，2024年，第263页。

出现地点出于集中在四川等地。图像特征主要表现为人首蛇身，无兽爪形足亦不交尾，例如四川简阳三号石棺（图6）[①]、重庆璧山四号石棺等。

图6　四川省简阳市董家埂乡深洞村鬼头山崖墓三号石棺后挡

敦煌地区佛教对伏羲女娲的吸收

敦煌地区佛教对伏羲女娲的吸收和利用主要体现在两个方面，其一便是佛教石窟艺术中伏羲女娲形象的出现，其二是敦煌遗书及相关文献记载所见伏羲女娲信仰，及其被佛教吸收之后身份的转变。

P.2652号敦煌遗书被学界定名为《天地开辟已来帝王纪》，经学者研究，其原书成书年代上限应不超过西晋，下限不超过隋，或为东晋十六国时期的作品[②]。P.4016、S.5505、5785号文书存有与P.2652号文书相同内容的记载。其中S.5785首尾皆残，P.2652号文书虽有残损，但相较他卷而言保存尚佳，可通过其他写本进行补校，另其纸背抄文所存“司空”一词为该卷本抄写年代提供了较为有利的证据，为4件文书中相对较早的一卷本（图7）[③]。该写卷存有敦煌地区伏羲女娲信仰的相关记载：

天地开辟已来帝王纪一卷。昔者天地未分之时，若风若云，既分

---

① 图片采自高文：《中国画像石棺全集》，三晋出版社，2011年，第249页。

② 郭锋：《敦煌写本〈天地开辟以来帝王纪〉成书年代诸问题》，《敦煌学辑刊》，1988年第1、2期合刊，第104页。

③ 图片采自国际敦煌项目（IDP）。

之后……伏羲皇号为三皇而治，伏羲为天皇……答曰伏羲女娲兄妹二人衣（依）龙上天，得存其命……

图7　P.2652号文书

通过上述文献记载我们可知：早在人首蛇身图像出现在敦煌石窟以前，东晋十六国时期敦煌地区伏羲女娲信仰便已十分流行，同时这也为魏晋时期佛教艺术对其的吸收埋下了伏笔。

魏晋时期部分佛教疑伪经中伏羲女娲被直接定名为宝应声、宝吉祥菩萨。据道安《二教论》转引《须弥四域经》载："宝应声菩萨名曰伏羲，宝吉祥菩萨名曰女娲。"[①]又道绰《安乐集》转引《须弥四域经》载：

天地初开之时，未有日、月、星辰，纵有天、人来下，但用项光照用。尔时人民多生苦恼，于是阿弥陀佛遣二菩萨——一名宝应声，二名宝吉祥——即伏羲、女娲是。此二菩萨共相筹议，向第七梵天上取其七宝，来至此界造日、月、星辰、二十八宿，以照天下，定其四时，春、秋、冬、夏[②]。

在记载中，伏羲女娲被除却了原始身份，化身成为佛教最高神佛陀派往现实世界开创光明、解救苍生的宝应声、宝吉祥菩萨。这种观念在唐人的论

① （北周）释道安：《广弘明集》第52册，第140页。

② （唐）道绰：《安乐集》，第47册，第18页。

述中又再次被重申，法琳《辩正论》载有与《须弥四域经》中对于伏羲女娲化身佛教使者相同意涵的表述，侧面反映了时人已经对伏羲女娲身份转变的认同：

> 夫世界初成，未有日月，二大菩萨下救苍生。爰列三光是兴八卦。伏羲皇者应声大士，女娲后者吉祥菩萨[①]。

在佛教疑伪经中，之所以将我国古代一直尊为创世之神、日月之神和人类始祖的伏羲、女娲也由阿弥陀佛派遣的宝应声、宝吉祥菩萨化现，其目的就是要说明释尊在孔、老之前出世，可作其师，伏羲、女娲、孔子、老子都是佛弟子，以此就可将佛、菩萨置于中国圣人之上，借此抬高佛教，达到宣扬三教同源、以佛教为本的目的[②]。

《须弥四域经》在敦煌流行时间与莫高窟第 285 窟营建时间有所重合。据贺世哲先生对《须弥四域经》成书时间的考据约在公元 518 年至天和四年（570 年）[③]，如此说无缪，在这一时间段内伏羲女娲被佛教吸收且转化为宝应声与宝吉祥菩萨的说法想必已经被大众接纳，而这与敦煌莫高窟第 285 窟修建完成之后所存大统四年（538 年）题记相差不过小几十年。而据宿白先生所考，莫高窟第 285 窟内部的同层壁画并不是同期完成的，而是在石窟开凿之后首先绘制了西壁的内容，其后补绘了窟顶和南壁、北壁及东壁的内容，其中东壁和北壁上方所绘七佛题材又比窟顶和南壁略晚

① （唐）法琳撰：《辩正论》，《大正藏》第 52 册，第 521 页。

② 殷光明：《敦煌壁画艺术与疑伪经》，民族出版社，2006 年，第 70 页。

③ 贺世哲：《关于二八五窟之宝应声与宝吉祥菩萨》，《敦煌研究》，1985 年第 3 期，第 38-39 页。

一些[①]。由此来看，《须弥四域经》在敦煌地区流行的时间应与敦煌石窟第285窟营造的时间有一定的重合，即东阳王元荣统治瓜州期间。

从伏羲、女娲图像管窥敦煌石窟所见佛教艺术中国化的缩影

“梵宫汉韵”是早期佛教石窟的重要艺术特征之一。伏羲、女娲图像最初出现在莫高窟第285窟是佛教艺术对其的吸收和利用，其虽延续了在墓葬艺术中的图像表现和特征，却被赋予了宝应声、宝吉祥菩萨的新身份，并在其后被敦煌民众接受，这种身份的转变可在当时流行的佛教疑伪经《须弥四域经》等文献记载中找到明确的依据。伏羲、女娲图像在佛教石窟艺术中的出现，既是早期佛教石窟艺术对传统墓葬艺术表现形式的借鉴，亦是外来佛教艺术对本土墓葬艺术的进一步吸收和利用。同莫高窟第249、第285等窟所见佛教艺术对墓葬艺术语境中相关图像表现形式的借鉴相同，均是将源于墓葬艺术中并被社会大众广为接纳的神祇、神兽、祥瑞，吸收进佛教神祇、信仰体系中给予新的身份，并通过编撰相关事迹等方式提升佛教在民众心中的信仰地位。

以墓葬艺术为载体的中华优秀传统文化，是外来佛教艺术融入中华文明的重要取材来源。为更好地让世俗大众接受、理解精深晦涩的佛教义理，以便于自身发展，佛教石窟的设计者和营造者将目光转向了根植中原文化的墓葬艺术。敦煌、河西乃至丝绸之路等区域丰富的墓葬，在建筑形制、图像题材等方面为敦煌石窟艺术的产生和营建提供了取之不竭的创作灵感和粉本母题。佛教艺术开始广泛吸收、借鉴根植汉地文化、思想观念的墓

① 宿白：《参观敦煌莫高窟第285号窟札记》，原刊《文物参考资料》，1956年第2期，后收氏著：《中国石窟寺研究》，三联书店，2019年，第262页。

葬艺术，将广泛出现于墓葬艺术的建筑形制（例如覆斗顶、人字坡形制等）、图像题材（例如“龙车凤辇”图式、昆仑山图像、多首兽身图像、人首人身蛇尾图像、鸟首蛇身图像等）乃至构图形式（例如长卷式构图）、叙事手法（例如左图右史、异时同图等）及绘制技法（例如“晕染与平涂”敷色技法的融合与发展、线描技法的中西共存与融合发展等）等融入自身，并具体表现在石窟艺术之中。十六国北朝时期佛教石窟艺术对墓葬艺术及传统文化的吸收和利用，尤其是以伏羲、女娲等图像为代表的中国传统文化和宗教内容，在这一时期的发展和演化轨迹，既是当时工匠利用自身经验对佛教艺术进行中国化改造的具体表现，也为隋唐时期敦煌石窟艺术与传统文化的进一步融合奠定了基础。

作者小传

神帅，男，山东枣庄人，兰州大学敦煌学研究所博士研究生，甘肃敦煌学学会会员，中国博物馆协会会员，主要从事敦煌学及美术考古研究。主持甘肃省教育厅科研项目一项，参与教育部人文社会科学重点研究基地重大项目、“中央高校基本科研业务费专项资金”学科交叉创新团队建设项目、甘肃省历史文化研究与传播专项课题重点项目等科研项目多项。

敦煌佛教艺术中的蛇形象

杨艳丽

龙蛇信仰由来已久，龙的图像起源是蛇的形象，先秦时期，古人将蛇类的特性与其他动物相融合创造了龙，因此龙与蛇的关系在图像上勾连甚密，相互借用。王晓玲对吐鲁番阿斯塔那古墓人首蛇身的交尾图像进行研究，深入探讨了中国龙蛇信仰的由来与女娲信仰中的“生”意的历史渊源，并将两汉到魏晋时期的龙蛇信仰分为两类不同的内涵，两汉时期的龙蛇信仰与伏羲女娲传说以及阴阳化生观念粘连，魏晋时期则受到丧葬文化的影响，人首蛇身表现的是墓主人升仙后的形象[①]。杨富强对皇权政治与龙蛇符号的关系进行探讨，值得关注的是作者提到了魏晋以来随着佛教的传播，佛教中的龙蛇故事主题进入了中古政治实践[②]。另外，诸多学者主要集中在对中国传统文化中龙蛇思想的研究[③]。在前人研究的基础上，对中国佛教艺术中的蛇形象作进一步的阐述，以分析蛇形象在佛教艺术中出现的不同叙事情境。

---

① 王晓玲：《吐鲁番阿斯塔纳古墓人首蛇身交尾图像研究》，陕西师范大学博士学位论文，2017 年。

② 杨富强：《龙蛇异象与中古皇权政治研究》，武汉大学博士学位论文，2022 年。

③ 赵艳：《从那伽到中国龙：龙神神话叙事与图像的流变》，《云南民族大学学报》（哲学社会科学版）。

龙蛇护法：汉藏佛教艺术中的蛇身护法形象

龙蛇在佛教艺术中最普遍的角色是作为护法神出现。龙作为护法神最早进入石窟艺术中。在佛陀降世时有“龙王浴佛”之瑞，“梵释神天，皆下于空中侍，四天王接置金机上，以天香汤，浴太子身”[①]。龙在佛传故事中常出现，是天龙八部众中的主要护法神之一。但是蛇的形象相对少见，实际上佛教中的龙就是在印度“那伽”神的基础上吸收蛇的形象以及中国传统文化中的龙形象而成的，两者相结合形成了独特的护法龙神形象。两只人首蛇身形象缠绕于莲花座下方，多见于密教神祇的莲座下，如莫高窟第 161 窟东壁门南千手千钵文殊（图 1）。莫高窟第 144 窟东壁门北千手千钵文殊变的下方，菩萨首蛇身的形象交缠于莲枝的左右（图 2）。千臂千钵文殊是中唐时期新流行的密教题材，其出现后往往与千手千眼观音相对出现于东壁门南北，其中莲座下的人首蛇身形象是唐代密教译本流行后的护法形象。

图 1　莫高窟第 161 窟东壁门南千手千钵文殊像下方人首蛇身护法形象

① （吴）支谦译：《太子瑞应本起经》，《大正藏》第三册，第 473 页。

图 2 莫高窟第 144 窟东壁门北千手千钵文殊

在晚期佛教艺术中，佛教护法神中亦出现了蛇形的护法形象。东千佛洞第2窟北壁东侧《救八难度母曼荼罗》，在主尊莲座下的莲茎下方同样出现了两身蛇身形象（图3），在以往的研究中并没有注意，该两身女性形象的神祇应同样表现为藏传佛教艺术中的龙蛇护法的形象，蛇尾人首，头戴三叶冠，相互交缠中生承托起上方的莲池。

图3　东千佛洞第2窟北壁东侧救八难度母曼荼罗下方蛇身形象

在俄藏黑水城艺术品编号X.2362绿度母唐卡中，画面下方莲池中生出的莲茎两侧分别有两身神祇（图4），身黄色，上半身赤裸，下身着短裙，在脑后生出三条蛇。这种形象并非来自敦煌，笔者以为应是吸收了藏传佛教中的龙人形象。在藏传佛教中龙人以蛇尾人首出现，脑后有蛇头自颈部向上生出缠绕于头上。“宗教艺术中常见的龙神的标准形象是：人首，上半身为人身，下身为蛇体，头上戴蛇冠或从发际间冒出数个眼镜蛇蛇头。在夏鲁寺西回廊西壁北侧下部绘有龙尊工佛说法图，龙尊工佛盘坐于九条大蛇之中（图5），龙王这种形象与印度的‘那伽’的外形有关。”[①]夏鲁寺般若佛母殿说法图壁画中，主尊下方及周围绘制龙护法（图6），其形象

图4　黑水城艺术品缂丝绿度母　唐卡（局部）　俄罗斯艾尔米塔什博物馆藏

① 吕春祥：《藏传佛教艺术中龙纹的形成及分类研究》，《南京艺术学院学报》（美术与设计版），2011年第1期，第54页。

图 5　夏鲁寺西回廊西壁北侧下部龙尊王佛说法图

图 6　夏鲁寺般若佛母殿说法图

与东千佛洞第 2 窟《救八难度母曼荼罗》以及黑水城缂丝绿度母唐卡中的龙神形象基本一致，为人首蛇身的形象，夏鲁寺保存的壁画中也有龙神的单尊形象，说明在藏传佛教美术中龙神作为主要的护法神被广泛绘制于佛、菩萨的尊像画中，之后传入了西夏佛教艺术中。

上述出现的不论是人首蛇身抑或蛇首人身等形象，其本质是作为龙的角色出现。龙的护法形象在西夏时期的壁画中十分常见，在莫高窟西夏重修洞窟中，其藻井图案多以双龙作为主要图案（图 7），更为有趣的是，在西夏净土图像中也在主尊莲座下方以双龙交缠出现，如在莫高窟第 83 窟的南、北壁净土变图像的下部便是以双龙支撑起上方的莲座（图 8），赵沈亭认为该形象是“雌雄双龙交合的形象”[①]，认为莫高窟第 83 窟中的双龙形象“应是融合了墓葬壁画与洞窟壁画中交龙纹，体现其特殊的宗教内涵……是传统的阴阳交合与洞窟体现的净土往生观念相几何的具体体现”[②]。笔者以为，对其形象来源的理解不能单纯只从其外在的阴阳

① 赵沈亭:《西夏时期的净土图像研究》,陕西师范大学硕士学位论文,2019 年,第 123 页。

② 赵沈亭：《西夏时期的净土图像研究》，第 123 页。

交合来理解，且与洞窟整体的往生思想并无很大关联。应该注意到的是这种图样的出现，即以双龙作为主尊莲座下方的支撑且相互交汇生出上方的莲花，实际与榆林窟第 4 窟绿度母图像下方的双龙，包括黑水城唐卡下方的双龙人形象等具有相同的构图样式，是西夏对于藏传佛教美术中龙神形象样式的吸收和借鉴。但是榆林窟第 4 窟中的黑白双龙形象是具有鲜明的中华传统文化影响的龙，因此，从龙的形象演化得以管窥这一时期汉藏艺术之间的交流迹象。最后，龙的形象绘制最初的理解均是作为护法神出现，这是其最初的宗教内涵。

图 7　莫高窟第 400 窟双龙藻井

图 8　莫高窟第 83 窟莲座下方双龙图案

龙是佛教的八部护法之一，常常作为护持佛法的象征，如经文记载：“当佛下时，阿耨达多龙王与无量种色龙子其数五百，及无量百千龙王，放无量香云雨无量春雨，侍从如来。”[①] 在密教经典中，二龙王亦常常出现在佛座下方，承托莲座。

如在《佛说文殊师利法宝藏的陀罗尼经》中记：

① （北齐）那连提耶舍译：《佛说德护长者经》，《大正藏》第 14 册，第 845 页。

画二龙王，一名难陀二名忧波难陀，其二龙王并于无热恼池中出半身，以手托共执释迦如来所坐莲花茎，作珍重用力势。其龙王并作人面，头上各画七个蛇头，头皆白色作人形，种种杂宝以为严身。皆仰瞻视目睹如来。[①]

正如经文中所记载，龙王在密教图像中多是以人面蛇头作装饰出现在莲花座的左右。

蛇险中生：经变画中的蛇形象

图9　莫高窟第205窟南壁观音经变

在莫高窟盛唐第205窟南壁中铺绘有一铺观音经变，画面中央是立像观音，上悬华盖，头戴化佛冠，身披天衣璎珞，左下手持净瓶，右手于胸前持无畏印，立于莲花之上（图9）。观音救难的故事绘制于两侧，其中左上第一幅是蛇蝎毒虫难，蛇蝎毒虫是以龙蛇来表现，画面中一俗人蜷缩弯曲身子，表现出恐惧状，左侧一蛇蜿蜒向上朝向俗人，张口吐舌，似作攻击状。更加独特之处在于，以往表现蛇难时，只绘一蜿蜒爬行的蛇，但是第205窟壁画中蛇上方一龙腾空而立，张牙舞爪，尾巴弯曲向上，其背部

① （唐）菩提流志译：《佛说文殊师利法宝藏陀罗尼经》，《大正藏》第20册，第794页。

有翼生出，整体造型独特（图 10）。此龙是唐代十分流行的龙的形象，主要表现是肩部生出细长似云头状的翼，身躯细长，初唐莫高窟第 332 窟涅槃经变中佛床上的壶门中所绘的龙与第205窟的飞龙十分相似（图11）。由此可见，画师在壁画中表现猛兽时选择重点强调龙的形象，且与下方蜿蜒的蛇组合为一体，是十分罕见的龙蛇同体的画面，更加直观体现出龙蛇之间的密切联系。

莫高窟第 112 窟观音经变中，局部画面中表现了一人被猛兽围困的场景，周围有蝎子、毒蛇、老虎等围困，念诵观音名号后得以解脱。画面中共出现四条毒蛇，身上装饰有花纹，颜色各异（图 12），凶猛之状跃然纸上。

在劳度叉斗圣变中，根据变文，劳度叉化作大树，而舍利弗化作大蛇，“长蛇缠树，大风劲吹，大树根拔而欲倒”。榆林窟第 16 窟形象表现了长蛇缠树的画面，其中蛇头张口露出尖牙和舌头，红色身体上装饰花纹，身形粗壮，凶猛无比（图 13）。

综上，经变画中的蛇多见于观音经变和劳度叉斗圣变中，通过故事情境中蛇元素的加入表现观音于恶险中度脱信众，以强化其神通之力。以长蛇缠树来对比出舍利弗神变能力。由此可见，经变画中蛇形象的出现往往是通过蛇的凶猛险恶来强化故事情境。

图 10　莫高窟第 205 窟龙蛇同体

图 11　莫高窟第 332 窟涅槃经变中的龙

图 12　莫高窟第 112 窟东壁北侧观音经变局部

图 13　榆林窟第 16 窟后室东壁劳度叉斗圣变局部

灵蛇献瑞：蛇龟同体的玄武形象

神瑞动物图像在石窟和墓葬空间中都是重要题材，即祥禽瑞兽。神瑞动物的出现往往具有一定的良好寓意，主要有翼马、青龙、白虎、玄武、龙、文螭等瑞兽，有朱雀、金翅鸟、凤凰等祥禽。《礼记·礼运》曰："麟、凤、龟、龙谓之四灵。"龟蛇同体早在汉代以前就已产生，有学者认为"鲧的氏族以鳖为图腾，其通婚的氏族为蛇氏族，鲧为龟或鳖，其妻为蛇，正是鬼蛇相交"[①]。龟蛇同体即为玄武。两汉时期玄武图像就已经出现在各种器物上，在陕西兴平市道常村茂陵附近出土的西汉四神纹铺首中，其中玄

① 孙作云：《敦煌画中的神怪画》，《考古》，1960 年第 6 期。

武作一龟咬一蛇状。瓦当上的玄武图像也不少，如陕西西安孟家村汉建章宫遗址出土的玄武云纹瓦当，玄武造型为龟衔蛇（图 14）。墓室壁画中四神形象十分常见，其中最早的是河南洛阳市烧沟六十一号墓前后室间隔梁上的四灵图案。玄武图像还见于画像石中。总之，作为祥瑞之一的玄武，出现于不同的载体中，尤其是在墓葬中流行以四神图像作为四方位的标志，在《礼记·曲礼》中记载道："前有水，则载有青旌，前有尘埃，则载鸣鸢，前有车骑，则载飞鸿，前有士师，则载虎皮，前有挚兽，则载貔貅。行，前朱鸟而后玄武，左青龙而右白虎，招摇在上，急缮其怒，进退有度，左右有局，各司其职。"[①] 可见四神组合来表方位，分别是东青龙、西白虎、南朱雀、北玄武。四神在墓葬中充当重要角色始于汉代，兴于唐代，宋元时期继承。综上所述，玄武图像作为四神之一自汉代以来广泛流行于装饰的器物和墓葬壁画中。如在敦煌市佛爷庙湾墓群出土的玄武画像砖，玄武形象为龟蛇同体（图 15）。

图 14　西安秦砖汉瓦博物馆

图 15　敦煌市佛爷庙湾出土玄武画像砖

在敦煌石窟中亦有龟蛇合体的玄武图像，莫高窟北周第 442 窟为中心柱窟，柱四面各开一龛，其中中心柱西向面龛下画一玄武，蛇体在龟身周

① （清）孙希旦撰，王星贤点校：《礼记集解》，中华书局，1989 年，第 83 页。

围环绕蜿蜒，龟的头部大张，整体色调为赭石色，二者头部相对。在玄武对面绘有一头野猪。其余龛下为常见的药叉形象。在莫高窟第 249 窟东坡北侧下部也绘有一玄武，其后半部残缺，但是依旧能够辨认出其主体：龟身为蓝白两色，龟背以红色为底色有浅色纹路，一条黑色的蛇从龟头部一直穿到尾部，蛇头延伸至前方回首，二者头部相对。敦煌石窟中的祥禽瑞兽以窟顶图像居多，其中以莫高窟第249窟和285窟中的瑞兽图像最为典型。但是位于中心柱下方四面的瑞兽较为少见，除了前文所述莫高窟第 442 窟中心柱的下方绘有玄武形象外，在莫高窟第 296 窟西壁龛下北侧绘有青龙。关于龛座下方绘制的玄武、青龙等形象，胡同庆先生认为是可能与瑞应有一定的联系[①]。段文杰先生研究认为，第 249、第 285 窟窟顶出现的四神图像，是在第 257 窟龛沿下方出现的青龙、白虎的基础上延伸发展[②]。杨倩在此基础上进一步认为，北周第 296 窟西壁龛沿下方的青龙、白虎图像，以及北周第 442 窟中心柱西向面龛沿下方的玄武图像，或许都是对第 257 窟龛沿下方图像的借鉴[③]。笔者以为在中心柱下方出现的瑞兽，可能是吸收了墓葬壁画中的四神图，最终成为佛教瑞应图案。

蛇生威仪：密教修习中的蛇持物

蛇因其凶猛的外表而成为密教愤怒相神祇修习中的常用持物，如作为密教重要护法明王之一的金刚手威仪具足，既可以降服外道，又可除障烦恼，因此成为石窟中较为常见的密教护法神之一。榆林窟第 29 窟绘金刚手，法

① 胡同庆、王义芝：《华丽敦煌：敦煌龙凤纹饰图录》，读者出版社，2018 年，第 38 页。
② 段文杰：《敦煌石窟艺术研究》，甘肃人民出版社，2007 年，第 375 页。
③ 杨倩：《莫高窟北朝神瑞动物图像研究》，兰州大学硕士学位论文，第 67 页。

髻高扬，佩有金色的耳珰，上身袒露，下身着虎皮短裙，其右高举持金刚杵，口手执蛇，左手向外伸出结期克印，右手舒展，左腿微蜷，双脚下踏一蛇（图 16）。在《佛说最上根本大乐金刚不空三昧大教王经》中记载：“是时金刚手菩萨，化一明王，作愤怒降三界相，具种种庄严，作大威猛，利牙龇唇须发赤竖，执金刚杵、鉤剑、刀杖、嚩哩迦等。”[①] 其中“嚩哩迦”在印度神话中指龙王，因此这里是将龙蛇共称，而在金刚手图像中往往出现蛇而非龙。另外，在五个庙石窟第 3 窟的真实名文殊曼荼罗下方左右两侧的莲台上站立两身护法明王，画面左侧的明王（图 17），右腿弯曲，右手高举金刚杵，左手向前伸出，口手执蛇，前伸至左手结期克印，面露獠牙。根据尊像的手势和持物，可以确认该尊神为金刚手无疑。

图 16　榆林窟第 29 窟金刚手

图 17　五个庙石窟第 3 窟金刚手

早在杂密时期，明王的经典和形象已趋成熟，其中在《菩提场所说一字顶轮王经》第二卷画像仪轨中记载有军荼利明王、马头明王、无能胜明王，其中无能明王：“又近轮王佛顶，画无能胜忿怒王，身白色四面四臂，颦眉面嗔怒。虎皮为裙，蟒蛇为耳珰，

① （宋）法贤译：《佛说最上根本大乐金刚不空三昧大教王经》，《大正藏》第 8 册，第 584 页。

得叉迦龙王以为腰绦。婆苏枳龙王以神线，角络披耽肚身形短，以毒蛇庄严髻冠。咬下唇遍身火焰，炽盛光明圆光。右第一手持金刚杵，第二手作期克势，左第一手持三叉戟，第二手钺斧。正面作阿吒吒贺娑笑声势，从口出火焰种种色相。右边面瞻观轮王，左边面观持诵者，头上面观一切众会。住于宝莲花上。”[①]根据记载可知，无能胜明王以蟒蛇为耳珰，发冠装饰毒蛇。

在《佛说陀罗尼集经》第八卷记载了军荼利明王的27种印咒法，并记载了军荼利明王的画像法：“若欲受持军荼利法，先画其像。遍身青色两眼俱赤，揽发成髻。其中头发色黑赤交杂，如三昧火焰。张眼大怒，上齿皆露而咬下唇，作大嗔面。有二赤蛇两头相交，垂在胸前，头仰向上，其两蛇尾各穿像耳，尾头垂下至于肩上。其二蛇色如黄侯蛇，赤黑间错。其像有八臂手，右最上手把跋折服罗，屈臂向上。下第二手把长戟住，屈臂向上，其戟上下各有三叉皆有锋刃，一头向上一头拄地。下第三臂压左第三臂，两臂相交在于胸上量手各作跋折啰印，两手大指各捻小指。右手中把两个赤蛇，其蛇相交，各向像面。左手亦把一头赤蛇，两手各作跋折罗印。两手大指各捻小指甲，余指皆申。即以左手压右腋前，次以右手压左腋前。即是身印。下第四臂仰垂向下。勿著右。五指皆申施无畏手。左上手中把金轮形，屈臂向上，轮有八角，毂辋成具。下第一手中指以下三指各屈向掌，大指捻中指上节侧，头指直竖，向上申之，屈其臂肘，手臂向左。下第四手横覆左指头向右。八手腕中皆著金钏。以紫色地散花锦天衣，络髆项背。令其天衣头，分左右各垂向下，将以绿表肉红裹带，用系其腰。虎皮与裙，鞔其两。其两脚胫各有赤蛇，绞其脚胫，其两蛇色赤黑间错。仍令其像立于七宝双莲花上。”[②]军荼利明王的梵文是“kundali”，意为蛇的动力，象征人原始的生命力。而在形象上军荼利明王也是以蛇为特征，胸

① （唐）不空译：《菩提场所说一字顶轮王经》，《大正藏》第19册，第199页。

② （唐）阿地瞿多译：《佛说陀罗尼集经》，《大正藏》第18册，第856页。

前和手上都缠绕着蛇（图 18）。通过对密教明王形象的分析可见，蛇在明王像中作为象征生命力而缠绕于明王四肢等，并以毒蛇的形象加持明王的威仪。

蛇在佛教艺术中出现在多种佛教叙事中，从生命的起源到佛教的护法神，蛇本身所具有的神秘力量在佛教艺术中得以不断强化，成为龙王形象的重要标志，龙蛇形象在不同的情境下同体。同时，蛇与龟同体形成中国的传统玄武形象为人们所接受，成为一种瑞像出现在了佛教壁画中。龙蛇文化的传承不仅是对中国文化起源的追溯，也是对佛教文化的另一层诠释。

图 18　军荼利明王　图片采自《诸尊图像抄》，第 241 页

作者小传

杨艳丽，女，甘肃庄浪人，兰州大学敦煌学研究所博士研究生，主要从事敦煌石窟艺术与佛教美术考古研究。曾参与国家社科基金重大项目“敦煌西夏石窟研究”（项目号 16ZDA116），参与陕西师范大学研究生创新团队项目“瓜州榆林窟新样图像研究”（项目号 TD20209），文章见于《美术大观》《西夏研究》《丝绸之路研究集刊》《陇右文博》等刊物。

胡汉交融 · 蛇尾交缠

敦煌吐鲁番伏羲女娲图的阴阳符号生成与跨文化传播

赵玉茜

蛇身交尾：伏羲女娲的阴阳交感与创世叙事

伏羲与女娲是我国古代神话中的阴阳始祖。相传远古洪泛，人类皆死，仅剩伏羲、女娲。东汉时期，二人仍是兄妹，《路史 · 后纪》卷二引《风俗通义》“女娲，伏希之妹”[①]。为衍嗣绵延，伏羲女娲结为夫妻。五胡乱华时期，连年战乱导致人口锐减。大量胡人入侵，将胡人风俗带到了中原地区，出现了“兄妹结婚”。唐代诗人卢仝在《与马异结交诗》中称“女娲本是伏羲妇”[②]。敦煌遗书中有四件残卷记载了伏羲女娲的“兄妹配偶型”婚姻。据抄写于五代时期、现藏于法国国家图书馆的敦煌写本《P.2652 天地开辟已（以）来帝王记（纪）一卷》（图 1）载：“伏羲、女娲兄妹二人，衣（依）龙上天，得存其命，恐绝人种，即为夫妇……”

① 罗泌.《路史 · 后纪（第 2 卷）》，《四部备要》中华书局，1936 年，第 65 页。

② 卢仝：《与马异结交诗》，《全唐诗（第 12 册）》中华书局，1980 年，第 4383 页。

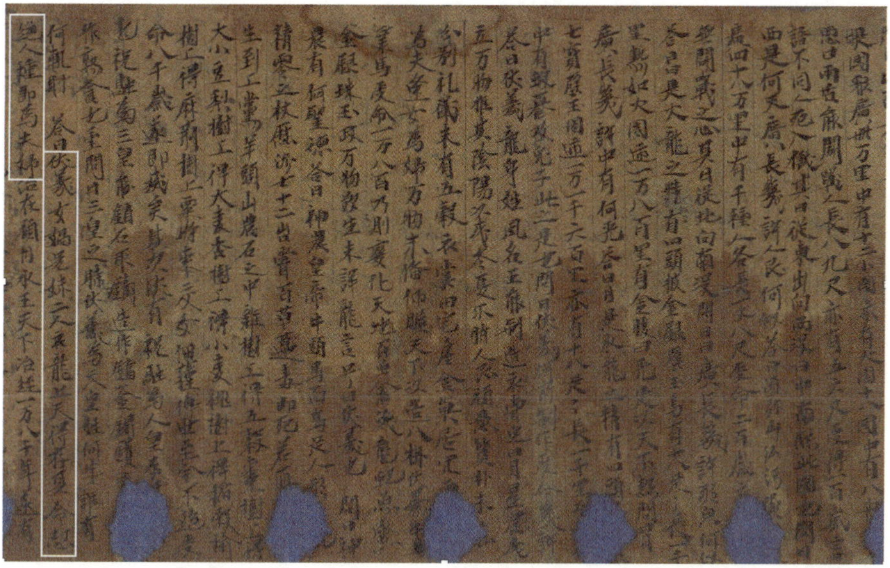

图 1　敦煌遗书《P.2652 天地开辟已（以）来帝王记（纪）一卷》　出自敦煌莫高窟第 17 窟藏经洞　现藏于法国国家图书馆

伏羲通过创礼乐、制嫁娶[①]等，制定社会规范。女娲则通过补天救世、造物造人、置婚姻等，赋予人类生命和繁殖的生育能力，共同创造了天地万物。“人首蛇身”是伏羲女娲的典型形象，正如东汉辞赋家王延寿《鲁灵光殿赋》曰：“伏羲鳞身，女娲蛇躯。”在文字中，先秦人因忌讳蛇，多用“它”代指蛇类动物，后逐渐衍生出“蛇”字。《说文解字》中的“它”指“虫也。从虫而长，象冤曲垂尾形”。图 2 中，第一排为“它”字：甲骨文“它”是象形文字，其字形模仿了蛇的形态；金文“它”字线条规整，头部简化为“宀”，若将文字看作图画，可通过西周、春秋时期的“它”字看出伏羲女娲“人首”“臂膀”“蛇尾”等意象特征；简牍中的“它”字宛如具备汉人特征的“人首蛇身”形象，即“人首”“宽袍大袖”“蛇尾”。第二排为“蛇”字，隶书与

① “伏羲制嫁娶”出自《绎史》卷三引《古史考》。马骕撰，王利器整理：《绎史》（第 3 卷），中华书局，2002 年，第 19 页。

篆书根植于原始的象形结构，蛇字如同伏羲、女娲尚未交尾的“双人首蛇身”形象；草书则进一步抽象，逐渐脱离了“意象”形态。

图 2　“蛇”字的起源及演化（自制）

图 3　伏羲女娲交尾图　绢画　吐鲁番阿斯塔那 19 号墓出土　新疆维吾尔自治区博物馆藏

敦煌、吐鲁番地区出土的《伏羲女娲交尾图》主要特征为人首蛇身，二人上身相依相偎、四目相对，下身相交成“螺旋状”（图 2），蛇尾少叠两层、多则叠七层（图 3）。《易经·系辞下》曰：“天地氤氲，万物化醇，男女构精，万物化生”，伏羲女娲交尾被视为“阴阳化生万物，万物生生不息”的象征。从墓葬功能出发，该图是引导亡魂穿越阴阳的“工具”。吐鲁番地区夫妻合葬墓中的《伏羲女娲交尾图》大多用木钉钉在墓顶、覆盖在棺木上或墓主身上，画面朝下，形成“天、人、地”的排列组合，即图像在上、人在中、棺在下，寓意着“天地与我并生，而万物与我为一”。蛇的蜕皮现象隐喻着“再生”，墓主人大多将伏羲女娲交尾图作为“通天”的媒介，以保佑灵魂不灭与万物轮回。

日月星辰：天文观测的观念压缩与符号生成

在中国古代神话中，伏羲和女娲通过制定天文历法建立万物秩序，使天地有序运转。《伏羲女娲交尾图》中女娲手持圆规“测天象”、伏羲手持矩尺“测地理”，蕴含着古人所遵循的“不以规矩，不能成方圆”法则；日在上，代表天；月在下，代表地。在阴阳学说中，阳代表太阳、男性；阴代表月亮、女性。伏羲被视为“阳”的象征，女娲被视为“阴”的化身，伏羲女娲交尾代表着“阴阳结合”。海麟在《诸神的真相：用天文历法破解上古神话之谜》中提出，古代先民在对太阳和月亮的长期观测中所发现的升起位置年度周期性变化[①]（图4），与伏羲女娲图中交缠的尾部形状基本一致。

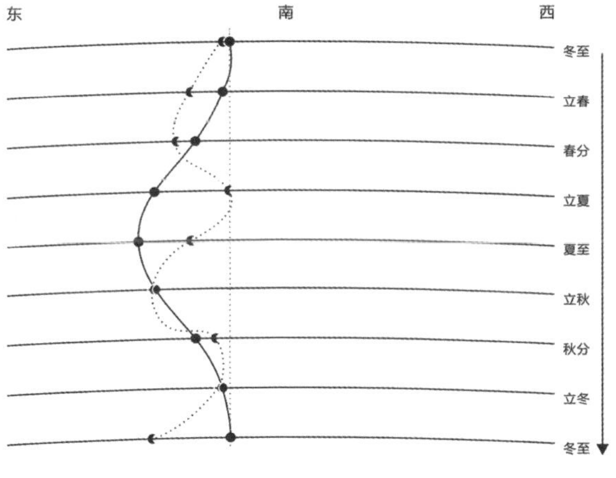

图4　日月在地平线上升起位置变化示意图
（图出自海麟《诸神的真相：用天文历法破解上古神话之谜》）

“日往则月来，月往则日来”，太阳每天东升西落，月亮以其特有的周期，沿着黄道带穿行其中，日月轨迹随着季节的

① 海麟：《诸神的真相：用天文历法破解上古神话之谜》，九州出版社，2023年。

变化出现变换。受地球自转和天体公转的影响，月亮在太阳的光芒下呈现出盈亏变化，与太阳共同演绎着天空中的日月交辉。若定期、定点记录日月位置，即可得到“8”字形的太阳、月亮轨迹。

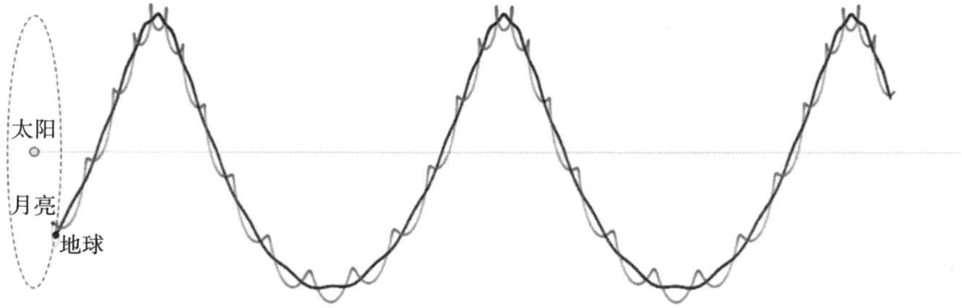

图5　太阳、月亮、地球在银河系中的运行轨迹（图源自网络）

日月作为古人沟通天地的媒介，与伏羲女娲共同构成天、地、人“三才”体系，即日（天）、月（地）、伏羲女娲（人）的和谐统一；伏羲女娲图中蜿蜒的蛇尾，符合“三光”，即日、月、星的运行轨迹，是宇宙运转的基本法则。伏羲女娲通过观测天体运行的自然现象创制了《圣太一天历》①，构建出了涵盖宇宙生成、时间循环和天地秩序的体系。《伏羲女娲交尾图》中日月的符号生成（表1）分为两大类。第一类是以金乌、玉兔、蟾蜍、桂树为代表的“神话符号”；第二类是以圆圈、放射线、月亮、星座连线等组成的“天体符号”。可见，古代画匠将日月星辰转化为艺术符号，试图用绘画作品解释宇宙万物的本质与时间的流转。

---

① 《圣太一天历》又称为《伏羲女娲历》，是中华民族起源最早的历法。元始太一，始起大轮，阴阳主合，紫斗主分；元生太一，然有太易、太初、太始、太素、太统，大轮三千，大数三百，五行轮合，末有干支；紫斗主宗，阳主干行“春、夏、秋、冬、寒”五时轮，阴分月轮“甲、乙、丙、丁、戊、己、庚、辛、壬、癸”十月正，天轮月三十六末合阳多一。阴阳合为一时轮，时时合为一全；十二全合为一行，五行合为一数，五行轮合为一大数，阴阳大合为一大始；五始大合，或升太华，或堕混沌。

表1　伏羲女娲交尾图中的“日、月、星辰”

收藏地	日	月	星辰	全图
中国国家博物馆藏	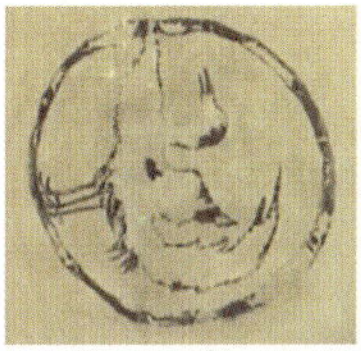	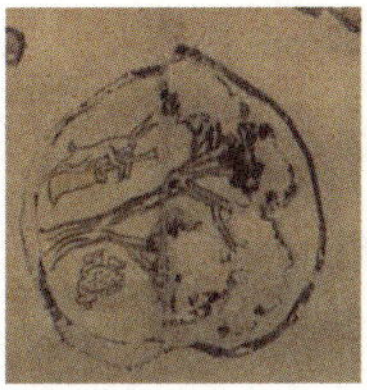	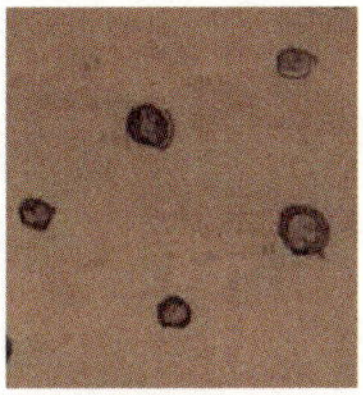	
故宫博物院藏	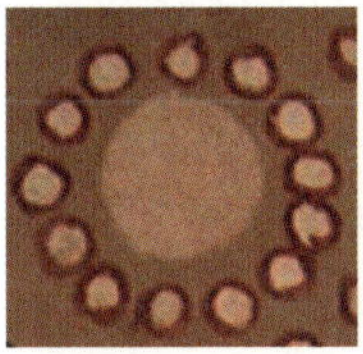	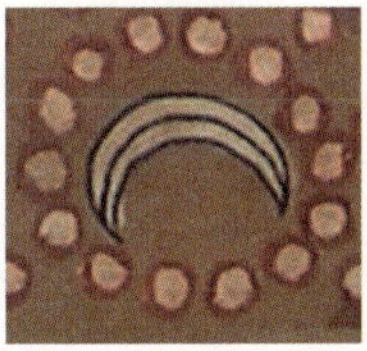	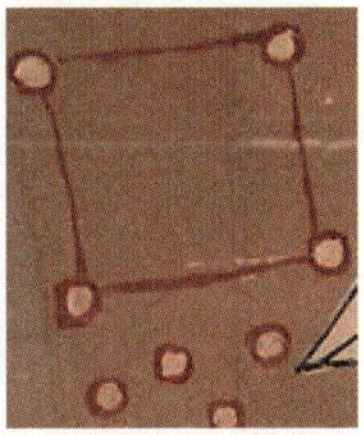	
新疆维吾尔自治区博物馆藏	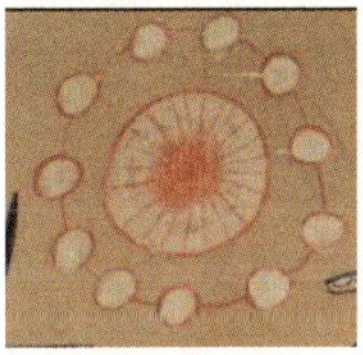	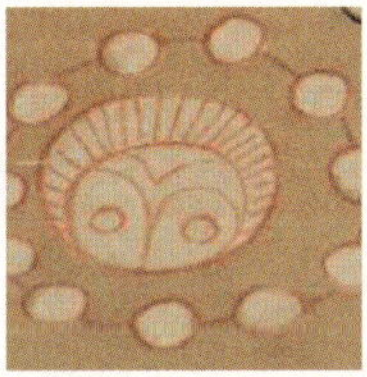	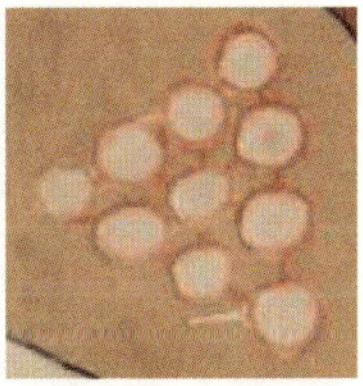	
新疆维吾尔自治区博物馆藏	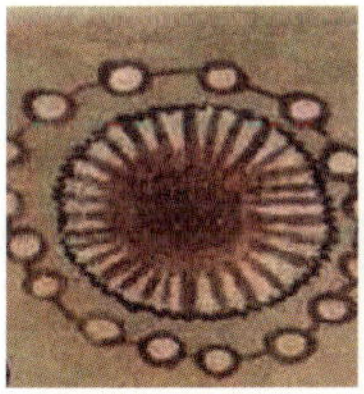		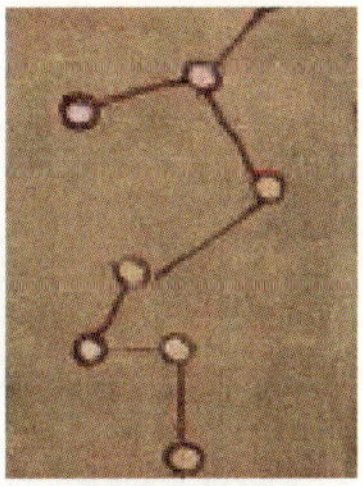	
大英博物馆藏				

中华民族的先民是最早系统观测并记录天象的文明群体。相传伏羲在“斗转星移，万物乾坤”中，掌握了运行规律，画八卦、作甲历、定岁时。敦煌写本《天地开辟以来帝王纪》载：“伏羲定日月星辰，成立万物，推其阴阳，以成冬夏。”《伏羲女娲图》四周用以线相连的圆圈，表示被若干颗恒星组成的星宿环绕。敦煌藏经洞出土的唐代《全天星图（敦煌星图甲本）》（图6）与《紫微垣星图（敦煌星图乙本）》（图7），以横图绘赤道附近的星，以圆图绘北极附近的星，用圆圈、黑点和线三种方式标注星位，为进一步解读《伏羲女娲交尾图》中的星图提供了佐证材料。

胡汉交融：丝绸之路的艺术传播与文化认同

敦煌与吐鲁番是古丝绸之路上贸易往来和文化交流的重要节点。中国敦煌吐鲁番学会会长季羡林先生在《敦煌学、吐鲁番学在中国文化史上的地位和作用》中谈道：“世界上历史悠久、地域广阔、自成体系、影响深远的文化体系只有中国、印度、希腊和伊斯兰，而中国古代的敦煌和新疆地区正是这四种文化交流汇聚之地。”①

敦煌位于河西走廊最西端，是进入西域前最后一座“中原城市”，亦被视为进入西域的第一站。“高昌里”是古代敦煌的乡里名称，寓意着繁荣昌盛。据《敦煌汉简释文》等文献资料记载，汉代已存在敦煌高昌里。斯坦因带走的文书《S0113 西凉建初十二年（416 年）敦煌县西岩乡高昌里户籍残卷》② 进一步证实了敦煌存在高昌里的史实。为保证丝绸之路畅通，

① 季羡林：《敦煌学、吐鲁番学在中国文化史上的地位和作用》，《佛教与中印文化交流》，江西人民出版社，1990 年，第 43 页。

② 中国科学院历史研究所：《敦煌资料（第一辑）》，中华书局，1961 年，第 3 页。

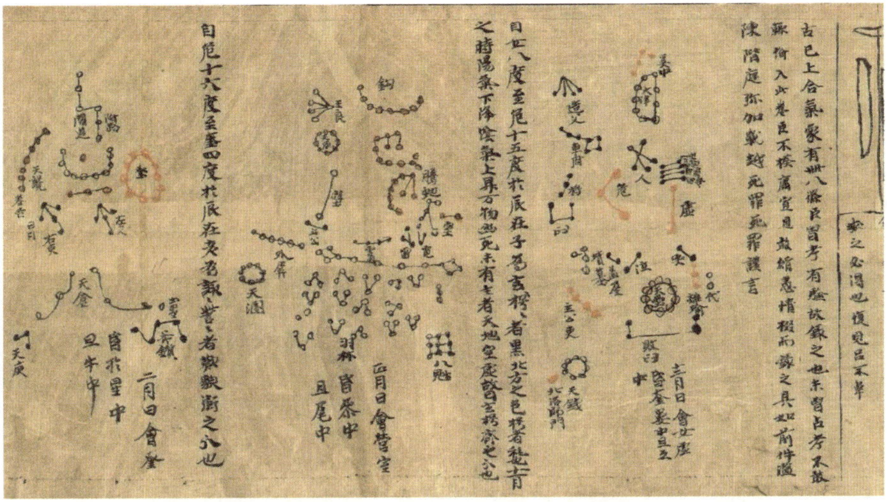

图 6　敦煌文献 S.3326《全天星图（敦煌星图甲本）》　绢本彩绘　英国国家图书馆藏

汉宣帝派来自敦煌“高昌里”的士卒携家属往车师前部屯田。为表示对敦煌故里的怀念，驻守士卒将以屯垦戍边方式形成的军事壁垒命名为“高昌壁”[①]。西晋时期，高昌属“凉州敦煌郡”。东晋十六国时期，敦煌、晋昌、高昌三郡合为“沙州”，州治在敦煌。自东汉末年至南北朝时期，中原地区战乱纷争，大量汉人举家西迁至敦煌、高昌等地定居。这样的跨域流动不仅是地理上的迁徙，更是文化、

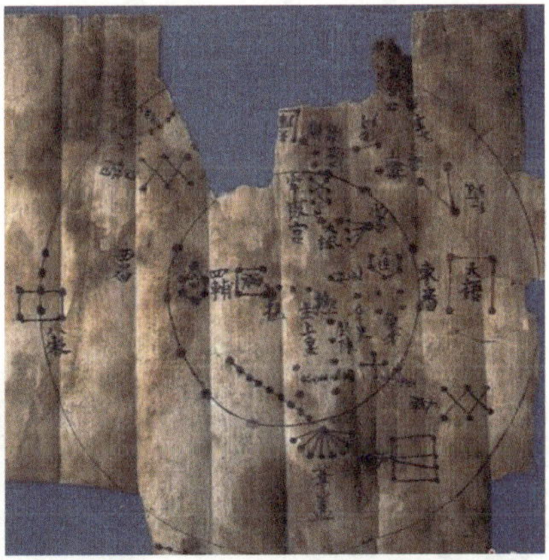

图 7　敦煌文献　汉文字经类 58 号《紫微垣星图（敦煌星图乙本）》　敦煌市博物馆藏

① 高昌壁：西域古地名，汉戊己校尉所属军队营垒之一，见《汉书·西域传》。壁址在今新疆吐鲁番东南高昌古城处。

经济和政治上的交流与融合。

伏羲女娲与日月星辰并存的图像并非敦煌、吐鲁番等地画匠的独创，而是先出现于汉地墓葬，再自东向西传播。东汉时期，陕西靖边县杨桥畔镇渠树壕壁画墓已成对出现手持规矩的伏羲、女娲壁画形象（图 8），但手持物与敦煌、吐鲁番两地相反；伏羲、女娲以人首蛇身、长尾细鳞的形象出现，但无交尾。重要的是，该墓绘制出了相对完整的黄道天文图。可见，东汉时期的汉人已具备一定的天文知识和墓葬观念。敦煌与吐鲁番地区所流行的伏羲女娲信仰发源于中原地区，沿着丝绸之路传播，途径河西走廊最西端的敦煌，到达吐鲁番地区。阿斯塔那古墓群除了绢画、麻布画、幡画以外，还出土了多具干尸。由此推断，在吐鲁番地区的汉人借助伏羲女娲图像，护佑墓主“魂归故里”，以维系汉民族的归属感。长期以往，影响到了本地的胡人，并使之成为胡汉民族之间的一种文化认同。

中古时期，敦煌吐鲁番地区胡汉通婚频繁。在服饰、冠饰与妆饰上，出现了胡人逐渐“汉化”，汉人间盛行“胡风”的多元融合。吐鲁番阿斯塔那 45 号墓出土的《伏羲女娲图》（图 9），女娲头顶高髻，粉脂敷面，画远山眉、花钿、斜红，涂胭脂、唇脂，戴耳饰，上穿紧袖衣，下着间色裙，

图 8 东汉 陕西靖边县杨桥畔镇渠树壕壁画墓中的伏羲女娲形象

肩搭黑色帔帛；伏羲戴幞头，留胡须，身穿汉民族传统的交领、右衽大袖黑色褥袍，腰间佩戴黑色蹀躞带，袍内穿窄袖、紧身胡服。二人的领口、双襟、袖口及下摆均以异色锦缘边，配有忍冬纹、团花等纹饰，是胡汉融合的典型代表。除此以外，42 号墓（图 10）、19 号墓、76 号墓等均出土了类似的图像（表 2）。

图 9　伏羲女娲　麻布画　1967 年吐鲁番阿斯塔那 45 号墓出土　新疆维吾尔自治区博物馆藏

图 10　伏羲女娲　绢画　吐鲁番市阿斯塔那 42 号墓出土　新疆维吾尔自治区博物馆藏

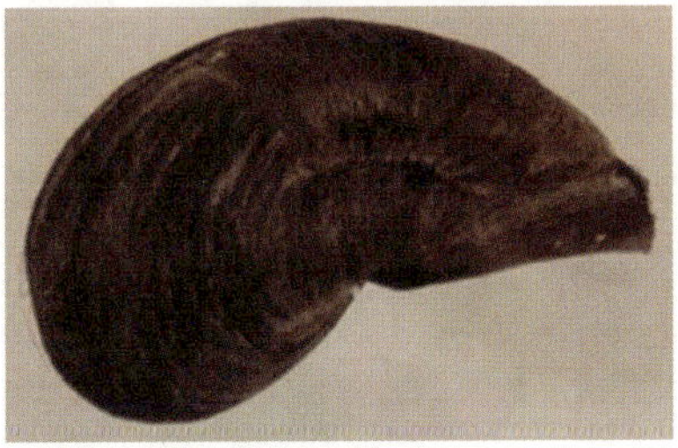

图 11　唐代假发髻　1972 年阿斯塔那 184 号墓出土　新疆维吾尔自治区博物馆藏

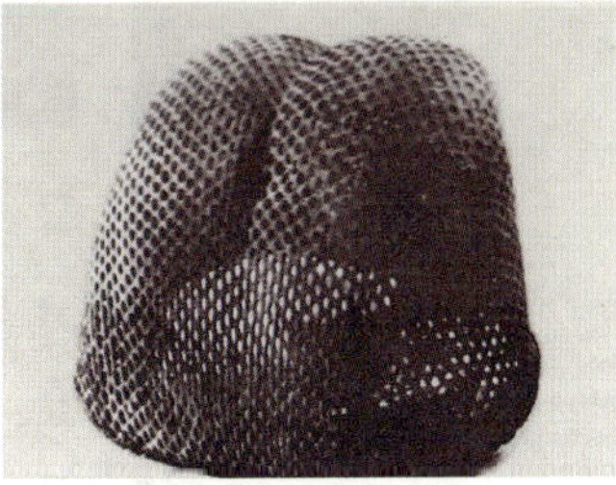

图 12　由丝葛植物编制后浸漆制成的唐代幞头　1964 年阿斯塔那出土

表 2　　敦煌、吐鲁番地区出土的伏羲女娲形象

出土 / 收藏地	妆饰	冠饰	服饰	蛇尾
敦煌藏经洞 绢画 印度新德里国家博物馆藏				
吐鲁番阿斯塔那 45 号墓出土 麻布画 新疆维吾尔自治区博物馆藏				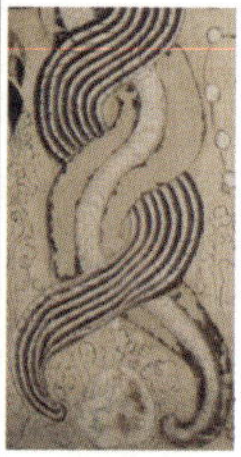
吐鲁番 哈拉和卓出土 绢画 中国国家博物馆藏				
吐鲁番 阿斯塔那墓 绢画 故宫博物院藏				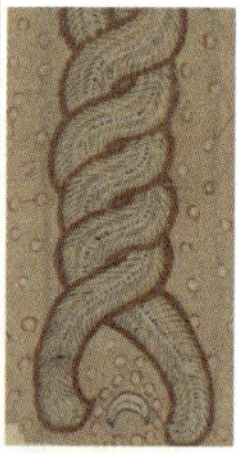
吐鲁番阿斯塔那 19 号墓出土 绢画 新疆维吾尔自治区博物馆藏				

续表

出土 / 收藏地	妆饰	冠饰	服饰	蛇尾
吐鲁番 阿斯塔那墓 幡画 大英博物馆藏				
吐鲁番阿斯塔 那 42 号墓出土 绢画 新疆维吾尔自 治区博物馆藏				
吐鲁番 巴达木墓出土 麴氏高昌国 绢画 吐鲁番博物馆				
叶鲁番阿斯塔 那 76 号墓出 土 麻布画 韩国中央 博物馆藏				
吐鲁番 阿斯塔那墓 麻布画 韩国中央 博物馆藏				

结 语

综上所述，“人首蛇身”并非古代画匠简单拼合出的日常所见之物，而是涉及古人对于“神话系统—天文知识—文化语境”三重维度的思考。敦煌、吐鲁番地区的画匠以《伏羲女娲交尾图》作为文化实践的载体，通过“男女”“日月”“天地”“方圆”“生死”等阴阳概念生成的艺术符号，既描绘出了汉唐墓葬中反复出现的“创世图式”，也反映出了丝绸之路上胡汉民族因跨域流动而形成的文化认同，可以说是古代民族交融、艺术传播的生动例证。

作者小传

赵玉茜，西北师范大学敦煌学院党支部委员、美术系教师，陕西师范大学访问学者，中国博物馆协会会员、甘肃省美术家协会会员、敦煌市青年联合会委员，主要从事绘画创作实践与理论研究、丝绸之路美术史研究。

多元共现
从伏羲女娲图的冠饰看文化交融

马艳辉

摘　要：伏羲女娲图像中常见佩戴三叉型冠饰的特殊形象，主要分布于甘肃、四川、河南等地，且具有多样的表现形式与图式，相关问题亟待深入探讨。通过结合图像解析与文献研究，本文对不同地区和时期的三叉型冠饰形象特征进行了系统分析。研究发现，四川、重庆地区的图像多表现为人身蛇尾形态，且集中出现在东汉时期；甘肃地区则以魏晋南北朝时期为主，且表现形式更加丰富；河南、安徽地区也有少量分布。其文化特征主要体现在以下三个方面：吸纳与模仿、区域共生、权力象征。总体而言，佩戴三叉型冠饰的伏羲女娲图像，是多种文化寓意融合的一种符号，其图式具有地方性特征，反映了图像艺术的多元性与共生性。

关键词：伏羲女娲；三叉型冠饰；文化交融；图像艺术

关于伏羲、女娲的记载最早可见于古代文献，女娲之名始见于《楚辞·天问》[①]，伏羲之名始见于《庄子》[②]；且伏羲、女娲的记载最初相互独立，并不同时出现。东汉王逸《楚辞章句》[③]《山海经·大荒西经》[④]《列子·黄帝篇》[⑤]《后汉书·周燮传》[⑥]提出伏羲、女娲为“蛇身人面，牛首虎鼻”。《淮南子·览冥训》[⑦]将女娲、伏羲描绘为对偶神。伏羲女娲图像最早出现可见于战国中晚期[⑧]。伏羲女娲图像出现最多为汉代，主要绘制于画像石、石棺、墓室壁画等之上。关于伏羲女娲图像的研究在学术界汗牛充栋，对于其区域、时期、形象、手持物等的相关研究已经相当丰富。但在其图像中有一些佩戴三叉型冠饰的特殊形象引人注目，主要分布于甘肃、四川及河南等地，形象各异、图式多样。其三叉型冠饰从何而来，是本地文化影响自生还是相互影响，抑或其表现的深层次内涵等相关问题需补充与更深入的探讨。通过图像解析、结合相关文献进行深入研究，以求教于方家。

---

① 郭璞传，郝懿行笺疏：《山海经笺疏》，第4992页。载：“女娲有体，孰制匠之。”

② 黄彤彤：《汉至隋唐的伏羲女娲形象之文献探究》，《文物鉴定与鉴赏》，2021年第9期，第31页。

③ 洪兴祖撰、白化文等点校：《楚辞补注》，中华书局，1983年，第104页。载：“传言女蜗人头蛇身，一日七十化，其体如此，谁所制匠而图之乎？”

④ 袁珂：《山海经校注》，上海古籍出版社，1980年，第389页。载：“有神十人，名曰女娲之肠，化为神，处栗广之野，横道而处。”郭璞注：女娲，古神女而帝者，人面蛇身，一日中七十变，其腹化为此神。”

⑤ 张湛注：《列子注》卷2《黄帝第二》，中华书局，1954年，第27页。载：“庖牺氏、女娲氏、神农氏、夏后氏，蛇身人面，牛首虎鼻，此有非人之状，而有大圣之德。”

⑥ 《后汉书》卷53《周燮传》，中华书局，1965年，第1742页。载：“伏羲牛首，女娲蛇躯，皋繇鸟喙，孔子牛唇，是圣贤异貌也。”

⑦ 刘文典撰、冯逸、乔华点校：《淮南鸿烈集解》，中华书局，1989年，第215页。载：“伏戏、女娲不设法度而以至德遗于后世，何则？至虚无纯一，而不喨喋苛事也。”

⑧ 李学勤：《女娲传说与其在文化史上的意义》，《中国文物报》，2004年12月10日。

伏羲女娲图中的三叉型冠饰

图像特征分析

其冠饰有"山形冠""三山冠""三株冠"及"三叉冠"多种称谓，本文为了统一及后续对比研究，将其称为"三叉型冠饰"。本文通过搜集资料、整理发现伏羲女娲图中佩戴有三叉型冠饰的形象有32处，主要集中在四川、甘肃及河南等地，四川地区有14处，甘肃地区有14处，重庆地区3处，河南、安徽地区各1处。从时期上来说，四川及中原地区的时期较早，集中在汉代，甘肃地区主要集中在魏晋南北朝。下文将按照时期顺序分地区进行论述。

伏羲女娲图像可分为人首蛇身及人身蛇尾两种类型。在这两种类型基础上，通过三叉的造型对冠饰的类型进行分型定式，可分为A型、B型两类。

四川地区的伏羲女娲图主要集中在东汉时期。四川地区人首蛇身的形象均佩戴A型三叉型冠饰，如四川内江白马墓葬石棺画像石中有一对伏羲女娲形象（图1）[①]。另在郫县一号石棺后挡头图像中[②]。

图1　内江白马石棺画像石

四川地区伏羲女娲人身蛇尾头戴A型三叉型冠饰的形象，如在江安县出土墓葬一号石棺后挡头上画像石[③]、新

---

① 中国画像石全集编辑委员会:《中国画像石全集7·四川汉画像石》，河南美术出版社，2000年，第115页。

② 中国画像石全集编辑委员会:《中国画像石全集7·四川汉画像石》，河南美术出版社，2000年，第99页。刘渊：《汉代画像石上伏羲女娲图像特征研究》，四川大学硕士论文，2005年，第41页。

③ 刘渊:《汉代画像石上伏羲女娲图像特征研究》，四川大学硕士论文，2005年，第37页。

图 2　四川省新津县宝子山崖墓石棺画像石

图 3　长宁七个洞崖墓群 M6 右侧崖棺前端

津县宝子山崖墓石棺画像石（图 2）[①]。在四川郫县东汉有砖墓中，石棺一（B）棺头有伏羲女娲图像。在四川新津出土的画像石上绘有一身伏羲形象。四川新津崖墓画像石有伏羲女娲形象。在四川合江四号石棺的图像中有伏羲女娲形象。

四川地区伏羲女娲人身蛇尾头戴 B 型三叉型冠饰的形象，如四川合川出土的汉画像石中的伏羲[②]，在长宁七个洞崖墓群中有三处墓门框绘制有伏羲女娲图像中的伏羲（图 3）[③]，四川南溪三号石棺画像石中间画面绘制伏羲女娲，四川郫县东汉砖墓石棺四（A）棺头中的伏羲。

重庆地区的伏羲女娲图像均为人身蛇尾，重庆市璧山县蛮洞坡崖墓石棺，有伏羲女娲图像拉手而立，伏羲头戴 A 型三叉型冠饰（图 4）。在重庆璧山 5 号石棺中绘有伏羲女娲图像[④]，伏羲头戴 B 型三叉型冠饰。重庆市璧

① 闻宥：《四川汉代画像选集》，中国古典艺术出版社，1966 年，图 44。

② 龚廷万、龚玉、戴嘉陵编：《巴蜀汉佃像集》，文物出版社，1998 年，图 352。

③ 罗二虎：《长宁七个洞崖墓群汉画像研》，《考古学报》，2005 年第 3 期，第 279-306 页。

④ 殷艺萍：《汉代伏羲女娲图像中的持物问题研究》，曲阜师范大学硕士论文，2023 年，第 62-63 页。

山县崖墓、石棺墓4号石棺的伏羲女娲形象与5号石棺描绘的相似，中间都绘制其他人物，伏羲女娲在画像两侧，形象也类似，三叉型冠饰为B型。

图4 重庆市璧山县蛮洞坡崖墓石棺

甘肃地区的伏羲女娲图主要集中在魏晋南北朝时期，且不再局限在画像石上，在棺椁木板、墓室壁画均有绘制。大部分为人身蛇尾，只有2例为人首蛇身。人首蛇身的均佩戴A型三叉型冠饰。在南华墓群出土一幅棺盖板中的伏羲（图5）[①]，棺盖板上绘制伏羲女娲形象图像中的伏羲，此图像比较特殊，为竖向式构图。嘉峪关魏晋墓中有伏羲女娲形象[②]，图像上下两侧还绘制有其他弧线图像，具体是什么图案暂无定论。

图5 南华墓群出土棺盖板

甘肃地区人身蛇尾图像中伏羲女娲佩戴A型三叉型冠饰的形象，如高台县骆驼古墓区出土的画像石中有魏晋时期的伏羲女娲图中的伏羲，甘肃敦

① 林笑雨：《河西魏晋十六国馆板画研究》，西北师范大学硕士学位论文，2020年，第23页。

② 甘肃省文物考古研究所：《甘肃省高台县汉晋墓葬发掘简报》，《考古与文物》，2005年第5期，图二四。

煌佛爷庙湾西晋墓室壁画中绘制伏羲女娲图像中的伏羲[①]。嘉峪关魏晋墓新城 13 号墓，M13 的后室放置两具较完整的木棺盖（图 6）[②]，男棺内绘伏羲女娲图。伏羲女娲位于棺板两侧，相对而立，伏羲在右，伏羲头戴 A 型三叉型冠饰。峪泉镇墓葬出土伏羲女娲图像，在嘉峪关峪泉镇戈壁出土的 M2 中有一 30 厘米的棺板中的伏羲[③]。毛庄子村南约 2 公里处的一座墓葬，出土了两具木棺，女棺内顶上部绘制伏羲女娲，伏羲头戴 A 型三叉型冠饰[④]。

图 6　嘉峪关新城 13 号墓 M13

甘肃地区人身蛇尾图像中伏羲女娲佩戴 B 型三叉型冠饰的形象，如甘肃高台县骆驼城乡苦水口 M1 墓葬有伏羲女娲图（图 7）。嘉峪关魏晋墓新城 13 号墓，M13 的后室女棺内绘有伏羲女娲。甘肃酒泉市肃州区孙家石滩

① 俄军、郑炳林等编：《甘肃出土魏晋唐墓壁画·中》，兰州大学出版社，2009 年，第 220 页。

② 王春梅：《嘉峪关魏晋墓出土伏羲女娲图像考析》，《丝绸之路》，2013 年第 8 期，第 60 页。又见林笑雨：《河西魏晋十六国棺板画研究》，西北师范大学硕士学位论文，2020 年，第 14-15 页。

③ 王春梅：《嘉峪关魏晋墓出土伏羲女娲图像考析》，《丝绸之路》，2013 年第 8 期，第 61 页。

④ 俄军、郑炳林等编：《甘肃出土魏晋唐墓壁画·中》，兰州大学出版社，2009 年，第 405 页。

家族墓地有三处绘制：M1 中 1 号棺盖、M1 中 2 号棺盖、M3 中 1 号棺棺盖[①]。骆驼城东南墓群出土一幅棺盖板，绘有伏羲女娲图像，比较特殊的是伏羲女娲为仰卧状态。整体画面漫漶不清，其他细节无法辨认。清水镇单墩子滩墓出土木棺一具，其中绘有伏羲女娲图，伏羲头戴 B 型三叉型冠饰。

图 7　甘肃高台县骆驼城乡苦水口 M1 墓葬

河南麒麟岗汉画像石墓中分别在两块画像石刻伏羲女娲形象（图 8），伏羲头戴 B 型三叉型冠饰，所穿服饰应为深衣。安徽淮北市祁集镇常家孤堆出土刻有女娲形象的画像石[②]，头戴冠饰为 B 型，是图像中唯一没有手持物的形象。

图 8　河南洛阳麒麟岗汉画像石墓

图像类型分析

根据上文对各地区遗存的分析，本文归纳出表 1。可以看出伏羲女娲图的风格随地域有所差异。从时期上看，河南、安徽、四川及重庆地区绘制戴有三叉型冠饰伏羲女娲形象的主要集中在东汉到东汉晚期；甘肃地区主要集中在东汉晚期到西晋时期。从区域上来说，安徽、四川、重庆主要

① 甘肃省文物考古研究所：《甘肃酒泉市肃州区孙家石滩家族墓地发掘简报》，《考古与文物》，2017 年第 3 期，第 21-34 页。

② 刘渊：《汉代画像石上伏羲女娲图像特征研究》，四川大学硕士论文，2005 年，第 15 页。

以手持日月轮的图像形式呈现，河南、甘肃地区主要是以胸腹处容纳日月轮的图像形式呈现，其他图像形式则基本相同，主要以日月轮中绘制金乌蟾蜍为主。再具体分析可以看出较早出现的三叉型冠饰是 B 型，到后期就出现了 A 型，然后混合出现。到了魏晋时期两种造型的冠饰混合出现，甚至同一墓葬中会出现两种造型的冠饰。交尾的情况较少，在中原及巴蜀地区只出现 5 次，其他应是受到墓葬中绘制区域的影响，如将伏羲女娲各绘制在门框两侧。而其交尾的内涵，学术界普遍认为是生殖崇拜、阴阳调和等。

对于手持物的形象，在文献中也有记载伏羲女娲手持规矩，需要注明的是并不是只有佩戴三叉型冠饰的伏羲女娲才手持规矩。如《淮南子·天文训》云："东方木也，其帝太皞，其佐句芒，执规而治春"，高诱注："太皞伏羲氏有天下号也，死托祀于东方之帝也"[①]。《洪范》云："汉、魏相传相奏表云：'东方之神太昊，乘震执规，司春。'"[②]对于太皞是伏羲，殷艺萍已经做详细论证，这里不再赘述[③]。但在图像中伏羲女娲还有手持或者胸腹处含日轮、月轮。手持或者胸腹处含日轮月轮的原因在学术界已有结论，认为这些受到汉代的阴阳五行学说影响，伏羲表阳，女娲表阴，

---

① 刘安著，高诱注：《淮南子注》卷3《天文训》，《诸子集成》第7册，上海书店出版社，1986 年，第 37 页。

② 王鸣盛：《尚书后案》，中华书局，2010 年，第 627 页。

③ 殷艺萍在《汉代伏羲女娲图像中的持物问题研究》通过对古籍中对于五行中的木德与太皞、太昊、伏羲的关系，从而认为："伏羲配木德，太皞为东方木之帝，所以伏羲也就是东方之帝。在五行中，木对应青（苍）色。郑玄注《礼记·月令》言'太皞'是'苍精之君'。武梁祠画像石题记云'伏戏（羲）仓（苍）精'，即伏羲就是苍精。"可以看出太皞即伏羲。

因此各举日、月，体现了古人阴阳调和的思想[①]。其中有三例较为特殊的形象，一是双手持日轮，二是日轮月轮放在其他位置，三是不手持日轮月轮。第一种形象在其他形象的伏羲女娲图中也有出现，是一种绘画模式，是程式化的产物。第二种形象没有找到完全一致的形象，但是在洛阳浅井头墓壁画、洛阳新安县壁画中有蛇尾托举日轮月轮的形象，南华墓群中日轮月轮绘制在蛇尾附近，本文推断可能是一种简化的变形。第三种在早期中原地区伏羲女娲的画像石中，这类画像石主要流行于汉武帝时至东汉末，安徽淮北市祁集镇常家孤堆出土的图像属于东汉时期，在时期与区域上相符，应是受到早期图像风格的影响。

至此，我们可以看出：

第一，在时期上中原地区较早出现佩戴三叉型冠饰的伏羲女娲，甘肃地区应是受到中原地区的影响，较早出现的是 B 型三叉型冠饰。

第二，佩戴三叉型冠饰的图像元素（手持物、日轮月轮等）在其他的伏羲女娲图像中的都可溯源，应是图像模式的程式化产物，但在一些元素中吸纳了当地文化，有一些变化。

第三，绘画载体的丰富，早期中原地区主要是以画像石为载体，而在甘肃地区则以画像石、棺材盖、布帛等为载体。

① 郭永利：《墓葬世界里的伏羲女娲形象——以考古发现资料为中心》，《兰州文理学院学报（社会科学版）》,2023 年第 6 期，第 14-21 页。殷艺萍：《汉代伏羲女娲图像中的持物问题研究》，曲阜师范大学硕士论文 ,2023 年。王晰：《甘肃考古发现的伏羲女娲图像整理研究》，西北师范大学硕士论文 ,2015 年，第 68-69 页。刘渊：《汉代画像石上伏羲女娲图像特征研究》，四川大学硕士论文，2005 年。

表 1　　伏羲女娲图三叉型冠饰及图像特征表

区域	类型	时期	出土遗址	冠饰类型	交尾	兽爪	手持（胸腹处）日月轮	手持其他物品	备注
河南地区	人身蛇尾	东汉时期	河南麒麟岗汉画像石墓	B 型	×	√	胸腹处	×	
安徽地区	人身蛇尾	东汉时期	安徽淮北市祁集镇常家孤堆出土	B 型	×	×	×	×	
四川地区	人首蛇身		四川内江白马墓葬石棺	A 型	×	√	手持	×	
		东汉晚期的桓帝至灵帝时期（146—188 年）	郫县一号石棺	A 型	交尾 2 次	×	手持	×	
	人身蛇尾	东汉时期	四川南溪三号石棺	B 型	×	√	手持	√	
			四川合川墓葬出土	B 型	×	√	手持	×	
		公元 172—179 年	长宁七个洞崖墓群 M6 中层门框	B 型	×	×	手持	×	
			长宁七个洞崖墓群 M6 右侧门框	B 型	交尾 2 次	×	手持	×	
			长宁七个洞崖墓群 M1 门框	B 型	×	×	手持	×	
		东汉晚期的桓帝至灵帝时期（146—188 年）	四川郫县东汉砖墓石棺四（A）棺头	B 型	×	√	手持	√	
			江安县出土墓葬一号石棺后挡头	A 型	×	×	手持	√	
			新津县宝子山崖墓石棺	A 型	交尾 1 次	×	手持	√	
			四川郫县东汉砖墓石棺一（B）棺头	A 型	交尾 1 次	√	手持	√	
			新津崖墓石函	A 型	×	√	手持	√	
			四川合江四号石棺	A 型	交尾 1 次	√	手持	√	
重庆地区	人身蛇尾		重庆市璧山县蛮洞坡崖墓石棺	A 型	交尾 1 次	√	手持	×	
		东汉晚期的桓帝至灵帝时期（146—188 年）	重庆璧山 5 号石棺	B 型	×	×	手持	√	
		东汉晚期的桓帝至灵帝时期（146—188 年）	重庆璧山 4 号石棺	B 型	×	×	手持	√	

续表

区域	类型	时期	出土遗址	冠饰类型	交尾	兽爪	手持（胸腹处）日月轮	手持其他物品	备注
甘肃地区	人首蛇身	东汉晚期至西晋早期	嘉峪关魏晋墓棺板	A 型	交尾 1 次	×	胸腹处	√	
		魏晋时期	南华墓群出土棺盖板	A 型	交尾 2 次	×	绘制在其他处	×	
	人身蛇尾	东汉至两晋	甘肃酒泉市肃州区孙家石滩家族墓地 M1 中 1 号棺盖	B 型	交尾一次	×	胸腹处	√	
		东汉至两晋	甘肃酒泉市肃州区孙家石滩家族墓地 M1 中 2 号棺盖	B 型	交尾一次	√	胸腹处	√	
		东汉至两晋	甘肃酒泉市肃州区孙家石滩家族墓地 M3 中 1 号棺棺盖	B 型	交尾一次	×	胸腹处	√	
		东汉晚期	嘉峪关魏晋墓新城 13 号墓 M13 后室男棺	A 型	×	√	胸腹处	√	
		东汉晚期	嘉峪关魏晋墓新城 13 号墓 M13 后室女棺	B 型	×	√	胸腹处	√	
		魏晋时期	高台县骆驼古墓区	A 型	×	√	手持	√	
		魏晋时期	骆驼城东南墓群出土棺盖板	B 型	交尾一次	×	胸腹处	√	
		魏晋时期	毛庄子村南女棺	A 型	交尾一次	×	胸腹处	√	其他部分绘有日月星河
		魏晋时期	清水镇单墩子滩墓出土木棺	B 型	×	×	胸腹处	√	中间绘制有五色祥云，即云气纹
		西晋时期	甘肃高台县骆驼城乡苦水口 M1 墓葬	B 型	交尾一次	√	胸腹处	√	
		魏晋十六国时期	甘肃敦煌佛爷庙湾西晋墓室	A 型	×	√	胸腹处	√	
			嘉峪关峪泉镇戈壁出土 M2 棺板	A 型	浸漶	浸漶	浸漶	浸漶	

三叉型冠饰的文化特征

从上文可知，关于三叉型冠饰的两种类型，并没有发现有过渡的转变，而是交杂出现，但它是从何处习来，又是如何传播，以及它代表着什么含义，并且是何原因造成这种造型差异。下文从冠饰的区域复制、冠饰的多方同频以及冠饰的符号象征三方面进行讨论。

吸纳模仿——冠饰功能的复现

对于图像中（汉画像石、墓室壁画等）出现的三叉型冠饰，其在其他图像及人俑中也有出现，并且常出现在较为重要的人物身上，而伏羲女娲作为中国神话中的创世神，应是复现了其他人物的冠饰，通过结合伏羲女娲本身的功能和冠饰的功能，即通过对“形”的复现从而达到对“意”的叠加，以达到墓主人或者匠人的一种美好愿许。

除了伏羲女娲佩戴三叉型冠饰的形象，也有其他许多人物佩戴，如武氏祠左石室后壁小龛西壁画像石中间人物佩戴三叉型冠饰（图 9）[①]，山西马茂庄 M2 的画像石（图 10）[②]、绥德刘家湾出土画像石（图 11）[③]、四川合江四号石棺画像石中有人物佩戴（图 12）[④]，山东的汉画像石中也有人物佩戴[⑤]，离石马茂庄墓门右立柱画像石[⑥]在河南、山东、陕西、山西、四

---

① 毛娜：《汉画西王母图像研究》，郑州大学博士学位论文，2016 年，第 57 页。

② 刘永生等：《山西离石马茂庄东汉画像石墓》，《文物》，1992 年第 4 期，第 14-40 页。

③ 李贵龙、王建勤：《绥德汉代画像石》，陕西人民美术出版社，2001 年，第 164 页。

④ 中国画像石全集编辑委员会：《中国画像石全集 7·四川汉画像石》，河南美术出版社，2000 年，第 145 页。

⑤ 中国画像石全集编辑委员会：《中国画像石全集 2·山东汉画像石》，山东美术出版社，第 107 页。

⑥ 中国画像石全集编辑委员会：《中国画像石全集 5·陕西、山西汉画像石》，山东美术出版社，2000 年，第 219 页，图二九四。

川等地都有出现；并且还有动物形象佩戴，如临沂吴白庄出土画像石（图 13）[①]、米脂官庄 M7 画像石（图 14）[②]、靖边赛山村出土画像石（图 15）[③]。这些图像的时期主要在汉代，和伏羲女娲图像的时期恰好接壤；并且从图像可以看出所佩戴的冠饰 A 型、B 型都有，也可以看出伏羲女娲图像中三叉型冠饰主要借鉴于其他图像中。那么，为什么会借鉴此类冠饰呢？我们首先来看三叉型冠饰在图像中的功能，三叉型冠饰在学术界有多种称呼，三叉冠或者三尖冠主要是从形界定，山形冠和三山冠是通过意的内容来界定。从“形”上来说，伏羲女娲和其他人物所佩戴的样式造型基本一致。从“意”上来说，主要有三种主流观点，一是孙机认为三叉型冠饰东王公的冠饰，“是《仙传拾遗》所称东王公‘冠三维之冠’的三维冠，是识别东王公的标识之一”[④]；二是何志国认为三叉型冠饰主要受到汉代的昆仑山和海上三神山的传说的影响[⑤]；三是朱浒认为造型来自《周礼》中的天子山冕，且吸纳了两汉时期

图 9　武氏祠左石室后壁小龛西壁画像石

图 10　山西马茂庄 M2 的画像石

① 中国画像石全集编辑委员会：《中国画像石全集 3 · 山东汉画像石》，山东美术出版社，2000 年，第 8 页。

② 榆林市文物保护研究所，榆林市文物考古勘探工作队：《米脂官庄画像石墓》，文物出版社，2009 年，第 159 页。

③ 康兰英：《榆阳清涧子洲吴堡靖边横山》，广西师范大学出版社，2012 年，第 213 页。

④ 孙机：《佛像的火焰肩和火焰背光》，中国历史博物馆考古部编：《中国历史博物馆考古部纪念文集》，科学出版社，2000 年，第 211 页。

⑤ 何志国：《汉晋山形冠和锯齿纹含义探议》，《装饰》，2008 年第 6 期，第 110-111 页。

图 11 绥德刘家湾出土画像石

图 12 四川合江四号石棺画像石

图 13 临沂吴白庄出土画像石

图 14 米脂官庄 M7 画像石

图 15 靖边寨山村出土画像石

流行的蓬莱三神山与昆仑山的程式化图像，并受到通天冠上金博山的影响[①]。这三种观点各有联系却又不够完整，笔者将这三种观点联系起来可以看出，三叉型冠饰一开始是东王公的标志之一，东王公三叉型冠饰造型也应是从其他物品中吸取、采纳，而后面此冠饰的形又被复制到伏羲女娲的图像中，从而将三叉型冠饰的“意”与伏羲女娲的寓意相结合。而东王公、伏羲女娲或者三叉型冠饰都与东汉时期的道教神仙思想密不可分，主要是事死如事生、死后升天的神仙信仰，对后代人丁兴旺的祝福的精神寓意。

区域共生——冠饰形制的同频

如前文所说图像中（汉画像石、墓室壁画等）出现的三叉型冠饰，所出现的范围很广，河南、四川、重庆、安徽、甘肃、陕西等地都均有出现，并且在中亚地区也有相近的冠饰。可以看出，三叉型冠饰是一种具有特殊

---

① 朱浒，侍行：《汉画山形冠来源与含义新探》，《艺术探索》，2022 年第 3 期，第 42-53 页。

含义的冠饰，在多个地区在相近时期内频繁出现，这既体现了文化的多元共生，又体现了在古时繁盛的文化交流。

第一，佩戴三叉型冠饰的伏羲女娲形象在河南、甘肃、四川、安徽及重庆地区出现，其他佩戴三叉型冠饰的形象除了在上述地区外，还在陕西、晋西北、山东等地区出现，但是在陕西、山东等地区并无出现佩戴三叉型冠饰的伏羲女娲形象。

第二，从时期上来说，图像中的三叉型冠饰最早出现在战国时期[①]，但这种大范围、多区域出现的时期集中在东汉，而且形制也开始多变，其中最为普遍的还是A型三叉型冠饰。

第三，在中亚地区出土的一枚阿达希尔二世铜币上可见三叉型冠饰[②]，萨珊王朝的钱币基本规范，正面一般为戴冠国王像。木鹿（Merv）造币厂的阿达希尔二世铜币，其图像为最早的贵霜萨珊样式。贵霜萨珊的时期是1世纪至3世纪，时间上略晚于东汉在魏晋南北朝时期。结合韩香《波斯锦与锁子甲》[③]及《北史·波斯传》对北朝与波斯的外交记载“神龟中，其国遣使上书贡物，云‘大国天子，天之所生，愿日出处常为汉中天子。波斯国王居和多千万敬拜’。朝廷嘉奖之。”[④]“自此，每使朝献。”以及《梁书·诸夷传》对龟兹、高昌、波斯等国朝贡的记载[⑤]可以看出，汉代及魏晋南北朝与波斯地区的文化交流一直存在，贵霜萨珊铜币中的冠饰可能与甘肃地区的三叉型冠饰一样，受到中原文化的影响而出现。

---

① 王立仕：《淮阴高庄战国墓》，《考古学报》，1988年第2期，第189页。

② Fabrizio Sinisi：《The Deitiesonthe Kushano Sasanian Coins》，《ELECTR-UM》，2015年第22卷，第103页。

③ 韩香：《波斯锦与锁子甲》，社会科学文献出版社，2022年，第57-63页。

④ 《北史》卷97《西域传》，中华书局，1974年，第3223页。

⑤ 《梁书》卷54《诸夷传》，中华书局，1973年，第809-819页。

权力体现——冠饰符号的象征

从查阅的资料可以看出，上述的人物可分为神话人物、历史人物、宗教人物，并且从已有出土的壁画图像资料中可以看出大多数为男性佩戴，极少数由女性佩戴。通过上面的分析，笔者还发现头戴三叉型冠饰的人物都身份不凡，并且能看出在后续朝代中中亚地区（国外）及漠北少数民族中所佩戴三叉型冠饰的人物身份地位。可以看出，三叉型冠饰从实物到图像再到实物的过程，一方面体现了这种冠饰的传承，另一方面也是一种权力符号的体现。

佩戴三叉型冠饰的人物身份有帝王、神仙、神武士、可汗等[①]。在考古材料中，淮阴高庄战国时期墓葬（HGM1）出土的两件铜器（M1：0154、M1：0146）的内壁均刻三叉型冠饰佩戴者（图 16）[②]。战国至秦代的山形冠佩戴者身份较高，关于此图像，有学者认为是神人升天图，头戴三叉型冠饰的为操蛇之神，是为神明[③]。还有山东嘉祥蔡氏园出土周公辅成王图中的古代帝王周成王[④]。周公辅成王图像在东汉颇为流行，反映出东汉政府对忠君思想的重视。又如重庆合川濮岩寺石室墓画像上的秦王，重庆合川

---

① 通过常一民等《太原北齐徐显秀墓发掘简报》、何志国《汉晋山形冠和锯齿纹含义探议》、朱浒《汉画山形冠来源与含义新探》、OSAWAT《The Cultural Relationship between old Turkic Kingship and deer Image》、Кубарев Г. В《Древнетюркские изваяния и з Апшиякты в Центральном Алтае》，《Археология，этнография и антропология Евразии》，2017 年第 1 期，第 93-103 页、СамашевЗ《Древнетркский культово-мемориальный комплекс на горе Шивээт улаан в ентральной Монголии》、陈菊霞《榆林窟第 39 窟回鹘供养人研究》、吕钊《回鹘戴三叉冠人物身份再考》中观点总结而来。

② 王立仕《淮阴高庄战国墓》，《考古学报》，1988 年第 2 期，第 211 页。

③ 王立仕：《淮阴高庄战国墓》，《考古学报》，1988 年第 2 期，第 189-232 页。

④ 中国画像石全集编辑委员会：《中国画像石全集 1·山东汉画像石》，山东美术出版社，2000 年，第 66 页。

濮岩寺石室墓完璧归赵的图像中[1]及荆轲刺秦王图像。[2]荆轲、蔺相如是燕赵人士，一个刺秦，另一个完璧归赵。荆轲、蔺相如不顾个人安危担当国家使命，成为汉代人心目中的英雄人物，也深深契合儒家价值观。《抱朴子·内篇·辨问》称“荆轲聂政，勇敢之圣也”[3]。蔺相如则“能信意强秦，而屈体廉子，用徇其君，俱重于诸侯”[4]。此二人佩戴冠三叉型冠饰，身份已经与秦王不相上下，象征着荆轲与蔺相如在汉代人构建的历史叙事中拥有与秦王同等的地位。再如，山东嘉祥花林村出土的一方画像石中手拥伏羲、女娲的东皇太一[5]。画像石、画像砖、墓室壁画、铜镜中均存在大量头戴山形冠的东王公[6]。1973年长沙马王堆3号汉墓出土的《太一将行图》中，右起两位武弟子皆头戴三叉型冠饰（图17），穿短服裸着脚，右手皆高举，挥扬兵器，其中右起第一人所执兵器残泐，第二人执剑。黄盛璋先生认为，这是墓主人生前出兵打仗之前用来拜祭，以祈祷战争胜利的一幅

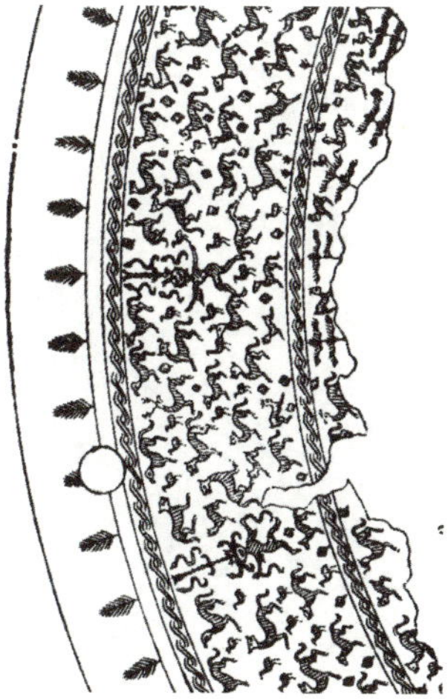

图16　淮阴高庄战国墓铜盘刻纹残片

---

① 中国画像石全集编辑委员会:《中国画像石全集7·四川汉画像石》，河南美术出版社，2000年，第50页。

② 中国画像石全集编辑委员会:《中国画像石全集7·四川汉画像石》，河南美术出版社，2000年，第50页。

③ 王明：《抱朴子内篇校释》，中华书局，1985年，第225页。

④ 《史记》，中华书局，1982年，第3314页。

⑤ 中国画像石全集编辑委员会:《中国画像石全集1·山东汉画像石》，山东美术出版社，2000年，第116页。

⑥ 中国画像石全集编辑委员会:《中国画像石全集3·山东汉画像石》，山东美术出版社，2000年，第85页。

图17 太一将行图

带有符性质的图画[①]。因而右起的两位戴“山”字形冠饰的武弟子除了是出兵打仗的武士外，同时也被赋予了神圣的地位——神武士，用以祈祷战争胜利。杨远认为，长沙马王堆三号汉墓出土的《太一将行图》帛画，不仅是神武士地位的象征，同时对“山”字形冠饰赋予了保佑的作用。鲜卑族的山形风帽在太原北齐徐显秀墓发掘三棱风帽俑有所体现[②]。北朝晚期鲜卑族的头戴山形风帽主要在侍立俑、仪卫俑中常见，身份也不凡。此外，当涂天子坟高等级孙吴墓出土了一件金饰，这件金饰上的冠冕形似山形冠，级别为王级[③]，是东汉时期作为王者冠冕的山形冠在魏晋时期的延续。在漠北还有突厥以及后来的回鹘佩戴三叉型冠饰，其佩戴者的身份是国王、部落首领或者高级官员[④]。

在辽代也有头戴三叉型冠饰的形敖汉旗南部的辽墓“鹰军图”中像，邵国田在《辽代鹰军考——兼述敖汉旗发现的“鹰军图”》也这样进行描述:

① 黄盛璋：《论“兵避太岁”戈与“大一避兵图”争论症结、引出问题是非检验与其正解》，《陕西省历史博物馆馆刊》第10期，三秦出版社，2003年。

② 常一民，裴静蓉，王普军：《太原北齐徐显秀墓发掘简报》，《文物》，2003年第10期，第4-40页。

③ 赵娜：《孙吴宗室墓葬的考古学研究》，山东大学硕士论文，2020年。

④ КубаревГ. В：《Древнетюркские изваяния из Апшиякты в Центральном Алтае．Археология，этнографияиантропологияЕвразии》，《Археология，этнографияиантропология Евразии》，2017年第1期，第93-103页。吕钊等：《回鹘戴三叉冠人物身份再考》，《西北大学学报（哲学社科版）》，2024年第1期，第23-34页。

“第二人单列于部队之前，并戴有扇面形羽状上又出‘山’字形突尖之冠，当为这支部队的统帅。”[①] 王大方也对此有所描述，观点与邵国田一致，可见三叉冠的确是军官所戴。从时间分析，可以看出从东汉始一直到宋辽时期，无论是内地还是少数民族图像资料中都有三叉形冠的记载，时期连续且完整，且寓意从虚无缥缈的升仙思想逐渐向权力、战争甚至王权的发生实质转变。值得注意的是，表示天子的象形文字“皇”亦与三叉型冠饰有关。金文中的“皇”为青铜器的图像化表现，“皇”下为土，上为三条上竖“羽毛”。汉代大儒认为，“皇”为王者之冠，形似羽。郭沫若也认为，“皇”为王者之冕[②]。《礼记·王制》云：“有虞氏皇而祭。”郑玄注曰：“皇，冕属也，画羽饰焉。”[③] 郑玄注《周礼·春官》云：“皇舞者，以羽冒覆头上，衣饰翡翠文羽……皇，杂五彩羽如凤皇色。”[④]“皇”字金文图像上表现的三条上竖的羽毛状冠冕与三叉型冠饰的图像一样，都是由三条上竖的凸起组成，表明二者有重要渊源。

余 论

本文通过对伏羲女娲图像中三叉型冠饰的深入探讨，为理解中国古代文化交流与多元共生提供了重要视角。从历史的长河来看，伏羲女娲图中三叉型冠饰的分布与演变深刻反映了不同地区文化间的互动与融合。此现象如一面镜子，折射出中国传统文化吸纳和输出的图景。

---

① 邵国田:《辽代鹰军考——兼述敖汉旗发现的“鹰军图”》,《昭乌达蒙族师专学报(北方民族文化)》,1998 年第 3 期，第 39-47 页。

② 郭沫若：《长安县张家坡铜器群铭文汇释》，《考古学报》，1962 年第 1 期。

③ 阮元校刻：《十三经注疏（清嘉庆刊本）四》，中华书局，2009 年，第 2914 页。

④ 李学勤主编：《十三经注疏》，《周礼注疏》，北京大学出版社，1999 年，第 596 页。

伏羲女娲图所体现的文化融合特征——如冠饰功能的复现、区域共生及权力象征——反映了中国古代文化多元一体格局的逐步形成。神话与艺术层面上不同文化元素的融合与共生，为中国文化的多样性与丰富性奠定了坚实基础。我们应从这一多元共生的模式中汲取智慧，尊重和保护多元文化，促进各民族文化在交流中共同发展，增强中华民族文化的凝聚力和认同感。伏羲女娲图中文化融合的特征彰显了中国古代多元文化共生的独特模式。三叉型冠饰在不同类型图像中的功能复现、广泛分布于多地所体现的区域共生，以及其在不同身份人物佩戴中所蕴含的权力象征意义，共同揭示了古代文化元素相互交织、融合共生的现象。这种多元文化共生不仅丰富了神话体系和艺术表现形式，更为中国文化的整体性和包容性奠定了坚实基础。从三叉型冠饰的传播与演变来看，其在不同地区的出现和变化反映了古代文化交流的活跃性。早期在中原地区兴起的特定冠饰类型逐渐向周边扩散，如甘肃地区受其影响并在后续发展中呈现出自身特色，这一过程体现了地域间文化元素的传播、吸收与创新。这告诉我们，古代文化交流并非单向的输出或输入，而是多元互动的过程。各地区在文化交流中保持着自身的文化核心即主体性，同时积极吸纳外来元素，从而丰富和发展本地文化。

伏羲女娲图像中蛇身形象与三叉型冠饰的结合，也涉及了蛇文化这一古老的文化符号。蛇在中国古代文化中具有丰富的象征意义，其与其他文化元素的融合体现了文化内涵的叠加与演变。这提醒我们，在文化研究与传承过程中，应深入挖掘传统文化元素的内在价值，理解其在不同文化语境中的意义变迁。唯有如此，我们才能更好地传承与弘扬中华优秀传统文化，使其在历史的延续中焕发新生，为社会文化建设提供深厚的历史底蕴与精神支撑。

作者小传

马艳辉，男，河南新乡人，兰州大学敦煌学研究所博士研究生，中国石窟文化联合研究生院联合培养，主要从事敦煌学及美术考古研究。参与国家社科基金艺术学重大项目《丝绸之路美术史》、国家社科艺术基金项目《唐代回鹘冠饰设计艺术研究》等各级别科研项目多项，在《西北大学学报（哲学社科版）》《毛纺科技》《纺织高校基础科学学报》《工业工程设计》发表论文多篇。

蛇蛰西陲

浅谈青海地区蛇文物与蛇文化

付君琴

蛇在地球已生存了1.45亿年，强大的生存能力使它能够适应水陆不同的生活环境，从南到北的江河大泽、草原戈壁，处处都有蛇蛰伏其间。蛇无足却能疾行，体型细小却能吞食数倍于己身的猎物，行踪诡秘蛇毒却能致人畜死命，这些神秘而致命的特性对于长期与蛇共域的人类来说是极具威胁的存在。千年来，生活在青海高原西陲之地上的人们与蛇同行，既惊惧于蛇的神秘与危险，却又赞叹于蛇强盛的生命力和优雅的形态。在复杂矛盾的情感交织之下，人们厌蛇、畏蛇，却又敬蛇、崇蛇，他们将蛇绘于岩壁、塑于器具，甚至捧上灵坛，蛇在青海地区的文化地位可谓一波三折、跌宕起伏。

“它”是蛇

早在人类降生之初，蛇便已伴随左右。原始社会时期，蛇是人类主要的敌人之一，当时“人民少而禽兽众，人民不胜禽兽虫蛇”[①]。在自然面前，

① （清）王先慎撰，钟哲点校：《韩非子集解》卷十九，中华书局，1998年，第442页。

人类的力量还十分薄弱，四处游荡的蛇对人类构成了很大的威胁，人们深受其困，对蛇亦深怀恐惧。

在长期蛇的威胁下，恐惧构成了早期蛇文化的底色。从上古先民见面问候语中，就能看出蛇患的威胁之盛。“蛇”字本作“它”，许慎《说文解字》释“它”言：“它，虫也，从虫而长，象冤曲垂尾形。上古草居患它，故相问无它乎。凡它之属皆从它。”[①] 上古时期人们穴居野外，行走在丰茂的草原上，常常会遇到蛇游弋其间，一着不慎便会“草泽纷纷恶蛇起”[②]。与蛇相遇，人类面临被当作食物的威胁，受毒蛇袭击而丧命的悲剧屡见不鲜，因此人们在见面时，都会心有余悸地互相问候：“您没有遇到蛇（它）吧？”这个“它”就是专指“蛇”而言，在后世的语言转化中，转义衍生为“他、她、它”。上古时期蛇类数量繁多、人蛇关系的紧张由此可见一斑，蛇患甚至超越了食物短缺，成为人们最切近的担忧。

对于上古时期青海地区的人蛇相处状况虽然史籍阙载，但我们可以从另一种珍贵的形象史料——岩画中找寻青海先民千年来与蛇共处的历史线索。青海岩画主要分布在青海湖及柴达木盆地周边地区，历经旧石器时代、新石器时代、青铜时代直至近现代，刻画时间延续了上千年。这些分散在深山沟壑、大漠腹地的岩画，粗犷诡谲，朴拙不饰，具有再现历史本原的魅力。千年前，青海先民凭借长期采集、捕猎活动中锻炼出的敏锐观察力和动态捕捉力，或以蛇单独成篇，或组合构图，将蛇巧妙刻印在岩壁之上，于千磨万凿中呈现远古青海精神文明的声画影像。

位于海西州德令哈市的怀头他拉岩画分散雕凿着约100处个体图像，

① （汉）许慎：《说文解字》卷一三下，中华书局，1985年，第450页。

② （清）黄钊：《读白华草堂诗二集》卷五，《清代诗文集汇编》第555册，上海古籍出版社，2010年，第685页。

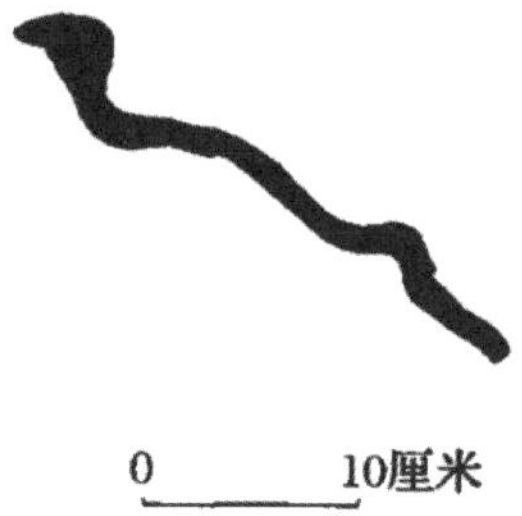

图1 怀头他拉岩画

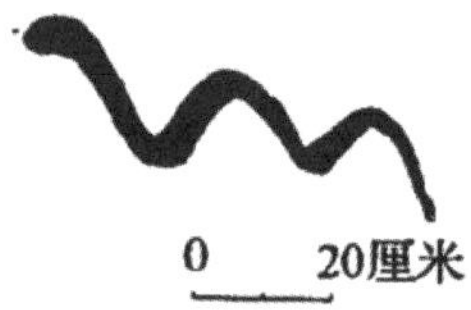

图2 怀头他拉蛇岩画

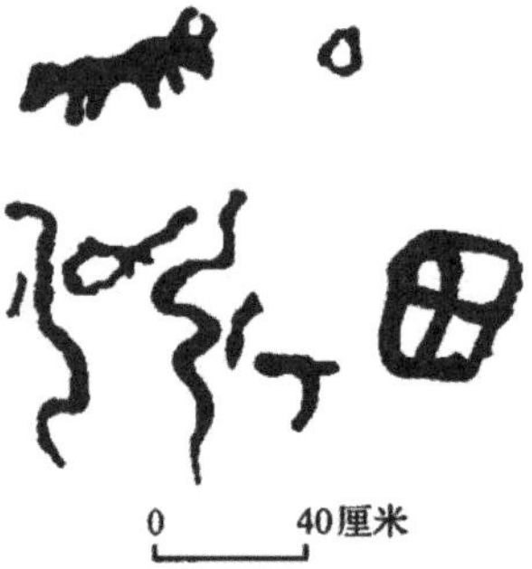

图3 怀头他拉象岩画

蛇形象岩画是其中的重要组成部分，岩画中出现的蛇形态各异、场景不尽相同[①]。其中一幅岩画中刻画一蛇，蛇头部前窄后宽，颈部扁平张开，头颈抬起形成“S”形，其形态与我们熟知的眼镜蛇十分相似（图1）；在另一幅岩画中细致磨划了一条小蛇，蛇头部呈椭圆形，曲行向前（图2）；另外还有蛇与其他动物的组合构图：岩画上方为一两头兽，下方画有两蛇相背而行，中间还有许多形象难辨的动物和“田”字形符号，从岩画中我们仿佛看到各种野生动物奔跑游走在草原田地间，人类稍有不慎便可能受到它们的攻击（图3）。

位于海西州都兰县的巴哈毛力沟岩画中也有蛇形象出现：在宽幅岩壁上，雕凿着野羊、雄鹿、蛇等多种动物，右上方三条蛇屈曲蠕行，线条简单生动（图4）；另一幅岩画上方绘有一蛇，下方有羊、牛、獐等各种动物（图5）[②]。在这些大幅岩画里，蛇的形象与其他动物相互交织，构成了一个个繁盛的种群生态图景。

---

① 汤惠生，张文华：《青海岩画：史前艺术中二元对立思维及其观念的研究》，科学出版社，2001年，第47页。

② 许新国，格桑木：《青海海西州哈龙沟、巴哈毛力沟岩画调查简报》，《文物》，1984年第2期。

图 4　巴哈毛利沟岩画

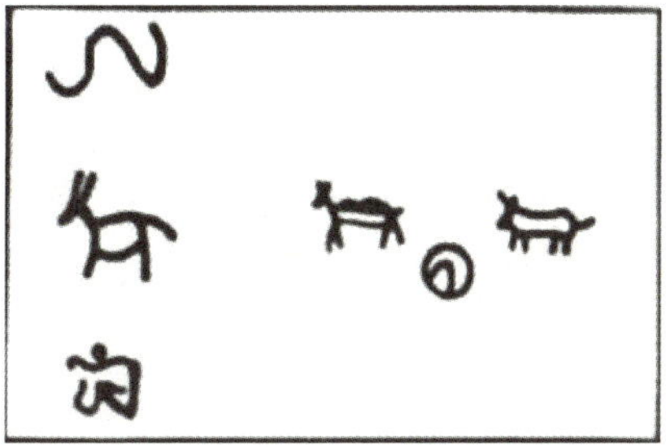

图 5　巴哈毛利沟岩画

早期蛇形象岩画除了对现实的具象刻画外，也传达着生殖崇拜的象征意象。在海西州天峻县卢山山岩上凿绘有一幅表现生殖崇拜的蛇形象岩画（图 6）。岩画的上方为一对男女，男性侧身站立，生殖器部位突出，女性正面站立，双腿正中打制出一圆形凹穴。在二人下方凿制有许多大小不一的凹穴，凹穴中间为一条曲折绵长的曲线，类似于蛇。

图 6　卢山岩画

以抽象的蛇形线条来象征男性生殖器官，正符合弗洛伊德所阐述的蛇的象征的观点："那些在神话传说中代表生殖器的动物如鱼、蜗牛、猫、鼠……而男性生殖器官的最重要的动物则是蛇。"[1] 蛇是多产多生的动物，蜕皮、交尾以及大量繁殖的生物特性都表现出强大的生命力，上古先民服膺于蛇的伤害值和力量，在恐惧的基础上加以媚顺与崇拜，选择以蛇形符号承载祈求男性生殖力与生命力的意义，传达人们对生命之源的追求。

从这些蛇形岩画所在之处放眼长量，现实退散，时间折叠。踏入遥远

① 弗洛伊德著，赵辰译：《梦的解析》，西苑出版社，2004 年，第 149 页。

的岩画时代，目之所及的地表处处都有蛇活跃其上，那些在山崖上作画的古老艺术家观察蛇、认识蛇，将内心最深刻的蛇形象，刻印成一幅又一幅拙朴简单的岩画。通过岩画，我们可以感受到先民们与蛇共处时的紧张与恐惧，也能体会到他们面对自然挑战时的坚韧与智慧。

鹰蛇对立的象征指向

在蛇恐惧的阴影下，产生了一种特殊的图像模式——鹰蛇相斗。《淮南子·天文训》有云："毛羽类，飞行之类也，故属于阳；介鳞类，蛰伏之类也，故属于阴。"鹰翱翔天际，代表天神世界的一切正面属性，是正义，是力量，属阳；而作为爬行动物的蛇，其生理特征决定了它只能处于下界地位，是邪恶，是恐惧，属阴。正义终将战胜邪恶，力量也终将打破恐惧。

在生产力还不发达的古代，作为一种令人恐惧的自然要素，蛇实际上是自然的缩影[①]。而鹰作为蛇的天敌，是青藏高原及北方地区常见的鸟类，鹰捕蛇、食蛇的画面给人们留下了深刻的印象。面对未知与恐惧，人们通过想象与创造，将内心的情感和愿望转化为具体的图像与符号。

人们以现实场景为蓝本模仿创造出鹰蛇对立这一组合形象，成为古人恐蛇和抗蛇心理的折射，表达了人们由畏惧自然逐渐转变到希望战胜自然的强烈愿望。这一愿望使鹰蛇相斗主题跨越时空界限，广泛出现在古埃及、美洲以及中国的古代艺术、神话和史诗之中，同样也成为青海古代艺术史上的经典母题[②]。

---

① 吴杰华：《自然的恐惧：中国古代的人与蛇》，天津人民出版社，2022 年，第 10 页。

② 汤惠生、田旭东：《原始文化中的二元逻辑与史前考古艺术形象》，《考古》，2001 年第 5 期。

青海大通上孙家寨墓葬区曾出土一件卡约文化时期骨管（图 7），管面竖列刻印四组鹰蛇相斗图案，雄鹰姿态矫健作正面描绘，双翅展开，鹰喙叼着蛇侧向一边，蛇弯曲形态各一。卡约文化是青铜时代青海土著文化，因发现于青海湟中卡约村而得名，属于古羌族文化遗存。这件骨管的发现证实了早在公元前 1000 年前的卡约文化里，便已存在鹰、蛇的二元对立思维。

图 7　卡约文化骨管

秦汉之前，青海乃羌戎之地，在这片广袤的土地上，羌族先民们曾无数次抬头仰望苍穹，视线追随雄鹰精骛八极，心游万仞。他们将鹰蛇对立的图像描绘在各种器物上，希望能起到防蛇、抗蛇的功能。将鸟类神化，想象自己是鹰，共弓矢为友，攫捕毒蛇凶鸷，拥有战胜邪恶、战胜自然的力量与勇气。

随着人类文明的发展，青海地区先民改造自然的能力在不断提升，他们“构木为巢，以避群害”[①]，通过建造房屋改善自己的居住环境，防止虫蛇的侵袭。生产力的进步让人们内心的情感和愿望变为现实，拯救自己于恐惧、困顿之中，人们对蛇的情感也在悄然发生变化。

青铜镜中照影来

进入青铜时代，青海地区社会经济有了很大的发展。在这一时期，生

① （清）王先慎撰，钟哲点校：《韩非子集解》卷十九，中华书局，1998 年，第 442 页。

活在青海高原的先民们创造出了不逊于中原内地的先进青铜冶炼技术，人们的生产力不断提高，应对自然威胁的能力也在不断增长。蛇在人们的眼中，不再像上古时代那样可怕了，先民们不再谈蛇色变，对蛇有了更多审美体会。人们化蛇为器，将盘蛇造型与蛇形纹饰用在了青铜装饰艺术中。蛇的形象也不再是自然界中写实的蛇，而是经过变形、抽象、艺术化了的蛇。

青海大通上孙家寨卡约文化墓葬区中考古出土了一面极具特色的蛇纹铜镜（图8），该镜呈圆形，直径约6.4厘米，桥形钮，饰双蛇纹。三角形蛇头冲着镜钮，其中一只与钮相连；蛇身以钮为中心，呈顺、逆时针方向盘绕两周，构成多个同心圆；蛇身至尾部两侧饰有相向的斜线纹代表鳞片，极具抽象性和想象力[①]。这枚铜镜制作精美、构图新颖，不同于我国传统双禽对兽或首尾相接，或头部相对、双尾相交的布局方式。纹饰繁缚，线条流畅，写实性强。

青海地区有着灿烂辉煌的铜镜文化，是出土早期铜镜最多的地区。齐家文化时期青海先民已铸造铜镜，1976年，贵南县尕马台齐家文化墓葬区出土了一枚七星纹铜镜，是目前中国考古发现的时代最早的青铜镜，该镜器型规整、制作精致，显示出成熟的制作技艺。从齐家文化开始，开启了青铜镜纹饰艺术的华章。卡约文化继承了齐家文化中重铜镜的传统，1983年，湟源大华中庄发掘墓葬118座，共出土卡约文化铜镜34面[②]，比商周时期中原地区发现的铜镜数量总和还要多。

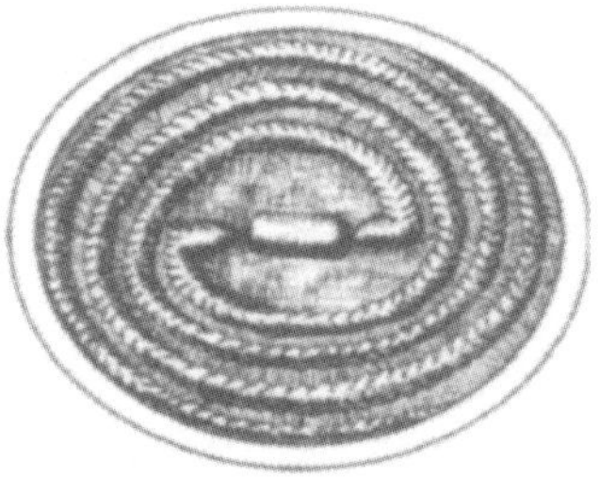

图8 大通上孙家寨双蛇纹铜镜

① 马兰：《青海文物精品图集》，中国文联出版社，1999年，第66页。

② 青海省湟源县博物馆等：《青海湟源县大华中庄卡约文化墓地发掘简报》，《考古与文物》，1985年第5期。

从初时的临水照容到揽镜四顾，青铜镜不仅照亮了千年前青海先民的面容，照亮了蛇形纹饰的曲线美，更折射出这片土地上青铜文明的璀璨光芒。

除了双蛇纹铜镜，上孙家寨卡约文化墓葬区出土的铜镯、铜铃等青铜器物上也镌刻有蛇纹。其中两条蛇纹是刻画在开口铜镯上，一只铜镯刻画线条较粗，以竖直线代表蛇身鳞片，蛇一身双头，头部呈几何梯形（图 9）。另一只铜镯蛇头呈椭圆形，蛇头与蛇身间有起伏曲线，整体线条流畅，细节刻画细致，形象生动（图 10）。另外还有两条蛇纹刻画在铜铃外壁上，一条线条简约抽象，省略了蛇头、蛇尾等细节，身体盘曲呈螺旋状（图 11）。还有一条蛇纹竖向刻于铃面，头部呈三角形，双眼较大且外凸，与自然界的蛇迥然不同。在它的头部及躯体部分都刻画有细致的纹路，蛇纹变形抽象，富有神秘色彩（图 12）。附蛇于器，是重蛇之风在青铜时代生产技术条件下的表现形式，卡约文化墓葬中出现这么多蛇纹器物，充分说明了古羌人对蛇的重视。

除了用蛇形纹样妆饰器具，青海地区还出土有蛇造型青铜器。西宁市砖瓦厂曾出土一件蛇形带钩，带钩长 14.5 厘米，整体呈曲棒形，

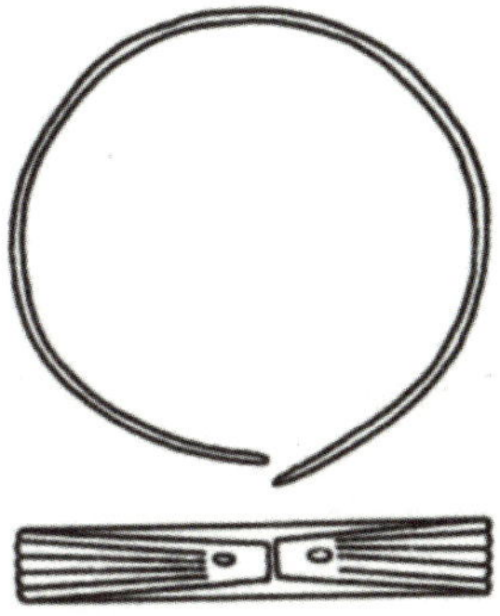

图 9　卡约文化变形蛇纹铜镯

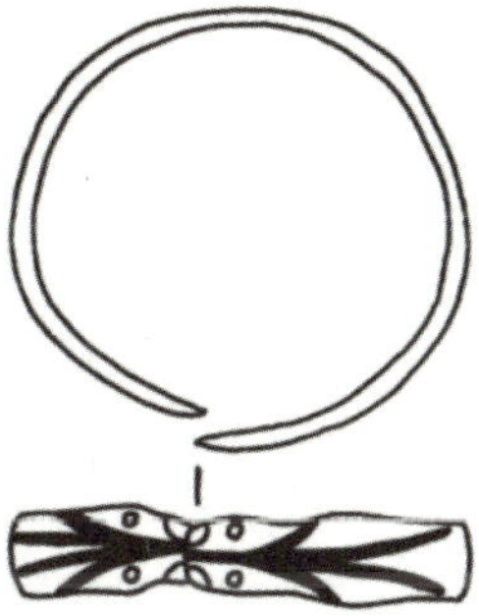

图 10　卡约文化变形蛇纹铜镯

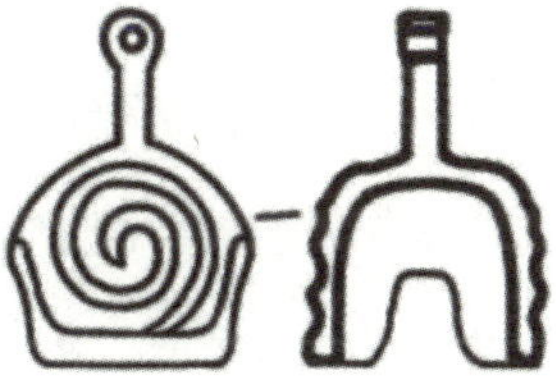

图 11　上孙家寨变形蛇纹铜铃

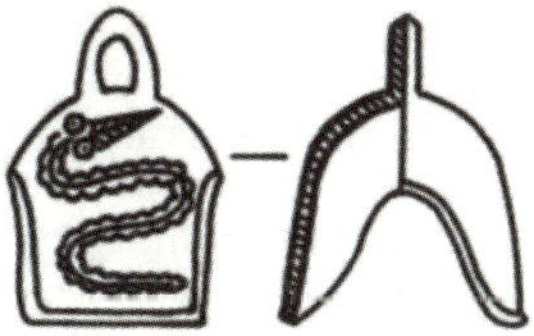

图 12　上孙家寨变形蛇纹铜铃

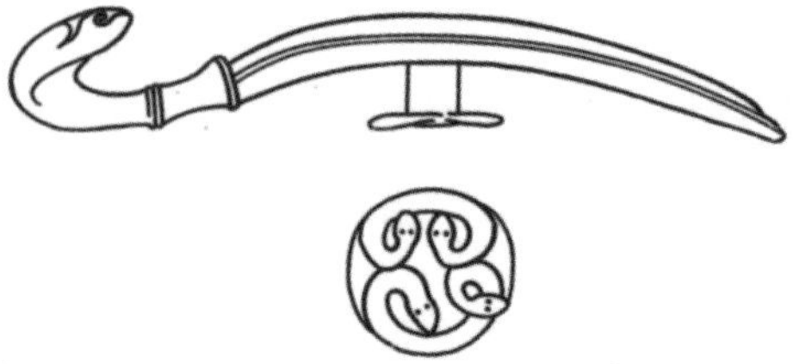
图13 蛇形带钩

钩首为蛇，颈部内收，钩体曲为弓式，背部中央有一圆形钩钮，钮为盘曲双蛇，蛇一体双头，形态各一（图 13）。带钩起源于西周，是古人所系腰带的挂钩，主要用于钩系束腰的革带，多为男性使用，又称“犀比”。蛇形带钩青铜器兼具实用性与美观性，继承了青海地区先民重蛇的传统。

玄武——龟蛇合一的神异动物

秦汉以降，蛇在民间文化的地位发生了显著变化，蛇崇拜的光环逐渐退却，神异属性却日渐凸显。神蛇、异蛇文化蓬勃发展，人首蛇身式的神灵形象在汉画像石、画像砖等文物遗存上频频出现。此外，蛇还和其他动物如龟、鱼、鸟等组合，形成新的具有特殊含义的神异动物，其中最为人熟知的便是龟蛇合体的玄武形象。

玄武在神话传说中的地位颇高，不仅是天文二十八宿中的北方神，还是传说中的水神、海神兼冥王。早在先秦时期，史籍文献中已经出现了玄武的名称，《楚辞·远游》载：“召玄武而奔属。”洪兴祖补注：“玄武谓龟蛇，位在北方故曰玄，身有鳞甲故曰武。”到了两汉时期，“龟与蛇交”的玄武形象在中原地区流行开来，画像石刻和瓦当上出现大量玄武形象，其影响力一直延续至南北朝时期。

在这一时期的北方草原上，匈奴势力崛起，青海羌人臣服匈奴成为进攻汉王朝的辅助力量。到汉武帝时期，西汉“北却匈奴，西逐诸羌”。张骞两次出使打通了中原通往西域的丝绸之路通道，使青海高原与中原大地首次紧密相连。汉昭帝时设置金城郡，青海东部地区正式纳入中央管理的郡县体系，东汉时期则从金城郡中析置西平郡（今西宁市），进一步巩固汉王朝的西部边疆。自此“汉风西渐”，中原地区的玄武信仰被引入青海地区，并迅速传播开来，得到了民众的普遍接受与信奉。

公元4世纪，鲜卑氏的一族西行从辽东迁来青海地区，与当地的羌人相融合，以白兰（青海南部）为中心建立了吐谷浑政权。南北朝时期，丝绸之路河西道堵塞，吐谷浑抓住了这一机遇，以中介和向导身份参与丝绸之路贸易中。“吐谷浑道”（“河南道”）成为沟通中亚、西亚与中原地区的必经之路，为中西经济文化交流作出伟大贡献。丝绸之路“吐谷浑道”的畅通不仅促进了文化的向外输出，也让处在丝绸之路重要节点上的青海地区少数民族政权有机会吸收中原文化为己用。近代以来青海道沿线出土了大量文化遗存，文物显示青海道在文化交流中起到了重要作用，古代青海并非一座“文化孤岛”，而是不同宗教、民族、文化交流交融的重要通道和枢纽。

1985年青海省砖瓦厂出上一件北朝时期四神图案角质印匣，被称作凌江将军铜印。铜印高3厘米，长2.3厘米，宽2.4厘米，由印章及印盒组成，龟钮方印，半球形印盒，印面篆书“凌江将军章”五字。将军印，印文竖排三行，刀法犀利。龟钮作翘首站立状，龟背精刻纹饰并曲附一蛇。蛇首从龟颈部斜伏，龟的憨态和蛇的灵动表现充分。印盒用犀角材质制成，周腹刻有青龙、白虎、朱雀、玄武四神的形象，活灵活现（图14）。这枚印章的出土表明这一时期中原汉地的玄武信仰已经通过丝绸之路传入青海边地。

图14　凌江将军铜印印章、印匣

1990 年，青海省互助县高寨乡出土的魏晋时期青铜玄武砚滴，更是四神信仰在青海深入人心的体现。砚滴，又名水滴、书滴，为研墨时滴水入砚的文房用具[1]。古人用毛笔写字需要不断向砚台加水避免墨汁变干，但使用传统器皿注水时往往难以控制出水量，于是发明砚滴来辅助滴水研墨。砚滴出现于汉代，魏晋南北朝时期继续流行，造型多为玄武、蟾蜍等瑞兽形象。晋代傅玄《龟滴铭》曰："铸兹灵龟，体象自然。含源未出，有似清泉。润彼玄墨，染此弱翰。申情写意，经纬群言。"描述的就是玄武砚滴。这件玄武砚滴高 5 厘米、长 14.7 厘米，以青铜制作而成，表面锈斑古朴，造型巧妙。文物主体为一龟一蛇，龟的头部前伸，双眼圆睁，嘴里衔着一浅口小铜碗。龟腹中空，龟背中央设一筒状添水口直通龟腹。背甲纹路清晰可见，龟甲边缘呈莲瓣状，龟尾低垂。长蛇曲卧龟背，蛇首略微前伸，伏在龟的左肩上（图 15）。砚滴在使用时由短管注水，注满水后用拇指封住短管，无论如何倾斜砚滴，水都不会从龟口处滴出。当手指松开圆孔即能从龟口小孔处顺畅出水，聪明的古人利用大气压力原理轻松控

① 李晔：《砚滴考辨》，《收藏》，2021 年第 11 期。

制砚滴出水量。整件器物设计精巧、做工考究，造型和材质在青海都是绝无仅有的，具有极高的历史、艺术研究价值。

图15　青铜玄武砚滴

青海地区出土的玄武元素文物还有东汉四乳四神纹铜镜。这件铜镜圆钮圆座，座外一周饰宽带纹，以带座乳钉为界分四区绘有青龙、白虎、朱雀、玄武四神，线条粗犷、轮廓宏大，体现了汉代中原艺术独有的拙朴与厚重（图 16）。

草蛇灰线，伏脉千里。这些玄武形象文物的发现，是中原汉文化中的“玄武”崇拜在魏晋时期青海高原地区落脚的有力证明，展现了青海地区蛇崇拜的新发展，也见证着青海地区少数民族政权与中原王朝的文化交流。自此汉文化成为青海地区的主体文化，青海地区的蛇文化也与中原地区逐渐趋同。

蛇从亿年前走来，在百万年前与人类相遇，互相介入各自的世界。对蛇的恐惧写在远古人类的基因里，出于恐惧人们予蛇以媚顺与崇拜，但随着历史的发展和人类生产力的发展，蛇逐渐走下神坛，越来越回归现实。蛇在青海大地上留下了深刻的文化烙印，在久远的时间进程里，仍然可见它们远古的神韵。

图16　东汉四乳四神铜镜

作者小传

付君琴，女，中共党员，青海省档案馆馆员，青海省政协文史资料馆专家库成员。本科就读于云南大学历史学国家基地班，随后在兰州大学攻读中国史硕士学位，其间，积极参与“敦煌石窟与佛教仪轨研究”等多个项目的研究工作。毕业后担任青海省档案馆馆员，兼具历史学术背景与历史档案工作实践经验，主要从事档案保管利用及青海历史文化研究。撰写文章荣获国家档案局主办的国际档案日征文比赛二等奖。

多元汇聚

西夏文献文物中的蛇

方　璐

西夏的核心民族之一为党项，有史记载以来，居住在今中国四川北部和青海南部。唐朝时期，党项拓跋部落首领归顺唐朝，唐朝设立羁縻府州，任命拓跋赤辞为西戎州都督，并赐予李姓，要求定期进献贡品以加强联盟。唐高宗时期，党项迁至庆州，唐朝设立静边州安置他们。763 年，为防止党项追随吐蕃侵扰，唐朝将党项部族迁至银州以北和夏州以东，党项族群分为东山部、平夏部和南山部，西夏王朝的奠基者来自平夏部。

1038 年，党项部族首领李元昊（1004—1048 年）在北宋“藩镇”的基础上正式建立西夏，定都兴庆府（今宁夏银川市兴庆区），西夏自称为“大白高国”或“番”，宋人称之为“西夏”。西夏本身是一个多元民族并存的王朝，其主体民族为党项羌，同时亦融合了汉、吐蕃、回鹘等多个民族。西夏国的疆域覆盖了宁夏、甘肃、陕西、内蒙古以及青海等地，地理位置上恰处于辽（随后为金）、宋、吐蕃、回鹘等势力的交界之处。

西夏实行较为宽松的民族政策，赋予境内各民族参与政治的权利，《天盛律令》载：“任职人番、汉、西番、回鹘等共职时，位高低名事不同者，当依各所定高低而坐。此外，名事同，位相同者，不论官高低，当以番人为大。”[①]“番、汉、降汉、西番、回鹘共职者，官高低依番汉共职法实行。”[②]

西夏民族的多样性共存体现了各民族之间广泛而深入的交流与互动：西夏不仅积极吸收并传承了汉文化的精粹，还广泛融合了吐蕃、回鹘、河西本土以及西域文化的优秀成分，形成了多元文化交汇、碰撞、冲突与融合的独特历史图景。在相互学习的过程中，各民族文化互相借鉴、影响，共同推动了西夏社会文化的繁荣与进步，彰显了其多元汇聚的社会文化特征。这一特征也在西夏文献文物中的“蛇”中有突出表现。

西夏文献中的蛇

西夏人自己编写的词典中解释“蛇”为：无脚下行[③]。主要是从蛇的身体特征去阐释蛇。西夏社会概念中的蛇，也与生肖纪年产生联系，西夏文的“蛇”字，等同于“巳”，在西夏文献《三才杂字》中，即有“蛇巳”[④]一词。实际上，在汉文化中，“巳”字最早见于甲骨文，其原始含义指的是胎儿，可能与一种祈求子嗣的祭祀活动相关。随后，该字的含义扩展至指代后裔，并被借用于十二地支系统中，作为第六位地支，用于纪年、月、日、时。在十二地支体系中，“巳”对应于生肖“蛇”，东汉王充的《论衡》

---

① 史金波，聂鸿音，白滨译注：《天盛改旧新定律令卷十·司序行文门》，法律出版社，2000 年。

② 史金波，聂鸿音，白滨译注：《天盛改旧新定律令卷十·司序行文门》，法律出版社，2000 年。

③ 李范文：《简明夏汉字典》，中国社会科学出版社，2012 年。

④ 史金波、聂鸿音：《西夏文〈三才杂字〉考》，《中央民族大学学报》，1995 年第 6 期。

中即有："巳，蛇也。"[①] 因此，它通常与蛇的形象紧密相连。西夏文在造字之时，让"蛇""巳"同字形，充分说明其受汉文化的深刻影响。

蛇出现在西夏生活的方方面面，西夏的文学作品中，多次出现"蛇"的描写。比如，在西夏经典诗歌《月月乐诗》中，有这样的描述："五月里国中雨降种种花草竞吐芳，来往行人观不足。高坡红草弯弯不动如雉尾，蒲苇黑头戴帽冠。羊儿食草头杂错，大蛇缓行现草丛。男女妙手正午依法制乳酪。"[②] 根据《月月乐诗》中的描绘，结合西夏在我国西北的事实，可能诗中所说的"大蛇"为"东方沙蟒、红沙蟒"，这类蛇分布在我国西北边疆、甘肃以及内蒙古草原地区。

西夏的蛇也有"无毒"和"有毒"之分。西夏词典《文海》中如此解释毒："毒：蝎中蛇右；毒者毒也，又服药亡之谓。"[③] 西夏文"毒"右边的结构取西夏文"蛇"字的部分构件，此外，西夏的诗歌中也多有"毒蛇"的意象，《劝世歌》中有："虎狼腹心毒蛇目，黑头相处言谈无礼生厌恶。"[④]"尸上臭味，如蚊蝇攻。亲近则家失国毁，击攻者同执毒蛇。"[⑤] 故而，西夏"蛇"在文学作品中，可以说是与"不好、坏"相联系，骂人心狠手辣，往往喻之以蛇。西夏谚语中有："女人坏，你也恶来我也恶我，山间蛇，你也怕来我也怕我。"[⑥]

西夏也将蛇与药物联系在一起，在西夏文《圣立义海》中，有这样一则写蛇胆功效的记载：

---

① （汉）王充：《论衡》卷三《物事篇》，大东书局，1931 年。
② 梁松涛：《西夏文〈宫廷诗集〉整理与研究》，上海古籍出版社，2018 年。
③ 史金波等：《文海研究》，中国社会科学出版社，1984 年。
④ 梁松涛：《西夏文〈宫廷诗集〉整理与研究》，上海古籍出版社，2018 年。
⑤ 方璐：《西夏文〈贤智集〉研究》，宁夏大学博士论文，2023 年。
⑥ 陈炳应：《西夏谚语》，山西人民出版社，1993 年。

往昔一人，幼时丧母，姨母抚养，因此孝姨。其姨双目已盲。医生言，得大蛇胆，可治愈。其子因孝，觅大蛇胆而不得，一日，一童子赠一盒，后不见。开盒见蛇胆，姨母饮而目明也[①]。

这则故事，据笔者的考证，应该出自《搜神记》“颜含寻蛇胆”的故事，原文如下：

颜含，字宏都，次嫂樊氏，因疾失明，医人疏方，须蚺蛇胆，而寻求备至，无由得之。含忧叹累时，尝昼独坐，忽有一青衣童子，年可十三四，持一青囊授含，含开视，乃蛇胆也。童子逡巡出户，化成青鸟飞去。得胆，药成，嫂病即愈[②]。

西夏的文本将该则故事简化，但故事主体不变，蛇胆的医用功效也未变。此外，西夏的《杂集时用要字》“药物部”第十还有“蛇皮”“乌蛇”“白花蛇”[③]等以“蛇”为药材的记载。

由此可见，蛇在西夏是一种较为常见的动物，出现在西夏民众的日常生活中，也作为生肖出现，用于纪年。尽管因蛇有“有毒”的特性，但仍旧是一种较为珍贵的药材。观察出现在西夏文献中的蛇，不难发现，从纪年到药材，都体现了中原文化的深刻影响。

① 〔俄〕克恰诺夫著，罗矛昆译：《〈圣立义海〉研究》，宁夏人民出版社，1995年。
② （东晋）干宝：《搜神记》，三秦出版社，2019年。
③ 《俄藏敦煌文献》第10册，上海古籍出版社，1998年。

考古发现中的西夏蛇

不仅在西夏文献的残存中记录了“蛇”的存在，考古发现中也出现了众多西夏存在的蛇形实物。

早在西夏还是党项部落时期，生肖文化就已经在部族中流传。其首领拓跋守寂的墓志铭上就出现了生肖，其中就有“蛇”（图 1）。由此可见，西夏早在还是部落时其实就已经接受了生肖文化，而且蛇是作为十二生肖之一出现。

图 1　拓拔守寂墓志四侧生肖花纹拓片线描图
（采自《唐党项族首领拓跋守寂墓志考释》）

西夏的蛇也出现在其彩塑艺术中。1987 年，在宁夏回族自治区银川市西夏陵区北端的建筑遗址中，出土了一块泥质蛇形残块（图 2）。该残块的尺寸为长 12.3 厘米、宽 3.8 厘米、高 3.4 厘米。其头部造型类似蛇，具有突出的吻部和小巧的耳朵，眉弓部分则呈现出隆起的形态。表面曾涂有白色涂料，但目前已有部分脱落，整体呈现残损状态。

图 2　西夏彩绘泥塑蛇首残块
（图片采自《西夏文物·宁夏编（11）》）

这个蛇形的残块是西夏时期彩塑艺术的代表作之一。西夏时期的彩塑工匠们通常会采用当地的材料，比如草泥和胶泥，将这些原料混合捣碎，然后手工捏塑成各种生动的形状和形象。在这些塑像成型之后，他们会将其晾干，接着在表面涂上一层粉底，最后施以丰富多彩的彩绘，使这些彩塑作品不仅形态逼真，而且色彩鲜艳，展现出西北地区的质朴、大气特征，具有一定的艺术价值和历史研究意义。

在敦煌西夏石窟壁画中，蛇是一种出现频率较高的卵生动物。佛教典籍记载："彼以闻慧或以天眼见：诸畜生有四种生。何等为四？一者胎生，所谓象马水牛、牛羊之类；二者卵生，所谓蛇蚖鹅鸭、鸡雉种种众鸟；三者湿生，蚤虱蚊子之类；四者化生，如长面龙等。"[①] 莫高窟第 465 窟建窟年代有吐蕃说[②]、西夏说[③]、元说[④]，目前较为主流观点是认为主室绘于西夏，前室绘于元。在主室上乐金刚双身像的周围，绘制了八大尸林的画面。这些画面通过以卵生和水生动物来分割，其中可以看到龟、鱼、蛇等生物（图 3）。特别地，以蛇等水生动物作为分隔八大尸林界限的元素，这

① ［元魏］瞿昙般若流支译：《正法念处经》卷 64，《大正藏》第 17 册，第 381 页下栏。

② 谢稚柳：《敦煌艺术叙录》，上海出版公司，1955 年；金维诺：《敦煌窟龛名数考补》，《敦煌石窟研究国际讨论会文集：1987 年石窟考古编》，辽宁美术出版社，1990 年；金维诺：《吐蕃佛教图像与敦煌的藏传绘画遗存》，《艺术史研究》，2000 年第 2 辑。

③ 谢继胜：《关于敦煌莫高窟第 465 窟断代的几个问题》，《中国藏学》，2000 年第 3 期；《关于敦煌莫高窟第 465 窟断代的几个问题（续）》，《中国藏学》，2000 年第 4 期。《西夏藏传绘画——黑水城出土西夏唐卡研究》第 384-414 页，河北教育出版社，2002 年；《莫高窟第 465 窟壁画绘于西夏考》，《中国藏学》，2003 年第 2 期；《藏传佛教艺术发展史》第 240-260 页，上海书画出版社，2010 年。

④ 段文杰：《莫高窟晚期的艺术》，《中国石窟·敦煌莫高窟·5》，文物出版社，1999 年；宿白：《藏传佛教寺院考古》，文物出版社，1996 年；敦煌研究院编：《敦煌石窟艺术·莫高窟第四六五窟》，江苏美术出版社，1996 年。

一独特的艺术手法不仅出现在465窟的西壁南铺上乐金刚单身曼荼罗中，同样也体现在西壁北铺金刚亥母曼荼罗以及南壁东铺大幻金刚双身曼荼罗中。

图3　莫高窟465窟主室南壁东铺出现的蛇
（图像采自《莫高窟第465窟曼荼罗八大尸陀林图像志》）

西夏的蛇也出现在西夏版画中，如西夏文佛经《慈悲道场忏法》梁皇宝忏图（图4）中。版画内容描绘梁武帝郗氏因为生前狠毒性妒，死后化作巨蟒被梁武帝集经超度，得以升为天人的故事。

图4　慈悲道场忏法卷首经图
（图版采自俄藏黑水城文献第25册，图版五）

造型奇特的西夏蛇

当然，除了较为常见的“蛇”形象，西夏也出现了较为不同的“蛇”。

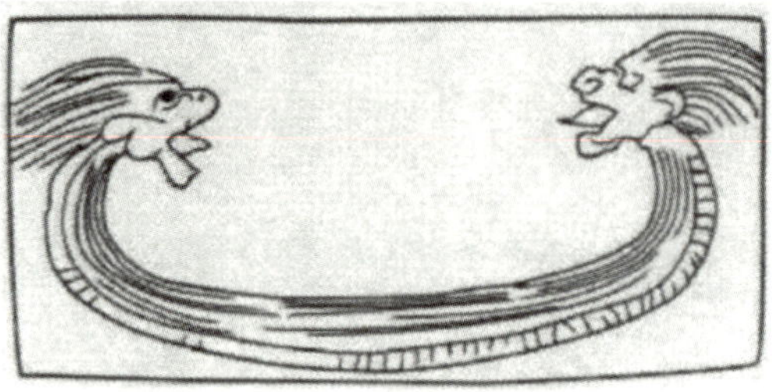

图5 双兽首连体蛇身[①]
（图像采自《西夏装饰纹样研究》）

在武威西郊林场的西夏二号墓中，一幅木版画描绘了两兽首共用一蛇身的图案，蛇身呈平卧状，整体造型呈现U形。蛇体上的鳞纹绘制得十分规整。该图像被精细地绘制于一块长9.5厘米、宽4.5厘米的长方形柏木板上。整个版画以土红色为底色，运用青、红、黄、白、粉五种颜色绘制图案，其绘制手法与流传下来的宋代卷轴画极为相似。鉴于武威西郊林场西夏二号墓中木板上所绘的连体双头龙形象与广东元墓出土的地轴形制相似，目前普遍认为该图像应是墓中地轴的象征。

在西夏唐卡壁画中，人身蛇尾的形象（图6、图7）亦频繁出现，通常被视为佛教神灵那伽与苯教“鲁”神融合的结果。藏族人视“鲁”神为一种超自然存在，其形象并非仅限于蛇、蛙、螃蟹或鱼、蝌蚪等单一形态，而是一种能够随意附体或化身为这些生物的灵异之物，且无处不在。而那伽指的是印度梵语蛇的意思，也指一种人首蛇身的神。古印度神话中人首蛇身的半神灵体，通晓各种法术，住在大海深处，后被佛教吸收为八部众之一，成为佛教的守护神[②]。

佛经翻译中一般将“那伽”译为“龙王”，但是其所描述的仍是“蛇”的形象，《佛学大辞典》对那伽的描述为：“长身、无足。蛇属之长也。八部众之一。有神力，变化云雨。”[③]《续部总集》卷18中记载：“八大

① 李玉峰：《西夏装饰纹样研究》，宁夏大学博士论文，2019年。

② 赵艳：《从那伽到中国龙：龙神神话叙事与图像的流变》，《云南民族大学学报》（哲学社会科学版），2019年第36卷第4期。

③ 丁福保：《佛学大辞典》，文物出版社，1984年。

图6 多闻天曼荼罗
（图片采自俄藏黑水城艺术品1第65页）

图7 金刚亥母
（图片采自俄藏黑水城艺术品第142页）

寒林处有八大龙王，东方为黄色和修吉龙王，南方为白色莲花龙王，西方为黑色力行龙王，北方为红色德叉迦龙王，东北为白色大莲花龙王，东南为青色无边龙王，西南为绿色具种龙王，西北为黄色护螺龙王。各尊龙王宝冠上各有七个蛇头，且下身为蛇状，尾部盘卷，上身为神形，各尊均合掌。”从莫高窟第465窟八大曼荼罗周围八大尸林描绘的人身蛇尾龙王形象（图8、图9）看，头上仅绘一蛇头，双手动作形态亦各异，有双手合十、单手半举作持物状等形态。

此外，莫高窟465窟的八大曼荼罗的八大尸林中也出现了蛇（图10），藏文《桑伐罗达雅密续》（*The Samvarodaya Tantra*）中载：八大尸林中有各种恐怖的动物，如乌鸦、枭、秃鹫、豺、母豺、鹰、母鹰、狮面、虎面和生物，还有其他令人恐怖的生物，如蛇、牛面和爬行动物等[①]。

① Shinichi TSUDA, *The Samvarodaya Tantra, selected chapters*, The Hokuseido Press,1974，pp.292-294.

图 8 莫高窟 465 窟主室西壁南铺
（图片采自《莫高窟第 465 窟曼荼罗八大尸陀林图像志》第 352 页）

图 9 莫高窟 465 窟室西披南侧龙王
（图片采自《莫高窟第 465 窟曼荼罗八大尸陀林图像志》第 352 页）

金翅鸟是“龙”的天敌，常以“龙”为食，如劳度叉斗圣变的金翅鸟大战龙。但此“龙”非中国传统的龙，而是印度的蛇，因翻译问题被称为龙。虽然佛经中记载金翅鸟以龙为食，但画出的是蛇的形象。

X.2499（图 11）出土于额济纳旗黑水城，是为纸本彩绘，方形纸板，以粗黑线勾勒边框，应该是为密教道场中的中央插屏。所绘图像内容为：红色的金翅鸟双脚踩蛇，双手捧蛇身，以尖喙咬住蛇体，翅膀为灰黑色，头饰较为繁杂。

图 10 莫高窟 465 窟西壁中铺北侧
（图片采自《莫高窟第 465 窟曼荼罗八大尸陀林图像志》第 348 页）

图 11 金翅鸟
（图片采自俄藏黑水城艺术品 2 图版 200）

“龙蛇”不分的情况也出现在西夏的多闻天（俄藏编号 X.2382，图 12）唐卡中，该唐卡粗麻布彩绘，高 95.5 厘米，宽 64 厘米。整体画面绘制精美，颜色磨损。现藏于俄罗斯圣彼得堡冬宫博物馆。该唐卡第一排从左到右数第四位，蓝身，右手持蛇，是婆楼那。唐卡的人物周围都有红色的榜题框，文字漫漶[①]。

图 12　多闻天
（图片采自俄藏黑水城 1 图版 62）

从以上所述，我们能够清晰地看见：蛇是西夏佛教艺术品中较为常见的元素。与此同时，也应注意到，从蛇的元素往往能够观察出西夏艺术品的一些艺术形式源头。比如俄藏黑水城的金刚坐佛（俄藏编号 X.2323，图 13）。该唐卡为麻布彩绘，高 74 厘米，宽 55 厘米。主尊莲座下方绘有七龛，列昂诺娃认为中间是狮子吼观音，右侧为金刚手菩萨，左侧为普贤菩萨。普贤左侧黄色身形菩萨有人推测此神为增长天王，与之对应的金刚手右侧为因陀罗，两神都是方位神。七龛的两端是龙神，为女性神，双手都持宝瓶，头顶都有昂起的蛇

图 13　金刚坐佛
（图片采自俄藏黑水城艺术品 1 图版 72）

---

① 谢继胜：《西夏藏传绘画：黑水城出土西夏唐卡研究》，河北教育出版社，2001 年。

头。这种七龛样式在印度波罗时期最为常见。七龛两侧画有两位喇嘛，都着深红色内衣、黄色外衣。

西夏道教、星宿图像中的蛇

蛇也是西夏道教图像中不可忽视的存在之一，黑水城出土的玄武大帝（俄藏编号 X.2465，图 14）图像中就出现了蛇。该图像为绢质，画芯高 71 厘米、宽 47 厘米，全卷高 91 厘米、宽 47 厘米。中间为身形高大的玄武大帝，画面上方，右侧有一男一女置于云中。左侧有两人男子双腿置于云中，仅露出上半身，前面男子呈跪姿，戴黑冠，着绿色长袍、红色围腰，双手持红色圆形花药盒；后面男子呈站姿，戴黑冠，着白色开衩衣衫，左肩搭巾，双手抱拳。画面下方，右下角有一绿龟和蛇缠在一起；左下角有一男子手持文书跪在草地上，头扎红巾，着武士衣、黄色披肩、白裤，腰围护髀[①]。整体画面有磨损。现藏于俄罗斯圣彼得堡冬宫博物馆。

图 14　玄武大帝

（图片采自俄藏黑水城艺术品 2 图版 185）

蛇和龟的组合象征着未人格化的玄武。玄武形象经历道教、星宿、融合等多重影响，最终定型为龟蛇合体。古代神话体系散乱，玄武等形象在

① 陈育宁、汤晓芳：《西夏艺术史》，上海三联书店，2010 年。萨玛秀克：《俄藏黑水城艺术品 2》，上海古籍出版社，2008 年。

图15　炽盛光佛与十一曜星神图
（图像采自俄藏黑水城艺术品 1 图版 39）

阴阳五行学说影响下形成。

在西夏的星宿图像中，也出现了蛇，神奇的是，蛇元素都出现了头冠部分。比如四余星中的计都、月孛。

俄藏黑水城艺术品中的 X.2424（图 15）是为计都星神，男相，具头光，半裸上身，右手持剑柄，剑尖朝下，赤足站立，头上伸出五只小蛇。“计都”是来自梵语 kedu 的音译，与日月等五星一切组成所谓“九曜”，是假想出来的与交食发生有关的不可见“天体”，源自印度天文学。

俄藏黑水城出土的《炽盛光佛与十一曜星神图》还有编号 X.2425、X.2426、X.2428、X.2430 和 X.2431。画面人物内容配置与 X.2424 基本相似，仅是人物细节和绘画构图、色彩、细致和完整程度不同。

在古代印度，计都原先是彗星的别称，与罗睺没有太多关联，大约在公元 6 世纪晚期转变为罗睺的伴星，与日月、五星、罗睺一起组成了印度的九耀星神崇拜体系，并进入佛教经典之中。随后此天文概念传入中国，并在佛教兴盛的西藏、敦煌、黑水城等地区演变发展。

此外，黑水城艺术品中的月孛（俄藏编号 X.2454，图 16）图像，为麻布彩绘，画芯高 38.5 厘米、宽 29.7 厘米，全卷高 53 厘米、宽 37.7 厘米。图中主体为月孛星神，其身着绿色，面容呈现狰狞之态，双目怒睁，红色

图16 月孛
（图版采自俄藏黑水城艺术品 1 图版 51）

的八字胡须彰显威严。头戴金色通天冠，冠下有数条小蛇探出。右手紧握利剑，左手提着一颗断头，剑刃上缠绕着红绿相间的火焰纹饰；上身赤裸，披覆红色斗篷，斗篷下可见白色飘带，下身着金色镶边的红色短裙，腰间系着白色飘带，脚踏红色木屐；头光呈黄色，周围环绕着绿色光环，光环上装饰有红色火焰纹。

画面左下角描绘了一位西夏供养人，其特征为秃顶，身着深色长袍。在其后上方，有一行西夏文字，汉译为“发愿者……”。在长方形画框的右上角，有三个西夏文字，汉译为“月孛星”。该画作现收藏于俄罗斯圣彼得堡冬宫博物馆。

遗存的西夏文献、文物中不乏有关蛇形象的描绘。有时是百姓日常生活的寻常所见的动物，用来佐证民众的美好生活：草长莺飞，人民生活富足，大蛇缓慢匍行；有时蛇在西夏社会中又被认为是令人害怕的毒物，用于各种文学创作中。蛇也被西夏民众看作可以治病的药材，认为蛇胆能够治愈眼疾。不可忽视的是，受中原文化的影响，蛇在西夏处于部落时期就已经被纳入生肖、纪年的体系中了。同时在藏传佛教、道教等的影响之下，西夏也将蛇、“半蛇”造型的形象纳入神灵体系，蛇及“半蛇”的形象出现在供养类唐卡、壁画中，即使这种纳入并不是以蛇为主体。

参考文献

1.《俄藏黑水城艺术品 1》，上海古籍出版社，2008 年。

2.《俄藏黑水城艺术品 2》，上海古籍出版社，2012 年。

3.《西夏艺术史》，上海三联书店，2010 年。

4.《西夏文物·宁夏编》，中华书局，2016 年。

作者小传

方璐，宁夏大学西夏学研究院与俄罗斯科学院东方文献研究所联合培养博士，兰州大学敦煌学研究所与敦煌研究院联合培养博士后。主要从事敦煌、西夏历史文献，西北民族语言研究。先后在《西夏学》《思想与文化》等刊物发表多篇论文。主持国家社会科学基金青年项目 1 项，参与多项国家社会科学基金、国家民委项目。

西方古典时期的蛇元素

从米诺斯、迈锡尼到希腊蛇元素的象征与意义

吕潇婷

在西方古代文明的发展历程中，爱琴海区域（尤其是克里特岛）的米诺斯文明和迈锡尼文明，被视为孕育古希腊文明的先驱，他们以蛇为重要的神话元素和宗教图腾，他们在宗教仪式与宫殿艺术中对蛇的崇拜和表现直接影响了后来的古希腊世界。在古希腊时期，蛇的象征得到多重拓展，既与神话传说相关，也在哲学和艺术领域中留下明显的烙印，而古希腊的宗教神话、文学艺术、医药和哲学思想，又成为罗马人吸收和改造的源泉，使蛇在罗马公共生活、家庭信仰和帝国符号体系中焕发新的象征价值。若想研究蛇元素在西方古典时期的象征和意义，梳理从米诺斯—迈锡尼到古希腊时期，蛇元素的发展和变迁是十分必要的。

爱琴海青铜时代里的蛇元素

在米诺斯文明的考古遗存中，最引人注目的蛇形象当属 “蛇女神” 陶俑。两件最著名的蛇女神陶俑（图 1、图 2），高度约 30 厘米，一者双臂

图1 米诺斯 持蛇女神像

图2 米诺斯 扬手女神像

高举两条蛇，一者蛇环绕在手臂与腰部，衣饰精致，出土于克诺索斯，现藏于伊拉克利翁考古博物馆。在克诺索斯的宫殿遗迹中出土了多件类似的小型陶塑，形象常为一位衣着华丽的女性，双臂高举或握持蜿蜒的蛇，敞胸装束显著，顶部可能饰有猫或豹等小动物，形象庄严神秘。除克诺索斯外，在费斯托斯、马里亚及较小型遗址如帕拉伊卡斯特罗也发现过相似陶俑，或虽不执蛇但衣饰和仪式姿势相近[①]。这些陶俑多出土于疑似祭祀区或具有宗教意义的建筑空间，表明其在米诺斯宗教活动中的普遍性。有学者将蛇女神视作“母神”或“大地女神”的体现，蛇作为地下与再生意象，与女

① Warren, Peter. “Minoan Religion as Ritual Action.” Studies in Mediterranean Archaeology, vol. 77, no. 2, 1986, pp. 15–42.

性生殖力结合，暗合新石器以来地中海地区盛行的母神传统①。蛇在宗教仪式中也可具有“驱邪”与“守护”功能，蛇女神可能作为掌管生死或大地力量的神祇，能以蛇之毒或神秘性震慑邪恶。手持蛇被解读为人对自然、地下世界的掌控与沟通②。也有观点认为这些陶俑并非真正“神”，而是高阶女祭司形象，手持蛇象征与大地或者地下神力沟通的祭司身份。在米诺斯“王宫”体制中，宗教与政治融合度高，“蛇女神”形象或与王权合法性紧密相连。

米诺斯—迈锡尼时期的祭祀遗迹中，常能看到蛇的符号与遗骸。考古学家在克诺索斯、法伊斯托斯等宫殿或神庙遗址的壁画和陶器装饰中（图3），发现蛇纹、涡旋形状与植物花纹并列出现，有时还伴随公牛头形容器等宗教

图3　米诺斯　蛇纹陶质储存器

① Chadwick, John. The Mycenaean World. Cambridge: Cambridge University Press, 1976.

② Ventris, Michael, and John Chadwick. Documents in Mycenaean Greek. 2nd ed., Cambridge University Press, 1973.

器物[①]。蛇纹、涡旋形状与植物花纹并列出现，可能代表水、土地与生命的循环。涡旋纹或象征宇宙能量的流动，与蛇的重生意象形成呼应。公牛和蛇作为权力符号，可能分别象征力量统治与丰产庇佑，也可能在农耕社会中被看作大地丰饶与祭拜祖先灵魂的象征。

在迈锡尼遗迹如迈锡尼城堡、梯林斯等地的墙画或出土文物中，也能见到蛇纹金饰（图 4）、刀柄（图 5）或权杖等，迈锡尼重视军事与王权，某些匕首、护臂或盾面等饰以蛇形，或许象征威慑力与神圣庇护。王族或显贵阶层使用这些饰物，既可彰显其对宗教力量的掌控，也体现了世俗权力与“神圣”资源的合一。部分学者认为，迈锡尼社会可能将蛇视作王权合法性的护持者之一，类似于后来的希腊城邦会祭祀雅典娜或德尔斐神域来获得庇佑。

图 4　迈锡尼　蛇纹金箔骨扣

图 5　迈锡尼　镶蛇纹黄金剑柄

爱琴海地区的自然宗教往往涵盖诸多动植物意象，如公牛、狮子、鸽子、百合花等，蛇则是其中最具神秘与多重涵义的符号之一。由于蛇能迅速现身并具有潜在危险，往往也被看作地底能量的释放者或警示者，代表大地的神秘性与不确定性。考古学家曾在迈锡尼墓葬中发现蛇形器物或与蛇图案同置的随葬品（图 6、

① Sakellarakis, Yannis, and Efi Sakellarakis. The Palaces of Minoan Crete. Rizzoli, 1984.

图6 米诺斯 陶制骨灰瓮

图7 米诺斯 蛇形随葬陶器

图7），这可能意味着逝者希望借助蛇的再生属性来指引亡灵走向新的存在形式，也可能是对地下世界神祇的敬献或安抚。

综观米诺斯—迈锡尼时期的考古与研究成果，可以看出蛇在当时社会中承担着多重象征。米诺斯时期蛇在母神崇拜、护佑、驱邪和地下力量等方面具有突出地位；迈锡尼时期蛇在墓葬、金器、宗教空间中仍具重要象征，偏向冥界或王权威慑特质；爱琴海其他地区零星出现蛇形器物或纹饰，多与家庭守护、海洋神秘崇拜或地方性神灵相关。加之克里特与近东、埃及在青铜时代贸易频繁，而蛇在埃及与美索不达米亚也享有崇高地位。几大板块在时间与空间上的相互交流，使蛇元素的跨文化传播与本土性适应情况明显，蛇崇拜之功能涵盖母神与大地、神秘与冥界、医治与再生、王权或巫术，反映出爱琴海社会对蛇的多维度认知。这些观念在随后古希腊文明的神话、宗教与艺术中被吸收并得到延展，形成对蛇更为丰富的文化解读。

希腊时代里的蛇元素

危险与恐惧

古希腊神话丰富多彩，蛇在其中的身份带有多重与复杂的特点。堤丰为希腊神话中最恐怖的怪物之一，作为大地母神盖亚与冥渊神塔尔塔罗斯之子，堤丰的半人半兽百首蛇形身躯，其力量甚至短暂压制宙斯，抽其筋脉，摧毁奥林匹斯神系，其蛇发可遮蔽天空，其活动导致星宿移位、日月同现，直接破坏宇宙分层结构，他常与希腊诸神激战。

拉弥亚原是利比亚女王，因宙斯爱上她而遭赫拉嫉妒，赫拉杀害其子女，导致拉弥亚精神崩溃，下半身化为蛇形，开始吞噬他人孩童以泄愤。她白天躲藏洞穴，夜晚以美艳女性形象引诱年轻男性并吸食鲜血，这一形象强化了蛇与“诱惑—毁灭”的关联。

栖息于勒耳那沼泽的九头蛇海德拉，由泰坦巨人堤丰与蛇妖厄喀德娜所生，血液和呼吸皆含剧毒，是赫拉克勒斯十二项试炼中的第二项挑战，每砍掉一颗头会再生两颗新头，海德拉的难以消灭象征着希腊人对自然灾祸（如沼泽瘟疫）的具象化恐惧。

美杜莎是戈耳工三姐妹中唯一肉身凡胎的怪物，她因与海神波塞冬在雅典娜神殿中私通而触怒女神，被雅典娜诅咒成为蛇发女妖。其头发全部化为毒蛇，双目拥有石化能力，任何直视她眼睛的生物都会变为石头。最终珀耳修斯斩下她的头颅，头颅滴落的鲜血化作各种毒蛇，散布人间。美杜莎的形象象征着希腊人对蛇的恐惧，认为其是“罪恶的渊薮”。

拉奥孔是特洛伊城的祭司，因警告特洛伊人不要接受希腊人留下的木马而触怒了支持希腊的神明。作为惩罚，他和他的两个儿子被海神波塞冬派来的巨蛇缠死。

厄喀德娜被称为“众怪之母”，上半身是美女，下半身为蛇尾，与堤丰结合诞下包括海德拉、刻耳柏洛斯（地狱三头犬）在内的诸多怪物等。

以上这些人物事件皆说明蛇在希腊神话里与混沌、强大神力或可怕怪物存在关联，暗示着蛇具有混乱、危险与恐惧的象征。

先祖与守护

雅典娜是雅典城邦守护神，古希腊神话中的智慧与战争女神，被称为诞生于宙斯头颅的女神，是奥林匹斯十二主神之一。雅典娜的经典形象常与蛇相伴。在古希腊艺术中，埃癸斯经常出现在雅典娜的雕像和画像中，通常表现为一种盾牌或披风，其上皆有明显蛇饰，埃癸斯在荷马的文学作品《伊利亚特》中被多次提及，强调了其在神话中的重要地位。埃癸斯盾牌是古希腊神话中一个具有深远意义的象征，代表着神祇的保护、力量和权威。例如，在帕特农神庙的雕像中（图 8），雅典娜的盾牌旁盘踞着一条大蛇，甚至盾牌中央常饰有蛇发女妖美杜莎的头颅。这些蛇元素不仅强化了她的战士形象，也暗示其力量的神秘性和守护性，大蛇象征着雅典国王埃里克托尼奥斯与雅典守卫[①]。蛇是雅典娜的重要象征，尤其强调其作为

① Boardman, John. Greek Sculpture: The Classical Period. London: Thames & Hudson, 1985.

守护者、智慧载体与地母神继承者的多重身份，它使她的神性超越单纯的“战争与智慧女神”，更贴近城邦生存与文明根基的复杂需求。

图 8　纳什维尔帕特农神庙的雅典娜雕像复制品

雅典娜与雅典国王埃里克托尼奥斯的传说进一步深化了蛇的象征，与城邦“土生”或先祖神话相结合，体现地方认同。在希腊神话中，埃里克托尼奥斯被描述为半人半蛇的形象（图 9），由大地女神盖亚所生，雅典娜看护其长大，并亲自赋予他智慧和统治的能力，使他最终成为雅典的国王。埃里克托尼奥斯被视为雅典早期王朝的奠基者，由于源自地母盖亚所生，蛇身象征其与土地的不可分割以及“大地之子”的身份。埃里克托尼奥斯的

图 9　埃里克托尼奥斯的降生

半蛇形象被解释为雅典王族的“神圣血脉标志”——只有继承此血脉者（即雅典人）有资格统治。蛇身成为排他性身份认同的符号，否定外来者的统治权。埃里克托尼奥斯成为雅典王族始祖，使雅典人的血统区别于其他城邦。蛇身成为血缘密码，宣告“我们的祖先与土地有生物学意义上的共生关系，故而我们才是土地的合法主人”。只有“纯正”雅典人（父母均为雅典公民）能参与城邦政治，蛇神话为此提供神圣依据——他们是“大地直接孕育的族群”，外来者无权分享统治。许多希腊城邦（如底比斯）也宣称“土生”，但雅典独有蛇元素。例如，斯巴达自诩为赫拉克勒斯后裔（外来英雄），雅典则通过蛇神话强调 “我们比你们更原生”，在文化竞争中占据道德高地。尽管埃里克托尼奥斯源于盖亚，但雅典娜（奥林波斯神系）的收养行为，将地母的原始力量纳入城邦文明体系。蛇身从“野蛮的自然象征”（如地母的混沌之力）转化为“文明的守护符号”（如卫城圣蛇），完成神力驯化的过程。雅典卫城的伊瑞克提翁神庙中饲养圣蛇，被视为埃里克托尼奥斯的化身，象征其地底血脉[①]。雅典卫城的伊瑞克提翁神庙中饲养圣蛇（城邦守护者），雅典人定期献祭蜜饼。若蛇拒绝进食，则视为城邦危机的预兆。这种仪式将抽象的“土生”概念转化为可观测的神圣互动，巩固集体认同。雅典人相信，若圣蛇存活，城邦受土地庇佑（土生合法性稳固）；若圣蛇死亡，统治权受到危机（土地收回恩赐），这种仪式将蛇身符号与现实的统治合法性绑定。这种“神话—仪式—地理空间”的联动，使认同感具象化。雅典娜与蛇的结合在某种程度上象征大地与智慧的合一，象征雅典城邦的土地根源（蛇代表地母盖亚）与神圣统治的合法性（奥林匹斯主神雅典娜的认可），也在一定程度上反映了雅典自视“土生”“古老智慧”的政治—

---

① Marinatos, Nanno. “The Snake and the Goddess.” Journal of Hellenic Studies, vol. 108, 1988, pp. 27–43.

宗教理念。半蛇的埃里克托尼奥斯被视为雅典人的先祖，强化“雅典人即土地之子”的身份叙事。蛇身是土生叙事的“强化符号”，雅典人通过文化象征与政治隐喻，将这一属性转化为可见、可传播、可仪式化的身份标志。蛇的形象是其文化表达与政治工具，使雅典人能够抽象地将地母神力，转化为具体的统治合法性与集体认同。蛇不仅是图腾，更是“土地—先祖—现世政权”三位一体的血脉符号，深入雅典人的宗教、政治与日常生活。这种叙事使雅典人在面对外敌（如波斯）或内争（如与斯巴达）时，能迅速凝聚为“大地子民”的共同体，蛇成为维系认同的文化基因。

阿伽特·戴蒙，意为“善良的精灵”，常以蛇的形象出现，在希腊文化和神话中具有重要地位，尤其在宗教和日常生活中被视为重要的保护神，与家庭、城市和公共生活密切相关。阿伽特·戴蒙被认为是家庭和个人的守护神，人们相信他能为家庭带来好运和保护，常被和酒神狄俄尼索斯联系在一起。特别是在饮酒仪式中，希腊人在餐后会向阿伽特·戴蒙献酒，祈求他的庇佑。除了家庭，阿伽特·戴蒙后来也被视为城市的守护者，许多城市设有祭坛或神庙供奉他，以祈求城市的繁荣与安全。阿伽特·戴蒙在宗教仪式中占有重要地位，尤其是在家庭和公共节庆中，人们通过献祭和祈祷表达对他的尊敬与依赖。阿伽特·戴蒙的蛇形化身进一步体现了蛇在希腊文化中的守护和保护的象征。

医治与疗愈

在古希腊神话体系中，与蛇最为正面、紧密联系的神祇当属医神阿斯克勒庇俄斯。他是太阳神阿波罗和凡人女子科洛尼斯的儿子，由半人半马的智者喀戎抚养长大，并从他那里学到了医术，他常手持一根缠绕着一条蛇的手杖，象征医治、生命循环与对自然毒性力量的掌控（图 10）。此形象对后世西方医学符号影响深远。例如，联合国就采用单蛇杖作为世卫组

图 10 埃皮达鲁斯考古博物馆的阿斯克勒庇俄斯雕塑

图 11 世界卫生组织的标志

织的核心标识（图 11）。早在荷马史诗与古风时代就已出现对治愈之神蛇杖的崇拜描述，希腊化时期各城市广泛建医神庙，蛇地位随之强化。

阿斯克勒庇俄斯崇拜在公元前 5 世纪后大规模扩散，埃庇达鲁斯、科斯、佩加蒙等地皆有著名医神庙，医神庙成为治疗与宗教中心，蛇被视为医神化身或使者。在阿斯克勒庇俄斯神庙中往往豢养无毒蛇，如埃庇达鲁斯神庙或科斯岛神庙，患者或朝圣者会在神庙中祈祷、献祭，甚至夜宿庙内，通过“睡眠疗法”期待神示治愈。若蛇在夜间接触或梦中出现，即寓示神明启示或治愈[①]。在古希腊，疾病被认为是多种社会、环境、心理、精神、情感和身体相互作用的结果。因此，医生采取了全面的治疗方法，包括心理治疗、按摩、草药疗法、泥浴和沐浴治疗、手术和饮水，据说这些都是根据患者经历的梦境开出的治疗方案。有的神庙甚至还会设有剧院，为经常逗留数周的病人提供娱乐。蛇缠杖

① Green, Peter. Alexander to Actium: The Historical Evolution of the Hellenistic Age. University of California Press, 1990.

形象在神庙各处可见，实际饲养蛇作为仪式道具[①]。

城市设医神祭礼时，蛇常随祭司进城或绕祭坛表演，象征对疾病防治与公共卫生的关怀。如埃庇达鲁斯神庙向外输出医神蛇，也在雅典等城产生相似仪式。蛇蜕皮常被视为再生象征，与康复、长寿或永生观念对应，也与医神庇佑相关。神庙壁画或陶片纹饰有时画出蛇蜕皮场景，表达“摆脱疾病、重获新生”的寓意[②]。这是最典型的蛇在实质宗教仪式中扮演正面角色的范例。

在埃庇达鲁斯、科斯岛与佩加蒙地区都因医神庙而著名，考古发现大量蛇形奉献物、青铜小蛇、柱饰雕刻蛇缠杖纹样，可以推断出，是痊愈后病患或朝圣者的还愿奉献。希腊化时期（公元前 3 世纪—前 1 世纪），这类医神庙在地中海广布，强化蛇了在公共宗教医疗中的正面功能[③]。

古希腊医生与药师对蛇毒之威力与药用潜力有所认知。希波克拉底学派部分文本与狄奥斯科里德斯药学手稿中涉及蛇咬处理及解毒药方[④]。尽管方法多具经验或半神秘色彩，但体现古希腊对蛇毒的实用与敬畏并存态度。

引导与保护、沟通与调和、智慧与财富

赫尔墨斯是古希腊奥林匹斯十二主神之一，是宙斯与提坦女神迈亚之子，诞生于阿卡迪亚的库勒涅山洞。作为兼具多重神职的调和者，他既是亡灵进

---

① Lloyd, G. E. R. Science, Folklore and Ideology: Studies in the Life Sciences in Ancient Greece. Cambridge University Press, 1983.

② Brown, Sarah. “Snakes in the House: Domestic Snake Imagery in Classical Athens.” Journal of Hellenic Studies, vol. 135, 2015, pp. 45–62.

③ Retsas, Spyros. Pheidias the Physician from Rhodes: A Study of Hellenistic Medical Practice. Oxford University Press, 2021.

④ Garland, Robert. “Hippocrates and the Sacred Disease: Magic, Reason, and the Human Body.” Greek Medicine from Hippocrates to Galen, Brill, 2018, pp. 67-87.

图 12 希腊陶瓶上的赫尔墨斯

图 13 公元 2 世纪 卡杜休斯

入冥界的引渡者、商贸与旅者的守护神，也是众神与凡人之间的信息传递者（图 12）。其标志性神器卡杜修斯（图 13）——双蛇双翼杖贯穿所有职能，成为权力与功能的终极载体。卡杜修斯被误用于西方医学标志，虽与医神阿斯克勒庇俄斯的单蛇杖混淆，仍广泛代表医疗行业。

赫尔墨斯是冥界的引导者，是生死秩序的维护者，其最独特的职责是担任“亡灵引导者”。赫尔墨斯负责护送死者灵魂至冥河渡口，确保灵魂顺利到达冥王普卢托的统治，防止滞留人间引发混乱。他手持双蛇木杖，指引亡灵顺利穿越冥河，蛇杖发出的幽光为亡灵指引方向，避免其迷失于塔尔塔罗斯（深渊）或阿斯珀德罗斯草原（亡灵徘徊之地）。双蛇的威仪震慑地狱三头犬刻，使复仇女神退避。对执念未消的亡灵，蛇杖轻触其额，释放遗忘之力，助其解脱。蛇杖并未以暴力开路，而是凭借神授的权威化解阻力。蛇的冥界属性（如与地府神祇的关联）强化了赫尔墨斯跨越生死边界的能力。在古希腊墓穴（如雅典凯拉米克斯墓地）中，蛇杖符号常与冥界神祇雕像共存，印证赫尔墨斯在葬礼仪式中的核心地位①。

① Knigge, Ursula. The Athenian Kerameikos: History, Monuments, Excavations. Deutsches Archäologisches Institut, 1991. pp. 89-92.

赫尔墨斯能自由穿梭三界，蛇杖的双蛇形态象征赫尔墨斯可以同时沟通奥林匹斯山（神界）、人间与冥界的能力。例如，宙斯派遣赫尔墨斯向珀耳塞福涅传达重返人间的命令时，蛇杖成为跨越三界的“传声筒”，确保神谕无损传递。蛇杖赋予赫尔墨斯传递神谕的合法性。在《荷马史诗》中，他手持蛇杖宣告宙斯的旨意，蛇的灵动象征信息传递的敏捷与不可抗拒性。

赫尔墨斯被认为是商业和贸易的保护神，他的形象常与财富和交易相关联，蛇杖在商贸活动中是规则与安全的双重保障。赫尔墨斯用蛇杖调解阿波罗与自己的冲突，并以交换礼物（竖琴与牛群）达成和解，这一事件被视作“契约精神”的神话原型，商人祈求蛇杖确保交易公平。赫尔墨斯能自由穿梭神界、人间与冥界，象征商队运输远航的能力，蛇杖成为安全通行的“通行证”威慑劫匪与自然灾害，商人远行前触摸蛇杖雕像以求庇护。科林斯港遗址的商船残骸中，蛇杖符号常见于货箱封条，祈求航行安全[①]。赫尔墨斯因其能言善辩、熟知道路和善于沟通的特质受到推崇，他常一手持蛇杖，一手握钱袋，钱袋象征贸易收益，蛇杖则保障收益的合法性。其蛇杖和钱袋成为贸易与财富的符号，古希腊人在家门口树立赫尔墨斯雕像，祈求家庭安全与商业繁荣[②]。立在道路与市场边的方形石柱，顶部为赫尔墨斯头像，下部刻有生殖器象征丰产。蛇杖常被雕刻在柱身，代表贸易繁荣与旅途平安[③]。

赫尔墨斯是古希腊神话中最具多面性的神祇，最初作为道路与丰产神（前希腊时期），逐渐扩展为商业、竞技、语言之神，并发明度量衡、字母、

---

① Broneer, Oscar. The South Stoa and Its Roman Successors. American School of Classical Studies at Athens, 1954 , pp. 156-158.

② Pausanias. Description of Greece, Volume I: Books 1-2（Attica and Corinth）. Translated by W.H.S. Jones, Harvard University Press, 1918, 1.15.1.

③ Thucydides. History of the Peloponnesian War, Volume I: Books 1-2. Translated by C.F. Smith, Harvard University Press, 1919, 6.27.1.

天文等知识。其身份的转换，反映出古希腊社会对智慧与实用技能的推崇，其多重角色和职能体现了古希腊人对沟通、智慧与边界跨越的深刻理解。赫尔墨斯的形象在艺术、文学及现代文化中持续演变，成为连接古代信仰与当代价值的精神桥梁。

图14　德尔斐考古博物馆的“世界之脐”（Omphalos）石刻

图15　古希腊陶瓶上绘制的阿波罗与皮同的战争

预言与神谕

在古希腊宗教体系中，皮同是由大地女神盖亚创造的巨蛇，其核心职能是守护德尔斐地区的原始神谕圣地。德尔斐是古希腊福基斯地区的宗教中心，位于帕尔纳索斯山麓，被希腊人称为“世界之脐”，这一称号源于该地中央的脐带石（现存于德尔斐考古博物馆）（图14），其表面雕刻的双蛇纹饰直接指向皮同与地脉力量的绑定。德尔斐神谕是古希腊最重要的预言机制，古典文献如赫西俄德《神谱》与《荷马颂歌》均记载，皮同的形象融合蛇与龙的特征，其盘踞的洞穴会释放某种气体（现代地质学证实为断层活动产生的乙烯），这些气体被早期人类视为预言灵感的来源。

《荷马颂歌·致阿波罗》记载，阿波罗为控制德尔斐地区的预言权，用弓箭射杀守护该地的守护巨蛇皮同（图15）。阿波罗在夺取圣地后，将皮同的尸骸埋于新建神庙的地基下，并设立“皮提亚”作为新任女祭司，该名称直接源于皮同的希腊语变体“Pytho”。而她的预言能力仍依赖于圣域的地缝气体。据曾任德尔斐祭司的普鲁塔克记载，皮提亚在仪式中会吸入被称为“pneuma”的气体，随即如蛇般扭动身体，发出嘶嘶喉音，最终以韵文或谜语形式传达神谕。古希腊人相信，这种迷狂状态源于皮同的灵体通过地脉侵入人体。现代地质研究为此提供了物质解释：神庙下方的断层释放的乙烯气体浓度达 0.3%①，足以诱发谵妄反应。阿波罗射杀皮同的神话事件，实质是德尔斐宗教权力转移的关键节点，但皮同的死亡实际上并未终结其与德尔斐神谕的关联。阿波罗的理性神谕体系，本质上仍寄生在皮同遗留的混沌根基之上。

考古证据显示，德尔斐最早的祭祀坑（约公元前 1400 年）出土了蛇形陶器与祭坛，而后期阿波罗神庙的浮雕（如公元前 6 世纪的“阿波罗与皮同战斗”石板）则印证了神话叙事的仪式化转型。

梅兰普斯是古希腊文献记载中最早的凡人先知，活跃于伯罗奔尼撒半岛的阿尔戈斯地区。据赫西俄德《名媛录》记载梅兰普斯家族属迈锡尼时代的地方贵族。梅兰普斯幼时发现仆人毁坏一蛇窝，遂救出幼蛇并饲养。蛇群成年后为报恩，夜间舔舐其双耳，使其获得通晓动物语言及预知能力。此情节被古典学界视为“自然灵力传递”的典型母题。梅兰普斯预言提林斯王子比阿斯（其弟）将篡位成功，并准确测算政变时机。此预言依赖其对鸟类迁徙与蛇类冬眠周期的关联分析，反映早期占卜术与生态观察的结合。据普鲁塔克《论德尔斐神谕》，梅兰普斯曾挑战德尔斐皮提亚的权威，主张以动物内脏占卜替代气体致幻仪式，但遭多利安贵族抵制。此冲突反

① De Boer, J. Z., Hale, J. R., & Chanton, J.（2001）.” New Evidence for the Geological Origins of the Ancient Delphic Oracle.” Geology, 29（8）, pp.707–710.

映迈锡尼本土信仰与外来神权的对立。

皮同在希腊神话中是一个重要的角色，她的形象和故事反映了古希腊人对自然、秩序和神权的理解。其形象不仅在神话传说中占据重要地位，还在艺术和文化中留下了深远的影响。

美丽与优雅

图 16　古希腊双蛇镶玉髓金手镯

在希腊时期，蛇形手镯、戒指在女性饰品中相当流行（图 16）。在意大利南部、爱琴海岛屿等地墓葬或宝库中考古发现大量此类饰品，多为金、银或青铜材质，强调蛇头与盘绕造型，且蛇头处镶宝石[①]。黄金蛇形首饰多见于贵族阶层，平民使用铜制蛇形首饰，虽材质普通，但通过精细工艺模仿贵族审美。

蛇形手镯和臂环是希腊时期非常流行的首饰，通常由黄金制成，蛇身缠绕在上臂或手腕上。这些手镯和臂环的设计精细，蛇鳞和头部特征通过手工雕刻展现出来。手镯和臂环的设计多样，包括多倍缠绕的蛇形，蛇头和尾部雕刻成鳞片状，有时还镶嵌宝石。双头蛇造型在希腊化时期较为常见。蛇形戒指通常由开放式圆圈组成，两端有蛇头相连，重叠但不相交。这种设计在古希腊和罗马时期非常流行。指环上的蛇形图案有时会包含两个蛇头、两个蛇圈或单个蛇圈，有些蛇圈光滑，有些则刻有细小的鳞片。蛇形图案也出现在耳环、胸针等其他珠宝上，这些设计通常结合了几何图案和动物形象。

① Deppert-Lippitz, Barbara. Griechischer Goldschmuck. Verlag Philipp von Zabern, 1985.

蛇的皮肤冰冷光滑，鳞片排列细腻，行动灵巧敏捷，给人以高冷神秘、优雅自由的感觉，这些特质与希腊人追求美与自由的观念相契合。蛇蜕皮的自然现象被解读为永葆青春的隐喻，与美丽的外在表现直接相关。蛇形首饰的缠绕设计强调人体曲线，如手臂的圆润线条，与希腊艺术中对人体美的崇尚一致。蛇的灵动形态与宝石光泽结合，增强佩戴者的动态美感。

神话和神邸也会进一步强化蛇与美的联系，映射出蛇形首饰的寓意与内涵。爱与美之神阿芙罗狄忒的雕像常佩戴蛇形手镯，象征生育力与女性魅力。医神阿斯克勒庇俄斯的蛇杖象征治愈与健康，间接关联身体之美。智慧女神雅典娜化身为蛇，代表外表强健与知识内在美的结合。蛇作为善灵阿伽特·戴蒙的化身，佩戴者相信其能驱邪避凶，维护身心和谐之美。蛇形首饰的 Ouroboros（衔尾蛇）图案象征循环不息，暗示爱情与美丽的永恒性。

希腊时期的蛇形首饰通过神话象征、工艺美学和社会功能，将“美丽”定义为多维度概念：既包含外在的身体曲线与装饰奢华，也涵盖内在的健康、智慧与神圣庇佑。其设计不仅反映古希腊人对自然力量的敬畏，更成为跨越阶级的审美符号，至今仍启发现代珠宝设计。

结　语

蛇在西方古代世界里扮演了横贯宗教、政治、社会和艺术的多面角色。从米诺斯—迈锡尼时期的“蛇女神”到古希腊的医神、英雄与预言等，无不体现了人类对自然力、生命循环、再生与死亡、善与恶、秩序与混沌之间复杂关系的思索，也成为跨越文明边界、历久弥新的象征符号。当古典时代逐渐退出历史舞台，但古代世界所赋予蛇的象征与意义却随着时间不断演变和延续着，并在现代医学、文艺创作乃至社会心理等诸多领域依旧活跃。从古代西方社会与文化语境中对蛇的多重象征进行回顾与探究，不仅能深化我们对古代世界的认识，也能为当代思考“人与自然”“神圣与凡俗”以及“人类精神的再生与进化”等议题提供宝贵的启发。

参考文献

1.Burkert, Walter. *Greek Religion*. Harvard University Press, 1985.

2.Nilsson, Martin P. The Minoan–Mycenaean Religion and Its Survival in Greek Religion. 2nd ed., C.W.K. Gleerup, 1950.

作者小传

吕潇婷，中国国家博物馆馆员，主要研究方向为博物馆文物研究以及中外文化交流。

当巴泽雷克文化遇上中原蛇纹

战国金带饰中的东西交融密码

张　扬

在考古的浩瀚长河中，甘肃张家川回族自治县马家塬墓地宛如一颗璀璨的明珠，散发着独特的光芒。这里是战国晚期至秦初西戎某支首领和贵族的安息之所，自 2006 年发掘以来[①]，截至 2021 年，已发掘墓葬 78 座、祭祀坑 3 个，各类文物 3600 余件（组），为我们揭开了西戎文化神秘面纱的一角。在众多精美的出土文物里，有两组鹰首格里芬缠斗蛇纹金带饰（图 1）格外引人注目，它们承载着不同文化交流融合的印记，仿佛在静静诉说着往昔的故事。

图1　马家塬墓地 M16　鹰首格里芬缠斗蛇纹金带饰

这两组金带饰出土于

① 甘肃省文物考古研究所，张家川回族自治县博物馆：《2006 年度甘肃张家川回族自治县马家塬战国墓地发掘简报》，《文物》，2008 年 9 期。

图 2 马家塬墓地 M16 鹰首格里芬缠斗蛇纹金带饰出土现场

马家塬 M16 号墓，为墓主人所有（图 2）。它们均呈长方形，大件的长 6.4 厘米、宽 3.7 厘米，宛如一位气场强大的王者，静静镇守着历史的一角；小件的长 4.8 厘米、宽 2.6 厘米，恰似灵动的精灵，虽尺寸稍小，却也散发着独特魅力。两组金带饰并排摆放，相互映衬，古代工匠的奇思妙想令人赞叹不已。细看金带饰的图案，两只鹰首格里芬左右翻转相对，颈部优雅地交缠在一起，仿佛正在进行一场力量与技巧的较量。它们与蛇激烈缠斗的场景，瞬间将画面定格，紧张感与震撼力扑面而来。鹰首格里芬的形象栩栩如生，双目圆睁，仿佛下一秒就要喷射出炽热的火焰；尖锐且轮廓圆润的耳朵高高竖起，仿佛在时刻捕捉着周围的细微动静；勾喙锋利如刃，仿佛能轻而易举地撕裂猎物；双翼微微展开，展现出一副即将翱翔天际的姿态；尾巴俏皮地翘起，为其增添了几分灵动与傲娇；粗大的兽蹄也不甘示弱地抬起，彰显着无尽的力量感。反观那条蛇，颈部被格里芬紧紧咬住，痛苦挣扎的神态清晰可见。蛇身顺势缠绕在格里芬的足部、尾部和翅膀上，像是在做最后的顽强反抗，又仿佛与格里芬相互交织、翩翩起舞，共同勾勒出一幅动人心弦的画面[①]。

在制作工艺上，古代工匠们更是展现出了超凡的技艺。金带饰采用模铸工艺，铸就了浮雕镂空状，工匠们精心雕琢，图案仿佛被赋予了生命，从金带饰上跃然而出。每一处线条都流畅自然，每一个细节都清晰可辨，

① 高西省：《黄金、游牧与汇聚：以天水马家塬西戎金银饰动物造型为例》，《美成在久》，2022 年第 5 期。

格里芬的羽毛、蛇的鳞片，都在这镂空之中若隐若现，呈现出空灵而又深邃的美感，展现了古代工匠们对材料和技法的精准掌控，让后人得以领略千年前的工艺魅力。

探秘巴泽雷克文化

巴泽雷克文化，宛如一颗闪耀在南西伯利亚历史天空中的古老星辰，其起源可追溯至公元前 6 世纪中叶至公元前 3 世纪，阿尔泰山周边的俄罗斯、中国、蒙古国以及哈萨克斯坦等地，均有巴泽雷克文化墓葬被发掘出来，其中，以俄罗斯发掘出的墓葬数量为最多。在阿尔泰山这片广袤的区域，山水相依，自然资源丰富，为巴泽雷克文化的孕育与发展提供了得天独厚的“摇篮”。在阿尔泰山脉的庇护下，巴泽雷克人逐水草而居，他们的足迹随着季节的更迭，在草原、河谷间穿梭，逐渐形成了独特的游牧文化体系。其文化的影响力，如同涟漪般向外扩散，向东沿着阴山、燕山一路延伸，渗透到中国北方地带，甚至抵达中原与南方，在欧亚大陆的历史长卷上留下了浓墨重彩的一笔[①]。

在艺术的广袤天地中，巴泽雷克文化可谓绽放出了璀璨夺目的光彩，展现出了令人惊叹的极高造诣。当我们将目光聚焦于那些从地下重见天日的大量文物时，无论是造型各异的木器、质感独特的角器，还是彰显工艺的皮革、柔软温暖的毛皮，抑或充满民族特色的毛毡和精美细腻的织物等，都仿佛是一扇扇通往那个古老时代艺术世界的大门，透过它们，我们有幸得以一窥巴泽雷克文化所蕴含的独特审美韵味。其中，诸多器物上的图案呈现出鲜明的野兽纹风格，那些被刻画出来的野兽仿佛被赋予了鲜活的生

① 牧金山：《巴泽雷克文化与史前丝绸之路》，《大众考古》，2022 年第 7 期。

命力，它们在器物表面上张牙舞爪，威风凛凛。每一处线条的勾勒、每一个细节的雕琢，都将野兽的力量感展现得淋漓尽致，野性之美呼之欲出，让人观之便能感受到一种源自远古的雄浑与豪迈，仿佛能看到当时的人们对自然力量的敬畏与崇尚。而墓主身上的文身更是别具一番意味，它们大多围绕着带有浓厚宗教信仰色彩的神兽主题展开。你瞧，那巧妙的构思令人称奇，鹰头与有蹄动物（鹿、马）的耳朵、鹿身或者狮身相互交融，组合成了一个个神秘而又威严无比的格里芬形象。这些纹身就像是一部部无声却又饱含深情的信仰史诗，被镌刻在肌肤之上，承载着墓主的精神寄托，跨越漫长的时空，向后世的我们诉说着那个时代人们内心深处的虔诚与期盼。说起格里芬，它可是一种在从地中海到亚欧草原腹地都广泛流传的传说生物呢。它拥有着狮子那强壮而矫健的身躯，仿佛蕴藏着无尽的力量；再看它的头颅，是鹰的模样，锐利的喙好似能冲破一切阻碍，而那宽阔有力的翅膀，更是给人一种随时能够翱翔天际、俯瞰大地的感觉。也正因如此，它向来都被视作强大、尊贵的象征，在人们的心中占据着特殊的地位。在那已然失传的斯基泰人古诗里，还流传着关于格里芬的故事。据说，格里芬栖息于一片广袤无垠的大草原之上，这片草原从如今的乌克兰地区一路延伸，直至中亚地带。在那片神秘而又充满生机的土地上，格里芬肩负着重要的职责，它就像是一位忠诚的守护者，看管着金矿以及那些被隐匿起来的珍宝，守护着这片土地上的财富与神秘。

或许，我们可以大胆推测，格里芬正是巴泽雷克文化人群的图腾，它承载着这个群体的精神信仰、文化传承以及对美好生活的向往与追求，贯穿他们生活的方方面面，成为巴泽雷克文化中不可或缺的重要组成部分，即便历经岁月的洗礼，依然散发着独特的魅力，吸引着后人去不断探索、解读。[①]

① 耿庆刚：《东周青铜器动物纹样研究》，西北大学 2019 学位论文。

中原的蛇纹

中原地区蛇纹的历史源远流长，可追溯至夏商周时期。在那个古老的时代，陶器作为人们日常生活的主要器具，成为蛇纹最早的“承载者”之一。二里头遗址出土的陶器上，就惊现了典型的蛇纹，这些蛇纹或蜿蜒曲折，或盘曲成神秘的图案，仿佛在诉说着远古的故事。它们或许不仅仅是简单的装饰，更可能蕴含着当时人们对自然、神灵的敬畏与崇拜，与当时的宗教、信仰体系有着千丝万缕的联系。

随着青铜时代的到来，青铜器上也逐渐出现了蛇纹的身影。商末周初，青铜器纹饰中的蛇纹大多单个排列，犹如孤独的守护者，静静地镶嵌在器物之上。它们虽不是主角，却为青铜器增添了一抹别样的神秘色彩。到了西周时期，青铜器上已出现缠斗的蛇纹，蛇与蛇相互交织、缠绕，仿佛在进行一场力量与智慧的较量。这一时期的蛇纹，不仅在造型上更加复杂，其寓意也愈发深刻，或许象征着部落之间的融合、斗争，或是天地万物的相生相克。

春秋战国时期，堪称蛇纹发展的黄金时代，其在各类器物上呈现出前所未有的多样性。青铜器领域，蛇纹的形式愈发丰富，常见蛇体交织缠斗在一起，宛如一场华丽的“蛇舞盛宴”。万荣庙前东周墓的铜编钟（图3），其鼓部装饰着饕餮纹，饕餮纹上的小蛇身体呈现扭丝状，这种纹样在春秋中期开始出现。

战国铜镜上，蛇纹同样是常见的纹样。传洛阳金村大墓出土的一件错金银蛇纹铜镜，直径19.3厘米，镜背上主题纹样由三组两两缠绕交错的错金银蛇纹组

图3 万荣庙前东周墓的铜编钟鼓部蛇纹

图4 马家塬墓地 M57 出土的中原铸造的青铜壶蛇纹

成，蛇纹在金银的映衬下熠熠生辉，体上装饰错金银鳞环纹，更是为其增添了奢华之感，此镜为卢芹斋旧藏，承载着厚重的历史底蕴。值得一提的是，马家塬 M57 出土的一件典型的中原铸造的青铜壶，其口沿、肩部和腹部均装饰有缠斗的蛇纹（图4），这充分表明蛇纹在当时的装饰艺术中占据了重要地位，成为一种流行的文化符号，广泛地融入各种器物的设计之中，展现出独特的审美价值与文化内涵。

东西文化的璀璨碰撞

在艺术的浩瀚海洋中，这两组鹰首格里芬缠斗蛇纹金带饰犹如两颗璀璨夺目的星辰，闪耀着独特的光芒，它们无疑是东西文化融合的绝佳且生动无比的例证，承载着厚重而多元的历史文化信息，静静诉说着那段跨越时空、不同文化相互交融碰撞的奇妙故事。

仔细端详这两组金带饰，其主体所展现出的鹰首格里芬形象，有着深厚且独特的文化根源，它正是脱胎于巴泽雷克文化那片充满神秘色彩与独特魅力的文化土壤。在巴泽雷克人构筑的神秘而深邃的信仰世界以及丰富多彩的艺术天地里，格里芬的地位可谓举足轻重，它宛如一位从远古神话中走来的神圣守护者，身负守护黄金的重大使命。要知道，在巴泽雷克人的认知里，黄金不单单是一种珍贵的物质财富，它更像是被赋予了神秘力量与神圣光辉的特殊存在，格里芬凭借自身那超凡绝伦的力量以及令人敬畏的威严，忠实地守护着这份象征着荣耀与神秘的财富，如同忠诚的卫士一般，时刻警惕着，不容许任何潜在的威胁靠近。而与这充满异域风情的鹰首格里芬形象相得益彰的蛇纹，恰似一条静静流淌在中原地区漫长历史长河中的文化脉络，深深地扎根于这片古老土地那肥沃而深厚的历史土壤之中，是一种承载着无数岁月记忆与丰富情感的传统纹样。回溯到遥远而古朴的夏商周时期，在那些造型简约却韵味十足的陶器上，蛇纹便开始若有若无地初现端倪。那时的蛇纹，或许只是先民们凭借着对自然界的观察与想象，用简单质朴的几笔勾勒而成，然而就是这看似简单的线条，却已然透露出中原先民们对周围神秘自然世界的好奇、敬畏以及探索之心。他们将眼中蛇的灵动与神秘，融入自己的创作之中，赋予了陶器一种别样的神秘氛围，仿佛这些陶器也因此有了生命，有了与神灵对话的可能。时光悠悠流转，来到了风云变幻、文化繁荣的春秋战国时期，蛇纹在各类器物上迎来了它的辉煌绽放时刻。在工艺精湛、造型庄重的青铜器上，蛇纹以或盘曲蜿蜒或灵动舒展的姿态呈现出来，它们或相互缠绕，构成了复杂而精美的图案，彰显出一种神秘而庄重的美感，与青铜器本身所蕴含的庄重肃穆相得益彰，仿佛在共同诉说着那个时代的辉煌与沧桑；在朴实无华却又贴近生活的陶器表面，蛇纹又以一种更为灵动自然的方式展现，它们或点缀在器物的口沿，或穿梭于器身，为平凡的生活器物增添了几分神秘而灵动的韵味。它承载着中原各时期人们对自然万物细致入微的观察、对神灵庇佑虔诚真挚的祈愿以及对复杂社会深刻独到的感悟，已然成为中原文化基因中不可或缺、至关重要的一部分，如同一条无形却坚韧的纽带，将中原历史长河中的点点滴滴紧密相连，见证着这片土地上文明的传承、发展与演变。

当历史的车轮滚滚向前，巴泽雷克文化犹如一阵携带着异域风情的文化之风，顺着民族迁徙那漫长而坚定的脚步，以及贸易往来中频繁且多元的交流等诸多途径，缓缓地向东传播开来。这股文化之风，跨越了千山万水，冲破了地域的隔阂，如同一只无形的手，将不同的文化逐渐拉近。最终，它在马家塬这片充满生机与故事的土地上，与底蕴深厚、源远流长的中原文化不期而遇。就如同两条奔腾不息的河流在此汇聚，瞬间碰撞出了绚丽多彩、璀璨夺目的文化水花，一场意义非凡、影响深远的文化交融盛宴就此盛大开幕。而生活在这片土地上的西戎工匠们，他们宛如文化交融舞台上的智慧舞者，怀揣着对不同文化的尊重、理解与热爱，凭借着自身的聪明才智以及独具匠心的巧思，大胆地迈出了创新融合的步伐。他们将目光聚焦在格里芬这一巴泽雷克文化的经典形象以及中原地区传统的蛇纹之上，巧妙地对格里芬噬鹿、羊这类常见且深入人心的题材进行了大胆改写。原本在巴泽雷克文化的语境中，格里芬追逐鹿、羊的场景所展现出的是自然界中弱肉强食的生存法则，是一种力量与速度的较量，彰显着格里芬的强大与霸气。然而此刻，工匠们别出心裁地让威风凛凛、充满力量感的格里芬，转而与蛇展开了一场惊心动魄、扣人心弦的缠斗。这场缠斗，绝非简单的图案拼凑或是随意的组合，而是一场精心编排、充满文化韵味的视觉盛宴。蛇的身体时而舒展，时而蜷缩，仿佛在与格里芬巧妙周旋，它那灵动的姿态与格里芬的刚猛形成了鲜明的对比，却又相得益彰，二者相互交织、相互抗衡，使整个图案所呈现出来的效果与中原地区龙蛇缠斗所传达出的雄浑大气、神秘莫测的韵味完美契合，就像是东西方两种文化灵魂在进行着一场跨越时空、跨越语言的深度对话。它们用各自独特的文化语言，交流着对力量、对神秘、对生命的理解与感悟，彼此相互借鉴、相互辉映，共同编织出了一幅绚丽多彩、内涵深刻且充满文化魅力的艺术画卷[①]。

① 潘玲，马婷：《马家塬墓地波斯文化因素分析》，《草原文物》，2023年第2期。

文化交流的深远意义：开启多元共生新篇章

这种融合所承载的意义，无疑是深远且重大的，宛如一颗璀璨星辰，在历史的浩瀚苍穹中散发着熠熠光辉，照亮了不同文化相互交织的漫漫长路。

在文化交流层面，它就像是一座无比坚实且壮观的桥梁，稳稳地架设在巴泽雷克文化与中原文化之间。遥想往昔，这两个文化群体相隔千里之遥，一方是逐水草而居、有着豪迈奔放生活方式的游牧民族，他们敬畏天地自然，信仰着与广袤草原息息相关的神灵，秉持着独特的生活理念和价值观念；另一方则是以农耕为主、有着深厚礼仪传统和精致生活方式的中原民族，他们尊崇儒家思想，讲究长幼尊卑，有着一套完整且复杂的信仰体系。然而，就是这看似毫不起眼的金带饰，却成为打破隔阂的神奇纽带，让这两个有着天壤之别的文化群体找到了共鸣与交集。它像是一把神奇的钥匙，开启了地域间紧闭的大门，彻底打破了地域所形成的天然隔阂，使双方文化元素如同涓涓细流一般，开始相互渗透、彼此吸收。巴泽雷克文化中那些充满野性与力量感的元素，慢慢融入中原文化的细腻与典雅之中；而中原文化里蕴含的深邃哲理和精湛技艺，也逐渐在巴泽雷克文化中生根发芽。如此一来，双方的文化在频繁的交流互动中得以不断丰富自身的内涵，持续拓展外延，就像两条原本各自流淌的河流汇聚到一起，形成了更为壮阔的文化洪流，为欧亚大陆文化多元共生的绚丽格局注入了源源不断且强劲有力的动力，让这片广袤大陆上的文化变得更加精彩纷呈、生机勃勃。

从艺术表达的角度细细审视，它为艺术家们推开了一扇通往全新世界的大门，开辟出了一片前所未有的广阔视野天地。不同文化元素在这里碰撞出了绚丽的火花，融合出了令人惊叹的奇妙景观，催生出了诸多前所未有的新颖造型与别具一格的构图方式。就拿鹰首格里芬与蛇纹的组合来说，这一独特的艺术呈现着实精妙绝伦。鹰首格里芬，那威风凛凛的模样，锐利的鹰眼、高耸的鹰嘴以及舒展的翅膀，无不展现出游牧民族对动物所蕴含的强大力量以及野性之美的由衷崇尚。他们在广袤的草原上与各种动物相伴而生，动物们的矫健、勇猛成为他们艺术创作中永恒的主题，通过对鹰首格里芬这样形象的塑造，将那种对自然力量的敬畏与赞美展现得淋漓尽致。而蛇纹则巧妙且自然地融入了中原文化对线的韵律以及神秘意境的独特追求。在中原文化中，线条向来是艺术表达的重要元素，书法里的笔走龙蛇、绘画中的流畅勾勒，都彰显着对线的精妙运用，蛇纹蜿蜒曲折的形态正契合了这种对线的韵律感的讲究。同时，蛇在中原文化里往往又带有神秘莫测的寓意，它的出现为整个艺术造型增添了一种神秘的意境，仿佛在无声诉说着古老而深邃的故事。这种复合型的艺术风格，就像是在艺术的海洋里竖起了一座崭新的灯塔，拓宽了艺术表现的边界，打破了以往艺术家们固有的创作思维局限。它宛如一阵春风，轻柔却有力地启发着后世艺术家们大胆地挣脱传统的束缚，勇敢地去创新，去尝试运用各种不同文化元素进行融合，探索更为多元化、更具个性魅力的艺术表达方式，让艺术的百花园变得更加繁花似锦、绚丽多姿①。

在工艺发展领域，同样发生着非凡的故事。巴泽雷克擅长的木雕、骨雕、皮毛加工等工艺，每一种都凝聚着游牧民族的智慧与匠心。在木雕作品里，那栩栩如生的动物形象仿佛随时都会从木头中跃出；骨雕上精细的纹路，展示着工匠们精湛的技艺；皮毛加工更是能将普通的皮毛变成精美绝伦的装饰品，彰显出独特的草原风情。而中原地区精湛的青铜铸造、陶器烧制、金银细工等工艺，则承载着深厚的历史底蕴和高度发达的文明成果。青铜铸造出的鼎、尊等器物，造型庄重、纹饰精美，见证着一个时代的辉煌；

① 张寅：《东周西戎文化马家塬类型来源初探》，《考古与文物》，2019年第2期。

陶器烧制的各类陶器，无论是古朴的彩陶还是细腻的白瓷，都有着独特的韵味；金银细工打造出的饰品更是华丽无比，尽显奢华与精致。这两种各具特色、各有千秋的工艺，借由金带饰的制作实现了一场跨越地域与民族的间接交流切磋。工匠们在这个融合的过程中，宛如一群勇敢的探险家，不断尝试新的材料搭配、技法组合，每一次尝试都是对未知领域的勇敢探索。这些金带饰就像是一本本生动的工艺教科书，为后世留下了无比宝贵的工艺遗产，即便历经千百年的岁月洗礼，当我们今天再次凝视这些金带饰时，依然能够透过它们，清晰地领略到古代工匠们那卓越非凡的创造力与登峰造极的精湛技艺，仿佛能看到他们在工坊里精心雕琢、用心打造的忙碌身影，感受到东西文化碰撞融合所绽放出的璀璨光芒，那光芒犹如夜空中最耀眼的烟火，永远在人类文化发展的历史长河之中熠熠生辉，令人叹为观止。

结　语

马家塬出土的这两组鹰首格里芬缠斗蛇纹金带饰，宛如一把钥匙，解锁了一段尘封已久的历史记忆，让我们得以窥探到战国时期西戎文化与中原文化、巴泽雷克文化之间的精彩互动。它们不仅仅是精美的饰品，更是文化融合的结晶，承载着古代工匠们的奇思妙想与卓越技艺，诉说着不同地域人们跨越山川湖海、突破文化壁垒，相互交流、借鉴与创新的故事。这些金带饰时刻提醒着我们，文化交流如同一场永不落幕的盛宴，它没有国界，没有终点，在历史的长河中持续激荡，为人类文明的发展注入源源不断的活力。如今，它们静静陈列在博物馆的展柜中，向每一位参观者展示着往昔的辉煌，也呼吁着我们在现代社会中，要珍视文化遗产，传承文化基因，让这些跨越时空的文化瑰宝，在新的时代里继续闪耀光芒，为人类文明的延续与发展照亮前行的道路。

参考文献

1.甘肃省文物考古研究所，张家川回族自治县博物馆：《2006 年度甘肃张家川回族自治县马家塬战国墓地发掘简报》《文物》，2008 年第 9 期。

2.高西省：《黄金、游牧与汇聚：以天水马家塬西戎金银饰动物造型为例》，《美成在久》，2022 年第 5 期。

3.牧金山：《巴泽雷克文化与史前丝绸之路》，《大众考古》，2022 年第 7 期。

4.耿庆刚:《东周青铜器动物纹样研究》,西北大学 2019 学位论文。

5.潘玲，马婷：《马家塬墓地波斯文化因素分析》，《草原文物》，2023 年第 2 期。

6.张寅：《东周西戎文化马家塬类型来源初探》，《考古与文物》，2019 年第 2 期。

作者小传

张扬，女，1992 年生于甘肃天水，敦煌研究院·麦积山石窟艺术研究所馆员，主要从事图像研究。硕士毕业于中国艺术研究院，论文发表于《中国美术研究》《敦煌研究》《中国美术》等知名刊物。

他山之“蛇”

西方美术作品中蛇的意象

王　炼

蛇年新春之际，我正好在欧美游历，开启了一场在最喜爱的博物馆、美术馆里的寻蛇之旅。洛杉矶郡艺术博物馆外有一圈中国艺术家艾未未的铜制十二生肖兽首的现代艺术作品。在蛇首背后的博物馆展厅里，一场名为“描绘无限：跨文化的宇宙学”的特展（2024.10.20—2025.3.2），通过结合古埃及、美索不达米亚、古希腊、罗马、印度、南亚及喜马拉雅、中美洲、近代欧洲等不同时期、地域文化中的神话传说、宗教信仰、占星术实践、天文学研究等文物、资料和艺术品，展示出不同文化的世界观、宇宙观。在展览中竟意外地发现很多蛇的身影，如玛雅文化的月亮女神头戴蛇缠绕的头冠（图1）；美索不

图1　圆柱形彩陶瓶　墨西哥（玛雅）公元600—900年
洛杉矶郡艺术博物馆藏

达米亚文明中用于记录土地交易情况的库杜鲁（边界石）上方，雕刻着象征原始混沌的长着蛇尾和鳞片的海洋女神提亚玛特（图 2）；南美洲文明的陶罐上“笑脸”蛇的神秘符号（图 3）；古埃及神话的主要神祇伊西斯、奥西里斯、荷鲁斯的头冠上装饰有蛇头或整条蛇（图 4）；印度神话中的那伽被描绘为半人半蛇或巨大的神圣蛇类，常见五头、七头或多头蛇，象征着水、生命力、保护、再生与神秘智慧（图 5）。

说到十二生肖中的蛇，如果前面加一个中文形容词的话，一定是“灵”。“灵”反映了在中华传统文化中蛇的象征意象：是生命起源、治愈、重生的生灵的“灵”，是智慧的、护佑的、灵动的“灵”。这一点上与世界其他文化中蛇的意象十分相近。关于宇宙的起源，蛇缠蛋的“宇宙之蛋”的图像存在于许多文化和文明中。蛋象征着两种互补原则（蛋黄和蛋清）的统一，所有生命都从中涌现出来。蛇在宇宙论中往往代表着由混沌孕育出来的生命力和原初能量。所以，在世界各地的古老文明的神话传说中，与创世纪、生育繁衍、治愈、重生、护佑相关的神祇身上，都能找到蛇的身影。

图 2 库杜鲁（边界石） 伊拉克 阿布哈巴（卡西特）公元前 1186—前 1172 年 石灰石 大英博物馆藏

图 3 双流提梁彩陶 秘鲁南海岸（帕拉卡斯）公元前 800—前 100 年 洛杉矶郡艺术博物馆藏

图 4　奥西里斯　埃及　公元前 664—前 332 年　大都会艺术博物馆藏

图 5　五头那伽　泰国　12 世纪　砂岩　诺顿 · 西蒙美术馆

西方文化中蛇的正面意象：智慧、治愈与重生

在包括古代中国、印度、美索不达米亚等东方文明在内的东方文化中，蛇的寓意主要是生殖、灵瑞、长寿、重生，是正面的、积极的，在这一点上与西方文化中蛇的正面象征含义不谋而合。蛇褪皮、重生，拥有神秘的自愈和再生能力。在希腊文化中，蛇的毒液被认为有益健康，而蛇蜕皮的属性被冠以复活重生的寓意，故蛇在古希腊语境中是智慧、治愈和复活的神圣生物。古希腊神话中的太阳神阿波罗曾战胜巨蟒皮同，把蛇的毒液涂抹在箭矢上，既可夺人性命，也可治病救人。阿波罗常见的形象是年轻俊美的男子，手里拿着象征狩猎的弓箭或象征音乐的里拉琴，也时有脚下踩巨蟒的形象（图 6）。阿波罗的儿子阿斯克勒庇俄斯是西方的医药之神，

图6 演奏里拉琴的阿波罗 意大利白色大理石 公元二世纪 Inv. MAF n. 13819 原藏于美第奇别墅 乌菲兹美术馆

他手里拿着单蛇盘绕的神杖（图7）。蛇盘绕的神杖因此成为医学及医学界的标志，是西方文化中蛇的意象在全世界范围最广泛的应用，如世界卫生组织、急救救护车、医院、医学院等的徽标都采用了蛇杖的设计元素（图8）。阿斯克勒庇俄斯的女儿许癸厄亚是古希腊神话中掌管健康、卫生、预防疾病的女神，她的主要职责是喂养和照顾父亲的蛇，许癸厄亚的典型形象为一个用祭祀浅盘喂蛇的少女（图9）。以她的名字为词源，衍生出英语中卫生、保健的名词、形容词等。可见，希腊神话中蛇作为代表治愈和重生的神灵动物，其象征意义从太阳神阿波罗开始，到医药之神阿斯克勒庇俄

图8 世界卫生组织标志

图7 “朱斯蒂尼”类型的阿斯克勒庇俄斯雕像 希腊大理石 inv. 1914 no.247 乌菲兹美术馆

图9 许癸厄亚雕像 希腊大理石 inv. 1914 no.214 乌菲兹美术馆

斯，再到健康之神许癸厄亚，可谓是血脉传承，衣钵相继。

值得注意的是，希腊神话中众神的使者，商业、演讲、旅行、偷盗之神赫尔墨斯的标志物神杖上也有蛇缠绕的形象。不过，他的神杖上面缠绕着两条蛇，并带有翅膀。赫尔墨斯的形象通常是头戴隐身帽，脚穿带翅膀的飞鞋，手执双蛇神杖。在神话中，赫尔墨斯用这根从阿波罗那里得来的神杖制止了两条蛇的斗殴事件，并让它们盘绕在神杖上表示和好，因此双蛇神杖并没有医学方面的象征意义，而是象征着和平、和解与平衡（图 10）。

图 10　赫尔墨斯雕像　青铜　盖蒂中心博物馆

西方文化中蛇的负面意象：邪恶、诱惑与原罪

蛇虽然是智慧、灵瑞的象征，但是人类对于蛇还是心存恐惧的。不过，东方文化中蛇的意象多是正面的或中性的，即便是恐惧也是敬畏、崇拜其护佑、守护的神力。西方文化中蛇的意象则逐渐演变出截然相反的双重象征含义。如果简单分类，其中一类负面的形象是充满神力的怪物，比如，把拉奥孔和两个儿子缠绕咬死的巨蛇（图 11）、阿波罗征服的巨蟒皮同（图 12）、大力神赫拉克勒斯完成的十二项伟业之一斩杀的九头蛇怪海德拉（图 13）等。

图 11　拉奥孔　雕塑　大理石　梵蒂冈博物馆

图 12　休息中的阿波罗雕像　希腊大理石 inv. 1914 no.162　乌菲兹美术馆

图 13　赫拉克勒斯斩杀海德拉　青铜雕塑　卢浮宫

图14　帕尔修斯将菲尼亚斯和他的追随者变成石头（局部）　布面油画　1660年卢卡·乔达诺　英国国家美术馆

另一类负面的形象是诱惑的象征，如英雄帕尔修斯斩杀的蛇发女妖美杜莎（图14），无人能抗拒她的妖冶美貌，但是只要看她一眼就会被瞬间石化，丧失生命而变成冰冷的石头。

在负面形象中最极端的是《圣经》创世纪故事中的魔鬼撒旦，他是诱惑，是邪恶，是原罪的化身。在希伯来语中，撒旦有"建议""劝告"的意思。撒旦原本是一位天使，一条极具灵性的蛇，但心存邪念想取代上帝之位而终究堕落。撒旦诱惑夏娃偷食启迪智慧的禁果，进而殃及亚当，最终二人被逐出伊甸乐园，为不听从上帝的指示、不禁诱惑而付出代价。西方的油画中有大量描绘这一题材的作品，其表现形式几乎都是在伊甸园中，夏娃手拿苹果，身旁的树枝上挂着一条蛇象征撒旦（图15）。在描绘亚当和夏娃被逐出伊甸园的场景中，地上弯曲的蛇便是幽灵撒旦（图16）。

图15　亚当与夏娃　布面油画　老卢卡斯·赫拉纳赫　诺顿·西蒙美术馆

基督教中的圣母玛

丽亚被赋予神力，中世纪油画中常有圣母脚下踩着蛇的画面，引申自《圣经》经文，寓意着基督教的救赎和对邪恶的战胜。卡拉瓦乔在这幅圣母子像（图 17）中一反文艺复兴以来油画作品中圣母子常见的温婉、典雅、娴静形象，

图 16　失乐园　布面油画　1650 年［荷兰］丹尼尔·弗坦根　圣彼兹堡美术馆

把圣母玛丽亚和幼年耶稣塑造得英勇、果敢、充满活力，小小年纪的耶稣把小脚丫放在母亲的脚面上，跟圣母一起踩蛇（图 18）。

图 17　帕拉弗雷涅里圣母　布面油画　卡拉瓦乔 1605—1606　博尔盖塞美术馆

图 18　帕拉弗雷涅里圣母（局部）　布面油画　卡拉瓦乔 1605—1606　博尔盖塞美术馆

当我徜徉于欧美部分博物馆、美术馆之际，具有一定目的性的“寻蛇之旅”主题考察带来许多意想不到的新收获，也引发了我关于东西方不同文化之间相同点与差异性的思考。他山之石，可以攻玉，也许这正是博物馆考察最大的收获和意义所在。

附记：在本文写作的过程中，参考了以下书目：《On the path of the immortals》by Thomas Horn & Cris Putnam , Defender Publishing Co. 2015;《The myths and legends of ancient Greece and Rome》by E.M.Berens，上海世界图书出版公司 2009;《艺术中的众神与英雄》[意]露琪亚·伊姆佩鲁索著，徐坤、江锦译，华中科技大学出版社，2020;《众神的样子：希腊神话与西方艺术》，江逐浪 著，化学工业出版社，2019。重点参观了两大展览，获益良多，即美国洛杉机郡艺术博物馆主办的“描绘无限——跨文化的宇宙学”展览，2024 年 10 月 20 日至 2025 年 3 月 2 日；中国国家博物馆主办的“美的多元——古希腊的艺术与生活”展览，2024 年 11 月 6 日至 2025 年 6 月 5 日。

作者小传

王炼，中国国家博物馆志愿服务协会会员，致力于中外文化艺术的教育推广的志愿服务，在国博、民生现代美术馆、遇见博物馆等公益讲解古代中国陈列、石窟艺术、浮世绘、卢浮宫版画、西方现代艺术等展览。近年来游历国内外众多博物馆、美术馆，开设微信公众号“恋物乐游”，分享观展心得与游历见闻，在中西文化的对比与交融碰撞之中，与观众共同体验美、发现美、思考美。

蛇舞虺虺

中西文化中的“蛇舞”崇拜

朱　爱

“操蛇”是古埃及、巴比伦、印度和中国文化中十分普遍的母题元素。远古时代伊始，中国图腾信仰崇胜，蛇图像随之被普遍信奉，在古楚、越国地区，巫文化中“操蛇舞”十分流行，主要为娱神文化，后逐渐扩散至其他地区，衍变为娱人文化。现今我国闽南、西南地区少数民族中仍然流行有“蛇舞”，是中国传统乐舞文化的“活化石”。随着丝绸之路的畅通，佛教文化开启了东传之路，而古代东西方文化交汇、融合的龟兹地区，在继承本民族文化的基础上，吸收、借鉴了外来文化，从而形成了极具龟兹地区本民族特色的佛教艺术文化，这一点在新疆龟兹石窟群中可见一斑。克孜尔石窟壁画中绘制有一幅“水人戏蛇”图，与汉代文献所载百戏节目之一“水人弄蛇”呼应，可见早在汉代，东西方文化已然有所交融。

文物中的“弄蛇”“操蛇”图

克孜尔石窟，又称赫色尔石窟，位于新疆维吾尔自治区阿克苏地区拜城县克孜尔镇东南7公里处的木扎提河河谷，背倚明屋达格山，南临渭干河，是新疆石窟遗迹中开凿时间最早、修建规模最大、持续时间最长，且保存最好的石窟，是龟兹石窟群的典型代表。按照其自然环境，分为谷西区、谷内区、谷东区和后山区四个区域，现存洞窟349个，已编号洞窟236个，其中存有壁画洞窟约80个[①]，图像近1万平方米，保存有少量彩绘泥塑遗迹。目前，学术界将克孜尔石窟艺术年代划分为：初创期（公元3世纪—4世纪中）；发展期（公元4世纪中—5世纪末）；繁盛期（公元6世纪—7世纪）；衰落期（公元8世纪—9世纪中）[②]。

图1　克孜尔石窟第80窟主室券顶南侧壁“水人戏蛇”

克孜尔石窟第80窟，为克孜尔石窟繁盛期典型的中心柱窟。其主室券顶南侧壁菱形格因缘故事画“船师渡佛过河”左下角绘制有裸人戏蛇（图1[③]）。图中一身肌肤洁莹的裸体人物两脚相交，身体前倾呈S形，两手持绳状物戏蛇，蛇上身立起，口衔绳状物末端。此幅裸人戏蛇图像未绘制

① 段文杰主编：《中国新疆壁画全集1（克孜尔）》，天津人民美术出版社，新疆美术摄影出版社，1995年，第1页。

② 赵莉主编：《西域美术全集7（龟兹卷·克孜尔石窟壁画①）》，天津人民美术出版社，2016年，第4页。

③ 采自冯斐：《龟兹佛窟人体艺术：汉英对照》，新疆美术摄影出版社，2014年，第108页，图118。

在菱形格因缘及本生画中，也未依附于其他故事画，而是单独绘制在券顶南侧壁的最左下角，是否出自其他佛教故事，还待考证。

东汉张衡《西京赋》载："蟾蜍与龟，水人弄蛇。奇幻倏忽，易貌分形。"[①]描述了汉代角觝戏节目中的一瞥：蟾蜍与龟畅游于水中，水人戏弄着蛇，节目奇幻莫测，瞬息万变，不断变换着样子。依据此文献，故学术界将克孜尔石窟第80窟中的裸人戏蛇定名为"水人戏蛇"[②]。

"水人"有指裸体之人的意思，克孜尔石窟在龟兹石窟群中是绘制男女裸体人像是最为丰富的。从塔城地区裕民县巴尔达库尔岩画、呼图壁县康家石门子岩画和哈密焉布拉克墓葬群出土的裸体岩画、木俑来看，据今2500—3000年前的天山南北地区，在原始游牧民族祈求生育、对生殖崇拜的过程中，裸体艺术已经存在。龟兹石窟最早开凿于东汉末至三国时期，证明此时佛教已传入龟兹地区，且有一定基础的信奉者，佛教文化与龟兹地区文化相融合造就了龟兹石窟艺术。龟兹地区石窟中的裸体形象与印度阿旃陀石窟、阿富汗巴米扬石窟中的裸体形象相比，既不具备印度风格，也不是犍陀罗风格，已然形成极具龟兹本土风格的裸体形象[③]。

裸体形象在河西走廊和中原地区的墓葬中屡见不鲜。如甘肃酒泉丁家闸5号墓（十六国时期），其前室南壁第四层中间绘有一棵大树，树梢上立有一只青鸟，树枝间立有一只鹦鹉，下层树枝上爬着一只赤猴精。树下有一裸体女子，裸女屈身弓步于台坛上，手执物做劳作之状。所执之

① 费振刚，仇仲谦，刘南平校注：《全汉赋校注》下，广东教育出版社，2005年，第635页。

② 苏北海：《丝绸之路与龟兹历史文化》，新疆人民出版社，1996年，第524页。

③ 苏北海：《丝绸之路与龟兹历史文化》，新疆人民出版社，1996年，第518-519页。

图 2 甘肃酒泉丁家闸 5 号墓主室南壁社树图

物应是帚或耙一类（图2[①]）。据研究，这幅图所描绘的是具有民间社祭色彩的社树图，社祭的核心内容是土地崇拜和生殖崇拜，但具体的表现颇类余民间献祭与受祭形式，壁画中的裸女和巨大的社树就是相应的表现[②]。山东安丘董家庄汉画像石墓中，前室与中室间的方柱上雕刻了“裸戏”，反映的正是生殖崇拜观念内容。江苏涟水三里墩西汉墓出土有男女裸身拥抱青铜俑。

另据《称谓录》卷三十“杂戏”载：“水人《文选张平子赋》：‘弄蛇曰水人。’”[③]“水人”即弄蛇之人。“弄蛇”“操蛇”图像，在南北方出土墓葬中均有体现。先秦时期“操蛇”人物多为“神人”巫师形象，面目狰狞、神态诡诞，体现的是娱神文化。湖北荆门漳河车桥战国楚墓出土“兵避太岁”铜戚，全长 21.7 厘米，援长 13.4 厘米，内长 8.3 厘米，其正

① 采自甘肃省文物考古研究所编：《酒泉十六国墓壁画》，文物出版社，1989 年，第 85 页。

② 韦正：《将毋同：魏晋南北朝图像与历史》，上海古籍出版社，2019 年，第 18-27 页。

③ （清）梁章钜、郑珍撰，冯惠民等点校：《称谓录、亲属记》，中华书局，1996 年，第 476 页。

图 3　湖北荆门漳河车桥战国楚墓“兵避太岁”铜戚拓片

反面纹饰铸有相同的操蛇形象（图3[①]）。可见操蛇者为动作怪异的神人巫师形象，巫师头戴冠羽，身披鳞皮，双耳环蛇，双臂弯曲，左手操蛇，右手操双头怪兽，腰间系蛇带，双腿蛙蹲，双足似鸟爪，左足踏月，右足踩日，胯下卧龙。此件铜戚应是楚人习《大武》时的干戚，即舞具。荆楚巫乐舞本就富有诡谲怪诞色彩，《大武》是周人传习而来的六代乐舞之一，以干戚为道具，故又称干戚舞，干即盾牌，戚为斧子，属于武舞，主要用于军事操练和祭祀，舞蹈风格较为激烈。春秋时期，楚人吸收、传习周人《大武》舞，因楚国尚武，故而十分重视《大武》，将其列为了宫廷武舞。

湖北随州擂鼓墩二号曾墓（战国中期）出土青铜编钟 36 件，皆为甬钟，大型钟 8 件，小型钟 28 件，多数钟音质较佳，基本呈现三度关系的双音特点。其中大型编钟 M2：80、M2：81、M2：93、M2：94 浮雕有神人操蛇图像，属编钟纹饰中首次出现。四件编钟形制形同，但大小有别[②]，基本都呈长甬上细下粗，衡平，旋突出，旋以上为八棱柱体，以下为圆柱体，斡为长方形钮，钲部以圆梗界隔出钲中和篆带，篆带之间横列长枚 3 列，每面 18 个，

① 采自俞伟超：《“大武兵”铜戚与巴人的“大武”舞》，《考古》，1963 年第 3 期，第 153 页，图 1。

② 刘彬徽：《湖北随州擂鼓墩二号墓发掘简报》，《文物》，1985 年第 1 期，第 17 页。

两面共计 36 枚。钟壁厚度不匀，腔内相对于左鼓、右鼓部位均有一条从钟口延伸到中部的纵向凸带[①]。“操蛇”图像浮雕在编钟正鼓部纹样轴线上（图4[②]），操蛇神人鼻梁高耸，全身赤裸，通身纹有图样，两臂微微曲伸上举，左右两手各操握一条蛇，蛇身蜷曲，左右对称，神人下肢呈蛙蹲状，胯乘龙躯。

图 4　湖北随州擂鼓墩 2 号墓编钟（M2：93）正面鼓部纹饰

相较于湖北地区出土文物中的“操蛇”图像，河南信阳楚墓出土彩绘锦瑟上的“操蛇”图像，更能体现出古代巫师操蛇而舞的场景。1956 年，河南信阳长台关一号楚墓（战国早期）出土一件由 53 块残片组成的彩绘锦

① 《中国音乐文物大系》总编辑总编，王子初主编，冯光生副主编：《中国音乐文物大系·湖北卷》，大象出版社，1999 年，第 31 页。

② 采自《中国音乐文物大系》总编辑总编，王子初主编，冯光生副主编：《中国音乐文物大系·湖北卷》，大象出版社，1999 年，第 32 页，图 1·3·10e。

琴（图 5[①]），可基本拼合出原形。瑟长 124 厘米、宽 37 厘米、高 6.3 厘米，由瑟面板、底板和壁板扣合组成[②]。瑟首、瑟尾两端及壁板上涂有黑漆，漆上绘有狩猎、燕乐巫舞图。其中一件残长 11.5 厘米、宽 7.2 厘米、厚 2.2 厘米的残片上绘制有“巫师戏蛇图”（图 6[③]）[④]。巫师形体怪异，头戴鸟首鹊尾帽，口部大张，似作咆哮状，双臂抬起与肩持平，袖口紧束，双手朝下为鸟爪样，各握一蛇，蛇首分别朝向左右两侧。两条蛇形态基本左右对称，呈蜿蜒起伏状。在巫师左右两侧各有一位细腰人物，应该为配合巫师进行巫术仪式的巫女。左侧巫女头戴羽饰冠帽，着高腰束裙，体态呈 S 形，双臂抬起，右手手心向上，似持有锤状物，右侧巫女似微屈半蹲，小臂微屈向上，左

图 5　河南信阳长台一号楚墓锦瑟残片

图 6　河南信阳长台一号楚墓锦瑟残片彩绘临摹图

① 采自河南省文化局文物工作队编：《河南信阳楚墓出土文物图录》，河南人民出版社，1959 年，图 39。

② 《中国音乐文物大系》总编辑总编，王子初主编，赵世纲副主编：《中国音乐文物大系 · 河南卷》，大象出版社，1996 年，第 131 页。

③ 采自汤池：《信阳楚墓锦瑟漆画简介》，《美术研究》，1980 年第 3 期，第 86 页。

④ 河南省文物研究所：《信阳楚墓》，文物出版社，1986 年，第 30 页。

手握有一小蛇，蛇首向上。巫师及左右两侧巫女均面朝左侧，与上下左右瑟残片结合，是一幅完整的楚巫敬神事鬼的巫乐舞场景，乐舞兼备。

由上述荆楚地区出土文物中的“操蛇”图可推断，这类诡异怪诞的“操蛇舞”应该是楚巫舞的一类，且具有很高地位。楚人信巫尚舞，巫风盛行，追溯楚国巫舞之源，可溯至商代。商代巫师即歌唱家、舞蹈家，在殷人敬神事鬼思想下“六代乐舞”高度发展，楚人继承了殷商信鬼好祀之文化。分析“操蛇舞”图像中操蛇者舞蹈动作可推断，这类蛙状动作与史前遗址所出土蛙舞图像类似，是对女性受孻、生育的模仿，具有生殖崇拜性质。而操蛇，有学者指出，荆楚地处南方湿热地区，多蛇，是在隐喻楚地先民在开创时期降蛇之功劳。也有学者指出这是楚地丧葬仪式中护尸防蛇之习俗的反映。《山海经》载，大蛇出现则是大旱之兆，结合“操蛇图”整体所表达楚巫祭祀场景分析，楚巫祭祀所跳“操蛇舞”所表达的，应更趋于是巫师通过仪式祈求“逝者升天”或“祈雨”，是古人对美好生命和美好生活的向往，更是对生命的崇拜。类似“操蛇舞”图像还出现在成都、江苏等地出土文物中，基本都呈现固式构图。如 1987 年成都白果林小区蜀墓（战国早期）出土狩猎纹铜壶，其下腹部纹饰第七格有一组“操蛇”图像。操蛇者为人头羽翼，头戴冠羽，双手抬起挥舞戏蛇，其左右侧均有仙鹤啄蛇（图 7①）。1978 年江苏淮阴高庄战国越墓出土刻纹铜盘、铜匜上，刻有打蛇、操蛇图。神人操蛇形态（图 8②）与“兵避太岁”铜戚上的操蛇形象接近，可知蜀、越等地也存在“蛇舞”崇拜。

---

① 采自江章华，李加锋：《成都白果林小区狩猎纹铜壶试析》，载蔡永华主编：《文物考古研究》，成都出版社，第 175 页，图 6。

② 采自淮安市博物馆编：《淮阴高庄战国墓》，文物出版社，2009 年，第 45 页，图 23。

图 7　成都白果林小区蜀墓狩猎纹铜壶“操蛇图”拓片

图 8　江苏淮阴高庄战国越墓铜器“操蛇图”刻纹摹本

到了汉魏时期，操蛇者衍变成了接近现实人物的形象，从两手简单“操蛇”形态发展至动作多变的“戏蛇”“弄蛇”百戏。汉代百戏中流行有动物戏，出土汉代百戏图中驯鹿、驯象、驯虎、驯猴、驯熊、驯蛇、驯鸡、舞鹤、弄雀图像均有出现。如山东临沂市白庄（东汉）出土画像石，画像石背面图像上部刻画有“操蛇”图像（图 9[①]）。操蛇者作蛙蹲状，四肢健硕有力，巨蛇缠绕其腰腹间，双手紧握蛇身，巨蛇首尾向上屈起，操蛇者胯下卧有一类似爬行动物。此幅画像石中的操蛇者神态及动作已趋于常人，

① 采自中国画像石全集编辑委员会编：《中国画像石全集 3 · 山东画像石》，山东美术出版社，2000 年，图版第 21 页，图 24。

且操蛇形态更贴合舞蹈动作。安徽淮北市梧桐村出土汉代抱鼓石形祠堂画像石，其左侧壁石上部刻有“操蛇”图像（图10[①]）。操蛇者头戴平帻，双手撑起操蛇两端，口衔蛇身，蛇首尾两端向下弯曲。山东费县垛庄镇潘家疃汉墓出土汉画像石（东汉）上也刻画有“操蛇”图（图11[②]）。画面最左侧操蛇者面朝右跪坐，巨蛇缠绕至上身，操蛇者一臂抬起，一臂朝下，双手握蛇身。其对面为一跪坐双手执矛者，正挥舞矛刺向巨蛇，刺矛者后一人双臂微张，似在挥臂鼓舞。

图9　山东临沂市白庄汉画像“操蛇图”拓片

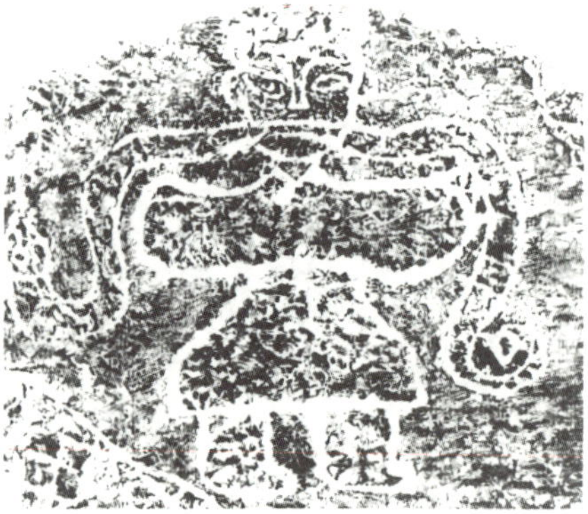

图10　淮北市梧桐村汉画像石“操蛇图”拓片

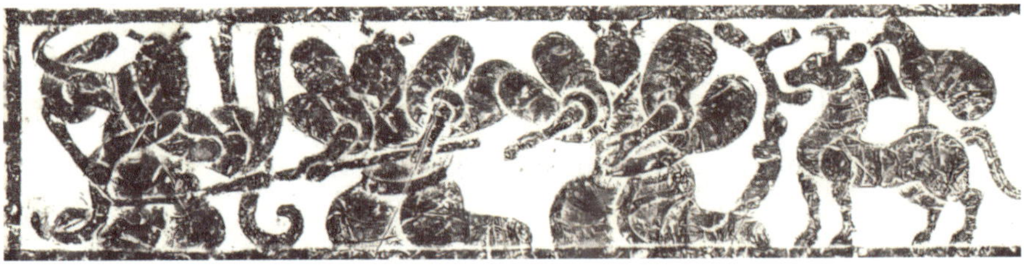

图11　山东费县垛庄镇潘家疃汉画像石“操蛇图”拓片

① 采自高书林：《淮北汉画像石》，天津美术出版社，2002年，第194页，图9—31。

② 采自中国画像石全集编辑委员会编：《中国画像石全集3·山东画像石》，山东美术出版社，2000年，图版第73页，图87。

山东嘉祥县武氏祠（东汉）出土汉画像石中，左右室后壁小龛东侧画像上就刻画有“弄蛇”图。该画像石图像可分为三层，第一层（图12[①]）中间地上刻有一高柄豆，柄上盘绕有一条昂首屈尾的蛇，高柄左右两侧各围绕三人。靠近蛇对称两人头戴高冠，右侧人似为弄蛇者，一手下垂戏蛇，另一手抬起似持有物品，左侧人双手抬起，与右侧人似在对话，左右两侧后两人均执笏屈身侧立。第三层（图13[②]）图像中间卧有一身缠巨蛇之人，蛇首高昂，蛇口大张。右侧第一身人作弓步状，双手高举一锤，朝向巨蛇，身后站有一身形较小者，一手抬起，与身前持锤者同一朝向，似作驯斥状。左侧人亦作弓步，一腿稍抬起，左手执斧，右手与肩同齐，朝向巨蛇，作击打状。巨蛇上方刻画有壁虎、小蛇等动物盘旋飞舞。

图12　山东嘉祥县武氏祠左右室后壁小龛东侧画像石第一层“弄蛇图”拓片

由上述图像可知，“水人”有弄蛇人之称谓，先秦时期蛇舞崇拜主要流行于盛行巫风的楚、越、蜀地区，主要为祭祀仪式中的巫舞。到了汉末

① 采自中国画像石全集编辑委员会编：《中国画像石全集1·山东画像石》，山东美术出版社，2000年，图版第57页，图81。

② 同上。

图 13　山东嘉祥县武氏祠左右室后壁小龛东侧画像石第三层“弄蛇图”拓片

以降，“操蛇”图像从单纯的娱神衍变为具有故事情节的娱人表演，传播区域也不仅限于楚越地区，中原地区乃至西北地区也流行有弄蛇、戏蛇节目。这是奴隶制社会向封建制度过渡后人文意识增强的表现，人的地位和价值不断有所提高，娱神文化转变为了娱人文化。

中国传统文化中的“蛇舞”崇拜

我国西南地区少数民族至今流行使用有“十二兽历”纪年法，源自原始社会本民族所盛行的图腾崇拜，不同地区民族的兽历有所不同。如云南哀牢山彝族十二兽历为：虎、兔、穿山甲、蛇、马、羊、猴、鸡、狗、猪、鼠、牛，以穿山甲代替了龙，在生肖动物的选择上结合了其生存环境因素和习俗，并将十二兽历应用到民间祭祀之中，形成极具民族民间特色的“十二兽舞”。

现今楚雄市省级非物质文化遗产保护项目就列有“彝族十二兽舞”（图 14[①]），主要流行于楚雄市哀牢山中部的树苴乡虎街地区，彝语将其

① 采自楚雄市非物质文化遗产保护网（http://cxsfyzx.com/）。

图 14　彝族十二兽舞——抖谷

称为“罗嫫呢拜”，“罗嫫”意为母虎，“捏姿”意为迎接祖先回家，因此将“十二兽舞”又俗称为“母虎舞”。哀牢山彝族尚黑，且以虎为民族崇拜，认为十二兽首的母黑虎是他们的保护神，故每年十二兽历中正月的第一个属虎日，族人将其视为吉祥日、岁首，认为虎神会降临人间，赐福族人，这一天便成了哀牢山彝族一年一度的兽神祭祀节。在这一天彝族青年男女以十二兽为模仿对象，身穿用藤子、树皮、山草编织而成的兽皮，肩披棕叶，头戴各类动物犄角，裸露处绘制各类动物纹饰。在“毕摩”祭司的主持和鼓号手的引领下，以夸张的舞蹈动作模仿动物形态和人类耕种、收割、纺织、打荞、抖谷等农耕活动，边跳边唱，是集祭祀、礼仪、歌舞、模仿等为一体的表演形式。

十二兽舞在表演过程中具有一定仪轨要求，依次进行“接兽神”“祭兽神”“跳兽舞”“送兽神”等仪式。在跳兽舞时，在“舞王”的带引下，十二兽随着号角声挥舞双臂，围绕成圆圈载歌载舞。其中“蛇舞”表演十分生动突出（图 15[①]），表演者头戴蛇形犄角，通身以锅底灰绘制蛇形图案和蛇纹，身着山草编织的草裙，全身蠕动模仿蛇爬行、盘卧时的形态，嘴巴时不时发出模仿蛇吐信时“嘶嘶”的声响，是十二兽舞中具有十分重要的角色担当。楚雄彝族十二兽舞，蕴含了原始先民们对母性生殖文化的崇敬，以及对美好生活的向往。通过最为原始的载歌载舞驱巫仪式祈祷神

① 采自楚雄州图书馆彝族文献数据库系统（http://yzwx.cxlib.org.cn/index.html）。

图 15 彝族十二兽舞——蛇舞

灵的庇佑，祈求来年风调雨顺、五谷丰登，保留了原始时代歌舞文化的基本特征，是我国传统民族民间舞蹈文化的活化石。

广西三江侗族自治县、龙胜各族自治县地区的侗族同样存在蛇图腾崇拜。每年正月元宵节期间，当地侗族会在侗寨神坛前进行纪念女神“萨堂”的仪式，其间就有“蛇舞”表演。在侗族所信仰崇拜的各类神灵中，“萨”被认为是至高无上的神灵，在侗语中，“萨”为“祖母”之意，有些地区侗族也将其称为“萨玛”“萨岁”。侗族始祖传说，上古时，有一对父女在上山打柴的路上遇到一只大花蛇，父女俩心生恐惧，大花蛇对父女俩说：“不要怕，只要你女儿做我的妻子，你们以后的日子就会越过越好，若不答应，就把你们一口吞掉。”父女俩只好答应这门亲事。第二天，父女家中飞来一只大蜜蜂，围绕父女俩人一边打旋一边唱道：“嗡嗡嗡，花蛇请我来做迎亲翁，姑娘嫁给花蛇郎，吃饱穿暖不愁穷。”姑娘点头会意唱：“迎亲翁，迎亲翁，姑娘愿嫁花蛇郎，开山种地居山洞。”随后，姑娘便随蜜蜂走入山洞与花蛇成了亲，并生下一对男女。侗家人认为这就是他们的祖先，并将信奉蛇神的女性称为“登随”（蛇种），且“登随”只在女性中产生①。

① 参见陈维刚：《广西侗族的蛇图腾崇拜》，《广西民族学院学报》（社会科学版），1982 年第 4 期，第 63 页。吴春明，王樱：《“南蛮蛇种”文化史》，《南方文物》，2010 年第 2 期，第 95 页。

在祭祀“萨堂”的仪式开始时，通常由一位侗寨中德高望重的年长妇女给“萨堂”女神斟茶化纸。紧接着在神坛前的石板坪上，由数十名身穿织有蛇头、蛇鳞纹、蛇尾、水波和花草图案侗族服饰的成年男女，臂挽臂或手拉手围成圆圈载歌载舞。舞蹈动作主要为模仿蛇匍匐而行、徐徐回旋的形态。除此之外，若在灾年或炎夏久旱不雨时，侗民们还会用茅草、藤条编织出大蛇形象，由众多青年持“大草蛇”漫游侗寨田洞，模仿大蛇爬行、左右昂头弯曲寻食或甩尾溅水等姿态，俗称“舞草蛇”。侗族“蛇舞”“舞草蛇”实际也是对母系社会生殖崇拜的体现，更是对我国南蛮少数民族古老原始图腾崇拜文化的衍生，通过蛇神崇拜，祈佑侗寨减灾少难、风调雨顺、五谷丰登。

广东、福建地区保存有国家级非物质文化遗产“英歌舞”，主要流行于广东潮汕地区的普宁、揭阳、惠来、潮阳、陆丰、潮州及福建省的漳州等地区，是一种糅合舞蹈、南拳武术套路、戏剧等地方艺术为一体的传统民间表演形式。表演风格刚劲有力，气势磅礴威武，极具阳刚之气，属于武舞，故又称“唱英歌”“秧歌”或“中华战舞”。潮汕英歌舞是汉族民间广场舞蹈和闽越傩舞文化的结合衍生，主要表演于岁时节令，尤其以过年期间表演较为集中。演出分为“前棚”（行进式的锣鼓乐演奏和英歌舞表演）和“后棚”（具有地方特色的歌舞小戏和拿手节目），舞者要求双数，少则 12 人，多至 108 人。演出者身着扮演角色对应的彩衣，勾画脸谱，双手持彩色舞棒配合锣鼓点挥动翻叩，边走边舞，边跳边喊，节奏强烈，双脚呈骑马蹲裆步，按照套路变化和步法变化提腿向横不断重复跃动。按照不同地区习俗和舞蹈节奏板式不同，可大致分为慢板英歌、中板英歌和快板英歌三类，代表英歌有甲子英歌、普宁英歌和潮阳英歌等。

英歌舞表演中有舞蛇、蛇行步，源自闽越地区的蛇图腾崇拜，表演者手操蛇形道具而舞。传说原形为闽南地区傩仪式中祭祀所用蒿苇长鞭，也叫蒿鞭，用于鸣响，起到引导神灵的作用，延用到英歌舞中，领舞操蛇而舞引导同行表演伙伴，最初为操真蛇而舞，后改用道具蛇。如普宁快板英歌中，领舞者与其他表演者手持舞棒不同，而是手操蛇（蛇形道具）而舞。领舞者通常装扮成“时迁”，双手操蛇形道具（图16[①]），在锣鼓点中双手不断翻转、扭动蛇行道具，模仿蛇的灵活多变和进击时的动作，同时腿部配合做“蛇步”。“蛇步”是英歌舞中极具标志性特征的步法之一，是模仿蛇快速游动时的形态。表演时领舞者向下做蛙蹲状，左右脚脚踝交替在地面滑动来完成前进步伐，需要强大的核心力量来支撑身体，保证前后脚交替时的动作流畅，表演场面十分精彩。

图16　广东普宁英歌舞中时迁舞蛇

① 采自南方网（https://culture.southcn.com/node_b02a77b893/3f4a3440a1.shtml）。

由此可见，中国传统民族民间文化中的“蛇舞”元素，虽然散落在不同民族、不同地区，但都是本民族原始文化的象征。通过“蛇舞”表演，寄托了对美好生活的向往，也是对地方传统文化的继承与发展，更是艺术与视觉上的享受。

西方文化中的“蛇舞”崇拜

在欧亚古代文明中也留存有灵蛇崇拜和“蛇舞”民俗。古埃及的蛇图腾崇拜与神话传说和王权有关。在古埃及神话中，蛇被认为是智慧的化生，眼镜蛇女神瓦泽特是世界的原始女神创造者，后逐渐与王权关联，衍变为法老头饰或王冠上的眼镜蛇标，视为法老的守护神和下埃及布陀城的保护神。因此“灵蛇”在古埃及文明中，即寓意着繁衍和重生，同时也象征着至高无上的王权和具备攻击性的强大力量。古埃及出土文物中有一件手持蛇人物木雕（图 17[①]），持蛇者头梳双犄角发式，似为少女形象，裸身直立，双手自然垂下，左手持蛇形物。

图 17　古埃及持蛇木雕

爱琴海地区青铜时代的米诺斯文明（Minoan culture），是欧洲最早的同类文明（公元前 3000 年—公元前 1100 年），希腊克里特岛是米诺斯文明的主要定居点。1903 年 5 月，英国考古学家

① 采自张垚：《克里特艺术“持蛇女神”形象图式渊源考》，《美术大观》，2021 年第 2 期，第 91 页，图 12。

图 18　克诺索斯宫“持蛇女神像”

阿瑟·埃文斯对克里特岛克诺索斯宫遗址进行第四期考古发掘时，在宫殿正殿南部挖掘出两个用于存放物品和祭祀用品的“神庙储藏室”，出土一尊“持蛇女神像”（图 18[①]），属于中期米诺斯Ⅲ时期，高 29.5 厘米。持蛇神像为黏土烧成后上釉，通身站立，头戴帽，发髻垂于背后，帽上蜷卧一只形似豹的猫科动物。女神双眼炯炯有神，平视前方，双臂抬起，与肩同齐，双手向上举起，各紧握一条蛇，蛇形态较小，蛇首对称向内呈蠕动状。上身着紧身束腰短袖，胸部裸露在外，下穿拖地利比亚风格长裙。据考证，“持蛇女神像”与米诺斯文明中的宗教、祭祀及神话传说具有一定联系，应该是进行某种隆重祭祀仪式时所用物品。在米诺斯文明中，对女性神祇的崇拜十分突出，女性具备至高的社会地位和尊崇，所崇拜的女神之一波尼雅[②]就是蛇女神，氏族将视其为家园的守护神，灵蛇就是波尼雅的标志，象征着繁衍与新生。依据“持蛇女神像”推断，米诺斯文明在进行祭祀活动时，存在女祭司持蛇而舞的某种仪式。

雅典卫城出土了一尊古希腊古风时期（公元前 520 年）等身大小的女子雕像，材质为大理石，因雕像手握蛇而被命名为“握着蛇的女人”（图 19[③]）。握蛇者发辫披肩垂于胸前，身着爱奥尼亚式紧身上衣，外披披肩，

---

① 采自〔美〕弗雷德·S. 克莱纳著，李建群等译：《加德纳艺术史：经典版》，湖南美术出版社，2020 年，第 103 页，图 4—13。

② 参见朱笛：《文博视野下的历史文物研究》，燕山大学出版社，2023 年，第 77 页。

③ 采自 Acropolis Museum（https://www.theacropolismuseum.gr/en/exhibit-halls/gallery-acropolis-slopes）。

下着长裙，左脚迈向前方，右脚随身半蹬呈前进状。左手向前挥舞抬起，紧握蛇首，仔细观察并非只有一条蛇，而是握蛇女子披肩边缘似帷幔垂满蛇，每条蛇前后衔尾，形成数个小圆，最后一条蛇首被紧握在手里，蛇首朝下。

图 19　古希腊雕像“握着蛇的女人”

蛇是印度教教徒崇拜的神，眼镜蛇尤受崇敬，视为大神毗湿奴和湿婆的卫士，蛇祭更是自古以来的宗教仪式。在古印度创世史诗中，记载宇宙初创源自大蛇那伽搅动乳海，获得不死甘露的神话传说，半人半蛇的那伽女被称为“蛇女”，被认为是美丽、智慧和繁衍的象征。印度传统文化中有蛇节、蛇庙、蛇村、蛇舞和蛇船赛，蛇崇拜十分昌盛。印度南部泰米尔邦的婆罗多舞中流行有“蛇舞”，属于印度古典舞中最为原始的舞蹈表达方式。女性舞者通过眼神和动作模仿蛇而舞，表达的是迎接蛇神的赐福或祈祷丰收，既有单人舞蹈，也有双人、三人舞蹈。印度西部拉贾斯坦邦的卡贝利亚人以捕蛇和制作蛇毒贸易而闻名，当地所流行的传统舞蹈卡贝利亚舞中就有模仿蛇而舞的蛇之舞。卡贝利亚舞在表演时歌舞兼具，通常由男性演奏乐器，使用抓蛇时用的铃鼓（khanjari）和木管乐器旁及（poongi）进行伴奏，一位女性歌唱者（演唱叙事性歌曲，以神话故事为主）。女性舞者身穿象征蛇鳞片的黑裙或红裙（图 20[①]），裙子上镶有珠宝、银丝和流苏，四肢裸露处绘制纹身图案。舞蹈动作主要以挥舞双手、扭动臀部模仿蛇的动作为主，配合各种旋转。

① 采自微信公众号 ChihongStudio：Incredible India——不可思议的印度。

图 20　印度卡贝利亚舞

霍皮族，是美洲西南部原住民部落之一，是印第安古普韦布洛人的后裔，主要居住在亚利桑那州东北部、新墨西哥州西北和科罗拉多州西南部的山脉和沙漠边缘。霍皮族崇敬自然界中的万物，至今保留着最为原始的图腾信仰崇拜和传统祭祀仪式，蛇在霍皮族同样象征着繁衍和生长。每隔八个月霍皮族会在不同的村庄进行一次长达数天的“蛇舞”仪式，主要为祈雨仪式。霍皮族认为蛇是和雨神进行沟通的使者，祈求雨神将雨降落在蛇爬过的玉米地上，给干旱的沙漠给予丰厚的庄稼，认为进行 3 次蛇舞仪式后，天就会下雨。

在仪式开始前，蛇祭司会从东、西、南、北四个方向捕获不同品种的蛇进行储存，如沙漠蛇、地鼠蛇、公牛蛇、响尾蛇等，并用浸泡荷荷亚纳根的乳白色水对储存的蛇进行洗礼。仪式开始，脸上涂有浅灰色和黑色色彩、身穿霍皮族特色祭祀服装的数十位祭祀登场，在特定的祈祷仪式后，蛇祭司用口衔住一条蛇慢慢开始跳跃，紧随身后的其他祭祀同样口衔蛇或手握蛇，跟着步伐开始绕场跳跃，仪式中会形成两个蛇舞队，并且轮换、交替进行复杂的蛇舞仪式[①]。仪式过程中，霍皮族妇女会将蛇放在玉米粒上进行爬行。蛇舞仪式的最后一步，这些蛇都会被祭司朝西放归回自然，整个霍皮蛇舞仪式才算结束（图 21[②]）。

图 21　“沃尔皮蛇舞”油画[③]

① 参见〔美〕露丝·本尼迪克著，何锡章等译：《文化模式》，华夏出版社，1987 年，第 74 页。

② 采自〔美〕A. 蒂尔斯，A.C. 奥尔布赖特主编，刘晓真译：《世界舞蹈史研究文选：历史演变与舞蹈文化批评》，中国文联出版社，2021 年，第 48 页。

③ 《沃尔皮蛇舞》，1920 年由威廉姆·彭哈洛·亨德森对印第安霍皮族探访后，凭记忆绘制而出的布上油画，现收藏于新墨西哥州博物馆。

文化是相同的，每个时代、每个国家对美好生活的追求是共同的。图腾是原始氏族的信仰和标志，图腾崇拜与舞蹈关系十分密切，无论是在祭祀还是庆典，人们都会对着图腾而舞，随着文明的进步逐渐演变为模拟图腾上的动物而舞和娱人的戏剧表演。不同国家、不同民族中所流传的“蛇舞”文化，都源自本民族原始文化中的“蛇”图腾崇拜，是对生命繁衍和万物生长的祈祷。从最为原始的“操蛇”祭祀，衍变为具有一定表演性质的“操蛇”“舞蛇”“蛇舞”仪式，舞蹈元素贯彻始终，人们通过歌舞来寄托对美好生活的向往，从而获得精神上的满足。

参考文献

1.《中国音乐文物大系》总编辑总编，王子初主编，冯光生副主编：《中国音乐文物大系·湖北卷》，大象出版社，1999 年。

2.韦正：《将毋同：魏晋南北朝图像与历史》，上海古籍出版社，2019 年。

3.中国画像石全集编辑委员会编：《中国画像石全集·山东画像石》，山东美术出版社，2000 年。

4.甘肃省文物考古研究所编：《酒泉十六国墓壁画》，文物出版社，1989 年。

5.冯斐：《龟兹佛窟人体艺术：汉英对照》，新疆美术摄影出版社，2014 年。

6.朱笛：《文博视野下的历史文物研究》，燕山大学出版社，2023 年。

7.苏北海：《丝绸之路与龟兹历史文化》，新疆人民出版社，1996 年。

8.吴春明，王樱：《“南蛮蛇种”文化史》，《南方文物》，

2010 年第 2 期。

9.陈维刚：《广西侗族的蛇图腾崇拜》，《广西民族学院学报》（社会科学版），1982 年第 4 期。

10.河南省文化局文物工作队编：《河南信阳楚墓出土文物图录》，河南人民出版社，1959 年。

11.河南省文物研究所：《信阳楚墓》，文物出版社，1986 年。

12.赵莉主编：《西域美术全集 7（龟兹卷·克孜尔石窟壁画①）》，天津人民美术出版社，2016 年。

13.段文杰主编：《中国新疆壁画全集 1（克孜尔）》，天津人民美术出版社，新疆美术摄影出版社，1995 年。

14.费振刚，仇仲谦，刘南平校注：《全汉赋校注》下，广东教育出版社，2005 年。

15.高书林：《淮北汉画像石》，天津美术出版社，2002 年。

16.淮安市博物馆编：《淮阴高庄战国墓》，文物出版社，2009 年。

17.梁章钜、郑珍撰，冯惠民等点校：《称谓录、亲属记》，中华书局，1996 年。

18.〔美〕A. 蒂尔斯，A.C. 奥尔布赖特主编，刘晓真译：《世界舞蹈史研究文选：历史演变与舞蹈文化批评》，中国文联出版社，2021 年。

19.〔美〕弗雷德·S. 克莱纳著，李建群等译：《加德纳艺术史：经典版》，湖南美术出版社，2020 年。

20.〔美〕露丝·本尼迪克著，何锡章等译：《文化模式》，华夏出版社，1987 年。

作者小传

朱爱，中国传统音乐学会会员，兰州大学敦煌学研究所在读博士，主要从事敦煌石窟壁画乐舞图像、中国传统音乐相关研究。发表学术论文两篇、乐评两篇，出版《敦煌曲子戏曲牌音乐整理与电子音乐创作》（音响制品）一部，编著出版教材《敦煌乐舞概览》一部。曾获国家奖学金、甘肃省优秀毕业生等荣誉称号，指导学生作品荣获教育部第七届大学生艺术展演活动一等奖。先后参与教育部人文社会科学研究（西部项目）、国家艺术基金人才培训项目、甘肃人文社科基金项目、甘肃省高校创新项目、甘肃省教育科学规划“党的二十大精神阐释”专题研究等项目。

灵蛇低语

从东方到大洋彼岸的文化回响

——大英博物馆藏中国蛇文物拾遗①

赵嘉铭

大洋彼岸的大英博物馆中，东方的灵蛇正在冬眠……

在中国乃至东亚文化圈，蛇的形象似乎被掩盖在龙图腾的巨大光环之下，一提起“龙”就是伟大的，而蛇通常生活在阴暗潮湿的地方，蜷缩着身体，甚至还有“虎头蛇尾”“杯弓蛇影”等负面的成语。每到蛇年，大家才会注意到这个可以说在十二生肖里存在感最低的动物。这种“区别对待”起源于何时已不可考，但多种证据表明，蛇不仅作为生肖之一，还以多样的形象融入了中国人生活的点点滴滴。

大英博物馆中的蛇形象很多，其中不乏世界知名的文物，比如玛雅阿兹克特的绿松石镶嵌双头蛇，以及大家熟悉的古埃及法老守护神眼镜蛇雕塑等。其中，典型的中国蛇形象文物相对少见，并且没有一件处于公开展出的状态。虽然在大英博物馆工作、学习已有几年的时间，但在筹备这篇

① 本篇文章中的插图是作者使用手绘与技术手段创作的，在保留文物器形特征的基础上，融入二次颜色渲染等创作加工，使其更美观，并与文章内容呼应。

文章之前，我还从未专门关注过中国与“蛇“相关的文物。遍查数据库，在大英博物馆的馆藏中找到了一些蛇的踪迹。跟大家一起，我也在踩着甲辰年的“龙尾巴”，在大洋彼岸倾听灵蛇低语，在此与大家分享。

文章撰稿时，春节如约而至，中国大地正在一片爆竹声中。在英国求学已数年之久，由于春节不放假，已经记不清上次在祖国度过的春节时的情景，只是提到春节这两个字，心中便满怀对祖国与故乡的温存。小时候对春节的印象是空气中的烟火气和长辈给的“压岁钱”。清人吴曼云有一首《压岁钱》：“百十钱穿彩线长，分来再枕自收藏。商量爆竹谈箫价，添得娇儿一夜忙。”生动再现了孩子们拿到压岁钱后的喜悦场景。在大英博物馆中，正收藏着古代的压岁钱。

长久以来，由于这类钱币流通于民间，一度成为市井文化的象征符号。时至今日，学界也没有对此类祈福用的钱币装饰物有一个统一的正式定名，由于古代识字率较低，所以统称其为“花钱”——花哨的铜钱，这个名字沿用至今。图 1 中这枚清代的铜钱形制与其他钱币无异，圆形中间穿孔。这个特点从秦始皇一直沿袭两千多年到晚清民国，中国钱币一直以这种形制为主。一般钱币正面都是皇帝年号，比如赵佶的“崇宁通宝”，弘历的“乾隆通宝”等，但这枚钱币正面书写：驱邪降福，旁有钟馗高举托盘，迎接从天而降的蜘蛛，因蜘蛛外形与囍接近，故寓意喜从天降。铜钱背面刻画了五种动物：蟾蜍、壁虎、蛇、虎、蜘蛛，这正是五毒纹样。最初人们害怕蛇、敬畏蛇，同时也观察蛇、慢慢地开始信仰和崇拜蛇。《说文解字》中对“蛇”的注解是：“上古草居患它，故相问无它乎？”上古时代的人住在草丛或洞穴中，蛇患频出，因此互相见面时，总先问对方，家中是否出现了蛇。蛇的右半边“它”这个字，最初是对“蛇”的专有称谓，后来引申成为对动物和物品的代词。“五毒”中的动物由于或多或少带有毒性或对人有较强攻击性，在古代被人们厌恶，而结合起来后，为何“以毒攻毒”，成了吉祥的象征呢？查阅《辞海》等资料中记载，中国古代存在一种“厌胜之术”，意为“厌而胜之”，指的是我国古代一种特殊的巫术形式，即人为地用法术进行诅咒或祈祷，目的是战胜所厌恶的人、物或魔怪。有趣的是，通常这类器物由主人贴身佩戴，通过刻画“邪祟”或想要躲避的事物本身，来规避这些负面的事物。白话解释也就是：看腻了，也就不怕了，而不怕了，也就不会被伤害了。正如《文子·上礼》中说“物之极，必反，盛极必衰，衰极必盛”。而五毒背后代表的是一些“邪祟”力量，通过佩戴以蛇为首的“五毒”形象的铜钱，结合中国的“厌胜“之法，古人在精神上首先战胜了五毒，进而压制“邪祟”的事物，故名“压祟钱”。这类器物又常为年节时亲友间相互赠予，长年累月，“祟”变成了“岁”，故有了现在的“压岁钱”之说。值得注意的是，历朝历代为了避免私铸假币，朝廷对于铜钱形状的物品都实行了严格管控，唯独对此类器物的制造较为宽松。可见，人民群众对于美好生活的追求和向往是任何人都无法阻挡的趋势。

图1　清代铜钱

图作者：赵嘉铭

注：原件纹饰较为模糊，本画面使用技术手段突出了正面文字与背面蛇形象。

馆藏编号：Webster.163

直径：45毫米

这枚钱币与古代许多金属器皿一样，以青铜为材料制成。青铜是铜与锡、铅等的合金，刚制成时呈金黄色。因时间久远，表面生成铜锈，才有了“青铜”这一称呼，而古代则称其为“金”或“吉金”。这枚铜钱的边角和纹饰在长时间的佩戴之中已被磨平，并且没有过入土的痕迹，这类钱币传承了数代人的祈愿，时至今日，在大洋彼岸讲述着中国故事。大英博物馆中国馆的墙上有一句话：“中国人创造了辉煌灿烂的古代文明。”在悠久深邃的历史中，更重要的是中国人在任何时期的逆境与困难之下，总有穿透苦难的乐观与坚持，这枚铜钱上的五毒正是这样，祖先们将畏惧的毒蛇和其他动物刻画于此，直面恐惧，继往开来。小小的一枚铜钱，体现了几百年中祖先的朴素远景和对美好生活的憧憬，这种跨越时空能被真切感受到的美好，有温度，有力量，也是我们做器物研究的原动力。

大英博物馆收藏的另外一件与蛇有关的器物是中西合璧的九头蛇瓷杯（图2）。九头蛇妖翻滚起巨浪，勇士挥动火把与其缠斗。这个希腊神话故事的绘画载体是一件中国瓷器，这与包括中国在内的世界各地广为流传的各种版本的九头蛇传说又有什么联系？抽丝剥茧，我们与古希腊勇士一起破除迷雾，探明九头蛇“真身”。

图2 九头蛇瓷杯
图作者：赵嘉铭
注：原件为黑白画面，也许为墨彩绘制，或原彩脱落。本图使用技术手段渲染画面。
馆藏编号：Franks.946.+
高度：7.5 厘米

在世界各地的早期民间传说和神话信仰中，都见到有“九头蛇”或多头蛇的身影，或许是妖魔，或许是神明。中国东周时期的《山海经·大荒北经》中对于九首巨蛇“相柳“的描述：九张青色的人脸，凡经过的地方都陷为沼泽，其血腥臭无比，流过的土地寸草不生。“（共工之臣曰相柳氏，九首，以食于九山。相柳之所抵，厥为泽溪。禹杀相柳，其血腥，不可以树五谷种。禹厥之，三仞三沮，乃以为众帝之台。在昆仑之北，柔利之东。相柳者，九首人面，蛇身面青）。”大家熟知的伏羲和女娲也是典型的人首蛇身的形象。浪漫主义的屈原《天问》中也有对于九头蛇的想象，寄托理想与现实碰撞的无奈：雄虺九首，儵忽焉在？柬埔寨吴哥王朝的高棉人信仰九头蛇精“纳加”，传说吴哥国王是九头蛇的后代，吴哥城的宫殿相传是国王与九头蛇同眠的寝宫，就连王后也不敢入内。国王在二次鼓后才出来与王后同寝。若蛇精一日不来，则国王死期将近，若国王一日不去，必定有灾祸降临，在吴哥古迹，处处可见九头蛇像。元代中国使者周观达在他的柬埔寨游记《真腊风土记·城郭》中写道：“桥之阑皆石为之，凿为蛇形，蛇皆九头。”几千里之外的希腊神话中有九头水蛇妖海德拉（Hydra），圣经故事中还以九头蛇代表地狱之门。甚至就连生活在极端寒冷的北极圈的因纽特人，虽然他们居住的极地世界完全不适合蛇这样的冷血动物栖息，但在因纽特人的传说中，也有蛇类动物的传说。九头蛇的传说遍布世界且影响深远。为什么在几千年前，鲜有往来的早期文明竟出奇一致地留下了九头蛇的传说，关于这个问题背后的原因众说纷纭。有学者指出是因为早期世界各地先民就已发现恐龙化石，进而发挥想象，不约而同地创造了相关传说。佛罗里达大学的人类学家大卫·琼斯（David E. Jones）在他的书《好龙集》（*An Instinct for Dragons*）中反驳了这个观点，他认为：九个头是一头左右摇动而产生的假象。他以法国南部发现的公元前三万至十万年前的岩画为佐证，上有一行驯鹿，而附近的其他岩画多描绘一群驯鹿。琼斯指出：一行其实是表示一只驯鹿移动的前后衔接。而九头的由来也可同理推得，由于蛇在静止和攻击前会全方位快速摆动头部，所以造成了幻影“九头”的假象，进而有了世界各地不约而同的“九头蛇”。而大英博物馆的这件主角就是希腊神话中的九头蛇妖海德拉（Hydra）。

大部分人第一眼看到这只杯子，一定会认为这是西方的作品——无论是绘画的透视技巧还是素描般的画风，以及画中人的西式装扮——但其实这是一件“中西合璧“的艺术作品，薄如蝉翼的瓷胎是在中国景德镇制造的，上面的绘画是将瓷器运送到历史上的普鲁士之后，由工匠绘制的。清代中国的景德镇成为世界制瓷的中心，通过海上丝绸之路将大量瓷器出口到欧洲。西方工匠在中国瓷胎上描绘神话题材，将希腊神话的叙事图景与东方工艺的材质完美结合。这种东西方艺术合作不仅促进了物质文化的交融，也反映了双方对彼此文化的好奇与接受。在这件瓷器上，西方“九头蛇”与中国的“蛇”形象在某种意义上实现了跨越性的对话，几百年前东西方的几位匠人也因器物，展开了一场横跨欧亚大陆的合作，给后世留下了这件杰作。这种题材在十八、十九世纪很常见，由于当时西方已经历过文艺复兴，写实绘画较为成熟且受到社会推崇。但当时西方还无法制造较高水准的瓷器，所以从中国大量订购瓷胎，运到西方加以绘画和装饰。这个小杯子的绘画内容描绘了半神赫拉克勒斯（Heracles）击败九头蛇的场景，这项任务是他注定要完成的十二项任务中的第二项。怪物每次被砍下一个头就会长出两个新头。所以为了打败这个怪兽，画面中许多人手拿火把，当赫拉克勒斯每砍下一个蛇头时候，就立刻用火烫平伤疤，遏制新头的再生，以此彻底击败怪兽。这个故事在希腊神话中占据着重要地位，西方艺术史中频繁出现，以赞扬赫拉克勒斯的英勇和智慧。

在西方文化中，“蛇”通常被视为邪恶的化身，这一形象与宗教传统密不可分。《圣经》中，蛇引诱夏娃偷食禁果，象征着诱惑。蛇在基督教神学中还被比喻为撒旦的化身，代表欺骗、罪恶和灵魂堕落。蛇的形象因而在西方的宗教和艺术作品中被赋予了强烈的负面含义。另外，这种“善恶二元对立”的哲学也深刻影响了希腊和罗马世界的文化表现。九头蛇妖的形象进一步强化了蛇作为混乱与邪恶象征的角色。通过神话和宗教的传播，蛇成为西方艺术中常见的负面符号，这一意义在瓷杯的装饰中也有所体现。正义战胜邪恶是世界各地人们的朴素愿景，而蛇妖再一次充当了邪恶的象征。中国蛇形象本身在大部分物质遗存中也是邪恶的象征，但东方哲学与道教等信仰的融合带来了打破二元对立的思想，道德经中讲的“反者道之动”就是这样。这与古希腊哲学的宿命论相对立，成为东方哲学的根基。就像前文《山海经》中描述的九头蛇相柳，既是一种灾难的象征，又代表着自然力量的不可抗拒。中国哲学中“物极必反”的思想更赋予蛇循环与再生的象征意义，蛇蜕皮的行为也被看作生命的更新和永续。因此，蛇在中国传统文化中往往兼具邪恶和吉祥的双重含义。这种东西方差异使得这件作品的文化价值更上一层楼。

本文两件文物都以蛇为刻画对象，第一件钱币文物上的蛇背后的“厌胜之法”虽脱胎于原始巫术，但也体现了中国人面对问题和解决问题的处世哲学。前两年网络上流行一句话：消除恐惧的最好办法就是面对恐惧，中国的中庸之道讲的“平衡”也是这样。在古代的生活中，蛇隐喻的苦难时常困扰着人们，而这个被清晰刻画的蛇，就是中国人解决方式的最好昭告。这枚钱币应该是长辈赠与晚辈的信物礼品，几百年间，这枚钱币被无数次轮转，每次都伴随着温存的祈愿。钱币上刻画的蛇和其他动物都是被认为负面邪恶的形象，随铜钱传递的却是最真挚美好的感情，这背后的人文情感早已超越了原始巫术的“厌胜之法”，并且对后世中国影响深远。如今，这枚钱币上的小蛇在大洋彼岸向全世界讲述着中国人的处世哲学。而第二件文物则带来了更广阔的视野，将中国艺术与世界接轨，中国制造的洁白瓷胎上，西方匠人倾注了心血加以装饰，成为历史上最早“出海”的一批中国制造。在清中期那个国际上波谲云诡的时期，大航海时代已然到来，中国人或许在当时没有准备好与世界接轨，但春江水暖鸭先知，文物上的东西方交融早已生根发芽。希腊蛇妖与大力神的鏖战在中国的瓷胎上被生动描绘，东西方融合发展的画卷徐徐展开。金蛇狂舞，串联起了古今中外艺术哲学的方方面面。金蛇狂舞，开启新的一年，民间有古语，“青蛇遇双春，断掌千两金”。希望大家蛇年吉祥，带着赫拉克勒斯的勇敢与智慧，“驱邪降福”“压祟顺意“。

作者小传

赵嘉铭，伦敦大学学院考古研究所（UCL Institute of Archaeology）硕士在读，伦敦大学亚非学院（School of Oriental and African Studies）艺术史与考古学本科，研究兴趣为全球艺术史、博物馆学等。